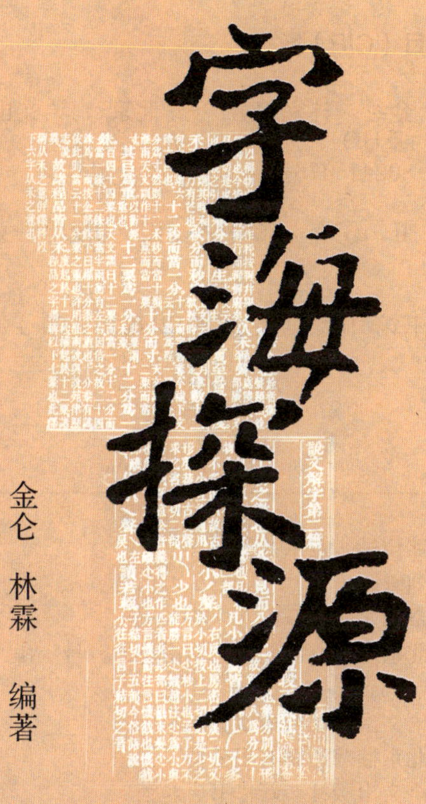

字海探源

金仑　林霖　编著

ZIHAI TANYUAN

语文出版社
·北京·

图书在版编目（CIP）数据

字海探源 / 金纶，林霖编著. -- 北京 : 语文出版社，2012（2019.4重印）
ISBN 978-7-80241-476-1

Ⅰ. ①字… Ⅱ. ①金… ②林… Ⅲ. ①汉字－文字学 Ⅳ. ①H12

中国版本图书馆CIP数据核字(2012)第101800号

责任编辑 郑伟钟 章承董
装帧设计 刘姗姗
出　　版 语文出版社
地　　址 北京市东城区朝阳门内南小街51号 100010
电子信箱 ywcbsywp@163.com
排　　版 语文出版社照排室
印刷装订 北京楠萍印刷有限公司
发　　行 语文出版社 新华书店经销
规　　格 890mm × 1240mm
开　　本 A5
印　　张 19.875
字　　数 545千字
版　　次 2013年1月第1版
印　　次 2019年4月第3次印刷
印　　数 4,001- 14,000
定　　价 78.00元

010-65253954（咨询） 010-65251033（购书） 010-65250075（印装质量）

前　言

万物皆有源，汉字也不例外。

五六千年前，生活在中华大地上的古代先民以朴素的情感在岩壁上凿击自身的形象，在陶器上描绘花鸟的图案，在本部族的旗帜上编织图腾的纹饰……久而久之，这些画图或者步入形象化的轨道演变成了今天的绘画艺术，或者步入抽象化的轨道演变成了我们现在使用的汉字。

文字的起源具有多元化的特点。如同汉字的产生一样，生活在西亚底格里斯河与幼发拉底河流域的古苏美尔人创造了楔形文字，生活在非洲尼罗河流域的古埃及人创造了圣书文字，生活在美洲亚马逊河流域的古玛雅人创造了玛雅文字……这些古老的文字是人类智慧的结晶，也是世界从蛮荒进入文明的标志。正是在这些民族创立的象形字的基础上，衍生出了以表音为基本特征的字母文字。

然而，这些创立了古文字的民族，或因为自然灾害的暴虐，或因为相互争战的残酷，大都湮没于历史的风尘之中了，他们所创造的文字也早已停止了使用。唯有诞生于黄河与长江流域的汉字却以其强大的生命力传承至今，从而成为世界文明史的奇迹。当然，这也是汉字奥妙的反映。

汉字的奥妙首先体现在它的巨大的影响力。汉字从诞生那天起便植根于中华大地，融存于在这片土地上生息的子民的脑海。其间虽有朝代的更替和异族政权的统治，但是都无法改变人们对汉字的使用，相反，那些想抹去汉字的种族最后都被汉字的魅力所征服，从而汇聚于巨大的中华文化圈。

汉字的奥妙还体现在它的统一性。汉语社会人口多，分布广。由于人们居住的地域不同，语音和语调也有所不同。你可能听不懂一些汉语方言，然而，当用汉字来记录汉语时，便会拉近人们的距离，使得彼此交流更容易。而汉字的这种特性又是中华民族千百年来聚而不散的一个动力。

汉字的奥妙更体现在它自身所具有的鲜明特点。汉字是一种表意文字，它的字形与它所记录的词的意义紧密相关。尤其是早期的汉字，一个字往往就是一幅图画，让人望文知义，例如：“人”（[illegible]）就像侧立的人形，“鸟”（[illegible]）就像鸟雀的样子，而“敢”（[illegible]）是通过有人手拿长杆去猎捕野猪来表示人的勇敢精神。

汉字的奥妙另一个重要方面是它所携带的历史信息。现有的考古资料显示，商代甲骨文已是成熟的文字系统。它不仅具有表意功能，还揭示了当时的政治、经济等状况，例如：民，甲骨文写为“[illegible]”，像锥子刺眼之形，它反映了当时对抓来的奴隶用刺瞎一只眼睛的方法来与本国人相区别；弃，甲骨文写为“[illegible]”，像用畚箕把死去的孩子倒掉之形，它反映了当时儿童死亡率高这一严酷的社会现实。

为了揭示汉字的奥妙，本书从数以万计的汉字中精选出具有代表性的常用字六百例，介绍其字源，分析其字理，讲解其字义，并配以相应的古代文物插图，以强化读者对汉字的掌握。另外，在解说汉字意义时，我们援引古代诗词、名言警句、成语故事或历史典故等，以丰富读者对中华传统文化的了解。

汉字的演变大致可以分为五个阶段，即商代契刻在龟甲兽骨上的甲骨文，周代铭铸于钟鼎等铜器上的金文，秦代雕凿于石碑上的篆文，汉代书写于竹简和布帛等材料上的隶书以及定型于唐代而沿用至今的楷书，本书将其列为商甲、周金、秦篆、汉隶和今楷。没有周代金文的，我们用同时期的竹简、帛书、印玺等载体上的文字来代替，并标明为周古。

对某一汉字的来源及其意义的解释，历来是仁者见仁，智者见智。本书以同源之字归类，力求作出合理的解释。限于编著者的识闻，书中难免有疏漏与失误，敬请读者赐教。

金仑　林霖

二〇一二年元月

目　录

源于人体的字

源于器官的字

源于物品的字

源于工具的字

源于武器的字

源于建筑物的字

源于动物的字

源于植物的字

源于自然物的字

源于人体的字

源于侧立之人（亻）

一个人必须自爱自敬，然后才能够被别人所爱所敬。正如汉代扬雄在《法言·君子》里指出的那样："人必其自爱也，然后人爱诸；人必其自敬也，然后人敬诸。"句中的四个"人"与我们每个人都有关。

甲骨文和金文的"人"，字形就像侧面而立、鞠躬作揖的人，很有点知书达理的谦谦君子之风。楷书的"人"写得撇伸捺展，像昂首挺胸、大步前进的人。

"人"是象形字，本义指能够制造和使用工具进行劳动的高等动物，即人类自身。儒家经典《尚书》载："惟天地万物父母，惟人万物之灵。"大意是：天地因其丰富的物产而孕生了万物，人类因其超群的智慧而成了万物的主宰。

"人"字的用法比较灵活，可以代指本人、他人、每个人，如：助人为乐、舍己救人、人无我有、人见人爱。也可代指某一类人，如：工人、军人、好人、坏人。还泛指所有的人，是人的总称，如：人之常情、人心所向、人定胜天。不过在一般情况下，"人"是指能够承担社会责任的成年人，如：长大成人。

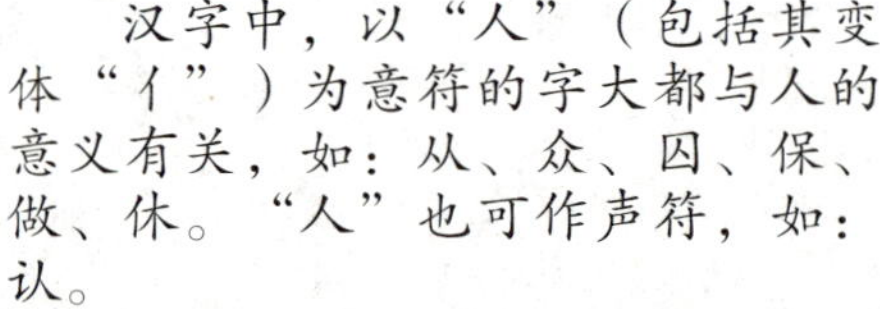

汉字中，以"人"（包括其变体"亻"）为意符的字大都与人的意义有关，如：从、众、囚、保、做、休。"人"也可作声符，如：认。

左图是一件宋代的瓷壶。这件设计新颖的器具，它的造型就是个"人"。

〔宋〕人形瓷壶

商甲	周金	秦篆	汉隶	今楷
[古文字]	[古文字]	[古文字]	休	休

休

从商代甲骨文到现代楷书，“休”字的写法因字体的演变而有些变化，但是，字的组成要素却丝毫没有改动。

“休”由“人”和“木”两个字符组合而成，所表达的意义简单明了，那就是人们走路或劳作累了时，在树荫下休息一会儿。“休，息止也。”这就是汉代许慎在《说文解字》里的解释。

“休”是会意字，本义指歇息，如：午休、休假、休养生息、退休养老。要休息就要停止工作，便引申出停止之义，如：休业、休战、争论不休。“为人性僻耽佳句，语不惊人死不休。”大诗人杜甫的这句诗，反映了他为了写出优美的诗句而呕心沥血、永不停息的创作精神。

因为有些事情会对他人造成伤害，必须永远“休息”，“休”又引申出别、不要之义，如：休想、休要。过去，人们把丈夫抛弃妻子称为“休妻”，把丈夫休妻而写给妻子的信称为“休书”，这大概与夫妻关系要永远“休息”有关。

成语“休戚相关、休戚与共”中的“休”，用以表示欢乐、幸福，意义与表示忧愁、悲伤的“戚”相对，这源于人在休息时所产生的心理状态。

右图是元代工匠制作的银质酒器，它以人在树下休息看书为造型，真可谓构思精妙。同时，这件酒器也是对“休”的形象注释。

〔元〕银质酒器

商甲	周金	秦篆	汉隶	極	极 今楷

任何事物发展到顶点都会走向它的反面，成语“物极必反、乐极生悲、否极泰来”等，说的都是这个道理。“极”的意义比较抽象，我们的先人是如何造出这个字的呢?

“极”是“極”的简化字。甲骨文的“极”，中间是个侧立之人，在人的头顶和脚底各加了一个短横，用来表示上下两头，即极端之义。一个复杂的概念，用了最简单的图形，就使其意义昭然若揭，中华先人的智慧确实让人拍案叫绝。

金文的“极”，在字中另加上表示嘴巴的“口”或表示手持工具敲打的“攴”，意义变成尽力呼喊和积极工作了。秦篆以后，人们用支撑房屋的梁柱——“極”来表示这一意义了。

“极”的本义是指人的头顶和脚底两个端点，泛指事物的尽头、顶端，如地球的两端为南极、北极，电源的两端为阴极、阳极。引申指最大限度、达到顶点，如：极限、极度、穷凶极恶、登峰造极。儒家经典之一《礼记》载：“傲不可长，欲不可纵，志不可满，乐不可极。”句中的“极”就表示极限之义。另外，“极”还用来表示程度最高的，作用相当于“最、很”等，如：极大、极坏、极为重要、极其热烈。

左图是明代的护法神泥塑。这位神灵英姿勃勃，顶天立地。我们用这尊塑像来说明“极”的意义。

〔明〕护法神泥塑

商甲	周金	秦篆	汉隶	今楷
[古文字形]	[古文字形]	[古文字形]	信	信

仁义礼智信，“信”是我国儒家倡导的道德规范之一。先贤孔子说过：“人而无信，不知其可也。”意思是人一定要讲诚信。《说文解字》解释说：“信，诚也。”不过，这可不是“信”的本义。

甲骨文和金文前一款的“信”为“人”和“口”的组合，而金文后一款及其后的字形则为“人”和“言”组合。两种组合所表达的意思一样，都表示人的口信。

“信”是会意字，本义指口信，也指把口信写出来的函件或其他凭据，如：家信、书信、信件。“红纸一封书后信，绿芽十片火前春。”在唐代白居易的这句诗里，“信”就表示书信。

因为口信、信函是传递讯息的，“信”便引申指消息，如：报信、信息、信号。又因为互相通信者大都是亲朋好友，彼此信赖，信还引申指诚实、信任，如：诚信、相信、信誓旦旦、言而有信。至于“信口开河、信手拈来、信马由缰”等成语中的“信”表示随便、任意，这与通信者之间坦诚相待，说话口无遮拦和做事随心所欲有关。

《论语·颜渊》载有孔子这样一句话：“民无信不立。”意思是老百姓不信任的政府是不可能存在下去的。其中的“信”是指由个人的诚实而使他人产生的信任。

右侧是明代画师为《西厢记》一书绘的插图。这位仕女正在读的就是“信”。这封信可能是她的心上人写来的情书。

〔明〕读信仕女图

在我们常用的词语中，“后”大都表示与“先、前”相对的意义，如：先斩后奏、争先恐后、前赴后继、瞻前顾后。“后”还表示君王的正妻，如：王后、皇后。原来，“前后”的“后”与“皇后”的“后”在古代并不是一个字。

观察上表第一行，从甲骨文到楷书，“后”都由表示嘴巴的“口”和手臂前伸的“人”组成，写法、意义同“司”一样，都表示发号施令之人。原来，人类社会早期为母权制时代，女人在采集、饲养等主要活动中居支配地位，掌管着氏族部落的权力，“后”与“司”都是指那些有权威的女人。随着社会的发展，男人在狩猎、农耕等活动中起了主导作用，社会进入父权制时代，于是“后”与“司”在写法和用法上也逐渐分开。人们把手臂左伸的用为“司”，表示发号施令；把手臂右伸的用为“后”，表示君王之妻。

另外，“后”还被借用为“後”的简化字（见上表第二行）。“後”原由表示脚趾朝下的“夂”、表示细绳的“幺”和表示行走的“彳”组成，意思是脚被绳子拴住而落在后面。为此，“后”便有了与“先、前”相对的意义，如：先后、前后、后来居上、台前幕后。

左图是汉代一件贮贝器上的装饰性雕塑。那位端坐于轿子上的贵妇，被人前呼后拥。她可能就是边远地区某个小国的王后。

〔汉〕鎏金铜雕人物

商甲	周金	秦篆	汉隶	今楷
				司

“司”字的来源与侧立之人有关。

甲骨文和金文的“司”是由两个字符组成的，一个是表示嘴巴的“口”，另一个是侧身而立、手臂前伸的“人”，看上去就像这个人在发号施令的样子。

“司”是会意字，本义指负责指挥调度、发布命令的人，如司令指军队中负责指挥的人，司仪指负责掌管并报告会议或典礼程序的人，而司机、司炉则是指驾驶车辆和操作机器设备的人。

“司”引申指主持、管理，如：司法、司库、各司其职。由此，国家把中央机关“部”的下一级行政部门称为“司”，如：外交部礼宾司、教育部财务司。人们之所以把一些企业称为公司，是因为这个企业一般有两方或两方以上共同出资并参与管理。

我国古代许多王朝，把主管军队的官叫“司马”，主管诉讼的官叫“司寇”，主管百姓教育的官叫“司徒”，主管工程建设的官叫“司空”。唐代李绅曾任司空，他听说和州刺史刘禹锡被贬官，就设宴宽慰他。席间，面对美酒佳肴、歌伎舞女，刘禹锡挥毫赋诗：“司空见惯浑闲事，断尽江南刺史肠。”意思是此种场面你这位司空官已看惯了，可是我却格外伤感。后来人们就用“司空见惯”来比喻经常见到，不足为奇。

右图是汉代彩绘军官陶俑。这个人手臂前伸，正在调兵遣将，其形象就是对“司”的恰当注释。

〔汉〕彩绘军官陶俑

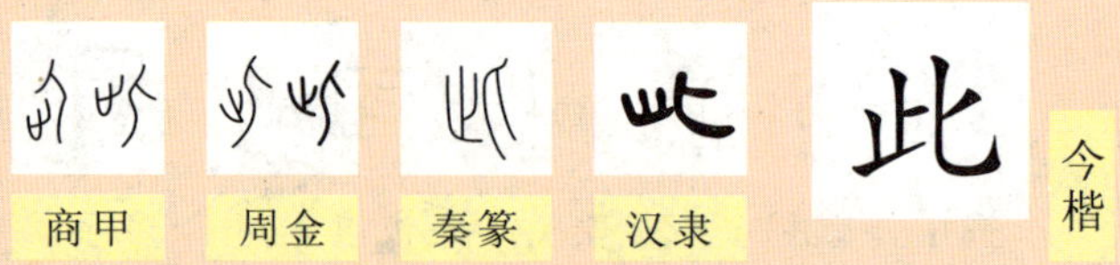

大诗人李白曾写过一首《三五七言》诗，深切思念远方的亲人："秋风清，秋月明。落叶聚还散，寒鸦栖复惊。相思相见知何日，此时此夜难为情。"诗中的两个"此"都表示这个之义。

甲骨文、金文和秦篆的"此"都由两个字符组成，一个是侧立的"人"，另一个是表示脚的"止"，意思是指人站立的地方。汉隶以后的"此"，表示人的字符被写成了"匕"。

"此"是会意字，本义指某人在某一时刻所处的位置，意义相当于"这里"，如：由此向东、到此为止。唐代的赵征明在《挽歌词》里写有这样的句子："人间痛伤别，此是长别处。"其中的"此"就表示这里。

"此"由表示位置上的"这里"，而泛指时间上的"这会儿"、人中的"这位"、物中的"这个"等，也可以统释为"这"，意义与"彼"相对，如：此刻、此人、此事、此呼彼应、厚此薄彼。

另外，"此"还代指到目前这一时刻为止而形成的某种状态和程度，意义相当于"这般""这样"，如：长此以往、事已至此、既然如此。

济公是我国民间的幽默大师，左侧的木雕就是清代匠人为他塑造的形象。他手指脚下的动作，好像在讲述"此地无银三百两，隔壁阿二不曾偷"的笑话。

〔清〕济公木雕

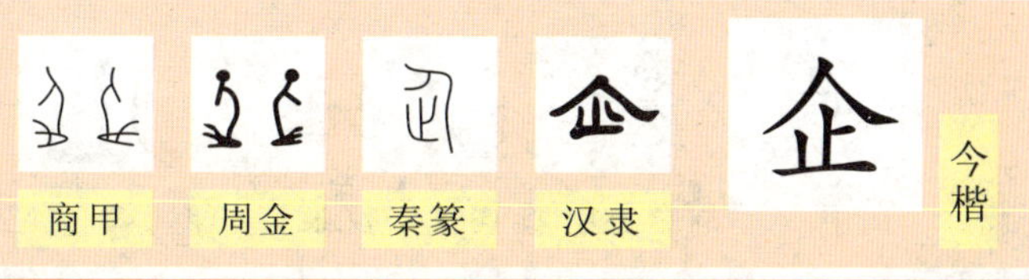

“企者不立，跨者不行。”这是先贤老子之言。说的是，踮着脚跟的人不会持久站立，跨着跑的人难以长途远行。看来脚踏实地、循序渐进是一个人成功的基础。

甲骨文和金文的“企”是象形字，就像侧面站立的“人”，却长着一只被夸张了的硕大的“脚”，意思是踮起脚跟向远处张望。秦篆以后的“企”，人和脚分了家。“企”变成了以“人”表意，以“止”表意兼表声的会意兼形声字了。

“企”的本义指踮起脚跟，如：“企望”原指踮起脚跟张望，表示有所期待地望着；“企足而待”原指踮起脚跟等待，形容迫切等待着期望的事情实现。

由于人踮起脚跟张望，大都因为心里怀有某种期待和愿望，“企”便引申表示希望、盼望，如：企盼、企求、企图。人们之所以把从事生产、运输、商贸等经济活动的实体称为企业，其中就包含了对事业成功的企盼。而南极岸边那些引颈遥望的企鹅的形态，在某种意义上讲，更是“企”字的绝妙体现。

现在，“企”一般用于表示期望之义，而将踮脚的意义转给了“跂”。《荀子·劝学》写道：“吾尝跂而望矣，不如登高之博见也。”句中的“跂”就表示踮起脚跟。

右图是汉代的武士陶俑。这个人腰佩刀剑，手持畚箕，看样子是个在外服役的军人。他翘首远望家乡的神情，形象地解释了“企”的意义。

〔汉〕武士陶俑

“儿”是“兒”的简化字。

甲骨文和金文前一款的“儿”，侧面站立的人，却长着顶部开着口的大脑袋，意思是脑盖骨（即囟门）未长严实。我们的祖先抓住了初生儿童头部的特点，造出了“兒”这个字。秦篆、汉隶和繁体楷书的“儿”更加符号化，上部写为“臼”，下部写为“儿”。其实，“儿”的意义与舂米捣蒜用的“臼”没有任何关联。

“儿”是象形字，本义指小孩子。在古代，儿指男孩，婴指女孩。秦代的儿童识字课本《仓颉篇》就曾指出：“男曰儿，女曰婴。”后来，儿不分性别，泛指儿童，如：婴儿、幼儿、儿歌。唐代贺知章写有《回乡偶书》一诗，描写自己年老返乡遇到一群孩子的情景：“儿童相见不相识，笑问客从何处来。”

“儿”在使用中表意范围还有所扩大，可用来表示年轻人（多指男青年），如：男儿、健儿、好儿郎志在四方。“儿”还专指儿子，如：儿孙、儿媳、儿女。宋代辛弃疾在他的词作《清平乐·村居》写有这样的句子：“大儿锄豆溪东，中儿正织鸡笼，最喜小儿亡赖，溪头卧剥莲蓬。”在这句词里，作者用浅显易懂的语言，为我们描绘了一户农家三个儿子的行为举止。

另外，“儿”在一些词的后面还作词缀使用，没有单独的读音，在读前面字音时自然卷舌，一般含有亲切感，如：花儿、果儿、鱼儿、头儿（领导者）。人们称这一语言现象为“儿化”。

左图是一件宋代的瓷枕。它的设计别具匠心，其整体造型就是一个俯身而卧的“儿”。

〔宋〕孩儿形瓷枕

商甲	周金	秦篆	汉隶	今楷
			元	元

我国最早的辞书《尔雅》说："元，首也。"就是说"元"指脑袋。上"二"下"儿"的"元"，怎么会表示脑袋呢？

甲骨文和金文的"元"，下部原本不是"儿"，而是侧面站立的"人"，汉隶以后才写为"儿"的。上部原本也不是"二"，而是"上下"的"上"。甲骨文的"上"写为"二"或"⼆"，是在一条横线或弧线的上部加一个短横或点来表示位置在上的。

"元"是会意字，本义指人体上部的脑袋，以"元"为意符的字大都与头部有关。例如："顽"指头脑愚笨，"冠"指手里拿着往头上戴的帽子，"寇"指手持棍棒闯进别人家敲击主人头部的强盗。

因为头是人体的首要部位，"元"便引申指为首的，如：元首、元帅、状元。又因为事物都有开头，"元"还引申指开始的，如：元年、元月、元旦。另外，因为货币在经济活动中最为重要，"元"还用来表示货币，如：金元、银元、美元。"元"也是我国的货币单位，只不过硬币上印的是"元"，纸币上印的是"圆"。

"穷年忧黎元，叹息肠内热。"这是杜甫的诗句。"圣人不利己，忧济在元元。"这是陈子昂的诗句。这些诗都表达了作者对劳苦群众的关爱。而"黎元""元元"之所以表示老百姓，是因为民为国之本，他们的事是天下头等大事。

右图是汉代的一件陶制品。我们用这个夸张、滑稽的俑头来表示"元"的本义。

〔汉〕陶质俑头

源于侧立之人（亻）

商甲	周金	秦篆	汉隶	今楷
[illegible]	[illegible]	[illegible]	兑	兑

汉字的衍生有时很简单。一个最先造出来的字，由于意义的延伸而产生出其他意义，于是人们就给原字加上偏旁，用新造的字来表示其本义或引申义。我们以“兑”为例来说明这个问题。

甲骨文和金文的“兑”，自下而上的三个字符分别是“人、口、八”，其中“口”表示嘴巴，“八”（“扒”的本字）表示分开，整个字的意思是人张开嘴巴说话。

“兑”是会意字，本义指说、说话。而说话常常是两个或两个以上人的事情，如果说得情投意合，说话的人就都高兴，为此“兑”便引申出“悦”的意义来。如果说不到一起，两个人就可能恶语相加，言辞刻薄，为此“兑”又引申出“锐”的意义来。后来，随着商品经济的发展，人们的交易活动增加，而交易活动又大都在讨价还价的争论与对商品的评说中完成，为此“兑”又用来表示交换之义，如：兑付、兑换、兑现。

一个“兑”字，如果让它表示这么多的意义是很难胜任的。为此，人们给它分别加上了意符“讠、忄、钅”，另造“说、悦、锐”来表示各自的意义，而“兑”仅用于表示交换方面的意义了。

左图是汉代的说唱艺人陶俑。这位艺术家神采飞扬，大张其口，正在给观众击鼓说书。他的形象是对“兑”字本义的恰当注释。

〔汉〕说唱艺人陶俑

商甲	周金	秦篆	汉隶	今楷
[illegible]	[illegible]	[illegible]	兄	兄

“四海之内，皆兄弟也。”这是《论语·颜渊》所记载的孔子学生的一句话。在儒家看来，一个人只要讲仁爱，行礼义，就会得到广泛的支持，就会兄弟、朋友遍天下。

甲骨文和金文的“兄”，上部是个表示嘴巴的“口”，下部是个侧立的“人”。“兄”之所以用这两个字符组合，一方面是兄承担着照管弟妹的责任，另一方面是家族的祭祀活动一般也由成年长兄来主持并诵读祭辞，“祝”由兄表意就说明了这个问题。

“兄”是会意字，本义指哥哥，如：父兄、长兄、兄弟姐妹。还指同辈亲戚中年龄比自己大的男子，如：堂兄、表兄。《诗经·小雅·常棣》里有这样一句诗：“兄弟阋于墙，外御其侮。”大意是：别看兄弟在家里争吵不休，一旦遭到他人欺侮便会团结起来，共同对外。这是因为兄弟之间血脉相通，利害与共，往往是一损俱损，一荣俱荣。

另外，在男性朋友之间，也常用“兄”尊称对方，如：老兄、仁兄、称兄道弟。晋代陶渊明在《杂诗》里写道：“落地为兄弟，何必骨肉亲。”此句就把自己身边的友人称为兄弟。人们还常用“兄弟”一词来表示相互之间有着亲密关系，如：兄弟民族、兄弟国家、兄弟般的友谊。

右图是一件清代的童子粉彩瓷像。那个憨态可掬的大童子就是他身后背着的小童子的“兄”。

〔清〕童子粉彩瓷像

古语说：“从善如登，从恶如崩。”意思是：跟人走正道像攀登高峰那样困难，跟人走邪路像崩塌之石滚下山坡那样容易。在句中，两个“从”都表示跟随之义。

观察“从”字的演变，我们可以看出，从甲骨文到楷书都有两种写法。一种简，仅由前后两个“人”组成；一种繁，格外加上了表示行走的字符“彳”或者表示脚的字符“止”。汉字简化时，淘汰了繁的，选取了简的。

“从”是会意字，本义指跟随或跟随的人，如：随从、侍从、从师学艺、无所适从。引申指依顺、顺服，如：服从、顺从、力不从心、言听计从。《荀子·子道》有这样一句话：“从道不从君，从义不从父。”其中的四个“从”都表示服从、听从。

“从”由跟随他人义引申指参加、参与，如：从军、从政、投笔从戎、弃学从商。进而还引申指采取某种原则和方法，如：从简、从优、从长计议。另外，“从”还用为虚词，作用相当于“由”和“自”，如：从上到下、从无到有。

右图是清代的五彩人物图案瓷盘，上面画着一高一矮两个女人。看样子高的是主人，矮的是仆人。主人在前面走，仆人在后面相随。这就是“从”所表示的意义。

〔清〕五彩人物图案瓷盘

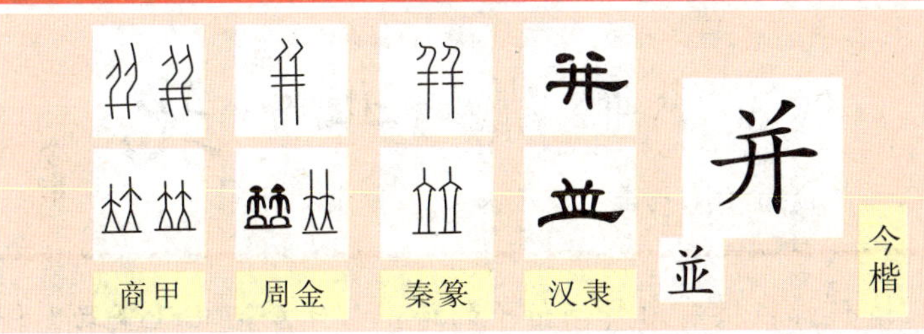

“并”与“並”原本是两个字，它们有着各自独立的演化路线。

先看上表第一行。

甲骨文、金文和秦篆的“并”，就像两个侧立之人，腿脚被捆绑在一起，意思是合二为一，即把两个或两个以上的东西合在一起，如：合并、裁并、并轨。“并”的这一写法，源于商周时期各诸侯国之间掳掠人口、相互兼并的战争。“并，兼也。”三国时期的辞书《广雅》就是这样解释的。

再看上表第二行。

甲骨文和金文的“並”，就像两个正面站立的人，肩并肩地靠在一起，意思是相互并列，如：并肩、并排、并驾齐驱、携手并进。大诗人杜甫的《九日》里有这样的句子：“蓝水远从千涧落，玉山高並两峰寒。”描写的是一道流水从山涧飞落，两座雪山交相辉映的景色，其中的“高並”表示山峰并排而立。

在古代文献中，“并”与“並”虽说都有一起、共同之义，但也各有侧重，二者的使用绝不相混。汉字简化时，“並”被废弃，它的意义归为“并”了。

左图是清代的婴戏纹连体瓷瓶。它看上去好像两盖两体，其实却是两个瓷瓶合二为一。我们用这件精巧的器物来表示“并”的意义。

〔清〕婴戏纹连体瓷瓶

商甲	周金	秦篆	汉隶	今楷
[古文字]	[古文字]	[古文字]	北	北

清代郑板桥有句赞颂竹子的诗："千磨万击还坚劲，任尔东西南北风。""北"在句中表示方向，不过这可不是它的原本之义。

甲骨文、金文及秦篆的"北"，就像两个人背靠背地站在一起，意思是指人的脊背，也指两个人意见不一致，相互背离。汉隶以后的"北"构字符号化，看不出"脊背相对"的意思了。

"北"是会意字，本义指人体的脊背，即"背"的本字。"北"也用来表示意见相反、发生背离，宋代韵书《集韵》对它的解释就是："北，违也。"

因为两军交战时，战败的一方向后逃跑，总是背对着胜利的一方，"北"便引申出失败、败走之义，如"败北"。春秋时期的军事家孙武在《孙子兵法·军争篇》写道："背丘勿逆，佯北勿从。"意思是说：对背靠高山的敌人不要正面进攻，对假装败逃的敌人不要跟踪追击。其中的"北"就表示失败。

在我国，由于采光和保暖的需要，房屋的门窗大都安装在南面，人们就座时一般也都面南背北。于是"北"就被借用表示方向，如：北方、北极、北斗星。后来，为了区分"北"的这两重意义，人们另造"背"字来表示它的本义，而用"北"来表示它的假借意义了。

左图是汉代的两尊舞女陶俑。她们脊背相对，拂袖而去，好像互不服气。我们用这对陶俑来说明"北"的本义。

〔汉〕舞女陶俑

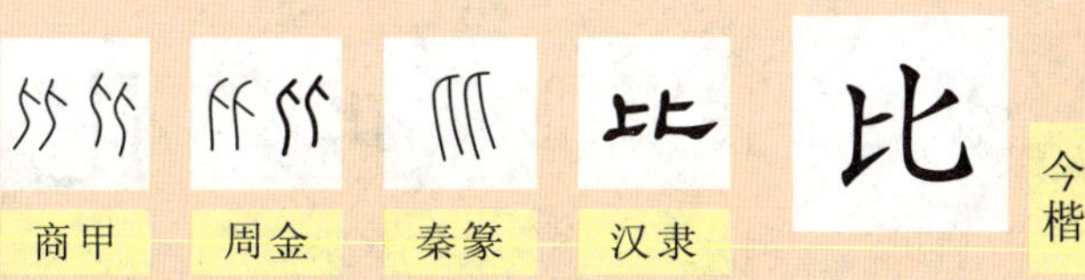

“海内存知己，天涯若比邻。”这是唐代王勃的著名诗句。“比邻”是指门挨着门的近邻，“比”有并列、挨着之义。

“比”在甲骨文和金文中，写法与“从”相同，都由两个侧立的“人”组成。它们的意义之所以不同，是因为二者取义的角度不同。“比”是根据两个人不分主次，并肩前行的角度取义，来表示并列、靠近之义。而“从”是根据两个人前主后次，后者跟随前者的角度取义，来表示跟随、随从之义。后来，为了把它们区分开来，人们把“比”中的“人”头脚倒立，写成左右两个“匕”的组合了。

“比”是会意字，本义指并列、挨着，如：比肩而立、比邻而居、比翼双飞、鳞次栉比。因为东西并列摆放会产生对比效应，“比”便引申指对照、比较，如：对比、比喻、今非昔比。宋代苏轼在《饮湖上初晴后雨》诗里写道：“欲把西湖比西子，淡妆浓抹总相宜。”其中的“比”表示比喻之义。“比”进一步引申指竞赛、较量，如：比赛、比武、一比高下。

“君子周而不比，小人比而不周。”先贤孔子这句话的意思是：高尚的人相互团结而不勾结，卑下的人相互勾结而不团结。“比”在句中表示勾结，是因为这些关系紧密的人只谋私利，不讲原则。

右图是清代的《百子团圆图》局部。两个骑着假马的孩子，为证明自己跑得更快，而要比一比呢！

〔清〕童子赛马图

源于侧立之人（亻）

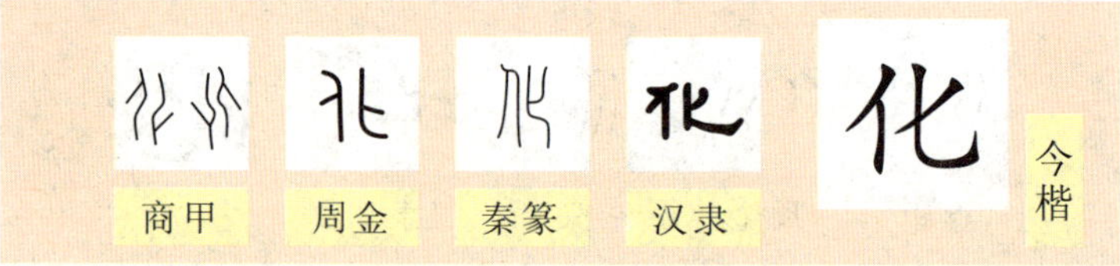

在我们的语言宝库中，有许多成语与“化”有关，如“化险为夷、化为泡影、春风化雨、顽固不化”，以及“现代化、信息化”等。那么，“化”为什么会写为左“人”右“匕”呢？

甲骨文和金文的“化”，就像是两个“人”在翻跟头，其中的一个人是正立的，而另一个人是倒立的。两个人翻跟头，表示他们的身体形态和相互位置在不停地变化着。我们的先人是通过一倒一正两个翻跟头的人，来表示“化”这一抽象意义的。秦篆以后的“化”，把倒立的那个“人”写为“匕”了。

“化”是会意字，本义指事物的形态或性质的改变，如：化装、融化、千变万化。“落红不是无情物，化作春泥更护花。”清代龚自珍这句诗的意思是，凋落的残花并非没有情感，它会变成春泥去滋养后开的鲜花。其中的“化”用的就是它的本义。

“化”引申指用言行来教育和引导他人转变，如：感化、教化、潜移默化。“化”还是“化学”的简称，如：化工、化肥、数理化。“学而不化，非学也。”宋代杨万里这句话的意思是，对所学的东西若不能消化吸收，就如同没学一样。另外，“化”还可以加在名词或者形容词的后面，表示向着某种性质或状态改变，如：美化、绿化、现代化、科学化。

右图是明代的双童嬉戏玉佩。这两个孩子好像是杂技演员，他们首尾相牵，构成环形，仿佛正用翻跟头的绝技来展示“化”的意义。

〔明〕双童嬉戏玉佩

商甲	周金	秦篆	汉隶	今楷
[illegible]	[illegible]	[illegible]	衆	众 眾

汉字中，同一个字符若有三个就表示多的意思。例如“品”表示众多的器物，“森”表示众多的树木，“晶”原指天上众多的星星，后表示星星般的光亮。由三人组成的“众”也是如此。

众是“衆”的简化字。

甲骨文和金文前一款的“众”，由并行排列的三个“人”组成，有的在字中加了个“日”，意思是很多人在阳光下共同劳动和生活。金文后一款及其以后的“众”，把上部的“日”换成了表示眼睛的“目”或表示鲜血的“血”，“众”成了被监视、被宰割的对象。简化后的“众”，由上下排列的三个“人”组成，字中包含了人与人之间要互相支持、互相帮助之义。

“众”是会意字，本义指很多人，如：群众、观众、众望所归。战国典籍《文子》载：“众之所助，虽弱必强；众之所去，虽大必亡。”句中的两个“众”是指老百姓。

“众”由人数多而泛指数量多，意义与“寡”相对，如：众人、众多、寡不敌众。唐代杜甫在《望岳》一诗写有这样的句子：“会当凌绝顶，一览众山小。”其中的“众”就表示数量很多。

左图是汉代的三人倒立杂技俑罐。这件造型别致的器物，恰到好处地解释了“众”的意义。

〔汉〕三人倒立杂技俑罐

源于大腹之人（身）

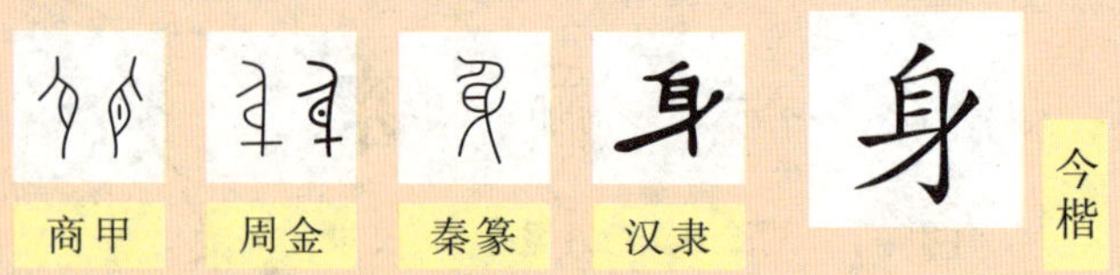

“身”指身体。明代辞书《字汇》就解释说：“身，躯也。耳目鼻口百体共为一身。”

甲骨文的“身”，前一款是象形字，像人挺着个大肚子之形。后一款是指事字，它在人的腹部加了个点作指事符号，表示“身”是指人腹背所在的区域。金文的“身”承继甲骨文，只是在腿部又加了个短横作指事符号，强调臂以下、腿以上才是人的“身”。

“身”的本义指人或动物的躯体，如：身体、身躯、身残志坚、身强力壮。“但令身未死，随力报乾坤。”这是宋代文天祥《指南录》里的诗句，其中的“身”用的就是它的本义。

因为躯体是人的生命承载物，“身”便引申指生命，如：舍身、献身、奋不顾身、以身殉职。又因为身体是一个人的具体体现，“身”还引申表示自己、亲自，如：亲身、自身、身先士卒、以身作则。先贤孔子说过：“其身正，不令而行；其身不正，虽令不从。”句中的两个“身”是指领导者自身。

“身”不仅指有形的肉体，还是社会地位、品德修养等无形之物的展示，成语“身价百倍、身败名裂、修身养性、洁身自好”里的“身”就含有这方面的意义。另外，人们还把物体的主要部分称为“身”，如：船身、车身、机身。

左图是唐代的一尊少数民族人物陶俑。这个人最大的特点是腹部高高隆起，而这一区域恰恰就是“身”所表示的意义。

〔唐〕彩绘人物陶俑

周金	秦篆	汉隶	今楷
[illegible]	[illegible]	躬	躬

诸葛亮是三国时期的政治家、军事家，曾协助刘备、刘禅父子建立和治理蜀国。他呕心沥血，殚精竭虑，最后病死在率兵伐魏的路上，践行了自己立下的为国“鞠躬尽瘁，死而后已”的誓愿。“鞠躬”原指弯身行礼，在句中表示小心谨慎，恭敬做事。

现在的“躬”由表意的“身”与表意兼表声的“弓”组成，意思就是身体像弓那样弯着。早期的“躬”却不是这样写的。

金文的“躬”，是在表示大腹之人的“身”后加了两个圆圈，那是表示铜锭的“吕”，意思是身体在铜锭的重压下而弯曲。“吕”的本义原指铜，后来才转指金属“铝”的。秦篆后一款及以后的“躬”把“吕”换成“弓”，这种组合更能表现身体的弯曲之义。

“躬，身屈也。”这是明代辞书《直音篇》对它作的解释。“躬”的本义指身体向前弯曲，如：鞠躬、躬腰、卑躬屈膝。宋代吴自牧在《梦粱录》一书写道：“躬身不要拜，唱喏直身立。”其中的“躬”用的就是其本义。

“躬”由身体的弯曲转而指身体、亲身，如：反躬自问、事必躬亲。“纸上得来终觉浅，绝知此事要躬行。”这是宋代陆游勉励后辈的诗句。大意是：书本上学来的东西终究肤浅，要透彻地掌握一门知识必须亲身实践。

右图是唐代的少数民族人物陶俑。这个人大概是位经商者，采购的货物压弯了身子。“躬”就是依据人的这一形态造出来的。

〔唐〕少数民族人物陶俑

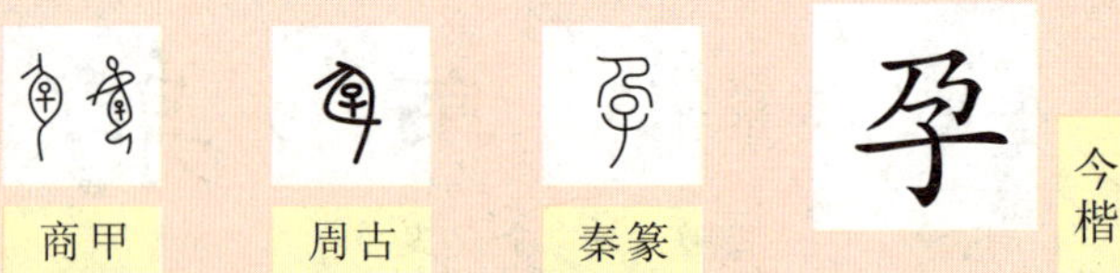

女人怀胎为“孕”。《说文解字》对其解释就是：“孕，裹子也。”所谓“裹子”就是腹中包裹着孩子。

甲骨文前一款和周代古文的“孕”，就像个侧立的“人”，腹中怀着个表示小孩的“子”。而甲骨文后一款的“孕”，把怀着“子”的人换成了“女”，意思是只有女人才能怀孕。秦篆和楷书的“孕”一改原有的构字模式，用表示乳房的“乃”（“奶”的本字）以及“子”组成，意思是孕期结束，孩子降生，女人进入哺乳期。如果说甲骨文和周代古文的“孕”强调的是怀孕者的身体特点，那么秦篆和楷书的“孕”则是强调怀孕的结果——生儿育女。

“孕”是会意字，本义指女人怀胎，如：怀孕、身孕、孕妇。在商代，王后、王妃怀孕了都要占卜，甲骨卜辞里的“妇好孕”“王曰有孕”等，就是这方面的记载。

由于草木开花结籽和庄稼抽穗灌浆，目的都是使生命得以延续，其机理与女人怀胎生子没有什么不同，所以人们把植物结籽的过程也称为“孕”，如宋代苏轼在《祭泗州塔文》就写道：“大麦已秀，小麦初孕。”另外，“孕”还引申表示培育、包含，如：孕育、包孕。

左图是新石器时代的玉质孕妇雕像，是原始社会生育崇拜的反映。这位大腹便便的女人就怀有身“孕”。

〔新石器时代〕玉质孕妇雕像

商甲	周金	秦篆	汉隶	今楷
				殷

殷左侧的字符“㐆”，其实是“身”在写法上的变异。

甲骨文和金文的“殷”，字形就像有只“手”，拿着针灸用的器具，正往人的“身”上刺的样子，意思是给病人进行针灸治疗。

秦篆以后的“殷”，表示病人身躯的字符被写走了形，手持银针的字符被换成了“殳”，让人看不出针灸治病的意思了。

“殷（yīn）”是会意字，本义指给人治病。因为大夫要想治好人家的病就得关心病人。观察疗效，“殷”便引申出情意深厚、热情周到之义，如：殷切、殷勤。“殷情望归路，无雨即登山。”在唐代刘禹锡的这句诗中，“殷”就表示情意深沉的意思。

又因为大夫治病救人会得到优厚的回报，过上富裕日子，“殷”又引申表示富足，如：殷实、殷富。汉代扬雄的《法言·孝至》载：“君人者，务在殷民阜财。”大意是：掌握国家权力的人，一定要让人民生活富裕、国家财力丰厚。

我国历史上的商朝别称“殷”，其由来与灭掉了商的周部族有关。因为在周族人的眼中，商朝已经病入膏肓，行将就木，他们要取而代之。周代青铜器“盂鼎”上就有这样的铭文：“我闻殷坠命。”另外，“殷”还是个多音字，当它表示深红颜色时要读作“yān”，如：血迹殷红。

右图是宋代一幅画的局部。画面上，一位村医正在给病人针灸治疗。“殷”的来源就与这样的情景有关。

〔宋〕村医针灸图

源于正立之人（大）

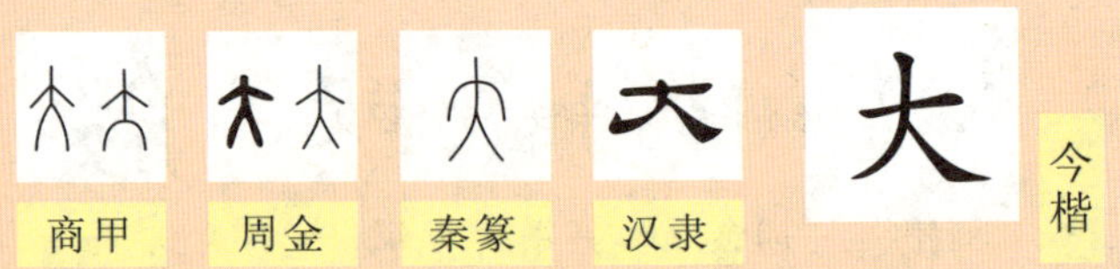

提起“大”来，你可能会吟诵汉高祖刘邦的“大风起兮云飞扬，威加海内兮归故乡”，体会他统一天下后荣归故里的豪情；也可能会默念宋代苏轼的“大江东去，浪淘尽，千古风流人物”，感叹大自然的永恒和人世的沧桑……

甲骨文和金文的“大”，就像一个身材魁梧、正面站立的成年男人之形。他双臂平伸，两腿叉开，傲然屹立。天大地大人亦大，我们的先人正是依据这样的理念，造出了“大”这个字。

“大（dà）”是象形字，像大男人的样子。他们是社会的中坚，是老人、女人和孩子等弱势群体的保护者。表示与“小”相对意义的“大”，正是从大男人的形象概括出来的。在这个意义的基础上，“大”用来表示体积、重量、数量、年龄或重要性等方面超过一般或所比的对象，如：大风大浪、高楼大厦、胆大心细。

“大”引申表示范围广或程度深，如：大获全胜、大开眼界、大吃一惊。“大”还用为敬辞，指称与对方有关的事物，如：大驾光临、尊姓大名、拜读大作。

在字典中“大”是个部首。由“大”组成的字，或表意，如：夯、奔、爽、美；或兼而表声，如：太、耷、达、驮。另外，“大”还是个多音字，在“大夫、山大王”中要读作“dài”。

左图是一尊宋代的铸铁神将造像，矗立在山西省太原市的晋祠之中。该神将双臂舞动，两腿分立，正是“大”的生动写照。

〔宋〕铸铁神将造像

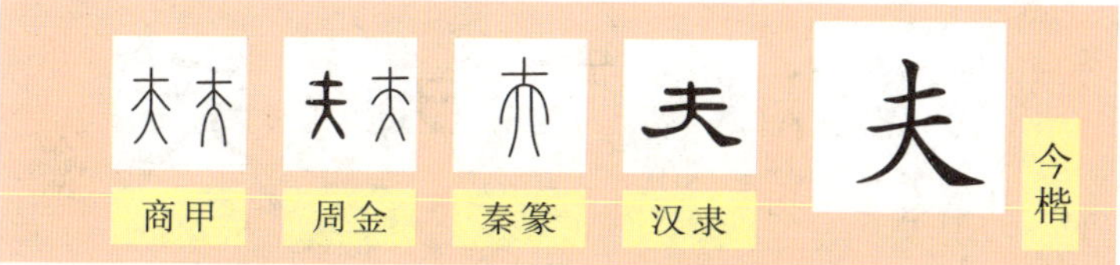

楷书的“夫”，从字形上看，好像“天”字中的“人”用力挺着身子，把“天”给捅破了似的。看着这个“夫”字，我们的眼前可能会浮现出一个令人敬佩的形象，那就是“一夫当关，万夫莫开”的“大丈夫”。“夫”字的来源难道真的是这样吗?

甲骨文和金文的“夫”，是在表示成年男人的“大”的上部加了一个短横。这个短横不是表示天，而是表示把头发卷起来后，用于固定发型的簪。簪为长条形，一般由玉石或金属制成。按照我国古代的礼制，小孩子的头发可以披散，而男子到了二十岁时就要束发戴簪，表明他已长大成人。我们的祖先是根据戴簪男人的形象造出“夫”这个字的。

“夫”是象形字，本义指成年男人，如：勇夫、武夫、懦夫。三国时期的王粲在《咏史》里写有这样的诗句：“生为百夫雄，死为壮士规。”意思是说，活着要做男人们的英雄，死了也要成为勇敢者的典范。

由于成年男人可以娶妻婚配，“夫”便引申指丈夫，意义与“妻、妇”相对，如：夫君、夫妻、夫唱妇随。“夫”还表示从事某种劳动的人，如：渔夫、农夫、伙夫、更夫。

右图是一尊明代的关羽泥塑造像，原矗立于山西太原市的关帝庙中。关羽被誉为武圣人，他智勇双全，侠肝义胆，堪称大丈夫。

〔明〕关羽泥塑造像

商甲	周金	秦篆	汉隶	今楷
			天	天

“天行健，君子以自强不息”，《易经》里的这个“天”表示日月星辰等天体。“天生我材必有用”，唐代李白《将进酒》诗里的这个“天”表示上天、神明。“天下兴亡，匹夫有责”，明末清初顾炎武《日知录》里这句名言中的“天”表示天空。这个被人们经常使用的“天”，它是怎样造出来的呢？

如果把“天”和“大”做个比较就会发现，甲骨文和金文的“天”同“大”一样，也是个双臂平伸、两腿叉开的正面站立之“人”，只不过，“天”格外突出了人的头部。在上表的“天”字中，有的把头写为“口”，有的给填实，有的简化为横。

“天”是象形字，本义是指人的头顶，至今人们还把脑门称为“天灵盖”，把两眉之间称为“天庭”。因为头顶位于人体的上部，便引申指上面的，如：天窗、天桥、天线、天空。又由天空的晨暮、阴晴、雨雪等现象而引申表示时间、气候、自然等诸多意义，如：白天、晴天、天灾人祸、人定胜天。

在古代，由于受历史条件的限制，人们把天上日月星辰的变幻、风雨雷电的产生都归于神的意志的体现，由此天还用来表示神灵，如：老天、苍天、天使。“我劝天公重抖擞，不拘一格降人材。”清代龚自珍这句诗中的“天公”就指天神。

左图是一件精美的唐代飞天玉佩，反映了人们追求自由和理想的强烈愿望。我们借用此物来说明“天”的意义。

〔唐〕飞天玉佩

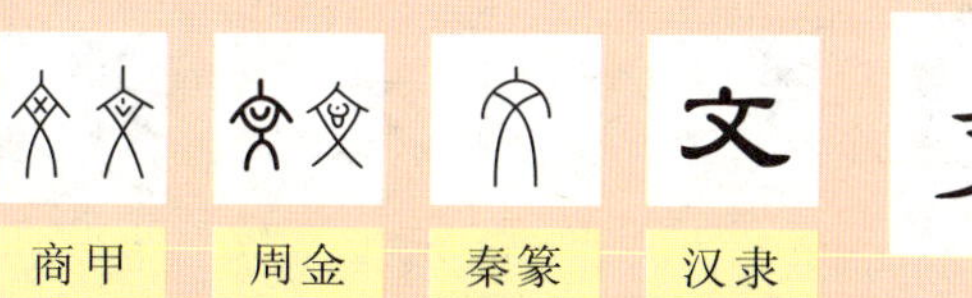

“文”的意义实在是太多了。

中文、英文、甲骨文，“文”表示文字。散文、诗文、小品文，“文”表示文章。“文”指公文档案，如：文件、文书、文档资料。“文”还指特定的学科，如：天文、水文、文理并重。“文”在“温文尔雅、文质彬彬”中表示温和、有礼貌；在“身无分文、一文不值”中表示钱币、金钱；在“半文半白、文白相间”中表示与白话文相对的文言文；在“文韬武略、文武双全”中表示与武功相对的文才……

“文”的意义如此之多，它的本义是什么呢？

观察甲骨文和金文中的“文”，看上去就像个敞胸露怀、正面站立的人，胸部刺绘着花纹图案的样子。秦篆及其以后的“文”，将胸部的纹饰省略掉了。

“文”是象形字，本义指在人的身体上刺绘着的花纹。这个字的来源反映了我国古代先民文身的习俗。我们使用的汉字，最初是依照事物的形象描画出来的，其实也是一种花纹图案。由此，“文”便引申表示文字，并进一步引申出文章、文采、文雅、文化、文明等诸多意义。后来，“文”的本义由“纹”取代，“文”主要表示文字及其引申意义了。

右图是新石器时代的陶器盖子残片。它以人头为雕饰，并在人的身上描绘着纹理不同的图案。它说明了原始社会人们文身的习俗，也揭示了“文”的来源。

〔新石器时代〕人首形陶器盖

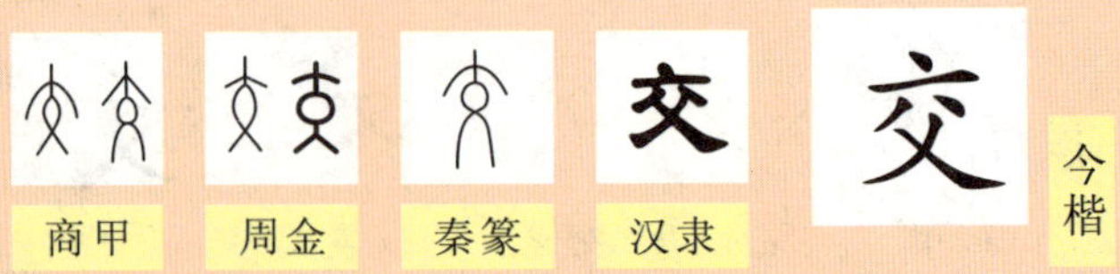

“交”的使用相当频繁，这是因为我们处在一个多彩纷纭的世界，几乎每时每刻都要与不同的人或事打交道。比如，一个人出门乘公交，上车要交费，遇到朋友要交谈，上班要交接，与工友要交流，出了麻烦要交涉，完成任务要交差……总之，只要你生存于世，你就离不开“交”。那么，“交”字是怎样造出来的呢？

甲骨文和金文的“交”，像个正面站立的成年男人，两臂侧伸，两腿却交叉在一起。我们的先人是用两腿交叉的“人”来表示“交”这个意义的。汉隶以后的“交”，从字形上已经看不出这个意思了。

“交”是象形字，本义指两腿交叉，泛指两种或两种以上事物的交叉、连接，如：相交、交界、纵横交错。“交柯之木本同形，东枝憔悴西枝荣。”在大诗人李白的这句诗里，“交柯”是指相互交错的树木枝条。

“交”由事物的交叉而引申指人们的往来，如：交往、外交、结交朋友。《周易·系辞下》载有孔子这样一句话：“君子上交不谄，下交不渎。”意思是：有道德的人与地位高的人交往不谄媚，与地位低的人交往不轻慢。另外，“交”还用为副词，作用相当于一起、同时，如：饥寒交迫、风雨交加、悲喜交集。

左图是甘肃省天水市麦积山的“交脚菩萨”泥塑。这尊魏晋时期的塑像恰到好处地说明了“交”的原本之义。

〔魏晋〕交脚菩萨泥塑

商甲	周金	秦篆	汉隶	今楷
[illegible]	[illegible]	[illegible]	立	立

有些汉字的造出既简单也有趣。就拿“大”来说吧，在它的上部加一横就是“天”，那么在它的下部加一横就是“地”吗？不是“地”，而是“立”。

甲骨文和金文的“立”，上部是个象形的表示男人的“大”，下部是一条抽象的表示地面的横线，意思是人站立在地上。秦篆以后的“立”，“大”被写得变了形，看不出有人站立的意思了。

“立”是会意字，本义指站立。成语“顶天立地、坐立不安、誓不两立”中的“立”用的就是它的本义。先贤孔子曾说：“三十而立。”意思是人到了三十岁就应当独立于世，开始有所建树了。

由人的站立推及到事物的站立，“立”引申出竖立、建立、订立等义，如：立竿见影、独立自主、建功立业。又因人难以久立不动，所以还用来表示时间短暂，如：立刻、立即、当机立断。

《论语·雍也》还载有孔子这样一段话：“己欲立而立人，己欲达而达人。”大意是：自己想要有所建树，就要使别人也有建树，自己想要事业通达，也要使别人通达。当今世界，做个赢家往往不是个人的事，而是群体的事，多方面的事。他的话富有哲理。

右图是商代的青铜人像，出土于四川广汉三星堆遗址。这尊铜像（有的说是古代蜀国的君主，有的说是巫师）正是对“立”的形象说明。

〔商〕青铜人物立像

黄

商甲 周金 秦篆 汉隶 今楷

“黄”与中华民族有着不解之缘。广袤无垠的黄土高原，奔流东去的滔滔黄河，养育着一个黄皮肤的种群——中华民族。他们称自己是炎黄子孙，因为他们的先祖是炎帝和黄帝。他们崇尚黄颜色，因为他们赖以生存的土地和粮谷是黄的，象征他们财富的铜钱和金子也是黄的。他们让自己的最高领导人——皇帝，穿的是绣着龙纹的黄袍，住的是红墙黄瓦的宫殿。甚至连“黄”字的来历都与这个民族喜欢的玉器有关。

观察甲骨文和金文的“黄”，就好像一个正面站立的人腰间佩戴着大的圆形玉璧的样子。秦篆以后的“黄”，把人和玉璧穿插到一起，从字形上让人看不出它的意思了。

“黄”是象形字，本义指人们佩戴的半圆形玉器，即玉璜。因为玉璜的颜色一般是黄的，“黄”便被借用表示黄色。后来，为区分“黄”的这两重意义，人们另造形声字“璜”表示“黄”的本义，“黄”也就专用于表示黄颜色了，如：金黄、杏黄、黄土、黄袍加身。

至于“扫黄打黑”一词中表示充满色情、淫秽内容的书刊音像等制品的“黄”，这一意义不是源于中国，而是源于19世纪末的美国。当时美国报业资本家受利益驱使，大量登载趣味低下的通俗连环画《黄色孩童》。由此，“黄”便被借用表示与色情、淫秽有关的意义了。

左图是一件战国时期的双龙首形玉璜，是供人们佩戴的装饰物。“黄”的本义就是指这样的玉器。

〔战国〕双龙首形玉璜

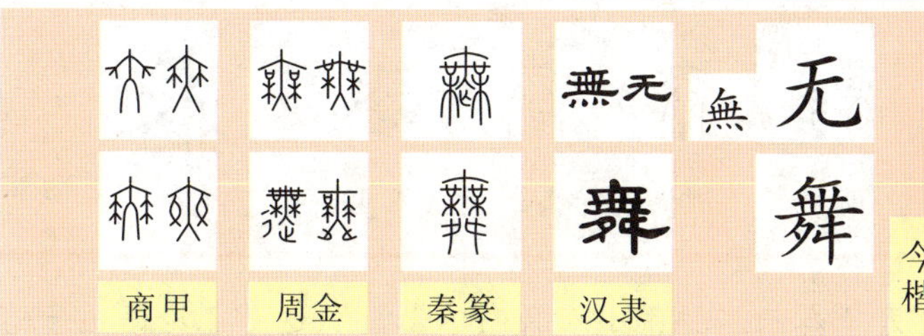

“无”（简化前写为“無”）与“舞”，现在表示的意义各不相同，如果追根溯源，它们原本是同一个字。

甲骨文的“无”，字形就像一个正面站立的人，手拿树枝翩翩起舞。“无”源于上古先民在一天的劳作之后，收集树枝和柴草，晚上围着篝火，边跳舞边向火中投放树枝的场景。人类社会的这一习俗至今仍然在一些地区延续。

“无”是象形字，本义指跳舞。因为参加篝火舞会的人最后会把树枝全部扔到火中，舞完散去时，手中便一无所有，为此，“无”便有了没有的意义。后来，为了使这两重意义相区别，人们用下面四个点的“無”来表示没有之义，而用下面两只脚的“舞”来表示跳舞之义。

现在，“無”已经被简化字“无”取代，主要表示与“有”相对的意义，如：无私无畏、无忧无虑、从无到有、互通有无。“无”还表示否定的意义，如：无须、无视、无妨。而“舞”则继续表示跳舞或舞蹈之义，如：舞台、舞姿、龙飞凤舞、载歌载舞。“舞”引申指挥动，如：挥舞、舞剑、手舞足蹈、张牙舞爪。

右图是一件新石器时代的彩绘陶盆，距今已有五千多年的历史，上面的装饰图案就是原始社会的人们同歌共舞的情景。它从一个侧面告诉了我们“舞”与“无”的来源。

〔新石器时代〕彩绘舞纹陶盆

商甲	周金	秦篆	汉隶	今楷
			泰	泰

“君子泰而不骄，小人骄而不泰。”这是《论语·子路》里所载孔子之言。大意是：素养高的人安详而不骄纵，素养低的人骄纵而不安详。其中的“泰”表示平和、安宁。

甲骨文的“泰”写为“汰”，字形像正立之人在用水清洗身体的样子。金文和秦篆的“泰”与甲骨文相承接，只是在字中另外加上两只“手”，表示撩水洗浴。汉隶以后的“泰”，把“大”和“手”穿插到一起写成春字头（夫），让人看不出洗浴的意思了。

“泰”的本义原指洗澡。因为人洗完澡后，一是身上的灰尘会被洗掉，二是人的身心会有舒爽之感，所以“泰”便含有两重意义。后来，人们用“汰”表示第一重意义，即清除无用之物，如：淘汰、优胜劣汰；而用“泰”来表示第二重意义，即快乐、安宁，如：康泰、安泰、泰然自若、国泰民安。

有句成语叫“否（pǐ）极泰来”。“否”和“泰”都是周代《易经》中的卦名，“否”是坏的卦，“泰”是好的卦。意思是事物坏到了极限就会向好的方面转化。另外，“泰”还是我国东岳泰山之名，有些词语就涉及这座山，如：泰山压顶、重于泰山。“泰斗”是泰山和北斗的缩略语，喻指在学术或技艺上贡献突出的人。

左侧是元代书画家赵孟頫的浴马图卷局部。养马人舀水冲洗马匹时自己也在享受洗浴的快乐。这就是“泰”所表示的意义。

〔元〕浴马图卷（局部）

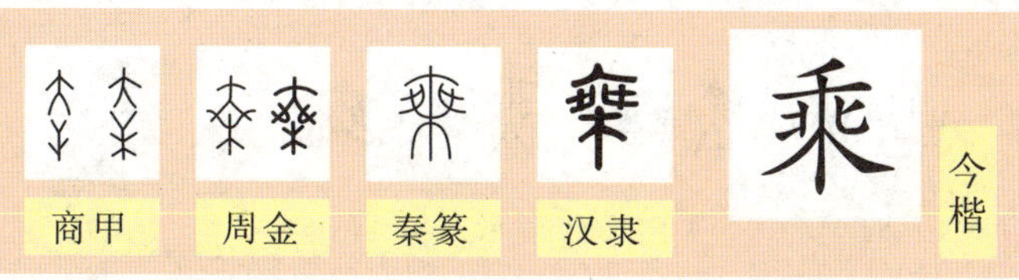

有条字谜，谜面是："一禾苗，真奇怪，北字中间长出来"。谜底就是"乘"。楷书的"乘"为什么会写得如此怪异呢？答案只能从字的源头去寻找。

甲骨文的"乘"，上部是个表示成年人男人的"大"，下部是个表示树木的"木"，字形就像人站在树上的样子。金文后一款的"乘"，特意夸大了人的两只脚，强调了攀爬、登上之义。

秦篆以后的"乘"，脚与人体逐渐分离而演化成"北"，"大"与"木"合并而写成"禾"，并且为了保持字的平衡，还让"禾"从"北"的中部穿过。就这样，"乘"定格为现在这个样子了。

"乘（chéng）"是会意字，本义指人攀登、站立在树上，泛指搭、坐，如：乘车、乘坐、搭乘。唐代崔颢《黄鹤楼》一诗有这样的句子："昔人已乘黄鹤去，此地空余黄鹤楼。"其中，"乘"就表示坐、骑的意思。

因为人搭乘车船是对其功能的运用，"乘"便引申指利用，意义与"趁"相同，如：乘便、乘兴、乘风破浪、乘虚而入。"乘"还指数学上的一种计算方法，即乘法。另外，"乘"还读作"shèng"，用为量词，古代称一辆四匹马拉的兵车为一乘。

下图是战国时期一件铜壶上的装饰图案。那些坐在树上的采桑人，仿佛在用她们的行动解释"乘"的意义。

〔战国〕采桑图案

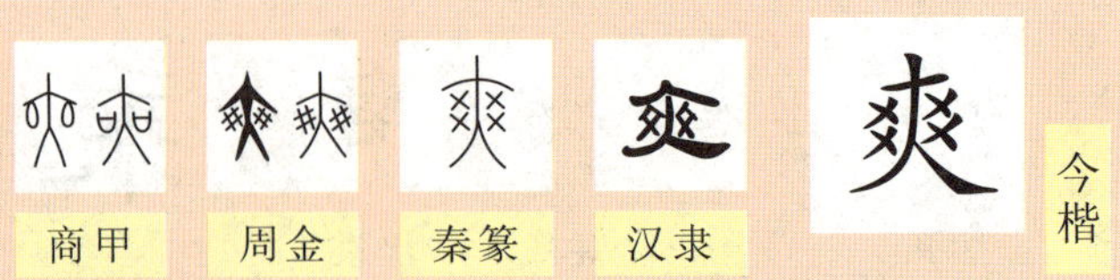

俗话说：月到中秋分外明，人逢喜事精神爽。楷书的“爽”，在“大”的两侧加了四个“乂”，它为什么会写成这个样子呢？

“爽”的来源与“舞”一样，是根据上古先民在篝火晚会上跳舞造出来的。只不过，“舞”是从舞者的外部形态取义来表示人翩然而舞，而“爽”是从舞者的内心状态取义来表示人的心情舒畅和快活。

甲骨文的“爽”，中间的“大”表示跳舞的成年人，前一款在人的袖口处加了两个圆环形符号，表示跳舞者挽袖而舞，尽情宣泄内心的快活。后一款则换为两个“口”，表示跳舞者边舞边唱的喜悦心情。金文的“爽”，又把“口”换为表示木棂交错的“窗”，意思是跳舞者的内心像开了窗似的敞亮。秦篆以后的“爽”，由于字形美的需要，把窗棂写为四个“乂”了。

“爽”是会意字，本义指心情舒适、畅快，如：舒爽、爽快、令人神爽。因为人心情好时常会出手大方，“爽”便引申指性格开朗、直率，如：直爽、豪爽、性情爽朗。又因为人心情好，没忧愁，心里就敞亮，“爽”还引申指清亮、明朗，如：清爽、神清目爽、秋高气爽。至于“屡试不爽、分毫不爽”中的“爽”表示差错、违背之义，则是由窗棂的错杂引申出来的。

左图是南北朝时期的舞师陶俑。这位来自异域的舞师，舒展长袖，尽情欢舞，跳得那样畅快。这就是“爽”原本表示的意义。

〔南北朝〕舞师陶俑

疑

商甲 周金 秦篆 汉隶 今楷

“山重水复疑无路，柳暗花明又一村。”这是宋代诗人陆游《游山西村》里的名句。“疑”在句中表示难以确定、感到困惑。

现在的“疑”字形比较复杂，有人在剖析它时指出：“疑”的组成，分别是表示武器的“匕、矢、矛”和表示行走的“疋”，意思是遇到了敌情后犹犹豫豫，不知道拿什么武器好，也不知道是打还是跑。

然而，早期的“疑”写法却很简单。甲骨文的“疑”有两款，前一款是象形字，像个手拄拐杖的人，正侧着脑袋四处张望，意思是因为迷了路而犹豫不决。后一款是会意字，因为字中增加了表示道路或行走的“彳”，强调迷路之义。金文的“疑”又加上“牛”和“止”，意思变成为寻找丢失的牛而四下徘徊。秦篆以后的“疑”，逐渐演变成了现在这个样子。

“疑”的本义指犹豫、迷惑，如：迟疑、疑惑、疑神疑鬼。晋代陶潜在《移居》一诗写道：“奇文共欣赏，疑义相与析。”句中的“疑”就表示令人困惑、难以理解的意思。

因为人们对某一问题疑惑时会失去自信，“疑”便引申出不相信、不能断定之义，如：怀疑、可疑、半信半疑；疑义、疑团、疑难杂症。宋代张载说过这样一句话：“于不疑处有疑，方是进矣。”意思是说：学习知识，在没有疑问的地方去发现问题，这样才会有长进。

右图是清代的寿星木雕。这位老者拄杖而立，左顾右盼，可能正为找不到回家的路而疑虑重重。

〔清〕寿星木雕

商甲	周金	秦篆	汉隶	今楷
𠫔 𠀘	[古文字形]	[古文字形]	扶	扶

大诗人李白具有超凡的想象力，常用那豪放的诗句来勉励自己，鼓舞他人。“大鹏一日同风起，扶摇直上九万里。”这是他《上李邕》里的一句诗，抒发了其豪情壮志。“扶摇”是个固定用词，形容大风急速旋转、直冲云天。

现在的“扶”是个形声字，左部的“扌”表意，右部的“夫”表声，没有什么新奇之处。然而，早期的“扶”写法却非常有趣。

甲骨文的“扶”是象形字。前一款字形就像个表示成年男人的“大”，正伸出手准备搀扶、帮助别人的样子，颇有一些见人有难，倾力相助的大男人的气度。后一款则把字中的“大”换成了“夫”，但所表示的意义未变。金文以后的“扶”，手与人体互相分离，它由此变成了形声字。

“扶”的本义指伸手相助，如：扶助、扶贫、救死扶伤、扶危济困。“扶，左也。”这是汉代许慎《说文解字》里的解释。“左”的意义与“佐”相通，即帮助、协助之义。

因为老人腿脚不便，行走时最需要的帮助是有人或者物能支撑一下，使其不倒，“扶”便引申指搀着、支持，如：搀扶、扶持、扶老携幼。进而，“扶”还引申指对弱小者的养育、培植，如：扶养、扶植。

左侧是清代的童子扶助图。那个穿黄衣服的童子伸手搀扶跌倒在地的伙伴。这就是“扶”所表示的意义。

〔清〕童子扶助图

商甲	周金	秦篆	今楷
			伴

现在的“伴”是形声字，左部“亻”表意，右部“半”表声。我们的先人最早却是采用会意法造出这个字的。

甲骨文和金文的“伴”，就像两个人手拉手、肩并肩，在一起散步、游玩。只不过，有的由两个表示成年男人的“大”组成，有的由两个用长簪束住头发的男人——“夫”组成，但表示的意思相同，那就是他们为一对伙伴。秦篆前一款的“伴”承继了甲骨文和金文的写法，而后一款则另辟蹊径，变成了形声字。

“伴”的本义指在一起工作、生活或活动的人，如：伴侣、同伴、旅伴。北朝民歌《木兰辞》在写到木兰从军队返回家乡，脱下男装换上女装后，有这样的诗句：“出门看伙伴，伙伴皆惊忙。同行十二年，不知木兰是女郎。”其中的“伴”用的就是它的本义。

因为在一起工作或生活的人，一个人办事常有同伴相随，“伴”便引申出依随、陪同之义，如：伴随、伴游、陪伴。进而“伴”还引申表示在一旁配合，如：伴唱、伴奏、伴音。

大诗人杜甫心系国家，当他听说朝廷的军队收复失地之后非常兴奋，又唱又喝，还要以春天为伴返回家乡，正如他的诗《闻官军收河南河北》写的那样：“白日放歌须纵酒，青春作伴好还乡。”

右图是清代《百子团圆图》的局部。这两个敲着锣的孩子，就是一对形影不离的好伙伴。

〔清〕敲锣童子图

商甲	周金	秦篆	汉隶	今楷
[古文字字形]	[古文字字形]	[古文字字形]	[古文字字形]	夭

源于跑动之人（夭）

“桃之夭夭，灼灼其华。”这是《诗经·周南·桃夭》的诗句，描写桃枝曲折、桃花灿烂的景象。后人采用同音假借之法，以“逃”代“桃”，用“逃之夭夭”这个意味诙谐的成语来形容逃跑者的惨状。其实“夭”就是根据人奔跑的动作造出来的。

甲骨文和金文的“夭”，就像人甩开两臂奔跑的样子。因为人跑动时，身躯、胳膊会由于用力而呈现弯曲的形状，秦篆的“夭”便用侧斜着脑袋的人来表示弯曲之义。汉隶和楷书的“夭”构字符号化，把它写为“大”的头上加短撇了。

“夭”是象形字，本义指奔跑。在商代甲骨卜辞中，“夭”用为人名、地名，大概与这里的人能走善跑有关。而在金文中，“走”写为“[古文字]”，“奔”写为“[古文字]”，字的上部都是“夭”，也从一个侧面说明了“夭”的奔跑之义。

“夭”还用来表示奔跑时身体的扭曲，为此《说文解字》指出：“夭，屈也。”因为弯曲会产生柔美之感，“夭”便用来形容草木的娇艳，如：繁杏夭桃、草夭木乔。又因为弯曲过度就会折断，而折断往往意味着死亡，“夭”又引申指短命早亡，如：夭亡、夭折、早夭。

左图是清代的桃纹瓷瓶。既然古人用“桃之夭夭”来形容桃树枝条的弯曲柔美，我们也用这件绘着桃枝的瓷瓶来说明“夭”的意义。

〔清〕桃纹瓷瓶

吴

商甲　周金　秦篆　汉隶　今楷

上“口”下“夭”为“吴”。现在主要用于姓氏，古代则多用于地名、国名。古典诗词也不乏含有“吴”的名句，如杜甫《登岳阳楼》的“吴楚东南坼，乾坤日夜浮”，又如李白《梦游天姥吟留别》的“我欲因之梦吴越，一夜飞渡镜湖月”，其中的“吴”都表示吴这个地方。在大多数情况下，古代用于地名、人名的字一般都蕴涵美好之义，难道“吴”也是这样吗?

甲骨文前一款的“吴”，上部是个表示人嘴巴的“口”，下部是个扭动两臂，好像在跑动、跳舞的人，其实这是个“夭”。两个字符组合，意思是人们在唱歌跳舞，进行娱乐活动。甲骨文后一款及以后的“吴”，把字中的“夭”或换为“夫”，或换为“天”了。

“吴”是会意字，本义指高声唱歌，尽情跳舞，即愉悦、快乐之义。原来“吴”是“娱”的本字。“吴，大言也。”这是汉代许慎对该字所作的解释，其中“大言”含有高歌之义。

正因为“吴”所具有的快乐之义，上古先民便用“吴”作为本部族图腾的标志，久而久之，“吴”成了姓氏和地名。作为周代的诸侯国之一，吴位于现在的江苏南部、浙江北部地区。至今，人们还把这一带简称为吴，如：吴歌、吴语。

右图是汉代的玉佩。这对以舞女为造型的器物，既能说明“吴”的意义，同时它们就出土于古代吴国的重镇——扬州。

〔汉〕舞女玉佩

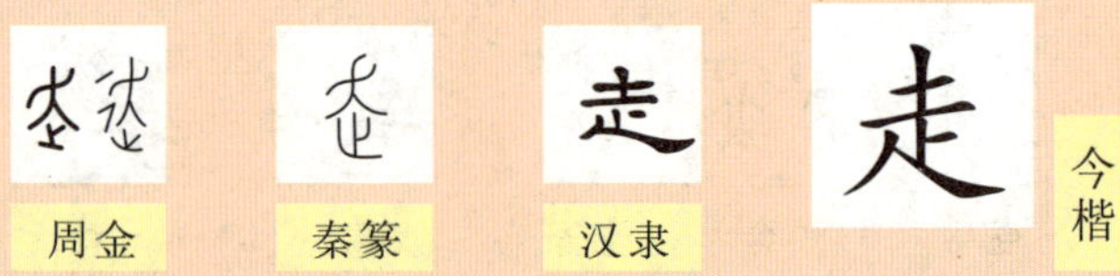

“走马观花”这个成语源自唐代诗人孟郊的故事。孟郊年轻时家境贫寒，他依靠勤奋好学、百折不挠的精神，多次参加科举考试，终于在46岁时考取进士。为此他高兴地骑马跑遍都城长安，并写下《登科后》诗，其中有两句是：“春风得意马蹄疾，一日看尽长安花。”后人将其概括为“走马观花”，意思是骑着奔跑的马观赏花，比喻匆忙而粗略地观察事物。

“走”在古汉语中表示跑，意义与“奔”相近，而且也常和“奔”组词，表示奔跑之义，如：东奔西走、奔走相告。另外，从字源上看，“走”与“奔”也有相同之处。金文的“走”（[金文]）与“奔”（[金文]），上部都是个摆动胳膊奔跑的“夭”，下部都含有表示腿脚的“止”，只不过“走”中仅有一个，而“奔”中却有三个。看来，“走”虽然表示跑，但是没有“奔”跑得快。汉隶以后的“走”，上部的“夭”被误写为“土”，下部的“止”也有些变异，成了现在这个样子。

“走”是会意字，本义指跑，如：逃走、败走、飞禽走兽、奔走呼号。走引申指一般意义上的步行，如：行走、走步、走亲访友。“走”在字典中还是个部首，以“走”为意符的字大都与跑、行走的意义有关，如：赴、赶、起、超、越、趋。

〔南北朝〕牵马武士画像砖

左图是南北朝时期的画像砖。图中的牵马武士可能遇到了紧急情况，正大步流星地向前赶路。“走”原本就表示这一意义。

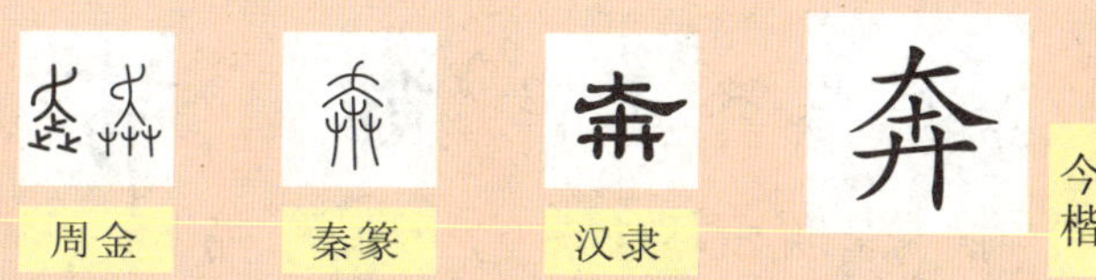

唐代大诗人李白在《将进酒》一诗中写道："君不见，黄河之水天上来，奔流到海不复回。""奔流"是指河水像人飞跑似的急速流淌，"奔"表示跑。然而，"奔"的上部是个"大"，意义与"小"相对；下部是个"卉"，意义是指草。奔应该表示与花草相关的意义，为什么却用来表示跑呢？我们从字源上来探讨一下。

金文前一款"奔"，上部是个甩开两臂奔跑的人，即"夭"，下部是三个表示脚的"止"，意思是人跑得快，像多长了几条腿似的。而后一款"奔"，上部未动，下部却异化为三棵"草"，意思变成人如同在草上飞一样。汉隶以后的"奔"，将上部的"夭"写为表示成年男人的"大"，把下部异化为表示草的"卉"了。

"奔"是会意字，本义指疾走、快跑，如：飞奔、奔跑、万马奔腾、奔走相告。引申指逃跑，如：逃奔、东奔西窜。在由"奔"组成的常用词语中，"奔波"原指奔腾的波涛，多用于表示辛辛苦苦、四处忙碌；"奔命"原指为使命奔忙，多用于表示忙于应付、得不到休息；"奔放"原指放马疾驶，一般表示思想、情感不受拘束，尽情地向外表露。以上用法的"奔"要读作"bēn"。另外，"奔"还表示径直前往，如：投奔、奔头、直奔车站。这种用法的"奔"要读作"bèn"。

右图是汉代的一块画像砖拓片。图中的武士好像接到了紧急命令，正快速奔跑，去应对突发事件。

〔汉〕奔跑武士画像砖拓片

源于跪坐之人（卩）

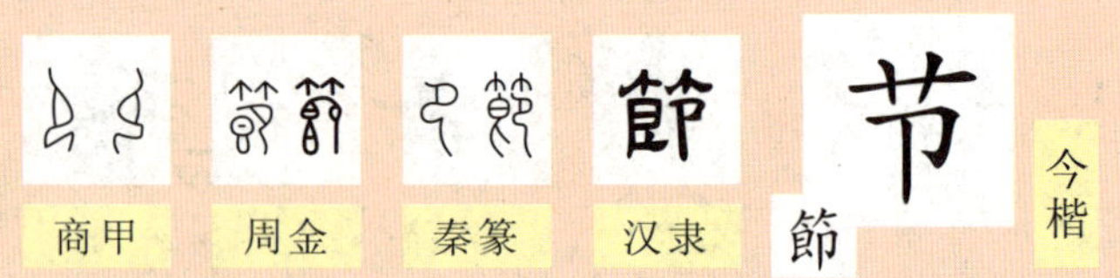

“节”是“節”的简化字，它含有多重意义。

“芝兰生于深林，不以无人而不芳；君子修道立德，不为穷困而改节。”在《孔子家语》的这句话里，“节”表示气节、操守。“强本而节用，则天不能贫。”在《荀子》的这句话里，“节”表示节约、俭省。“节”可以表示年节、节日，如王维的诗句：“独在异乡为异客，每逢佳节倍思亲。”“节”还可以表示季节、时令，如杜牧的诗句：“清明时节雨纷纷，路上行人欲断魂。”但是，以上这些“节”，用的都不是它的本义。

甲骨文的“节”写为“卩”，就像双膝着地、两手扶膝的跪坐之人，意思是指人的膝部、膝关节。因为人体从上到下，由许多功能与膝关节相同的“节”组成，就像竹子是由许多竹节组成的一样，因此金文以后的“节”另辟蹊径，用上“竹”下“即”的“節”来表示关节之义。简化后写为“艹”与“卩”的组合了。

“节”的本义指膝关节，泛指物体各部相联结的地方，如：骨节、枝节、脱节。因为各部的联结之处往往是整个物体被分开的节点，“节”也用来表示整体中的一部分，如：作文的章节、乐曲的音节、办事的环节。进而，“节”还引申表示我们开头说的那些意义。

左图是秦代的跪坐陶俑。甲骨文的“节”就是根据人的这一姿态造出来的。而“节”的本义则是指该人两手放置的部位——膝关节。

〔秦〕跪坐陶俑

商甲	周金	秦篆	汉隶	今楷
			埶	艺（藝）

商周时期，学校对学生主要进行六个方面教育，简称六艺：礼（礼仪、道德）、乐（音乐、诗歌、舞蹈）、射（射箭）、御（驾车）、书（文字读写）、数（算术）。

“艺”是“藝”的简化字。

甲骨文及金文前一款的“艺”，就像跪着的人，手里拿着树苗、花草在栽种。金文后一款及以后的“艺”，在字中加上“土”等字符，写法变得复杂了。简化后的“艺”，上“艹”下“乙”，仍然含有培植草木的意思。

“艺”的本义指草木的种植，如：农艺、园艺。晋代陶渊明的《桃花源诗》有这样的句子：“桑竹垂余荫，菽稷随时艺。”大意是桑树、竹子在地面留下阴影，大豆、谷子随着季节种植。

因为培育草木是一种技能，“艺”便引申指技术、才能，如：手艺、技艺、多才多艺。“人间巧艺夺天工，炼药燃灯清昼同。”元代赵孟頫这句诗里的“巧艺”是指能工巧匠的高超技艺。

又因为写作、绘画、雕塑、演唱、舞蹈等其实质也是一种技术，“艺”又引申指艺术，如：文艺、曲艺、艺人。人们还用“艺术”一词来比喻巧妙的方式、方法，如：教学艺术、领导艺术。

右图是汉代的说唱艺人陶俑。这位艺术家持槌敲鼓，边唱边舞，其活灵活现的表演展示了他高超的才艺。

〔汉〕说唱艺人陶俑

商甲	周金	秦篆	汉隶	今楷
[古文字]	[古文字]	[古文字]	[古文字]	服

汉字中，由“月”组成的字，意义或者与月亮有关，如：明、阴、朗、期，或者与躯体有关，如：肚、脚、背、骨。这些与躯体相关的字，其中的“月”原本是“肉”的变异。“服”与这两个意义都没有关系，为什么字中也含有“月”呢？

甲骨文的“服”，前一款由跪在地上的“人”和按住人的“手”组成，意思是用强力把人给制服。后一款格外加上了表示小船的“舟”，借以强调把那个被制服的人押上船运走。秦篆的“服”，左部仍为“舟”，右部把“人”和“手”合并写为“𠬝”。汉隶以后的“服”，因为“舟”与“月”字形相近，“舟”就被误写为“月”了。其实，“服”的来源与“月”没有任何关系。

“服”是会意字，本义指把对方制服，如：征服、降服、以理服人。《韩非子》载：“虎之所以能服狗者，爪牙也。”意思是老虎能制服狗的原因，就在于它有尖利的爪子和牙齿。

“服”由把人制服转而指被制服之人的屈服、听从，如：服从、驯服、心悦诚服。“服”还引申指承受、承担，如：服刑、服役、为人民服务。由于衣装是顺从人的意愿制作的，并且为人服务，“服”又用来表示衣装，如：便服、礼服、服装。

左侧是彩绘本《红楼梦》里的一幅插图，为清人所绘。中间的那个人叫焦大，因为触犯了权贵者的利益而被两个家丁抓捕、制服。

〔清〕捕押案犯图

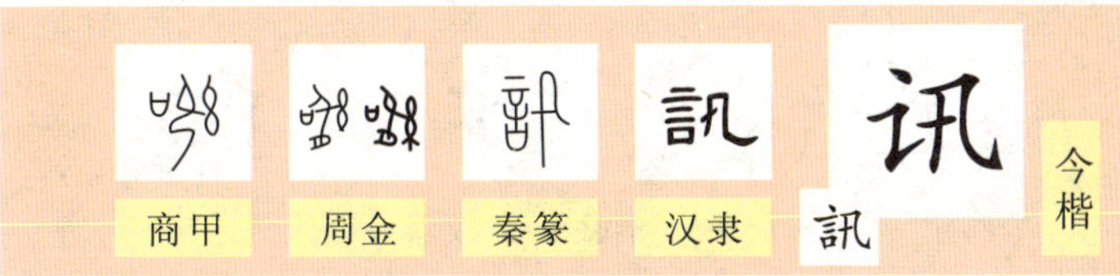

“讯，问也。”这是汉代许慎《说文解字》对“讯”所作的解释。不过，问有许多形式，如慰问式、请教式、探询式、审问式等。“讯”属于哪一种问呢？

甲骨文的“讯”由三个字符组成。左部是表示嘴巴的“口”，中部是跪着之人“卩”，右部是表示细丝的“幺”，字形就像一个跪在地上的人，两手被反绑于身后，正在接受别人审讯。金文的“讯”承袭甲骨文，写法没有太大的变化，只是让被绑的人由跪变立了。我们的先人是通过描绘审讯俘虏或罪犯的场景造出“讯”这个字的。秦篆以后的“讯”，把原有的会意构字方式换为形声构字方式，使“讯”变成以“言”（后简化为“讠”）为意符，以“卂”为声符的形声字了。

“讯”的本义指对俘虏或囚犯的审问，如：审讯、传讯、刑讯。引申指一般意义上的询问、打听，如：问讯、讯问。因为问的目的是为了收集信息，又引申指信息、音信，如：简讯、喜讯、通讯。“有客山中至，言传故人讯。”唐代储光羲这句诗里的“讯”就表示消息、音信。

右侧的审案图是清代孙温为《红楼梦》绘制的插图。那个跪在地上的人正在接受审讯，而“讯”字就是依据这种场景造出来的。

〔清〕官府审案图

源于跪坐之人（卩）

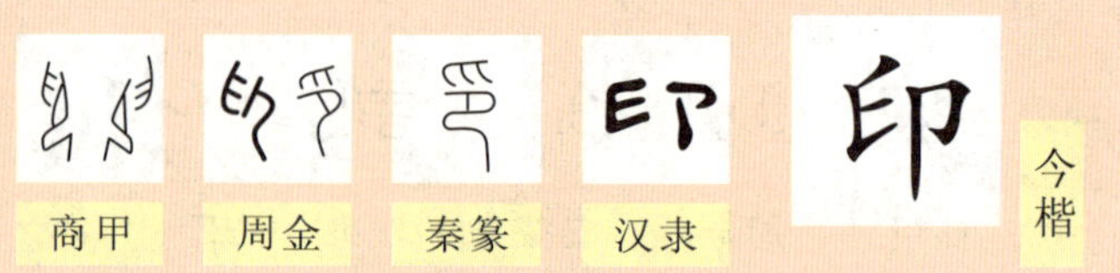

印是权力的象征。

在古代，帝王有帝王的印（后称“玺”），官员有官员的印。纸上写的东西，加盖了皇帝的印章就成了圣旨，可以号令天下。至今，印还是各级政府或职能部门行使权力的一个重要标志。

公家的印如此，私人的印也是如此。书画家在作品上加盖了自己的印章，便拥有了对该作品的处置权；劳动者在工资单上加盖了自己的印章，便拥有了对劳动所得的支配权……

一个用木料、玉石或金属制成的印，为何具有这样的魔力？

甲骨文和金文的“印”由两个字符所组成，一个是跪坐之人（即“卩”），另一个是向下伸出的“手”（即“爪”），意思是用强力把人按住，使之屈服。“印”源于对他人的压制和操控，它其实是“抑”的本字。

“印”是会意字，本义指按、摁，即施压、控制之义。因为印章的使用也需要按压，“印”便用来表示图章、印章，如：官印、钢印、盖印。由此“印”还引申指由于压力而产生的痕迹，如：脚印、手印、烙印。进一步又引申出印象、印刷等方面的意义。由于“印”的引申意义被广泛使用，人们就另造“抑”来表示“印”的本义了。

“印”文化是我国特有的一种文化现象。北京奥运会选用的“中国印”会徽就是这种文化的佐证。左图是晋代的镇南将军金印。其持有者就是通过它来证明自己的身份和行使权力。

〔晋〕镇南将军金印

“乡”在古诗词中大都表示老家、故土。家乡这片热土，让人魂牵梦绕、久唱不衰。“千里作远客，五更思故乡。”清代沈受宏的诗句流露出远方游子对她的深切思念。“近乡情更怯，不敢问来人。”唐代宋之问的诗句表达了走近家乡时的复杂情感。“狐死归首丘，故乡安可忘。”三国曹操的诗句直白、率真。“故乡何处是，忘了除非醉。”宋代李清照的诗句含蓄、深沉。故乡有山水、草木、田园、茅舍……然而“乡”字的来源却与人有关。

“乡”是“鄉”的简化字。甲骨文和金文的“乡”，中间是个装满食物的器具，两侧各有一个人，好像两个老乡在共同进餐。秦篆的“乡”，把食具两侧的人写为表示城镇的“邑”，强调了乡为生长在同一个地方的人。简化后的“乡”，其实是表示丝线的“幺”在写法上的变异，可以理解为对故乡绵长如丝的情感。

“乡”的本义指生长在同一个地方的人，如：同乡、老乡、乡里乡亲。“乡”引申指自己的老家或生长的地方，如：家乡、故乡、背井离乡。“少小离家老大回，乡音无改鬓毛衰。”唐代贺知章这句诗中的“乡”就表示自己的老家。“乡”还用于指农村，意义与“城”相对，如：乡村、下乡、城乡交流、鱼米之乡。另外，作为行政区划，“乡”还是县区下辖的农村基层单位，如：乡镇、乡政府。

右图是汉代的对弈彩陶俑。这两个人相向而跪，有点像甲骨文的“乡”。不过放在他俩中间的不是用餐的食具，而是博弈的棋盘。

〔汉〕对弈彩陶俑

源于跪坐之人（卩）

商甲	周古	秦篆	汉隶	今楷
[古文字]	[古文字]	[古文字]	仰	仰

“仰不愧于天，俯不怍于人”，这是古代先贤孟子之言。通俗点说就是：抬起头来不觉得愧对上天，低下头去不觉得愧对世人。该句表达的意思是：为人处世要光明磊落，堂堂正正，不能做那些对不起上天和后人的事情。

“仰”原来写为“卬”，没有单人旁。

甲骨文的“仰”是会意字，左部是个站立的人，右部是个跪着的人。它所表示的意思很明显，就是跪者看立者的那种姿态，即把头抬起来，向上看。周代古文以后的“仰”，有的承接甲骨文的写法，只是把立者写为“匕”，把跪者写为“卩”。有的在字中格外加上“亻”，“仰”变成了以“亻”表意，以“卬”表意又表声的会意兼形声字了。

“仰”的本义指头抬起、脸朝上，意义与“俯”相对，如：仰望、仰卧、仰面朝天、人仰马翻。三国的诸葛亮在《便宜十六策·思虑》里告诫人们：“仰高者不可忽其下，瞻前者不可忽其后。”句子的意思是，人们考虑问题必须兼顾各个方面，不能顾上不顾下，顾前不顾后。

因为人们看自己崇敬的人物时，总觉得其高大，需仰视才行，“仰”便引申表示敬慕、信奉，如：仰慕、敬仰、信仰。进而还引申指依赖、依仗，如：仰赖、仰仗、仰人鼻息。

左下的参拜图是宋代画家李公麟所绘。甲骨文的“仰”就是依据这样的情景造出来的。

〔宋〕参拜图

商甲	周金	秦篆	汉隶	今楷
[古文字]	[古文字]	[古文字]	御	御

“春城无处不飞花，寒食东风御柳斜。”这是唐代诗人韩翃吟诵春天的诗句。句中的“御柳”是指皇家专用花园里的柳树，而“御”表示与皇帝有关的事物。“御”为什么会表示这一意义呢？

甲骨文的“御”，由表示拴马的缰绳或马鞭子的“丝”与跪坐的“人”组成，有的还格外加上了表示行走的“彳”，意思是赶马前行，字义与和它同音的“驭”完全相同。金文的“御”，把“丝”换成表示杵的“午”，有的还加上表示脚的“止”，但字的意义没有改变。秦篆以后的“御”，演化为左“彳”右“卸”了。

“御”是会意字，本义和“驭”一样，是指对马或者马车的驾驭。因为商周时期列国争雄，一个帝王能否守疆扩土、维持其统治，国力和军力起着决定性作用，而拥有骑兵和战车的数量又是其国力和军力的标志，由此，“御”便用来表示帝王对国家的控制和驾驭。后来“御”的本义由“驭”取代，“御”就专用于表示与帝王相关的事物了，例如“御笔”指皇帝的字或画，“御使”指皇帝的使者，“御花园”指皇帝的专用花园，“御林军”指保卫皇帝的卫队……

“御”还用来表示抵挡，如：御敌、御寒、防御。“御”的这一意义也与皇帝必须随时防备和抵抗外敌的侵犯有关。

右图是清代乾隆皇帝戎装画像。这位帝王手持鞭子，策马前行的姿态就是“御”原本表示的意义。

〔清〕乾隆皇帝戎装画像

源于张口之人（欠）

商甲	周金	秦篆	汉隶	今楷
				欠

俗话说：“万事俱备，只欠东风。”“欠”表示缺少。人们为什么会把“欠”写为上“⺈”下“人”呢？

甲骨文和金文前一款的“欠”，字形就像一个跪坐的人，张着大口在打哈欠。金文后一款的“欠”，上部的写法没有什么变化，只是人由跪坐变为侧立了。秦篆以后的“欠”逐步向符号化演变，最后写成了“⺈”与“人”的组合，看不出打哈欠的意思了。

“欠”是象形字，本义指张口出气，也就是打哈欠。有这样一句古语：“志倦则欠，体倦则伸。”意思是说，人精神疲倦时愿意打哈欠，身体疲倦时愿意伸懒腰。

由于人打哈欠说明精神倦怠、体力不足，“欠”便引申出亏欠、缺少之义，如：欠债、欠条、拖欠。“好鸟共鸣临水树，幽人独欠买山钱。”唐代顾况这句诗里的“欠”就表示欠缺。另外，“欠”还用来表示身体稍微上提和脚跟稍微踮起，如：欠身、欠脚。“欠”的这一意义也源于人打哈欠时不由自主的身体动作。

“欠”在字典中是个部首，由它组成的字，“欠”有的为意符，表示与张口出气有关的意义，如：吹、饮、欢、歌；有的为声符或兼而表意，如：砍、软、钦、歉。

左图是一件清代的罗汉根雕。这位伸着懒腰，张口打哈欠的罗汉形象，正是甲骨文“欠”的形象说明。

〔清〕打哈欠罗汉根雕

明代的丰坊写了首《桃萼歌》："东风一夜吹桃萼，桃花吹开又吹落。开时不记春有情，落时偏道风声恶。"诗里不仅用了三个"吹"字，诗意也颇耐人寻味。

现在的"吹"，左"口"右"欠"。在甲骨文和金文中，"吹"也由这两个字符组成，只是二者的位置没有那么固定。"欠"本来就表示人张口出气，再给它加上个"口"，更强调了吐气的意义。

"吹"是会意字，本义指鼓起嘴巴用力向外吐气，如：吹口哨、吹灭蜡烛。因为有些乐器需要用嘴巴去吹，"吹"便引申指吹响、吹奏，如：吹笙、吹号角、吹喇叭。"牧童归去横牛背，短笛无腔信口吹。"这是宋代雷震《村晚》诗里的句子，为我们描绘了牧童横坐牛背，吹着短笛回村的田园晚景。

乐器被人吹响是气流冲击的结果，"吹"还引申指空气的流动，如：风吹雨打、春风吹拂、朔风劲吹。"天苍苍，野茫茫，风吹草低见牛羊。"北朝民歌《敕勒川》里的"吹"就表示这一意义。

"吹"还用来表示说大话和吹捧，如：吹嘘、吹牛、自吹自擂。成语"吹毛求疵"的意思是指吹开皮上的毛，寻找皮上的疵点，比喻没事找事，故意挑剔人家的毛病和差错。

右图是唐代的女乐师泥塑。这位年轻的女子正双手捧笙，在尽情地"吹"呢！

〔唐〕吹笙女乐师泥塑

说起“女”，不能不提及女娲。据说，上古时代天塌地陷，洪水泛滥，是女娲率领她的部族炼五色石以补天，斩鳌足当擎天柱，用芦苇灰堵洪水，拯救了四方民众。女娲是中国最古老、最伟大的女性，与伏羲一同被尊奉为人类的始祖。

“女”表示女人，意义与“男”相对。

甲骨文和金文的“女”，就像一个双膝跪地，两臂交叉前伸的忙碌女人。有的“女”字上部多了一横，表示妇女头上戴的发簪。秦篆以后的“女”写法有些变异，女人好像由跪变立了。

“女”是象形字，本义指成年女人，也泛指女性，意义与“男”相对，如：女工、妇女、男女老少。“女”还用于表示女儿，意义与儿子相对，如：长女、子女、生儿育女。

《木兰辞》是我国南北朝时期的民歌，因塑造了一位女扮男装、替父从军的英雄女子而久传不衰。民歌在描写木兰返回家乡，脱下军服换上女装之后写道：“出门看伙伴，伙伴皆惊忙。同行十二载，不知木兰是女郎。”“女郎”是指年轻女人。

在字典中“女”是个部首，以“女”为意符的字，有的表现了对女人的赞赏，如：安、好、妙、娇；有的反映了对女人的鄙视，如：奸、妖、妒、婪；还有的仅指女人的身份、行为，没有褒贬之分，如：婆、妻、妹、嫁。

左图是隋代的陶俑。这位女子双膝跪地，手拿簸箕正在忙碌。甲骨文和金文的“女”，正是对这种女人的形象描绘。

〔隋〕簸粮女陶俑

商甲	周金	秦篆	汉隶	今楷
[古文字]	[古文字]	[古文字]	奴	奴

“奴”是指受剥削阶级压迫和役使而失去自由的人。这种人在其主子的压制下，不得不从事无偿的劳动，他们没有人身自由，甚至连生命都得不到保障。

甲骨文和金文的“奴”，就像有只“手”抓住“女”的样子，指的是在战争中被俘获或在部族冲突中被抢掠来的女人。在商周时期的奴隶制社会中，这些女人的命运只能是沦为奴隶。汉隶和楷书的“奴”，把表示手的字符变异为“又”了。

“奴”是会意字，本义指女性奴隶，如：女奴、奴婢。后来，不分性别，泛指失去了人身自由、受役使的人，如：农奴、家奴、奴仆。“富豪役千奴，贫老无寸帛。”这是宋代陆游《岁暮感怀》里的诗句，其中的“奴”就表示地位卑贱的农奴、仆人。

在古代，人们还常用“奴”来谦称自己，这种谦称原来男女都可用，宋代以后则被年轻女子所专用。据《宋史·陆秀夫传》的记载，连垂帘听政的杨太妃，“与群臣语，犹自称奴”。

现在，人们把那些甘愿充当外国人奴才的人称为“洋奴”，把有钱而特别吝啬的人称为“守财奴”，甚至把由于银行卡透支而背上债务的人称为“卡奴”。另外，人们还用“奴颜婢膝”来形容毫无骨气、奴相十足的人。

右图是一件唐代的彩绘泥俑。这个正在推磨的女人已经累得筋疲力尽。她也许就是一个被人抓来的“奴”。

〔唐〕推磨女泥俑

商甲	周金	秦篆	汉隶	今楷
[illegible]	[illegible]	[illegible]	妻	妻

俗话说：男大当婚，女大当嫁。娶了女人的男人就是这个女人的“丈夫”，而嫁了男人的女人就是这个男人的“妻子”。

甲骨文及金文前一款的“妻”，就像有只“手”伸向披散着头发的“女”。“妻”字源于古代抢亲成婚的习俗，这一习俗现今仍流行于某些少数民族地区。金文后一款的“妻”，上部为表示筐篓的“西”，下部为“母”，意思变成结了婚的女人，既要与箩筐为伴挑起家庭生活的担子，还要生儿育女做好母亲的角色。秦篆以后的“妻”与甲骨文相承接，只是把“手”与“女”穿插到一起了。

“妻”是会意字，本义指男人的配偶，意义与女人的配偶“夫”相对，如：妻子、夫妻、贤妻良母、夫唱妻随。“老妻画纸为棋局，稚子敲针作钓钩。”大诗人杜甫的《江村》一诗就描绘了一幅家庭美满、夫妻和睦的生活场景。

家和万事兴，妻贤夫祸少。对于成了家的男人来说，有位贤惠的妻子无疑是一件幸运之事。因为家庭的和睦与兴旺，丈夫的事业与成就，妻子起着特殊而重要的作用，无怪乎有人把妻子称为“内助”。另外，由于我国地域辽阔，不同的地区对“妻”的称谓不同，一般俗称“老婆”“媳妇”或“堂客”等。

左侧的结婚拜堂图是清代彩绘本《红楼梦》的插图。那位蒙着红盖头的女人，从此就成了披挂红绸带的男人的“妻”。

〔清〕结婚拜堂图

商甲	周金	秦篆	汉隶	今楷
[古文字形]	[古文字形]	[古文字形]	[古文字形]	母

母爱，是每一个做儿女的人都能够体验到的真挚情感。“慈母手中线，游子身上衣……”唐代诗人孟郊的《游子吟》已经传唱了一千多年，它还将永远传唱下去。这首诗深情地赞颂了母爱，同时也唤起了人们对母亲的关爱。

如果把“母”与“女”作比较就不难发现，甲骨文的“母”与“女（[甲骨文字形]、[甲骨文字形]）”字形相似，都像双膝跪地、两臂交叉前伸正在忙碌的女人。只不过“母”的胸前比“女”多了两个点，表示给孩子喂奶的乳房。汉隶以后的“母”，字的写法变化较大，表示乳房的两点由横向排列变为竖向排列，让人看不出“母”与“女”二字的联系了。

“母”是象形字，本义指生养、哺乳孩子的女人，即母亲，如：慈母、老母、母子。泛指亲属中的长辈女子，如：祖母、伯母、舅母。《诗经·小雅·蓼莪》里有句歌词：“哀哀父母，生我劬劳。”意思是可怜的父亲和母亲，生我养我多辛劳。

因为生儿育女的功能不仅人类有，禽兽也有，“母”便引申指雌性的，意义与“公”相对，如：母牛、母鸡、母蟹。进而人们还把有滋生能力的事物也称为“母”，如：酵母、字母、航空母舰、失败乃成功之母。

右侧为宋代的《蚕织图卷》局部。画面上的两个女人，一个在哺乳孩子，一个在缝补衣衫。她们都已做了母亲，在为儿女忙碌。

〔宋〕蚕织图卷（局部）

商甲 周金 秦篆 汉隶

育

今楷

“育”既有生养的意义，如“生儿育女”，也有培植的意义，如“封山育林”，还有教导的意义，如“教书育人”。究竟哪个意义是我们先人造字时的本来意愿呢？

甲骨文和金文的“育”，由“女”或“母”与它们屁股后面的大头朝下的“子”组成，字形就像女人生小孩的样子，其中的小点表示伴随孩子降生而流出的血水。秦篆以后的“育”，把下部换成了表示动物躯体的“肉”（后写作“月”），把上部写成了酷似云的“**云**”。需要指出的是，“育”和“毓”同源。甲骨文和金文的“育”还演化出了“毓”，该字最能够体现女人生孩子的意义，不过这个字现在大都用为人名了。

“育”是会意字，本义指生孩子，如：生育、节育、绝育。南北朝时期的辞书《玉篇》就解释说：“育，生也。”因为孩子生下来后必须有人抚养，“育”便引申指培养，如：抚育、培育、养育。又因为对孩子不仅需要生活上的照看，更需要知识和品德的教导，“育”还引申出教育方面的意义，如：德育、智育、教书育人。

育才造士为国家的根本，我国历代贤哲都非常重视。孔子本身就是个教育家，素有弟子三千，贤人七十之说。孟子晚年也从事教育，并把它作为人生三大乐事之一，正如其所言：“得天下英才而教育之，三乐也。”

左图为宋代的慈母恩石刻，雕凿于重庆市大足县宝鼎山。图中的女人就在抚育她生养的孩子。

〔宋〕慈母恩石刻

商甲	周金	秦篆	汉隶	今楷
			要	要

“粉骨碎身浑不怕，要留清白在人间。”这是明代抗击外族入侵的英雄于谦《石灰吟》里的诗句，其中的“要”表示希望、决心之义。这是“要”的本义吗？

观察甲骨文的“要”，下部是个“女”，上部两侧是两只表示手的“又”或“爪”，中间是个表示细丝兼表读音的“幺”，意思是指女人用丝绸腰带束紧腰部。金文的“要”与甲骨文相承接，只是把“幺”换成表示眼睛的“目”，意思指女人两手卡腰，举目四望。秦篆的“要”又把甲骨文的“女”换成了“人”，所表示的意义未变。汉隶以后的“要”写为上“西”下“女”，意义就很难解释了。

“要”是会意兼形声字，本义指人的腰部。“要，身中也。”这就是汉代许慎在《说文解字》里对它的解释。所谓“身中”就是指人的身体中部，即腰。

因为腰是人体的重要部位之一，“要”便引申表示重大、要点，如：重要、要害、简单扼要。又因为重要的东西人们都想得到，要又引申出想、索取之义，如：想要、索要、伸手讨要。“要”还用来表示必需、应该，如：需要、快要、要团结不要分裂。后来，人们另造“腰”代替了“要”的本义，“要”就专用于表示引申义了。

右图是一尊新石器时代的人形彩陶罐。甲骨文和金文的“要”就取象于这种两手卡腰的人。

〔新石器时代〕卡腰人彩陶罐

源于女人（女）

商甲	周金	秦篆	汉隶	今楷
[illegible]	[illegible]	[illegible]	每	每

“每逢佳节倍思亲。”句中的“每”用为虚词，没有什么实在意义，仅表示同一事物有规律地出现。然而，我们的先人当初造这个字时，却与“美”不仅同音，而且同义。

“美”在甲骨文中写为“[illegible]”，字形像个表示成年男人的“大”，头上戴着羊角之类的装饰物，夏商时期的男人们以此为美。而甲骨文和金文的“每”，则像“女”或“母”头上戴着特别明显的装饰物，夏商时期的女人们则以此为美。时至今日，我国西南地区一些少数民族的女子仍然保留着这一习俗。

“每”是象形字，本义原指头上戴着华丽装饰物的美女，意义与“美”相同。《左传》中有“原田每每”一词，指的就是田原里的草木丰美。后来，“每”被借为他用，其本义就转给了“美”。

在实际使用中，“每”可以表示整体中的任何个体，如：每人、每个、每家每户。也可表示重复动作中的任何一次，如：每次、每当、每战必胜。“每”之所以被借为这种用法，大概与美女的头饰多并且轮换使用有关。先贤孔子很好学，《论语》里记载：“子入太庙，每事问。”这里的“每”就表示任何事情。另外，“每”还可以连用，作用相当于“常常、往往”，如晋代陶渊明的诗句：“值欢无复娱，每每多忧虑。”

左图是明代的金质楼阁形发钗。那时的“每”女们，头上就插着这样的装饰物，来显示自己的高雅和秀美。

〔明〕楼阁形金发钗

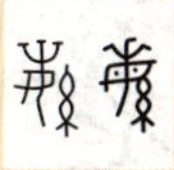
周金

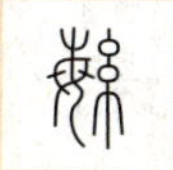
秦篆

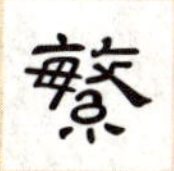
汉隶

繁

今楷

现在的“繁”字上“敏”下“糸”，写起来确实有点麻烦。

金文的“繁”却很简单，仅由两个字符组成，一个是表示蚕丝的“糸”，另一个是头上戴着装饰物的美女——“每”。“每”原本指美女，意义与头上戴着羊角饰物的美男相同，都表示美。后来，由于“每”被借用来表示整体中的任何个体，如“每人、每个、每天”等，其本义就被“美”取代了。“繁”字是依据美女头上戴的像细丝一样多的装饰物造出来的。

“繁”是会意字，本义指众多，如：纷繁、繁多、繁花似锦。唐代李商隐《石榴》诗里有这样的句子：“榴枝婀娜榴实繁，榴膜轻明榴子鲜。”其中的“繁”就表示多。

因为东西多了，会给人兴盛之感，“繁”便引申指兴旺、旺盛，如：繁忙、繁华、繁荣昌盛。由此，“繁”引申指植物生长茂盛，如：繁茂、繁盛、枝繁叶茂。“繁枝容易纷纷落，嫩蕊商量细细开。”大诗人杜甫这句诗里的“繁”就表示树木枝条的茂密。

又因为植物的繁茂源于它不断地生长，“繁”又有了滋生之义，如：繁育、繁殖、繁衍生息。当然，东西一多，也难免杂乱，繁还引申表示复杂，意义与“简”相对，如：繁杂、繁琐、繁文缛节、删繁就简。

右图是明代皇后的凤冠，上面缀满了金银珠宝。若是把它戴到女人头上确实能增加美色，但也会让人觉得，上面的饰物太“繁”了。

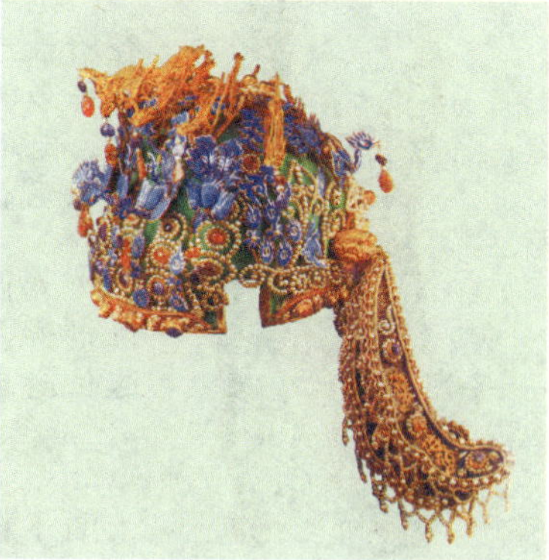

〔明〕皇后凤冠

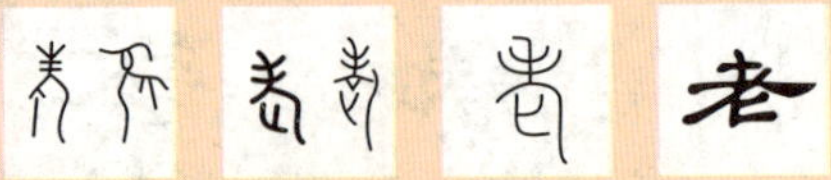

商甲　周金　秦篆　汉隶

老

今楷

汉代有位将领叫马援，立过很多功勋。年老时还带兵平叛，最后病死于得胜返京的路上。他常对人讲："丈夫为志，穷当益坚，老当益壮。"意思是人应该有大志，环境越苦越坚强，年龄越老越有雄心。成语"老当益壮"就出自他的这句话。

甲骨文的"老"就像个年龄很大的老者，长长的头发或散或束，手拄拐杖缓步而行。我们的祖先抓住了老人头发长、腿脚不灵便的特点造出了"老"这个字。金文以后的"老"，长发被写为"毛"，拐杖被写为"匕"，最后演化成了现在这个样子。

"老"是象形字，本义是指老人，意义与"少、幼"相对，如：扶老携幼、返老还童、男女老少。"老"引申指年龄大的，如：老马识途、老弱病残、老牛破车。"老"还引申指有经验的、原来的、破旧的等义，如：老干部、老脾气、老脑筋、老机器。另外，"老"还用作词的前缀，加在动物、称呼和兄妹的排序上，没有什么特别的意义，如：老虎、老鹰、老张、老师；老大、老二。

老年是人生之旅的最后阶段，也是经验最丰富的时期，发挥余热、造福他人是许多老者的心愿。三国曹操的"老骥伏枥，志在千里"、宋代陆游的"壮心未与年俱老，死去犹能作鬼雄"是他们的座右铭。

左图是一件清代的粉彩寿星瓷像。这位老寿星须发斑白，但精神饱满。我们用这位老者的形象来表示"老"的意义。

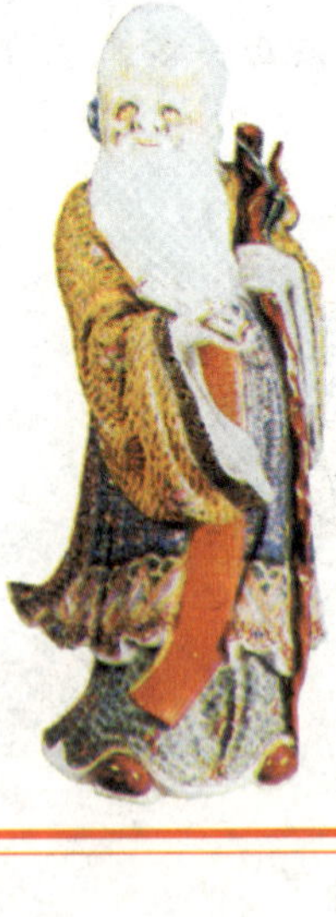

〔清〕粉彩寿星瓷像

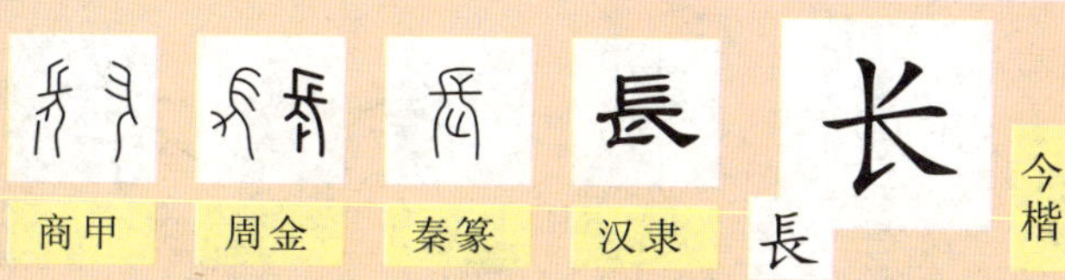

“长”是多音字。读音不同，意义也就不同。

甲骨文和金文的“长”，就像个手拄拐杖的老人（有的把拐杖省掉了），长长的头发被风吹起来的样子。在早期的氏族部落中，年纪大的人常常因为有经验或者儿女多而成为首领。他们把拐杖当作指挥棒，甚至用它去教训后辈子孙。如今，作为权力象征的“权杖”，就是由老人的拐杖转化来的。

“长（zhǎng）”是象形字，本义指年龄大或辈分高的人，如：长辈、兄长、尊长。孟子说：“长幼有叙，朋友有信。”意思是老少之间要讲究尊卑，朋友之间要讲究诚信。“长”引申指首领、负责人，如：班长、校长、部队首长。因为老年人也是由小到大长起来的，“长”又引申指生出、发育，如：生长、成长、长大成人。

在古代，人们认为体肤、毛发是父母所赐，为表示对他们的尊重，一般不剪头发，年纪大的人头发就长（cháng）。“长”便用来表示长短之长，如：长江、长城、长篇大论。“大漠孤烟直，长河落日圆。”唐代王维这句诗里的“长”就表示距离大。又引申指时间久远，如：长期、长年、天长地久。“长”还用来表示优点和专门的技能，如：长处、专长、一技之长。

右图为清代的寿星雕像，是用墨块雕琢而成，表面再涂上金漆。这位老人精神矍铄，安然慈祥。他手中的拐杖大概不单纯是行走的工具，也可能是其家族权力的象征。

〔清〕寿星墨雕

孝敬父母，尊重老人是中华民族的传统美德。儒家经典《孝经》载有孔子这样一句话："孝，德之本也，教之所由生也。"意思是：孝道是一切道德的根本，是各种教育的出发点。

金文和秦篆的"孝"由两个字符组成，一个是披着长发，弯着腰背的老人，另一个是在老人身下如同拐棍的表示小孩的"子"，意思是指搀扶着老人的孝顺孩子。汉隶以后的"孝"，由于构字符号化的原因，把它写为老字头下加个"子"了。

"孝"是会意字，本义指尊重并供养父母的孩子，即孝子。也用来表示对父母和长辈的尊重与敬爱，如：孝敬、孝顺、孝心。对于孝这个字，《说文解字》的解释是："孝，善事父母者。"看来做个有孝心的人并不难，主要就是善待父母。

人们还把尊长死后，其儿孙在发丧期间穿的白色布衣和戴的黑色袖标称为"孝"，如：孝衣、孝服、戴孝。进而"孝"引申指居丧的礼俗，即在尊长去世后的一定期限内，佩戴治丧标志，戒除娱乐宴请，以表示哀悼，如：守孝。"孝子贤孙"一词原指有孝心、德行好的子孙，后来用作贬义，多指卫护落后传统或反动势力的人。

右图为清人绘制的《二十四孝图》的组成部分。图中的孝子为汉代的江革，他走到哪里，就把年迈的母亲背到哪里，以便随时加以照料。

〔清〕孝子背母图

商甲	周金	秦篆	汉隶	今楷
[illegible]	[illegible]	[illegible]	考	考

“事考功，言考用。”这是汉代荀悦《申鉴》中的一句话。意思是：选拔和任用人才，要考察他做的事到底有多大功效，他说的话到底有多大用处。句中的“考”表示考察、考核。

甲骨文的“考”是象形字，就像一个长发老者拄着手杖缓慢行走。“考”与“老”同源、同义，都是根据老人之形造出来的。金文以后的“考”，把条形手杖换成带把的拐杖——“丂”（“柯”的本字），变成以“老”为意符、“丂”为声符的形声字了。

“考”原指老年男人，后用于称死去的父亲，正如《礼记·曲礼下》所言：“生曰父，曰母；死曰考，曰妣。”意思是双亲活着的时候称父、母，死去后就称考、妣。

由于人们在检测某些物品时常采用敲击的方法，其动作与老人拄拐敲击地面行走差不多；而有的老人在考查儿孙的学业时，还会用拐杖敲打他们；再加上对待老人的态度是衡量晚辈道德品质的一个标志。诸多原因使得“考”用来表示检查、测验之义了，如：考查、考试、备考。进一步“考”又引申指思索、研究，如：思考、考虑、考证。

左图是清代画家焦秉贞所绘的《百子团圆图》的组成部分。那两个低头读书的孩子正在全神贯注地准备功课，以便迎接考试。

〔清〕童子读书图

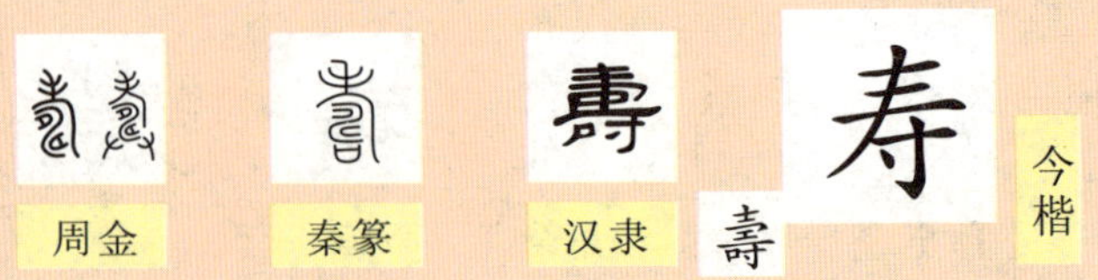

屈原是我国历史上最早的大诗人，也是最负盛名的浪漫主义大师之一。“与天地兮同寿，与日月兮齐光。”这是他《九章》里的诗句，抒发了他创千秋伟业、留万世之名的理想和情怀。

寿是“壽”的简化字。

金文的“寿”，字的外部是个腰弯背驼、一头长发之形的人，即“老”；内部是个围绕着田地转来转去的表示田埂的“畴”，在字中既表示绵长、久远之义，也兼而表声。有的字中还格外加了一双“手”，表示对老人的搀扶。几个字符组合，意思是指寿命久长的老者。

简化后的“寿”由“丰”与“寸”组成。“丰”原指草木茂盛，也有多的意思，不妨把它解释为时间的久远；“寸”原指手掌下部的穴位“寸口”，因其离手掌边缘约一寸，便用来表示长度。“寿”的这种组合，我们可以理解为走过久远人生之路的老人。

“寿”的本义指年岁大、活的时间长，如：人寿年丰、福寿双全。引申指年岁、生命，如：长寿、寿命、寿比南山。还引申指人的生日，如：寿辰、寿诞、祝寿。“寿星”原指天上一颗很亮的恒星，古人称“长寿星”，后来借指长寿之人。

在我国民间传说中，麻姑是位长寿之神，曾经三次见过沧海变成桑田。左侧为清代的麻姑寿星图，是用缂丝工艺制作而成。这种图案的寓意就是祝福老年人健康长寿。

〔清〕缂丝麻姑寿星图

微

商甲	周金	秦篆	汉隶	今楷
			微	微

“微小”“细微”的“微”，本来表示小，字中为什么有个“山”呢？

甲骨文前一款的“微”是象形字，像个头发稀疏、细长的侧立之人，其实它是个表示老者的“老”或长者的“长”。金文的“孝”有一款写为“[illegible]”，被孩子搀扶的老人就是这个样子。而表示人头发的“髟”，也是由它演化出来的。

后来由于字义分化的原因，甲骨文后一款及以后的“微”另加上手举棍棒的“攵”，用头发与棍棒对比来凸显头发的纤细。汉隶以后的“微”，披散头发的“老”被割裂开来，下部的人写成了“几”上加横，上部的头发写成了“山”。

“微”的本义指稀少、细小，如：微笑、略微、微弱、微乎其微。“细雨鱼儿出，微风燕子斜。”在唐代杜甫《水槛遣心》的这句诗中，“微”就表示小的意思。

“微”由东西的细小而引申指人地位的低下，如：卑微、低微、人微言轻。因为细小的东西常让人难以看清其本质而显得有些深奥，“微”又引申出精深、奥妙之义，如：微妙、精微、微言大义。“微服私访”是则成语，它的意思是，帝王或者官员为了隐匿自己的身份，穿上便装在民间查访。

右图是一尊南北朝时期的陶俑。这个女人的奇特之处就是她的“山”字发型。看到它，可以加深我们对“微”字来源的理解。

〔南北朝〕山字发型女俑

源于小孩（子）

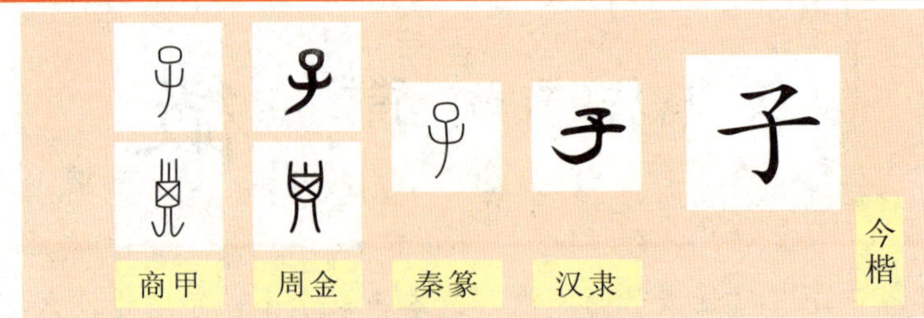

“子”是根据小孩子的形象造出来的。

甲骨文和金文的“子”各有两种写法，都像是头大身小的婴儿，只不过选取的特征不同。上一款比较简单，字形就像婴儿长着个挺大的脑袋，两腿被包住，两臂却在乱动。下一款相对繁杂，字形就像婴儿头发稀疏，脑门骨未长严实，两条小腿还在乱蹬。秦篆以后的“子”，舍弃了繁的，留取了简的。

“子”是象形字，本义指幼小的儿童，如：孩子、童子。唐代胡令能的《小儿垂钓》诗描写了一个钓鱼的男孩：“蓬头稚子学垂纶，侧坐莓苔草映身。”其中，“稚子”表示充满幼稚气的孩子。

“子”引申指儿子，如：母子、父子、独生子。在古代，人们尊称男人为“子”，如：孔子、孟子、先秦诸子。“子”还是一类人的通称，如：学子、游子、厨子。人们还把一些小的颗粒状的东西称为“子”，如：石子、种子、瓜子。“子”被借用为一部分词的后缀，读轻声，不表意，如：房子、桌子、车子。“子”还被借用为干支名，如：子时（指夜里十一点到次日凌晨一点）、子午线。

另外，“子”在字典中是个部首。以“子”为意符的字大都与孩子的意义有关，如：孙、孔、孤、孝、孕、学。“子”也可作声符或兼而表意，如：仔、籽、孜、字。

左图是清代的五子闹佛石雕。我们用围着胖佛开心戏闹的一群孩子来表示“子”的意义。

〔清〕五子闹佛石雕

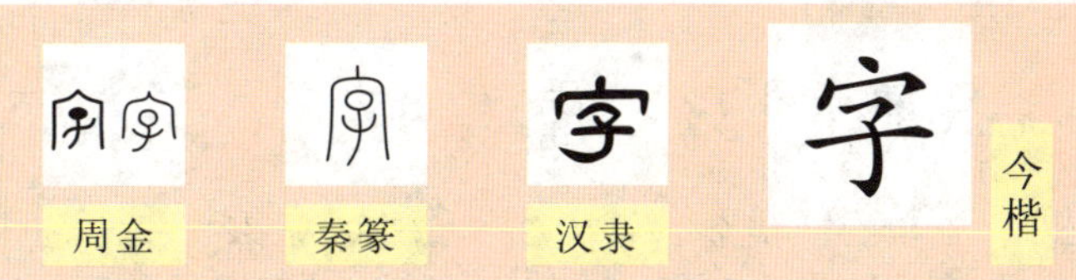

文字是记录语言的符号。当今世界各种文字林林总总，不外乎表音和表意两大类。汉字是世界上流传至今的最古老的表意文字。人们为什么会用上“宀”下“子”的“字”来表示文字呢？

从周代金文到现代楷书，“字”的组成没有变化，上部是个“宀”，表示房屋；下部是个“子”，表示小孩子，并兼而表声。两个字符组合，意思是在家生育、抚养孩子。

“字”是会意兼形声字，本义是指生养孩子。先秦古籍《山海经》载：“黄棘……其实如兰，服之不字。”意思是，黄棘的果实像兰花，吃了就不能生育。句中的“字”就是生育之义。

汉字在初创时数量很少，仅有一些独体象形字，古人称之为“文”。以这些象形字为基础，人们通过指事、会意、形声等方法，造出了大量的合体字，其意义与繁育后代差不多，“字”就这样被用来表示文字了。

考古资料显示，三千多年前的商代甲骨文是我国早期系统而成熟的文字，经过周代金文、秦代篆书、汉代隶书、唐代楷书等几个重要阶段，演变成以现代楷书为标准的汉字体系。

在汉字的产生和演化过程中，涌现出许多贡献卓著的人物，黄帝时期的仓颉就是其中之一。右图是汉代的画像石拓片，上面雕刻的就是仓颉研创文字的情景。

〔汉〕仓颉画像石拓片

商甲 周金 秦篆 汉隶 孫 今楷

孙

“孙”是“孫”的简化字。

甲骨文和金文的“孙”由两个字符组成，一个是头大身小的表示孩子的“子”，另一个是卷成细丝状的“幺”或“糸”，意思是子孙后代像丝线一样不断地延续下去。简化后的“孙”由“子、小”组成，意思是指比儿子小一辈的。

“孙”是会意字，本义指子孙后代，一般专指儿子的儿子，即孙子。而孙子以下各代则称为曾孙、玄孙。“儿孙只有儿孙计，莫与儿孙作马牛。”这是宋代徐守信写的诗句，意思是儿孙们都有自己的打算，当老人的不必为他们瞎操心。

因为孙在长者面前总是个孩子，“孙”还用来表示儿童、小孩。如宋代范成大《四时田园杂兴》里的诗句：“童孙未解供耕织，也傍桑阴学种瓜。”其中的“童孙”就表示小孩子。

“孙”还用为姓氏，我国历史上许多有名的人物出自孙家，像春秋战国时期的军事家孙武、孙膑，三国时期的吴王孙权，唐代的医圣孙思邈等。宋代的小人物孙山也很有名，因为有个成语和他有关。孙山曾与同乡的儿子进京赶考，他在上榜名单的最后一名，同乡的儿子没考上。当同乡问他录取情况时，他咏诗作答：“解名尽处是孙山，贤郎更在孙山外。”后来人们就用“名落孙山”来比喻考试落榜。

左图是一件清代的竹雕。那些依偎在老寿星身边的孩子可能就是他的“孙”。

〔清〕寿星抱孙竹雕

周金 秦篆 汉隶 孔 今楷

现在的“孔”，左部是个“子”，右部是竖弯钩。我们的先人当初造这个字时究竟想表示什么意思呢?

金文的“孔”有两款，前一款是指事字，用上弯的弧线作指事符号，一端指向孩子的头顶，意思是他的头盖骨未长满，“孔”是指幼小孩子头顶上由头皮包着的孔洞。后一款是个象形字，像小孩子吮吸母亲的乳房，“孔”是指乳穴。秦篆以后的“孔”，把表示乳房的弧线写为竖弯钩，字也变成了左右结构。

“孔，窍也，空也。”这是南北朝时期的字书《玉篇》所作的解释。“孔”的本义指有空隙的小洞，如：针孔、弹孔、无孔不入。后泛指洞形的窟窿，如：气孔、桥孔、千疮百孔。人们之所以把脸称为“面孔”，是因为脸部的器官其实都是些“孔”。“孔”还可以作量词，一般用于有孔洞的东西，如：两孔窑洞、三孔油井。

由于我国古代的铜钱上大都有个方形孔，晋代鲁褒便戏称钱为“孔方兄”。他在《钱神论》写道：“亲爱如兄，字曰孔方，失之则贫，得之则富强。”

说到“孔”，不能不提到我国历史上最伟大的人物之一——孔子。他名丘，字仲尼，是春秋时期的鲁国人。他所创立的儒家学说是我国传统文化的主流，影响极其深远，因而被誉为中华民族的圣人。右图是孔子的画像。

孔子画像

“乳”右侧的竖弯钩是由表示乳房的字符演化来的。

识读甲骨文的“乳”，就好像在欣赏一幅温馨的哺乳图：一个母亲跪坐于地，把孩子抱在怀里，乳房对着孩子张开的口。金文的“乳”，把左部写为“孚”（“俘”的本字），右部写为“乃”（“奶”的本字），有点强制孩子吃奶的意思了。秦篆以后的“乳”，把右部的“乃”写成了竖弯钩。

需要说明的是，“孔”在金文中写为“[illegible]”，像孩子吃奶之形，意思是指乳房的孔穴。“乳、孔”二字中的竖弯钩都源于乳房。但含有这一笔画的其他字如“扎、轧、礼、乱”却没有这个意思。

“乳”是会意字，本义指给孩子喂奶，如：哺乳。也用来表示奶汁，如：母乳、牛乳、水乳交融。成语“乳臭未干”是指身上的奶腥味没退尽，常用来讽刺年轻人的幼稚或无知。

“乳”由给小孩喂奶而引申指乳房，如：双乳、乳头、乳罩。进一步还引申指像乳汁、乳房一类的东西，如：豆乳、面乳、乳胶、钟乳石。另外，“乳”还由哺乳的对象引申出幼小、初生之义，如：乳燕、乳儿、乳牙。唐代杜牧在《题村舍》一诗写道：“三树稚桑春未到，扶床乳女午啼饥。”其中的“乳女”是指幼小的女儿。

左侧的哺乳图是清代的《北京民间风俗百图》的组成部分。这位给孩子喂奶的女人不是孩子的母亲，而是以出卖自己的奶汁为生的“乳母”，俗称奶妈子。

〔清〕乳母图

流

商甲 周金 秦篆 汉隶 今楷

战国典籍《吕氏春秋》载：“流水不腐，户枢不蠹。”人们常用此言来比喻经常运动的东西不会受到外物的破坏。“流”在句中虽说是指水的流动，但它的来源却与女人生小孩有关。

甲骨文及金文前一款的“流”，由倒写的“子”和几个表示血水的小点组成，意思是小孩降生时，血水伴随着婴儿一起从母体中涌出。金文后一款及其以后的“流”，把倒写的“子”写为与“云”极为相似的“㐬”，把表示血水的点或者写为一条曲线，或者写为表示水流的“川”，或者另加上三点水旁，使“流”逐渐演化成了现在这个样子。

“流”的本义是指液体的涌动，如：流淌、奔流、泪流满面、川流不息。“芳林新叶催陈叶，流水前波让后波。”唐代刘禹锡这句诗中的“流”就表示河水的涌动。

“流”由河水的流动转而指水流、水道，如：河流、支流、急流险滩、开源节流。进一步引申指能够流动的东西，如：电流、气流、寒流。由于流动的物体具有四下散布的特点，“流”还用来表示传播、运转以及派别等诸多意义，如：流传、流通、流派、三教九流、万古流芳。

“飞流直下三千尺，疑是银河落九天。”这是唐代李白《望庐山瀑布》一诗中的句子。右侧的瀑布飞落图为明代画家所绘，该图就反映了李白这句诗的意境。

〔明〕瀑布飞落图

源于小孩（子）

“巳”（甲骨文为“[illegible]”）源于爬行的小孩，“己”（甲骨文为“[illegible]”）源于绕曲的绳子，由绳子绑的东西属于个人而表示自己。二者很容易混淆，“起”字中的“己”就是“巳”被误写造成的。

甲骨文及金文前一款的“起”是会意字，它由表示小孩的“子”和表示人脚的“止”组成，意思是孩子长大，可以起身行走了。金文后一款和秦篆的“起”，把“子”写成“巳”，还在字中加上跑动之形的“夭”，意思变为小孩子可以起身奔跑了。汉隶以后的“起”，把“夭、止”合并写为“走”。楷书的“起”却把表意的“巳”误写为表声的“己”，由此而变成了形声字。

“起”的本义指小孩子起身站立，迈步行走，泛指立起身来，如：起床、起立、起早贪黑、奋起直追。三国时期的辞书《广雅》就解释说：“起，立也。”

“起”由人站起来的动作，引申指向上升，意义与“落、伏”相反，如：大起大落、此起彼伏。“大鹏一日同风起，扶摇直上九万里。”在唐代李白的这句诗中，“起”就表示上升之义。

由于人站立起来，往往是想要做些事情，“起”又引申指开始，意义与“止”相反，如：起点、起始、起初。“起”还有发动、建立之义，如：起义、白手起家。至于“买不起、经得起”中的“起”，则表示能够承受住之义。

左图是宋代的两件童子泥塑。那个跌倒的孩子在伙伴的鼓励下，正要从地上爬起来。“起”原本就表示这个意义。

〔宋〕童子泥塑

商甲	周金	秦篆	汉隶	今楷
[古文字]	[古文字]	[古文字]	保	保

有句歇后语："泥菩萨过河——自身难保。"如果从字的构成上来看，"保"由"人"和"呆"组成，意思应该指傻瓜、迟钝之人。为什么却和保护、保卫的意义联系在一起了呢？

甲骨文和金文的前一款"保"，就像个大人把胳膊向后伸，以护住背上的孩子。秦篆以后，在孩子的两臂之下加了两个竖画，大概是怕孩子冻着，用衣被把他包起来。就是这画蛇添足的两画，让后人把"子"误写为"呆"了。

"保"是会意字，本义指大人背着孩子，对其加以照料和抚养，即养育之义，如：保育、保养、保姆。汉代《说文解字》的解释就是："保，养也。"

因为要养育孩子，首先要关注他的安全，使其不受伤害，由此"保"引申出守护、护卫的意义，如：保护、保安、保障。我国最古老的典籍《尚书》里载有这样一句话："制治于未乱，保邦于未危。"意思是说，在社会没有动乱时就要严加治理，在国家没有危险时就要严加防卫。"保邦"就是保卫国家。

进一步"保"还引申指负责，如：担保、保证、保质保量。至于"保本、保温、水土保持"里的"保"，则表示维持原状，使之不消失和减弱之义。

右图是战国的虎噬牛形铜案。揣摩这件造型别致的器物，能使我们更深刻地理解"保"所蕴涵的意义。

〔战国〕虎噬牛形铜案

源于受墨刑之人（黑）

我国古代，处罚犯罪分子时常在他们的脸上刺字，然后涂上黑墨，伤口愈合后，便留下难以抹去的黑色印迹。“黑”字的来源就与受过这种墨刑的人有关。

甲骨文和金文的“黑”是象形字，就像正面站立的成年男人，脸上却刻有明显的刀痕，有的还加了几个小点，表示他曾经受过墨刑。秦篆的“黑”改变了原来的构字模式，把上部写为表示天窗的“囱”，下部写为表示烈火的“炎”，意思是指天窗经过烟火长期熏烤的那种颜色，这时的“黑”变成了会意字。

“黑”的本义原指受过墨刑的犯人，表示非法、恶毒和反动之义的“黑”，如“黑帮、黑市、黑心肠、黑社会”等都是从这一意义转化和引申出来的。

由于受过墨刑的人脸部有黑墨之色，“黑”便引申出与“白”相反的意义，如“黑白分明、颠倒黑白”。“黑发不知勤学早，白首方悔读书迟。”在唐代颜真卿《劝学》这句诗里，“黑发”原指黑色头发，在诗中代指年轻人，意义与代指老人的“白首”相对。

“黑”还引申指昏暗、夜晚，如：昏黑、黑夜、起早贪黑。唐代卢纶有诗写道：“月黑雁飞高，单于夜遁逃。”其中的“月黑”就表示没有月亮的夜晚。

左图是商代的黑玉跪人。我们用这件玉雕来说明“黑”，并不是因为玉的颜色，而是因为此人双手被反绑，可能是受过墨刑的罪犯。

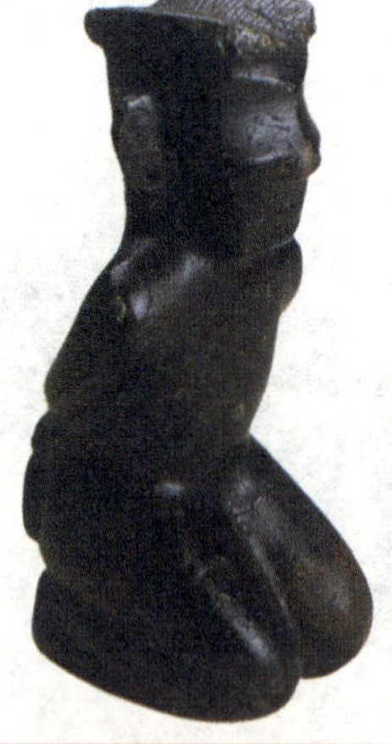

〔商〕黑玉跪人

周金	秦篆	汉隶	今楷
[illegible]	[illegible]	勤	勤

我们中华民族是个勤劳的民族，是把“勤”作为美德的民族。无论是先秦典籍——《尚书》里的“克勤于邦，克俭于家”，还是宋代供儿童学习的启蒙教材——《三字经》里的“勤有功，嬉无益”，无一不渗透着对勤劳品质的崇尚。

现在的“勤”，左“堇”表声，右“力”表意，只是个普通的形声字。如果探讨一下它的由来，却不免让人感到几分苦涩。

金文前一款的“勤”写为“堇”，下部的“土”表示土地，中部的“黑”（[illegible]）表示受过墨刑的囚犯，上部的“廿”其实是“口”的变异，意思是犯罪者在强制之下开垦土地，累得张口喘息。金文后一款的“勤”，另加上表示农具耒的“力”，强调干活出力。

“勤，劳也。”这是汉代许慎所作的解释。“勤”的本义是指不停地做事，泛指尽心尽力地努力劳动，意义与“懒”相对，如：勤劳、勤快、勤学苦练、勤勤恳恳。“历览前贤国与家，成由勤俭败由奢。”在唐代李商隐《咏史》诗的这个句子里，“勤”就表示尽力工作的意义。

另外，“勤”还用来表示在规定时间内的工作和劳动，如：出勤、缺勤、考勤。至于“勤洗手、勤动脑”的“勤”，则表示经常、多次之义。

右图是一尊汉代的陶俑。这个人手里拿着与耒形状、功能相似的铁锸和簸箕，正准备下田干活。他的形象就是个朴实、勤劳的农民。

〔汉〕持锸人陶俑

源于受墨刑之人（黑）

商甲	周金	秦篆	汉隶	今楷
[glyph]	[glyph]	[glyph]	難	难 難

“难”是“難”的简化字，它可以读作“nàn”，表示灾祸，如三国曹植《白马篇》里的诗句：“捐躯赴国难，视死忽如归。”它也可以读作“nán”，表示不容易，如唐代李白《古风》里的诗句：“松柏本孤直，难为桃李颜。”因为读音不同，意义也不相同。那么“难”的本义是什么呢？

“难”源于把囚犯当作牲畜一样的祭祀物品，用火焚烧来祭奠上天。甲骨文及金文前一款的“难”，下部是个“火”，表示火堆；中部是个“黑”，表示受过墨刑的囚犯；上部是个“口”，表示人痛苦时的号叫，意思是指人被焚祭天时所遭受的灾难。金文后一款及其以后的“难”在字中加上了“鸟”或“隹”，用来表示把人烧焦之义。原来“焦”的意思就是指在火上烤鸟，把鸟烤煳了。

“难（nàn）”是会意字，本义指灾害、祸患等不幸的遭遇，如：灾难、遇难、患难与共。因为遭难之人常常发问为什么灾祸会降临到自己头上，“难”便引申出责问之义，如：责难、发难、非难。

因为灾祸能给人带来困苦，就用“难（nán）”来表示与“易”相对的意义，如：困难、艰难、难能可贵。由此“难”还引申指让人感觉不好和为难之义，如：难看、难受、进退两难。

右图为明代刊印的一本书的插图，描绘商代纣王用炮烙之刑残害臣民的事。这位被推向烧红的铜柱子的人，就遭遇到了大“难（nàn）”。

〔明〕炮烙之刑图

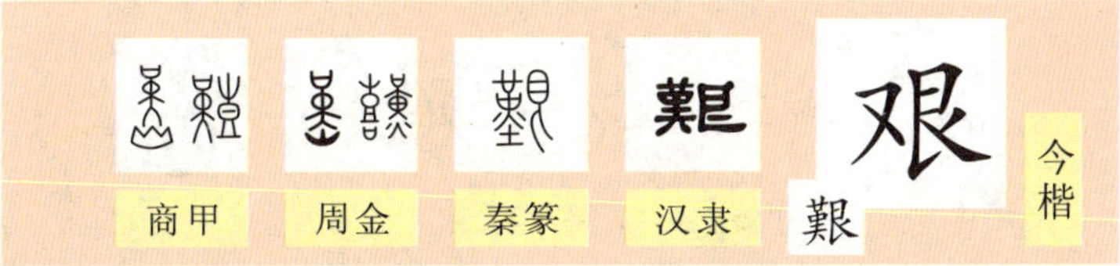

“艰”是“艱”的简化字，“难”是“難”的简化字，二者同源，都源于商周时期焚人祭天的习俗。

甲骨文和金文前一款的“艰”，上部为“口”，下部为“火”，中部是个表示脸上受过墨刑的人，即“黑”，意思是人被焚祭天所遭受的苦难。而后一款的“艰”，在字中另加上了“鼓”，表示祭祀时通报天神的鼓声。秦篆以后的“艰”，因为这种场面过于残酷，令人难以直眼观看，于是就把鼓换成了表示回身一望的“艮”。

“艰”是会意字，本义指祸患、灾难，意义与“难”相近，如：艰难险阻。在商代的两片甲骨上，分别刻有这样的卜辞：“帝其艰”和“其自西有来艰”。前一片的意思是天帝降下灾难，后一片的意思是有来自西面的祸患。

因为灾祸能给人们带来困苦，“艰”便用来表示困难。我国最早的辞典《尔雅》就解释说：“艰，难也。”如：艰辛、艰险、艰巨、艰苦卓绝。“艰”还用来表示文章深奥或文辞不通俗，让人读起来感到困惑、难懂，如：艰深、艰涩。

战国时期的大诗人屈原在《离骚》里写道：“长太息以掩涕兮，哀民生之多艰。”此句反映了他心系百姓疾苦，忧国忧民的情怀。其中的“艰”就表示困苦之义。

左侧是清代画家黄慎的《人物图册》中的一页。那位遭受鞭打的车夫可以说是举步维“艰”。

〔清〕鞭打车夫图

源于戴面具之人（鬼）

商甲	周金	秦篆	汉隶	今楷
[ancient form]	[ancient form]	[ancient form]	鬼	鬼

有人谈鬼色变，认为它是人死后的灵魂变成的，是阴森可怖的怪物。其实，我们的先人初造“鬼”字时并不是这个意思。

甲骨文和金文的“鬼”，下部是个或跪或立的“人”，上部不是“田”，而是供人戴的假面具。有的“鬼”字还含有表示祭祀之义的“示”，那是因为在祭奠神祖的活动中，巫师神婆们常戴着假面具搞一些装神弄鬼的表演。秦篆以后的“鬼”，格外加了个绳套形的“厶”，即“私”的本字，“鬼”成了私心特别严重的人了。

“鬼”是会意字，本义指戴着假面具的人。人之所以戴假面具，最初是为了吓走凶猛的野兽，以保护自己免受伤害。这是原始时代的人们在险恶的生存环境中自我保护的一种手段。在现已发掘出来的古文物中，有许多各式各样的面具，它们可能就是“鬼”字来源的反映。

因为人如果戴上了凶神恶煞模样的面具，会对他人产生心理上的威慑，“鬼”便被用来表示能兴妖作怪的恶魔，如：魔鬼、鬼怪、鬼迷心窍。又因为戴假面具去恐吓人，必须在阴暗之中进行，“鬼”又引申指不光明和不正当的，如：捣鬼、鬼混、鬼鬼祟祟、鬼头鬼脑。至于“酒鬼、烟鬼、胆小鬼、吝啬鬼”等，则是人们对那些不良特点突出者的蔑称。

左图是一件新石器时代的玉质面具。它面目狰狞，威严神秘。谁要是戴上它出现在幽暗之处，肯定会被视为“鬼”。

〔新石器时代〕玉质面具

商甲	周金	秦篆	汉隶	今楷
			畏	畏

中华民族历朝历代都不乏忠贞爱国之士，为了正义事业，他们不怕献出生命，也不以得到宠幸为荣。正如唐代政治家、文学家韩愈所言："不畏义死，不荣幸生。"

"畏"的上部是个"田"，但它的来源和意义与田地无关，却与"鬼"密不可分。甲骨文和金文的"畏"，就像戴着假面具的人（即"鬼"），正举着棍棒吓唬人的样子。商周时期，科技落后，巫风盛行。为了化解灾害或祛除病患，掌权者常让神职人员——巫师，头戴假面具、手拿刀剑等法器装神弄鬼，以达到驱逐妖魔的目的。"畏"就是由此造出来的。汉隶以后的"畏"，面具被写成"田"，手举棍棒威吓他人的构字意象便荡然无存了。

"畏"是会意字，本义指采用威慑手段吓唬他人，即"威"的意义。因为被威慑者遭到吓唬后会产生害怕心理，"畏"便用来表示害怕、恐惧之义，如：畏惧、畏难、畏首畏尾、畏缩不前。

"畏"由心理上的害怕，引申出敬服之义，如：敬畏、畏服。《论语·子罕》载有孔子这样一句话："后生可畏，焉知来者之不如今也？"意思是年轻人是值得敬畏的，怎么知道后来的人赶不上今天的人呢？

右图是商代的青铜双面人像。你看它龇牙咧嘴，面目狰狞，它可能就是古代巫师们用来装神弄鬼、让人望而生畏的用具。

〔商〕青铜双面人像

源于戴面具之人（鬼）

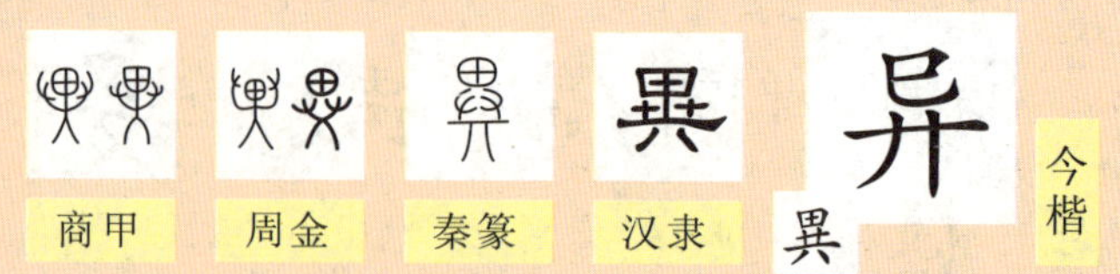

“独在异乡为异客，每逢佳节倍思亲。”唐代王维在这句诗中连续用了两个“异”，表现了诗人客居他乡的孤独与苦闷。

“异”是“異”的简化字。

甲骨文和金文前一款的“异”是象形字，就像正面站立的人，双手上伸，正往头上戴假面具。人戴上了面具，不仅与本相不同，而且与他人也有了区别。金文后一款及以后的“异”遭到分割，面具被写成“田”，向上伸着手的人被写成了“共”。汉字简化时，“異”被“异”所取代。

“异”的本义指不同、不一样的，如：异样、异议、异口同声、大同小异。古代典籍《晏子春秋》有这样一句话：“百里而异习，千里而殊俗。”意思是说，由于地理位置的原因，人们的习惯和风俗会有所区别。句中的“异”与“殊”都表示差别、不同。

因为与众不同会显得特别或另类，“异”便引申指特殊、奇怪，如：优异、奇异、异想天开、标新立异。“异”还表示别的、另外的，如：异日、异地、异国他乡、异域风情。

左图是商代的青铜面具，出土于四川广汉的三星堆遗址。这件面具样式奇特，做工精致，反映了古代巴蜀文化的神秘。谁要是戴上了它，一定会让人感到万分惊异。

〔商〕青铜面具

周金	秦篆	汉隶	今楷
[illegible]	[illegible]	翼	翼

“在天愿作比翼鸟，在地愿为连理枝。”唐代白居易《长恨歌》里的这句诗，已成为许多热恋中的年轻男女或跨进婚姻殿堂的新郎新娘们的爱情誓言了。在这里，我们要探讨的不是这句诗的内涵，而是句中“翼”的来源和意义。

金文的“翼”有两款。它的上部，前一款为“飞”，像鸟飞翔的样子；后一款为“非”，像鸟展开的双翅。它的下部，像正面站立之人，举着双手往头上戴假面具，其实这是个“異”（“异”的繁体字），在字中表示戴着面具跳舞的人并兼而表声。秦篆后一款及其以后的“翼”，逐渐写成上“羽”下“異”了。

“翼”是会意兼形声字，本义指头上戴着鸟形面具，身上披着鸟羽的跳舞之人。正因为跳舞者身上承载着这么多东西，周代青铜器上的铭文“翼受明德”的“翼”就表示承接之义。而成语“小心翼翼”中的“翼翼”表示恭敬、谨慎之义，也是因为跳舞者为了不损坏身上披着的鸟羽，非得小心谨慎不可。

“翼”还由舞者身上的鸟羽道具，引申表示鸟类或昆虫的翅膀，如：鸟翼、蝉翼、羽翼未丰。由此，人们还把飞机的翅膀称为“机翼”，把阵地的两侧称为“两翼”。

右图是战国时期一件漆器的局部，上面画着头戴兽角，身披羽衣，好像在跳舞的人。“翼”也许就是根据这样的舞者形象造出来的一个字。

〔战国〕舞人图案漆器

源于器官的字

源于嘴巴（口）

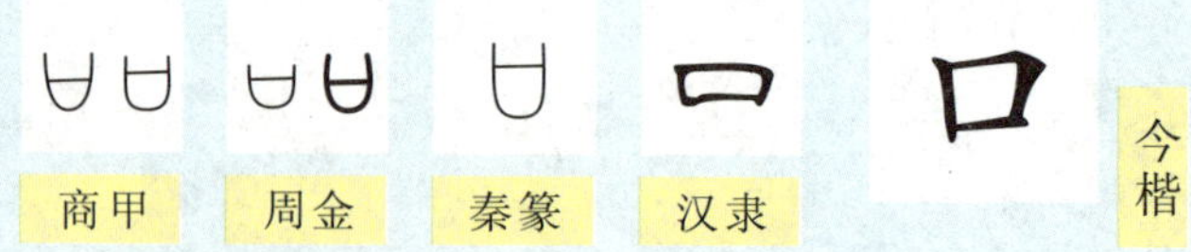

“口”是典型的象形字。

从商代甲骨文到现代楷书，“口”的形状没有多大变化，都像人张开的嘴巴。只不过，早期的“口”嘴角还向上翘着。

“口”的本义指人和动物的嘴巴，如：口腔、张口、病从口入、赞不绝口。战国时期的思想家荀子说：“口能言之，身能行之，国宝也。”意思是，既能说又能干的人是国家的栋梁之才。

因为嘴巴的功能之一是吃东西和品尝味道，“口”便引申指对食物的感觉和喜好，如：口味、口感、大饱口福。因为嘴巴的功能之二是发声、说话，“口”又引申指话语、说话，如：口才、口角、口蜜腹剑。人们还把形状像口的东西也称为“口”，小的如“瓶口、伤口、窗口”，大的如“港口、山口、海口”。

“口”是人们相互交流的重要器官，为此与口相关的成语很多，如：口是心非、口诛笔伐、笑口常开、张口结舌、目瞪口呆、祸从口出。在字典中，“口”还是个部首，以“口”为意符的字大都与它的这两个主要功能有关，如：吃、喝、吞、吐、唱、吵、叹、问。另外，有些由“口”组成的字，如：合、句、品、器，其来源与有口的器具相关。以“口”为声符的字比较少，如：扣、叩。

左图是在陕西省黄陵出土的人头塑像，是六千多年前我们的先人烧制的。塑像上那张开的嘴巴就是“口”原本所表示的意义。

〔新石器时代〕人头陶塑

“齿”是“齒”的简化字。

甲骨文的“齿”非常形象，张开的大口中露着上下两排牙齿，让人一看就能明白它所表示的意义。金文以后的“齿”，在甲骨文的基础上加了个表示脚的“止”，用以强调牙齿咀嚼食物时的运动状态并兼而表音，齿变成了会意兼形声字。

“齿”的本义指口腔正面的门齿，泛指牙齿，如：咬牙切齿、张牙露齿、唇齿相依。说到“齿”，不能不介绍一下“牙”。“牙”的金文写为“[illegible]”，是象形字，像上下咬合的两个臼齿。“牙”和“齿”常连在一起使用，表示口腔中用于咀嚼食物的器官，例如宋代杨万里的诗句：“梅子留酸软齿牙，芭蕉分绿与窗纱。”

由于牙齿还有辅助嘴巴说话、发音的功能，“齿”便引申指说、说到，如：不齿、启齿、伶牙俐齿、何足挂齿。另外，人们还把一些形状像牙齿的东西也称作“齿”，如：锯齿、梳齿、齿轮。

成语“唇亡齿寒”来源于春秋时期的一个历史事件。晋国想要征讨虢国，非得经过虞国不可，于是就派人戴着厚礼到虞国去借路。虞国君王不听臣子的劝告，同意了晋国的要求。晋军灭掉了虢国后，回来的路上乘机把虞国也灭掉了。后来人们就用这则成语比喻双方关系密切，一方受损害，另一方也跟着遭殃。

右图是一件商代的青铜斧钺，其装饰采用的是露着牙齿的口。你看斧钺中间的那一部分，像不像甲骨文的“齿”？

〔商〕齿饰铜钺

人们一般把酸、甘、苦、辛、咸这种味道称为“五味”。其中，“甘”表示甜味。

甲骨文、金文和秦篆的“甘”，是在表示人嘴巴的“口”内加了个短横或圆圈作指事符号，意思是口中之物味道甘甜。汉隶以后的“甘”，口被写成表示二十的“廿”，甘变成了现在这个样子。

“甘”是指事字，本义指味道甜美，意义与“苦”相对，如：甘甜、甘泉、同甘共苦、苦尽甘来。汉代有句古诗：“甘瓜抱苦蒂，美枣生荆棘。”其中的“甘”就表示甜的意思。

因为人们大都对甜味感觉良好，“甘”便引申出美好之义，如“甘美”。宋代洪迈《容斋随笔》里有这样的诗句：“久旱逢甘雨，他乡遇故知。”其中的“甘雨”并非指雨的味道甜，而是由于它及时解除了旱情，让企盼它的人心中感到美好而誉名。由“甘雨”而延伸出来的“甘霖、甘露”，都含有雨水及时、充沛之义。

又因为香甜、美好的东西总会激起人们追求的意愿，“甘”还引申指乐意、情愿，如：甘心、甘愿、善罢甘休、心甘情愿。“闲居非吾志，甘心赴国忧。”三国时期曹植的这句诗，表达了他对清闲安逸生活的厌恶和甘愿为国分忧的志趣。

左侧是明代画家陈洪绶的《餐芝图》局部。图中的那位高士对灵芝情有独钟，以至于吃得那样香甜。人对食物的这种感觉，其意义就是“甘”。

〔明〕餐芝图（局部）

商甲 周金 秦篆 汉隶 今楷

"公"的写法虽说简单，所表示的意义却很繁杂。

在"公而忘私、克己奉公"中，"公"表示国家、集体，意义与"私"相对。在"公买公卖、秉公办事"中，"公"表示公正、公平的，意义与"偏"相对。"公"有公开的、让大家都知道的意义，如：公告、公布、开诚布公。"公"有公认的、国际通用的意义，如：公式、公理、公制单位。在古代，人们对掌权者称"王公、公爵"，把他们的儿孙称为"公子"。现在，后辈对长者尊称"公公、外公"，女人对丈夫常称"老公"。"公"还表示雄性的，意义与"母"相对，如：公鸡、公牛……

"公"的意义如此之多，那么它的本义是什么呢？

甲骨文和金文的"公"，上部是个"八"，即"扒"的本字，表示分割、分开；下部是个"口"，表示盛着食物的器皿。两个字符组合，意思是把食物公平合理地分割、分配。"公"源于氏族部落在祭祀祖先的仪式结束后，主持者把祭肉等食品分割开，让大家共享。秦篆以后的"公"，将字中的"口"换成表示绳套的"厶"，即"私"的本字。把"私"分割了，也就变为"公"。

"公"是会意字，本义指公平、公正，"公"的其他意义都是由此而衍生出来的。荀子说："公生明，偏生暗。"大意是公正使人清醒，偏私使人昏暗。这里的"公"用的就是其本义。

包拯为宋代清官，曾依法斩杀欺上瞒下并欲加害结发之妻和亲生儿女的当朝驸马陈世美。右图是清人绘于颐和园长廊的装饰画，反映的就是他秉公执法，怒斥陈士美的情景。

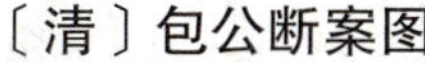

〔清〕包公断案图

源于嘴巴（口）

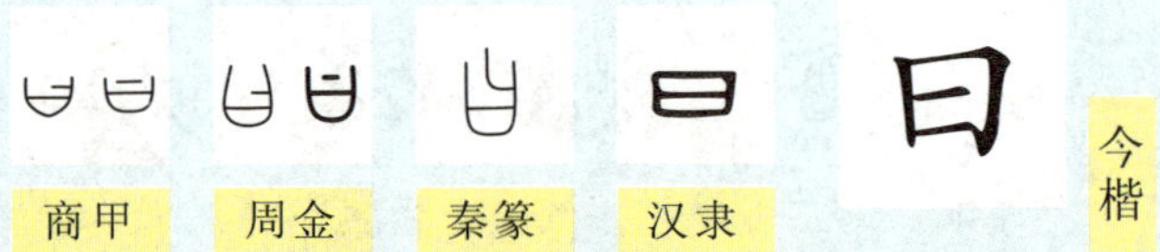

“曰”与“日”的写法基本相同。要区分这两个字，靠的不是笔画而是字形，“曰”横长竖短，“日”横短竖长。那么，“曰”这个字是怎样造出来的呢？

甲骨文和金文的“曰”，字中有个表示人嘴巴的“口”，在“口”的上部加了一个短横或者点作为指事符号，表示张嘴说话，言从口出。秦篆的“曰”把指事符号换成了竖弯。汉隶以后的“曰”写为扁口之内加一横了。

“曰”是指事字，本义指说话。《论语·子罕》载：“子在川上曰：‘逝者如斯夫！不舍昼夜。’”大意是：孔子站在河边说：“逝去的时光就像这河水一样啊，日夜不停地流走了。”其中的“曰”就表示说。

“曰”在古文中使用频度较高。儒家经典《礼记》在强调国家应该留有足够的储备时指出：“国无九年之蓄曰不足，无六年之蓄曰急，无三年之蓄曰国非其国也。”句中的三个“曰”可以用叫作、称为来解释。不过，“曰”这个字在现代汉语中已经很少使用了。

左图是清代的济公象牙雕像。济公是位幽默大师，你看他手摇蒲扇，微张笑口，正用那连珠妙语给人们的生活增添乐趣。雕像中济公那上翘的嘴巴好像正在说话，这就是“曰”所表示的意义。

〔清〕济公象牙雕像

商甲	周金	秦篆	汉隶	今楷
[古文字]	[古文字]	[古文字]	言	言

在汉语宝库中，我们的先人给我们留下了许许多多与“言”相关的成语、警句。如：知无不言，言无不尽；言者无罪，闻者足戒。

对于甲骨文和金文的“言”，人们的解释各不相同。

有人认为，“言”是象形字，像舌头从口中伸出来的样子，其本义是言从口出，即说话。也有人认为，“言”是指事字，是在“舌”字的上部加一短横作为指事符号，表示说话的意思。不过，还有人认为，“言”是会意字，下部为“口”，上部像乐器“箫”。“言”的本义是吹箫，说话是其引申义。

不管“言”是采用什么方法造出来的，其意义是确定无疑的。在“言之有理、言简意赅、不言而喻、有苦难言”中，“言”是动词，表示说、说话。在“言为心声、一言难尽、豪言壮语、金玉良言”中，“言”是名词，表示话、话语。“言”还当“字”讲，如：五言诗、万言书。

另外，“言”（作左偏旁时要简化为“讠”）在字典中还是个部首，由它组成的字大都表示与说话和言辞有关的意义，如：警、誓、信、话、语。“言”为声符的字很少，如：唁。

右图是汉代的一尊说书艺人陶俑。你看他握槌持鼓，摇唇鼓舌，正在用滑稽而幽默的表演动作解释着“言”的意义……

〔汉〕说书艺人陶俑

“舌”虽然写为上“千”下“口”，但它不是会意字。

甲骨文和金文的“舌”，像舌头从口中伸出来，有的字中还加上了些小点，表示舌头上的唾液。汉隶以后的舌，由于构字符号化的需要，把上部写为“千”了。

“舌”是象形字，本义指人或动物的舌头，如：口干舌燥、张口结舌。汉代史学家司马迁在《史记·张仪列传》里写了一段有趣的对话：“张仪谓其妻曰：‘视吾舌尚在不？’其妻笑曰：‘舌在也。’仪曰：‘足矣。’”原来张仪是个说客，靠宣传自己的政见担任了秦国的丞相。从某种意义上讲，舌头对他最为重要，无怪乎他对自己的舌头那么在意。

由于舌头的功能主要有两方面，一是协助进食并辨别食物的滋味，二是协助说话来表达人的想法，因此以“舌”为意符的字大都与它的这两个意义有关，如“舐、舔、甜”，以及“辞、敌、话”。而由“舌”组成的成语也多与言语之义有关，如：唇枪舌剑、费尽口舌、摇唇鼓舌、油嘴滑舌。“百舌黄鹂方用事，汝音虽好复谁听？”宋代道潜《绝句》诗里的“舌”用的就是它的本义。另外，一些形状像舌头的东西，人们也以“舌”相称，如：笔舌、帽舌、火舌。

成语“鹦鹉学舌”原指鹦鹉学人说话，比喻别人怎么说自己就怎么说，没有独立见解。左侧为明代的皇宫驯鸟人图。这个人正在调教鹦鹉说话，以供皇帝取乐。

〔明〕皇宫驯鸟人图

音

商甲 周金 秦篆 汉隶 今楷

上“立”下“日”为“音”，它的来源与这两个字符毫无关系。

甲骨文的“音”写为“言”，言既表示说话、话语，也表示说话和话语的音调。为了把“言”的后一种意义剥离出来，金文“音”在下部的“口”中加上横或点而写为“曰”，意思指人说话的声音。汉隶以后的“音”构字符号化，演变成了现在这个样子。

“音”的本义是指人说话的响声、音调，如：口音、嗓音、语音。“少小离家老大回，乡音无改鬓毛衰。”这是唐代贺知章《回乡偶书》里的诗句，“乡音”指的是家乡的口音。

“音”泛指各种声响，意义与“声”相近，如：声音、噪音、录音。“音”还特指演唱和乐器发出的有节奏和韵律的声音，如：音乐、乐音。因为声音能够传递信息，“音”还引申指消息，如：音信、佳音、福音。另外，“音”在字典中是部首，以“音”为意符的字大都和音乐有关，如：竟、章、意、韵、韶。“音”也可以为声符，如：暗、黯。

先贤老子崇尚自然，倡导朴实，反对纵欲奢侈。他说：“五色令人目盲，五音令人耳聋，五味令人口爽。”意思是：五色缤纷使人眼瞎，五音繁乱使人耳聋，五味混杂使人口伤。在句中，“五音”是指中国古典音乐里的宫、商、角、徵、羽五个音级。

古籍《列子》载：俞伯牙善弹琴，钟子期善听琴，无论前者弹什么样的曲调，后者都能听清其意。人们便用“知音”比喻了解自己的人。右侧的元代的《伯牙鼓琴图》画的就是这两个知音。

〔元〕伯牙鼓琴图

鸦雀具有群居共栖的特点，当它们落到树上时，常常啼叫不已，形成聒噪之声。“噪”字就是根据鸟的这一特点造出来的。

甲骨文和金文的“噪”是会意字，它由表示树木的“木”和三个表示嘴巴的“口”组成，意思是群鸟在树上张口鸣叫。秦篆和汉隶的“噪”向符号化和整齐化演变，写为上“品”下“木”了。后来，由于“喿”被借用为组字构件，如“澡、燥、躁、操”等，人们就在字中添加了第四个“口”来作偏旁，“噪”由此变成了以“口”表意，以“喿”表意兼表声的会意兼形声字了。

“噪”的本义是指群鸟的鸣叫，如：鸟欢雀噪。唐代大诗人杜甫在《羌村三首》一诗写道：“柴门鸟雀噪，归客千里至。”其中的“噪”用的就是它的本义。

“噪”还用来形容蝉尖利、单调的叫声，如南朝王籍的《入若耶溪》里的诗句：“蝉噪林逾静，鸟鸣山更幽。”“噪”不仅可以形容鸟叫蝉鸣，还可以形容鼓乐发出的声响，如隋代薛道衡的诗句：“笳声喧陇水，鼓曲噪渔阳。”

由于群鸟和草虫的喧叫声有时杂乱无章、令人生厌，“噪”还指嘈杂、刺耳的声音，如：噪音、噪声。而“鼓噪、聒噪、名声大噪”里的“噪”，则表示大声叫嚷、声音远扬之义。

左侧是明代的《桂菊山禽图轴》局部。这些聚集在树上的鸟雀张口鸣叫的情景，就是我们的先人所造“噪”的依据。

〔明〕桂菊山禽图轴（局部）

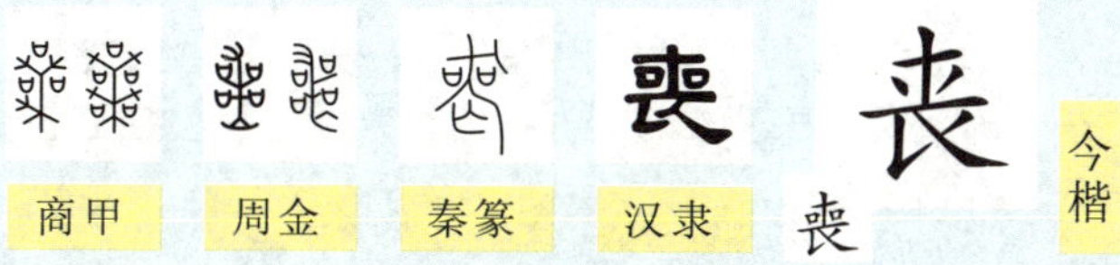

我国是个丝绸古国，在商周时期，丝绸纺织就已经成了国家的支柱产业之一。作为这一产业的基础，桑树的栽培相当普遍，然而仍旧满足不了桑蚕超量饲养的需要，以至于给桑树带来了灾难。“丧”字的来源就说明了这个问题。

“丧”是“喪”的简化字。甲骨文的“丧”，是在一个“桑”之上加了众多的“口”，用以表示桑蚕吃光了桑叶，使桑树无法存活而死亡。金文以后的“丧”，字中的“口”没有什么变化，“桑”却被写走了形，让人看不出“丧”与“桑”的关系了。

“丧（sāng）”原是会意兼形声字，本义指桑树的死亡，引申指与死了人有关的事情，如：丧事、丧葬、治丧、吊丧。《论语·八佾》载有孔子这样一句话：“礼，与其奢也，宁俭；丧，与其易也，宁戚。”大意是：迎送之礼，与其场面奢华，不如节俭从事；丧葬之礼，与其简单草率，不如气氛悲哀。“丧”在句中就表示处理死人的事宜。

由于桑树的死亡意味着其生命的结束，“丧”由此引申出失去、丢掉之义，这一意义的“丧”要读作“sàng”。如：丧生、丧偶、丧魂落魄、闻风丧胆。而“沮丧、懊丧、灰心丧气”中的“丧”，则表示心情不好，失去了斗志。

右图是宋代的蚕织图卷局部，描绘着人们采集桑叶的情景。当桑叶遭到超负荷采摘，桑树可能就面临生命的丧失。

〔宋〕采集桑叶图

商甲	周金	秦篆	汉隶	今楷
			品	品

“事能知足心常惬，人到无求品自高。”这是清代文学家陈白崖的一副对联。它告诫人们对钱财不可贪得无厌，对私欲应该有所节制。当知足时且知足，知足者内心安乐；当无求时应无求，无求者品位高尚。当然，这里的知足、无求是对私利而言，它与不断开拓、进取，为社会多做贡献的精神属于两个范畴的概念。

“品”，一个字中有三个“口”。我们来介绍一下它的本义。

甲骨文和金文的“品”也由三个“口”组成，只不过它们的排列方式不尽相同。“口”的本义原指人的嘴巴，在“品”字中表示杯、碗、鼎之类的有“口”的器物。

“品”是会意字，本义指器具、物品，如：商品、食品、半成品。因为物品的质量有优劣之分，“品”便引申指物品的等级、品质，如：精品、珍品、残次品。进而还引申表示对事物优劣的辨别、评定，如：品茶、品尝、评头品足。

由物品的等级推及到官员的级别，我国封建时代把官吏划为九个品级，最高为一品，最低为九品。由此，“品”引申指人的德行、本质，如：品行、品德、品学兼优。清代王永彬在《围炉夜话》中写道：“人品之不高，总为一利字看不破；学业之不进，总为一懒字丢不开。”句中的“人品”是指人的品行。

右图是商代贵族用来蒸煮食物的器具——青铜三联鼎。一套烹饪器具却有三口鼎，我们用这件器物来说明“品”的本义。

〔商〕青铜三联鼎

《三国演义》是明代罗贯中所著的长篇历史小说，其开篇第一句话就是："话说天下大势，分久必合，合久必分。"句中的"合"表示并在一起或结为一体。

甲骨文、金文和秦篆的"合"，字形就像一个带盖的容器，上面的盖子和下面的器具扣在一起。汉隶以后的"合"构字符号化，把容器的盖子写成了"人"的下部加一短横了。

"合"是会意字，本义指器物的扣合，泛指闭上、合拢，意义与"开"相对，如：闭合、合上、合眼。"合抱之木，生于毫末；九层之台，起于累土；千里之行，始于足下。"在先贤老子的这句话中，"合抱"是指张开两臂围合起来。

由于器具的盖与体相扣，意味着它们聚到了一起，"合"便引申指聚集、共同，意义与"分"相对，如：集合、合唱、合资企业。"人有悲欢离合，月有阴晴圆缺，此事古难全。"宋代苏轼《水调歌头·明月几时有》一词里的"合"就表示团圆、相聚。

"合"还由器具的盖与体上下相互匹配，从而引申出相符、适合的意义，如：符合、合格、合辙押韵、合情合理。进而还用来表示总共、全，如：合计、合家大小。

左图是一件战国时期的高脚铜豆。这件盖与体紧密相扣、严丝合缝的器物，正符合了"合"原本所表示的意义。

〔战国〕高脚铜豆

源于倒口（亼）

商甲	周金	秦篆	汉隶	今楷
				今

“今”字的意义很简单，表示当前或现代。“今人不见古时月，今月曾经照古人。”在唐代李白《把酒问月》的这句诗里，其中的两个“今”都表示今天、现在这一意义。

“今”字的来源也不复杂。甲骨文、金文和秦篆的“今”，上部是个嘴巴朝下的“口”，下部是个作为指事符号的短横或弯线，告诉人们这里是喘气、说话、吃饭的地方。汉隶以后的“今”，字的写法逐步变异，演化为现在的上为“人”、中为一点、下为横折了。

“今”是指事字，本义原指张口朝下的嘴巴，意义与“口”相同。但是，作为组字构件，二者的使用却有所不同，“口”可以位于字的任何位置，而“今”在古文字中多位于字的上部，表示吃、说等意义，如：含、贪、念、食、令、命。只是后来“今”作了声符或兼而表意，才被用于字的其他位置上了，如：吟、衿、矜。

因为人无论是吃饭还是说话，当他张开口时，就意味着某一时间的起始，“今”便用来表示当前、现在，如：当今、至今、今天、从今以后。明代学者王世贞曾经写有这样一句诗，告诫人们要珍惜眼下的每一天：“百年哪得更百年，今日还须爱今日。”

又因为当前这一时段仅仅是当代的一个组成部分，“今”还引申指现代，意义与“古、昔”相对，如：今非昔比、古今中外、抚今追昔。

唐代罗隐在《自遣》诗中写道：“今朝有酒今朝醉，明日愁来明日愁。”左图为清代的醉翁根雕。这位老者心中可能有烦闷之事，只能借酒浇愁，打发每一个“今日”。

〔清〕醉翁根雕

食

商甲 周金 秦篆 汉隶 今楷

古语说："民以食为天。"解决吃饭问题是头等大事。

甲骨文和金文的"食"，上部是个"口"，只不过张口朝下，下部是只高脚钵子，里面装满了食物，意思是指吃饭。有的字中还含有几个小点，表示吃饭时掉的颗粒。秦篆以后的"食"向符号化演变，到楷书时，上部写成了"人"，下部写成了"良"。

"食（shí）"是会意字，本义指吃、吃饭，如：吞食、绝食、食不甘味、废寝忘食。《论语·阳货》载有孔子这样一句话："饱食终日，无所用心，难矣哉！"大意是：整天吃饱喝足，却什么事都不关心，这种人很难有所作为啊！

"食"由人张口吃的动作转而指粮、菜、肉等可以吃的东西，如：粮食、食品、缺衣少食、丰衣足食。人们还把日、月亏缺的天文现象称为日食、月食。

另外，"食"还读作"sì"，表示喂食、给人吃，例如："饮之食之，教之诲之。"《诗经·小雅·绵蛮》的这句诗，"食"用的就是这一意义。不过，"食"的这个用法现在一般转给"饲"了。

"食"在字典中是个部首，以"食"为意符的字，大都与食物及吃喝有关，如：餐、飨、饮、饭、饵、饱。"食"还可以作声符，如：蚀、饰。书写时注意，"食"作左偏旁时要简化为"饣"。

神农是华夏民族的始族，为了找到治病救人的药，他曾遍尝百草。右图是汉代的画像石拓片，上面就雕刻着他张口食草的情景。

〔汉〕神农尝百草画像石拓片

“令必行，禁必止。”这是战国时期法家代表人物韩非子的一句话，此言强调的是命令对于执行者的严肃性。“发号施令，若汗出于体，一出而不复。”这是唐太宗李世民的一句话，强调的则是命令发布者的慎重态度。

甲骨文和金文的“令”，上部是个倒写的“口”，表示张嘴发话，下部是个跪坐的人，这个人是领袖，正在对下属发号施令。汉隶以后的“令”构字符号化，将其写为“今”的下部加“、”了。

“令（lìng）”是会意字，本义指上级对下级下达指示、发布命令，如：通令、急令、挟天子以令诸侯。“令，发号也。”这就是汉代许慎对该字所作的解释。由此，“令”还表示上级下达的指示，如：手令、法令、朝令夕改、军令如山。在宋代欧阳修“号令不虚出，赏罚不滥行”一言中，“号令”就表示这一意义。

由于领导者的有些指令不具有强制性，“令”的意义还有所弱化，用来表示叫、让，如：令人鼓舞、令人发指、利令智昏。明代于谦在《静夜思》中写道：“但令名节不堕地，身外区区安用求？”意思是只要让名誉、气节不受玷污，何必刻意追求身外那些不值一提的小事情。另外，“令”还读作“lǐng”，用为纸张的计量单位，五百张机制整张原纸为一令。

右图为清代一幅画的局部。这位将军坐在虎皮椅上，正在向他的部属下达命令。

〔清〕将军发令图

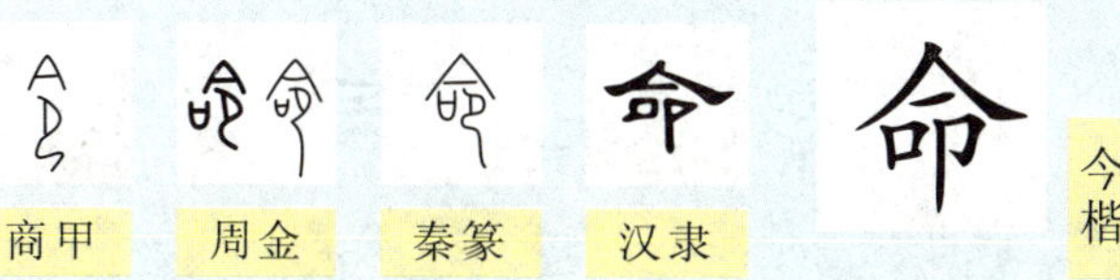

“命”与“令”，从字形上看，上部都是“人”；从字义上看，都含有对他人下达指令之义；从用法上看，它们有时还连在一起使用。其中的原因就在于：“命”是从“令”衍生出来的一个字。

甲骨文的“命”其实写为“令”，上部是个嘴巴朝下的“口”，下部是个跪坐的“人”。这个人是个权威，正向属下发布命令。因为有些命令关系到人的生命或命运，所以金文以后的“命”，就给“令”加上“口”，使其与“令”相区别。汉隶以后的“命”，上部倒写的“口”被写为“人”下加横，下部跪坐的人被写为“卩”了。

“命”是会意字，本义与“令”相同，表示上级下达或已下达的指令，如：命令、遵命、唯命是从、原地待命。“命，使也。”通过《说文解字》的解释可以看出，“命”就表示对他人的指挥、调派。

“命”还表示生命，如：性命、寿命、人命关天、相依为命。《论语》载有孔子这样一句话：“见利思义，见危授命。”意思是见到利益时要想到是否符合道义，见到危难时要准备献出生命。

在古代先民的心中，人的祸福、贫富以及生命的长短，都是与生俱来、上天确定的，即所谓“死生有命，富贵在天”。“命”便引申出命运之义，如：算命、命中注定、听天由命。

左侧是明代一本书的插图，描绘着戒备森严的军帅营帐。许多命令就是从这里发布的，而这些命令往往关系到士兵的生命。

〔明〕军帅营帐图

源于眼睛（目）

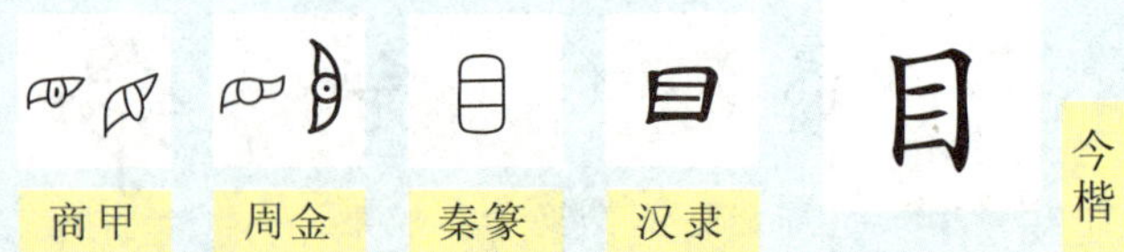

古语说："目贵明，耳贵聪，心贵公。""目"指的是眼睛，它是人们认识世界的视觉器官。

甲骨文和金文的"目"，不管是横的还是竖的，都像一只睁开的眼睛。中间的圆圈（有的还加个点）表示瞳孔，四周的外框表示眼睑。秦篆以后的"目"，由横目变成竖"目"，瞳孔也由圆圈变成两条横线，虽然也像眼睛，但不那么逼真了。目字的演变其实是汉字从图形化走向符号化的一个缩影。

"目"是象形字，本义指眼睛，成语"目光炯炯、目瞪口呆、有目共睹、眉清目秀"中的"目"，用的就是它的本义。"目"还可作动词，表示看的意思，如：一目了然、一目十行、目不转睛。"欲穷千里目，更上一层楼。"唐代王之涣《登鹳雀楼》一诗中的"目"，可以理解为眼力所及的地方，即眼界。

由于眼睛最能反映一个人的特征，人们就把能代表事物主要特点的名称、名义也称为"目"，例如文章的标题叫"题目"，工程的名称叫"项目"，做事的名义叫"名目"。由此，"目"还引申指按一定顺序排列供人检索的目录、条目，如：书目、账目、节目。另外，"目"在字典中还是个部首，它可以为意符，表示与眼睛相关的意义，如：看、眉、盲、相、眠、盼。它也可以作声符，如：苜、钼。

左图是四川广汉三星堆遗址出土的青铜面具，为三千多年前的商代遗物。这件面具的最大特点就是有一双突出眼眶的、圆柱形的"目"。

〔商〕突目面具

“见”是“見”的简化字。

甲骨文和金文的“见”，就像一个或跪或立的人头上长着大眼睛，意思是人瞪着眼睛在观看。秦篆和汉隶的“见”，字形向符号化演变，写成了上“目”下“儿”。简化后的“见”，看上去就像人的头上戴了一顶大帽子，有点羞于见人的味道了。

“见”是会意字，本义是指看、看到，如：看见、见闻、见义勇为、百闻不如一见。《论语·里仁》载有孔子这样一句话：“见贤思齐焉，见不贤而内自省也。”大意是：见到有贤德的人就想向他看齐，见到没有贤德的人就反省自己是不是也存在同样的问题。句中的两个“见”用的都是它的本义。

因为人们对见到的事情总有自己的看法，“见”便引申指对事物的认识和想法，如：意见、见解、远见卓识、固执己见。“见”还引申指会面，如：接见、会见、再见。“见”用在动词前还表示被、受到，如：见笑、见谅、见教。以上意义的见读作“jiàn”。

另外，“见”还读作“xiàn”，表示露出、显现，意义与“现”相同。例如北朝民歌《敕勒歌》：“天苍苍，野茫茫，风吹草低见牛羊。”句中的“见”就表示显露之义。

右图是一件用玉石雕刻的人首龙身形佩饰，属于春秋时期的遗物。玉佩上的人瞪着个大眼睛，仿佛在告诉人们，他已经目有所“见”。

〔春秋〕人首龙身形玉佩

商甲	周金	秦篆	汉隶	今楷
[illegible]	[illegible]	[illegible]	民	民

历代贤人都强调人民的重要性。春秋时期的孟子说："民为贵，社稷次之，君为轻。"唐代皇帝李世民说："民者国之先，国者君之本。"然而，"民"字的来源却充满着血腥的气味。

商周时期属于奴隶社会，当时小国众多，战争不断。获胜者常把抓来的俘虏作为奴隶。为了防止他们逃走，并与本国人相区别，就用锥子刺瞎他们的一只眼睛作标识。甲骨文和金文的"民"，上部是个"目"，下部像把锥子，就是这种暴行的反映。

"民"是会意字，本义指被刺瞎一只眼睛的奴隶。随着奴隶制度的消亡，"民"的意义才发生了变化，用于表示社会的基本成员，即普通老百姓，如：国民、公民、人民群众。晏子是春秋时期的政治家，《晏子春秋·内篇》里记载了他这样一句话："意莫下于刻民，行莫贱于害民。"大意是：最卑下的意识莫过于刻薄地对待老百姓，最低贱的行为莫过于伤害老百姓。

因为老百姓都得依靠自己劳动而生活，"民"便引申指从事某种工作的人，如：农民、牧民、渔民。进而还引申指民间的，如：民歌、民俗、民谣。"民"还有非军事、非军人的意义，如：民用、民航、军民一家。

左图是商代的一件殉葬石俑。其痛苦的表情和裸露的身体告诉我们，他可能就是个被刺瞎眼睛的奴隶，即商代的"民"。

〔商〕奴隶石俑

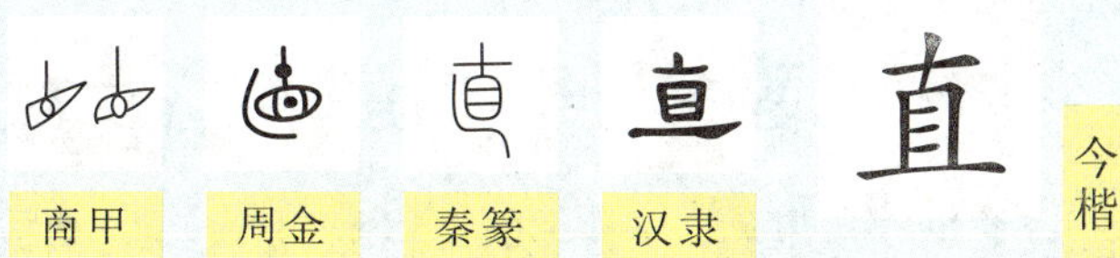

“直”字的上部是个“十”，下部是个比“且”还要多一横的“且”。我们来介绍一下这个字的演变过程。

甲骨文的“直”，是在表示眼睛的“目”上加了一条直线，好像工匠眼睛直视，来测量干的活是否取直。金文的“直”，一是在视线上加了个点，二是在字旁加了个表示围墙的“乚”，强调了砌筑墙体要和地面垂直。楷书的“直”，把视线和上面的点写成“十”，把“目”和围墙穿插到一起写成“且”，就成了现在这个样子。

“直”是会意字，本义指像视线那样直，意义与“曲”相对，如：直线、笔直、垂直挺立。唐代王维在《使之塞上》一诗里有这样的句子：“大漠孤烟直，长河落日圆。”其中的“直”用的就是它的本义。由于视线不会弯曲，“直”引申指直接的、不停顿的，如：直达、直播、直截了当、勇往直前。

“直”还用来表示人的品质公正，处事合理，如：正直、耿直、刚直不阿、理直气壮。进而还表示性情爽快，如：直爽、直率、心直口快。我国古代先贤把“直”视为人应该具有的品质，甚至连德字中也含有“直（㥁）”。先贤老子说过，有道德的人“直而不肆，光而不耀”，即性情率直而不放肆，做人光明而不炫耀。

右图是陕西秦始皇陵出土的跪射武士陶俑。他目不转睛注视前方的神态，表达的正是“直”的本义。

〔秦〕跪射武士俑

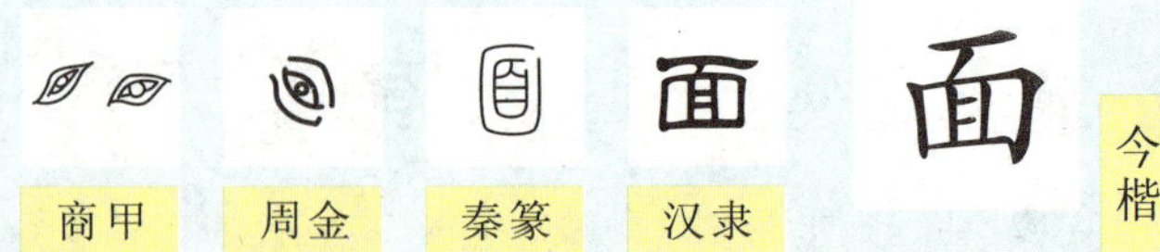

在现代汉语中，“面”既用来表示人的脸，如：面孔、脸面，也用来表示粮食磨成的粉，如：面包、米面。那么，这个字的本义到底是什么呢？

甲骨文和金文的“面”，字的内部是表示眼睛的“目”，而外框则用来表示人的脸部轮廓，意思是长着眼睛的脸。我们的先人用脸上最能传神的眼睛造出了“面”这个字。汉隶以后的“面”，从字形上已经很难看出脸面的意思了。

“面”是象形字，本义指人的脸，如：面容、面目、面黄肌瘦、红光满面。《韩非子·观行》中有这样一句话：“目短于自见，故以镜观面；智短于自知，故以道正己。”大意是：眼睛的短处在于自己看自己，所以要借助镜子来观察自己的脸；智力的短处在于自己知道自己，所以要借助真理来矫正自己的言行。

因为两个人说话办事一般脸朝对方，“面”便引申指当面，如：面谈、面试、面授机宜。又因为脸是人体外表的重要组成部分，“面”又引申指事物的外表或前部，如：水面、墙面、门面、店面。由此，“面”还引申指方位、方面，如：前面、上面、四面八方。

另外，因为读音相同，“面”还被用为“麵、麪”的简化字，特指小麦磨成的粉，如：白面、挂面、面条。进而又引申表示粉末，如：药面、辣椒面。

右图是新石器时代的陶质人面像，距今已有六七千年了。与那时的人相比，我们的“面”没有多大变化。

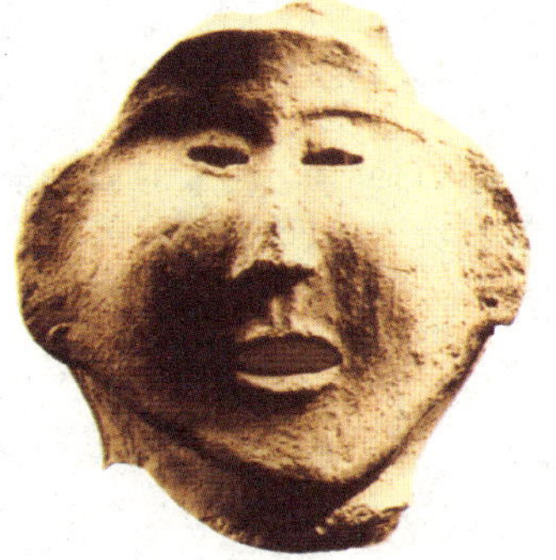

〔新石器时代〕陶质人面像

眉

商甲　周金　秦篆　汉隶　今楷

人的眉毛好像会说话，能够表达内心的情感，许多成语都用到它，如“眉飞色舞、眉来眼去、扬眉吐气、愁眉不展”，以及“眉头一皱，计上心来”。大诗人李白还在他的“眉语两自笑，忽然随风飘”的诗句中，创造了“眉语”一词。

现在的“眉”，无论看字形还是看构成，都让人无法理解它的意思。而甲骨文和金文的“眉”却简单明了，只是在表示眼睛的“目”上，加了几根曲线，意思便跃然纸上。秦篆以后的“眉”，眉毛好像被加长，到楷书时，便演化为由“目”和比“尸”还多一画的“尸”的组合了。

“眉”的本义指眼睛上部的毛，即眉毛，如：眼眉、眉宇、眉清目秀、眉开眼笑。“燃眉之急”和“迫在眉睫”这两则成语，意义都是事情已经近在眼前，形容非常紧急。因为眼眉在脸的上部，人们便把书页正文上部的空白处称为“书眉”，把写于书刊或文稿上方空白处的批语、注释称为“眉批”。

唐代诗人朱庆余为了能够顺利通过科举考试，曾以新嫁娘自喻给主考官写了首诗，借以引起注意。“洞房昨夜停红烛，待晓堂前拜舅姑。妆罢低眉问夫婿，画眉深浅入时无。”诗里的两“眉”都表示眉毛。

左侧是从唐代《簪花仕女图》上描摹的头像。这个女人的眉毛经过精心修饰，显得那样秀美、妩媚。

〔唐〕描眉仕女头像

商甲	周金	秦篆	汉隶	视 今楷
[illegible]	[illegible]	視	視	視

“捐躯赴国难，视死忽如归。”这是三国曹植《白马篇》里的诗句。大意是：为了解除国家的危难甘愿牺牲生命，即使面对死亡也毫不畏惧，就像回家那样平常。其中的“视”可以用面对、对待来解释。

甲骨文的“视”为上下结构，下部是表示眼睛的“目”，上部是表示祭祀用的供桌并兼而表声的“示”，意思是敬拜神灵时目光要专注，不能东张西望。金文的“视”为左右结构，把“目”换成与之同义的“见”，把“示”换成表示祖先的“氏”，但所表示的意义未变。秦篆以后的视规范为左“礻”右“见”了。

“视”是会意兼形声字，本义就是“见”，只不过“见”强调看到之义，而“视”一般多表示看的意思，如：巡视、视察、视而不见、熟视无睹。为了让“视”具有好好看、看仔细的意义，人们常给它加上修饰性的词语，如：注视、凝视、监视、怒目而视。战国时期的思想家荀子在《劝学》一文指出：“目不能两视而明，耳不能两听而聪。”意思是眼睛不能同时看清两样东西，耳朵不能同时听清两种声音。其中的“视”就表示看的意思。

由于人观察事物往往受情感支配，东西不同，关注度也就不同，视便引申指看待、对待，如：重视、漠视、视同儿戏、一视同仁。

左侧是宋代的《秋庭婴戏图》局部。这两个孩子紧盯着桌面上的玩具。他们的这一动作就是“视”。

〔宋〕秋庭婴戏图（局部）

省

商甲 周金 秦篆 汉隶 今楷

“省”是个多音多义字。

当它读作“xǐng”时，表示自我检查和觉悟方面的意义，如：反省、省悟、发人深省。当它读作“shěng”时，表示简略、节约和行政区划方面的意义，如：节省、省略、省吃俭用，河北省、海南省。“省”的这些意义看起来毫不相干，这是怎么回事呢？

甲骨文和金文的“省”，是在表示眼睛的“目”上，加了三条放射状线条来表示目光、视线，其实这也是个“生”，表示眼睛一睁，目光生出，同时也兼而表声。秦篆的“省”，由于书写美的需要，又格外加了条长而弯的如同“眉”（秦篆的“眉”写为𥄉）的曲线。汉隶以后的“省”，由此而写为上“少”下“目”了。

“省（xǐng）”是会意字，本义指视察、观看。甲骨卜辞里载有的“王往省”，表示商王前往视察之义。而在周代的一件铜鼎上还刻有这样令人深思的警句：“论其德，省其行。”意思是：要评价一个人的道德，先要观察他的言行。

在古代，因为官署是重要的地方，大都设警卫守护，监察进出之人，“省（shěng）”便被用为官署名称，如：中书省、尚书省。后来，“省”沿用到中央直管的省级区划名称。又因为到官署办事进门要接受检查，人们就尽量减少身上带的东西，“省”由此而引申出节省、省略的意义了。

右侧是清代的一幅婴戏图，画着两个童子观察蟋蟀的情景。他们那专注的神态，表达的正是“省”的意义。

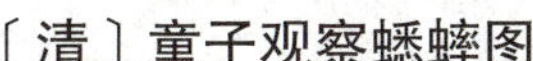

〔清〕童子观察蟋蟀图

源于竖目（臣）

商甲	周金	秦篆	汉隶	今楷
[illegible]	[illegible]	[illegible]	臣	臣

“疾风知劲草，板荡识诚臣。”这是唐代皇帝李世民《赐萧瑀》一诗的句子。大意是：狂风迅猛能够认知坚韧的青草，时局动荡能够识别忠诚的臣子。“臣”是指君主时代的官吏。

如果我们比较甲骨文的“臣”与“目”（[illegible]）就会发现，它们都像一只睁开的眼睛，只不过“臣”是竖“目”，而“目”是横“目”。这是为什么呢？原来在三四千年前的夏商时期是奴隶制社会。奴隶在主人面前，只能跪俯仰视，仰视时，目成竖形。造字者就是用这竖形的眼睛来表示奴隶（即“臣”）的。

“臣”是象形字，本义指男性奴隶，而妾指女性奴隶。汉代经学家孔安国在《尚书孔氏传》里指出：“役人贱者，男曰臣，女曰妾。”说的是：供人役使的仆从和地位卑贱的奴隶，男的称为臣，女的称为妾。

因为奴隶处于社会底层，“臣”便泛指处于君王统治下的民众。《诗经·小雅·北山》载：“溥天之下，莫非王土。率土之滨，莫非王臣。”意思是说：普天之下，没有哪块土地不是君王的领土。四海之内，没有哪个人不是君王的子民。又因为官员在君王面前贱称自己为“臣”，“臣”还引申指君主时代的官吏，如：忠臣、奸臣、总理大臣。

左图是一件商代的人形玉佩。这个人气度不凡，服饰华贵。其形象说不定就是商代的某位大臣。

〔商〕人形玉佩

望

商甲 周金 秦篆 汉隶 今楷

现在的“望”是形声字。它用一个字符“月”表意，而用两个字符“亡、王”表声，这是怎么回事呢？

“望”原是会意字。甲骨文的“望”，上部是个表示眼睛的“臣”，中部是个站立的“人”，下部是个表示土堆的“土”，意思是站在高处向远方张望。金文后一款及其以后的“望”，在甲骨文的基础上加了个“月”，表示抬头望月之义。楷书的“望”，把原来表意的“臣”换为表声的“亡”，还把“土”和“人”合并到一起写为“王”，就演变成会意兼形声了。

“望”的本义指向远处、高处看，如：远望、仰望、望尘莫及、一望无际。“举头望明月，低头思故乡。”唐代李白《静夜思》的这句诗中，“望”用的就是它的本义。

因为人站在高处远望，心里往往怀有某种企盼，“望”便引申指期待，如：期望、渴望、望子成龙、大喜过望。宋代陆游曾用这样的诗句描写外族占领区人民的心声：“遗民泪尽胡尘里，南望王师又一年。”其中的“望”就表示盼望、期望。“望”还引申指拜访、名声等义，如：探望、声望、德高望重、名门望族。

右图是唐代的三彩女俑。这个女人驻足而立，仰面翘首，仿佛正在遥望天上的明月。

〔唐〕三彩望月女俑

周金	秦篆	汉隶	今楷
[古文字]	[古文字]	臨	临

臨

儒家经典《礼记》载：“临财毋苟得，临难毋苟免。”说的是：面对财物别用不道德的方法去获取，面对灾难别用不道德的方式去免除。宋代林逋对此还借题发挥，他在《省心录》写道：“不临难，不见忠臣之心；不临财，不见义士之节。”

“临”是“臨”的简化字。

金文和秦篆的“临”，就像一个人正俯首查看三件器皿的样子。有的“临”字还在眼睛和物品之间加上连线，以此强调察视之义。秦篆以后的“临”构字符号化，分别由表示眼睛的“臣”、表示器物的“品”与或立或卧的“人”组成，仍表示往下看的意义。简化后的“临”只是一些符号的堆积，失去了表意的作用。

“临”是会意字，本义指从上向下看，如：登临、居高临下。古语说：“临渊羡鱼，不如退而结网。”意思是与其站在岸上看着水中的游鱼而眼热，不如回去编织渔网。比喻仅仅有良好的愿望不行，还要有实现愿望的行动。

“临”由目光向下看而引申出光临、来到之义，如：降临、来临、身临其境。由此还引申指面对、靠近，如：临近、临街、临危不惧。“临”还用来表示对照字或画进行描摹练习，如：临帖、临写、临摹。

右侧是清代的玩转碟童子图。那两个孩子俯身而视的情景，就是“临”所表示的意义。

〔清〕玩转碟童子图

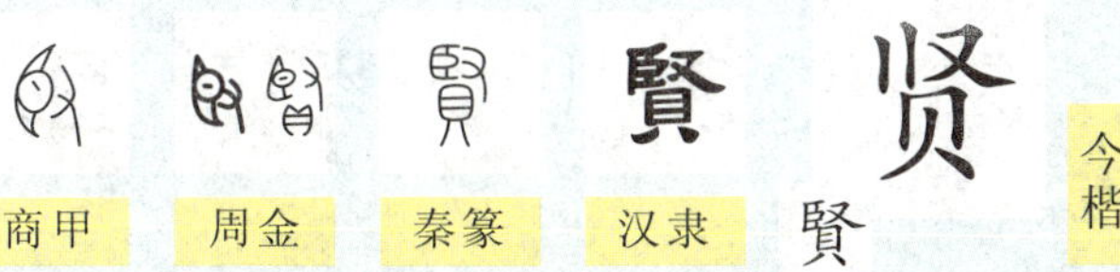

“尚贤者，政之本也。”墨子这句话的意思是，选贤任能是国家的根本要务。因为在他看来：“贤者用之，则天下治，不肖者用之，则天下乱。”按照现在的标准，“贤”指的是德行好、才能高的人。商周时期，何以为贤呢？“贤”字给了我们一些启示。

“贤”是“賢”的简化写法。

甲骨文和金文前一款的“贤”是会意字，它由两个字符组成，一个是表示俘虏、奴隶的“臣”，另一个是表示右手的“又”，手朝向臣，意思是能为奴隶主贵族抓到战俘和奴隶的人为贤。金文后一款及其以后的“贤”，另加上表示钱财的“贝”，意思含有贤人能够创造财富，具有应用价值。由此，“贤”变成以“贝”表意，以“臤”表意兼表声的会意兼形声字了。

“贤”的本义指德才兼备的人，如：圣贤、先贤、礼贤下士、任人唯贤。孔子说：“见贤思齐焉，见不贤而内自省也。”大意是：见到有贤德的人就想着向他看齐，见到没有贤德的人就反省自己是不是也存在着同样的问题。

“贤”引申指善良，如：贤惠、贤内助、贤妻良母。“贤”还用为敬辞，称呼年龄比自己小的平辈或晚辈男子，如：贤弟、贤侄。

老子是我国春秋时期的思想家，其著述《道德经》为道家的理论基础。左图是元代赵孟頫为这位伟大的圣贤所绘的画像。

〔元〕老子画像

源于耳朵（耳）

商甲　周金　秦篆　汉隶　耳 今楷

战国末年秦国丞相吕不韦主编的《吕氏春秋》讲了个掩耳盗钟的故事。有个人听说当地一大户人家外出逃难了，就想去捞一把。他来到那户人家，只看见有口大钟没运走，搬也搬不动，于是找了把大锤准备砸，又怕别人听到响声惹来麻烦，就用东西捂住自己的耳朵，以为别人也听不到了。后来，人们用“掩耳盗铃”来比喻自己欺骗自己。

观察甲骨文和金文的“耳”，人们很容易得出结论。“耳”是象形字，像人的耳朵。那条长的圆弧是耳廓，另外两条连在一起的短弧是耳窝。秦篆以后，为了书写方便和字形整齐化的需要，“耳”字变得横平竖直，给人的感觉是不那么像耳朵了。

“耳”的本义指人或动物的听觉器官——耳朵，如：耳闻目睹、耳目一新、震耳欲聋、俯首帖耳。古语说：“良药苦口利于病，忠言逆耳利于行。”句中的“耳”就表示耳朵。

另外，人们之所以把可以食用的“木耳、银耳”称为“耳”，是因为它们的形状像耳朵。人们之所以把大房两侧的小房称为“耳房”，是因为耳朵的位置在头部两侧。在字典中，“耳”还是个部首，作意符时表示与耳朵或听觉有关的意义，如：聋、聋、耸、闻、取、聪。“耳”也可作声符，如：饵、洱、耶。

左图是山西省大同市云冈石窟大佛头像，雕凿于魏晋时期。大佛头上那硕大的耳朵，一定会给人留下很深的印象。

〔魏晋〕云冈石窟大佛

商甲	周金	秦篆	汉隶	今楷
[illegible]	[illegible]	[illegible]	聽	听（聽）

“始知锁向金笼听，不及林间自在啼。”这是宋代欧阳修《画眉鸟》中的诗句。该诗通过听到笼中鸟叫所引发的感叹，传递出作者对当时处境的烦闷和对回归自然的向往。

“听”是“聽”的简化字。

甲骨文的“听”简单明了，是个由“耳、口”组成的会意字，意思是听别人说话。秦篆的“听”有些复杂，不仅增加了意符“心”（[illegible]）和“直”（[illegible]），强调要耳有所闻、心有所悟，对听到的事要判断是非曲直，还增加了声符“壬”（[illegible]，“挺”的本字），“听”变成了会意兼形声字。简化后的“听”，虽说构字简单、书写方便，却失去了“听”的意味。

“听”的本义指用耳朵去接收声音，如：听课、听歌、洗耳恭听。《论语·公冶长》载有孔子这样一句话：“听其言而观其行。”意思是观察人要全面，既要听他如何说，还要看他如何做。

“听”由声音入耳而引申指接受、依从，如：听从、听话、言听计从。进一步还引申指任凭、随便，如：听凭、听任、悉听尊便。另外，“听”还用为英语“tin”的音译词，表示包装食品或香烟的铁皮筒罐，如：听装啤酒、两听香烟。

右图是汉代的听琴陶俑。这位听琴者手搭耳侧，面带微笑，仿佛沉醉于悠扬的琴声之中。而他的动作和神态也形象地解释了“听”的意义。

〔汉〕听琴陶俑

商甲　周金　秦篆　汉隶　今楷

取

"取人之长，补己之短。""舍其糟粕，取其精华。"这些通俗浅显而又发人深省的语句里都含有"取"。

从商代甲骨文到今天的楷书，"取"都由两个字符组成，一个是"耳"，另一个是表示手的"又"，意思是手里提着耳朵。我们的先人为什么会采用这种组合形式来表示"取"的意义呢?

据春秋典籍《周礼》载："大兽公之，小禽私之，获者取左耳。"原来在渔猎时代，为了调动人们的积极性，猎获的大禽兽归公，小禽兽归己，谁猎获了，谁就把禽兽的左耳割下来，以此作为衡量贡献大小的标记。这种记功方法也用于战争，为此战胜者常把自己杀死或俘获的敌人左耳割下来，以手持耳去邀功请赏。

"取"是会意字，本义指获得、得到，如：获取、夺取、按劳取酬。唐代岑参曾写有这样的诗句："功名只向马上取，真是英雄一丈夫。"句中的"取"就表示通过努力去夺得之义。

因为割耳时要选左耳，"取"便引申指选择，如：选取、录取、取长补短。进而还引申指招致，如：自取灭亡、咎由自取。另外，"取"还用为助词，表示动作的进行。"人生自古谁无死，留取丹心照汗青。""劝君莫惜金缕衣，劝君惜取少年时。"这两句诗中的"取"都没有实在意义，仅仅起辅助作用。

左图是一件汉代鎏金铜饰的局部。这个武士为自己请功所提的战利品不是耳，而是人的首级。

〔汉〕鎏金武士铜饰

商甲	周金	秦篆	汉隶	今楷
				闻 聞

现在的“闻”是个包围结构的形声字，“耳”表意，“门”表声。然而，我们的祖先当初造这个字时可不是这样写的。

“闻”在甲骨文中是象形字，就像个长着大耳的人，手托耳朵正竖耳倾听，字中的小点表示声音。金文的“闻”，“人”和“耳”被割裂开来。秦篆以后的“闻”，才改为由“耳、门”组合的形声字，当然字中也包含着隔门偷听之义。

“闻”的本义是指听、听见，如：闻听、闻讯、耳闻目睹、闻风而动。“春眠不觉晓，处处闻啼鸟。”这是唐代孟浩然《春晓》诗里的句子，其中的“闻”用的就是它的本义。

“闻”由用耳朵听而引申指听到的事情和消息，如：新闻、丑闻、趣闻轶事、孤陋寡闻。还引申表示名望、名声，如：举世闻名、默默无闻。至于“入芝兰之室久而不闻其香，入鲍鱼之市久而不闻其臭”中的“闻”，则没有用耳朵听声音的意思，而是表示用鼻子嗅气味。

晋代的祖逖和刘琨年轻时很要好，也住在一起，每到凌晨鸡叫时他们就起床舞剑，成年之后都当上了将领。后人就用“闻鸡起舞”来激励那些志向远大的人。

右图是汉代的一件说书艺人陶俑。这位艺术家侧身而立，单手托耳，其逼真的表演动作形象地解释了甲骨文和金文的“闻”。

〔汉〕说书艺人陶俑

源于鼻子（自）

商甲 周金 秦篆 汉隶 今楷

自

“自”源于人的鼻子。

甲骨文和金文的“自”比较直观，就像人的鼻子，下部是鼻孔，上部是鼻根。秦篆以后的“自”，由于字形整齐化的需要，致使象形的意味明显减弱，而让人很难看出它所表示的意思了。

“自”是象形字，本义指鼻子。汉代《说文解字》对它的解释就是：“自，鼻也。象鼻形。”由于我们中国人在谈话中说到本人时，常常用手指着自己的鼻子，“自”便用来表示自己，如：自给自足、自力更生、自告奋勇、各自为政。先贤老子说过：“自知不自见，自爱不自贵。”大意是：人应该自我了解而不自我表现，自我爱护而不自显高贵。句中的四个“自”都表示自己、本人。

人的生命所需要的氧气是由鼻子吸入的，而废气又从鼻子排出，“自”便被借用为虚词，用法与“由、从”相同，如：自始至终、自古以来、自上而下。“君自故乡来，应知故乡事。来日绮窗前，寒梅著花未？”在唐代王维这首怀念家乡的《杂诗》里，“自”的作用就相当于“从”。

后来，为了与“自”的本义相区别，人们就在其下部加了个“畀”（“箅”的本字，既用于表声也用于表示透气之义），另造会意兼形声字“鼻”代替它的本义。

左图是一副商代的金面罩人头铜像，距今三千多年了。你看甲骨文的“自”，像不像头像正中的鼻子？

〔商〕金面罩人头铜像

息

商甲　周金　秦篆　汉隶　今楷

“自”是根据人鼻子的形状造出来的，而“息”则是根据鼻子的功能造出来的。

甲骨文及金文前一款的“息”，上部是表示鼻子的“自”，下部看上去像“八”或“小”，用来表示鼻子呼吸时的进出之气。金文后一款及以后的“息”，把下部写成了“心”，字中含有在紧张的劳作和运动之后，让急促的呼吸和剧烈的心跳能够平息一下。我们的先人最后用了两个只要活着就不能休息的器官——“自”和“心”来表示“息”这一意义。

“息”是会意字，本义指呼吸时进出的气，如：气息、喘息、息息相关、奄奄一息。战国时期的大诗人屈原在《离骚》里写道：“长太息以掩涕兮，哀民生之多艰。”该句渗透着作者强烈的忧国忧民之情，其中的“太息”指感叹、叹气。

因为呼吸的状况既是生者体质的反映，也是其生命延续的标志，“息”便引申指讯息、音信以及孳生、繁育，如：消息、信息、休养生息。又因为人歇着不动时，呼吸平缓，近乎静止，“息”又引申出休息、停止之义，如：歇息、停息、息事宁人。

古老的《易经》载有这样一句话：“天行健，君子以自强不息。”意思是说：天体的运行强健有力，道德高尚的人应当加以效法，努力奋斗，永不停止。

右图是清代的象牙雕件。樵夫和牧童在休息时还翻阅书籍，真可以说是生命不息，读书不止。

〔清〕樵夫牧童牙雕

源于鼻子（自）

臭

商甲　周金　秦篆　汉隶　今楷

“臭”字上“自”下“犬”，是个多音字。读音不同，意义也就不同。我们来探讨一下这个字的本义。

对犬稍有点了解的人都知道，其嗅觉特别灵敏。人们利用它的这一特点，训练它来帮助打猎、缉毒，甚至在地震援救中去探寻生命。而“臭”也正是根据犬的这个特点造出来的。

甲骨文的“臭”，上部是个表示鼻子的“自”，下部是个表示狗的“犬”，意思是狗用灵敏的鼻子来闻气味。秦篆以后的“臭”，字的组成未变，只是写法更为规范了。

“臭（xiù）”是个会意字，本义是指用鼻子辨别气味，即闻的意思，后来该义转给了“嗅”。“臭”也表示气味，如：无色无臭、乳臭未干。《易经·系辞上》有这样一句话，用以强调团结、和谐的重要作用：“二人同心，其利断金；同心之言，其臭如兰。”大意是：两人齐心协力，能产生截断金属的锐利能量；齐心和谐之言，能产生兰草那样的芳香气味。句中的“臭”表示香气。

“臭”还读作“chòu”，特指腐秽难闻的气味，意义与“香”相反，如：臭不可闻、臭气熏天。“朱门酒肉臭，路有冻死骨。”在大诗人杜甫的这一名句里，“臭”用的就是这个意义。“臭”还引申指名声不好、令人厌恶，如：臭名远扬、遗臭万年。

左图是清朝宫廷画师、意大利人朗世宁所绘的名犬图。这只犬仿佛“臭”到了猎物的气味，正在跟踪搜索。

〔清〕骏犬通景图

周金　秦篆　汉隶

罪

今楷

上“四”下“非”为“罪”，其意义是做了四件非法之事吗？

观察周代金文的“罪”，上部是个表示人鼻子的“自”，下部是个表示用刑的刀具“辛”，意思是因犯法而被割掉鼻子的罪人。据《周礼·司刑》载，商周时期对犯人的处罚有“五刑”，由轻到重分别为墨、劓、宫、刖、杀。割去鼻子是其中的第二种。

到了秦代，由于篆书的“罪”与秦始皇的“皇”（皇）字形有些相近，为了避免出现不必要的麻烦，文字的使用者们便借用由“网、非”组成的“罪”替代了由“自、辛”组成的“辠”，意思也变成用法网捕捉为非作歹之人了。汉隶以后的罪，字中的“网”演化成了四字头。

“罪”是会意字，本义指对犯罪者按照刑律做的处罚，如：认罪、死罪、畏罪潜逃、罪不可赦。战国时期法家代表人物韩非子曾指出：“以过受罪，以功致赏。”其中的“罪”就表示被惩罚。

因为人只有触犯法律才会受到法律的惩处，“罪”便引申指违法行为，如：犯罪、罪行、罪大恶极、罪魁祸首。又因为受法律处罚是件痛苦之事，“罪”还引申指苦难、痛苦，如：受罪、遭罪。“罪”还用来表示过错、错误，如：罪过、归罪；言者无罪，闻者足戒。

右图是山西省高平县开化寺的宋代壁画局部。这位被押赴刑场的罪犯，受到的处罚不是割掉鼻子而是斩首。

〔宋〕开化寺壁画（局部）

源于心脏（心）

在我国古典诗词中，含有“心”的语句不胜枚举，且大都表示情感、志趣方面的意义。如《诗经·邶风·柏舟》：“我心匪石，不可转也；我心匪席，不可卷也。”又如唐代李商隐《无题》：“身无彩凤双飞翼，心有灵犀一点通。”还如宋代陆游《书愤》：“壮心未与年俱老，死去犹能作鬼雄。”

“心”字是依据心脏之形造出来的。观察甲骨文和金文的“心”，我们可以得出结论：“心”是象形字，像一颗心脏。汉隶以后的“心”，虽说有些变化，仍是“心”的形状。

“心”的本义指人或动物的心脏，是主管血液循环的器官。我们的先人由于历史条件所限，误将脑的功能划给了心。孟子就曾说过：“心之官则思。”意思是心为思考的器官。因此表示思想、情感的字大都含有“心”，如：悲、忠、怒、想、愁。另外，竖心旁“忄”和恭字底“㣺”都是“心”的异化，以它们为意符的字也与“心”的意义有关，如：忆、悟、恨、恭、慕。

因为人的心脏位于身体的中心和重要位置，“心”便引申表示事物的中央或主要部分，如：圆心、中心、核心、心腹之患。“洞庭秋月生湖心，层波万顷如镕金。”唐代刘禹锡这句诗里的“心”就表示这一意义。

左图是制作精致的宋代银质镀金香薰盒，里面装上香料可以散发出香气。它的外部造型就是一颗“心”。

〔宋〕心形银质镀金香薰盒

现在的“聪”，左部为“耳”，右部为“总”，写法有点繁杂。

甲骨文的“聪”很简单，在“心”的中间加了个表示心窍的圆圈形字符，意思是指心眼多的人。在我国古代先民看来，人的心眼多就聪明。金文的“聪”承继了甲骨文的写法，只是把圆圈填实或者写为两条短竖，但字的意义没有变化。

秦篆以后的“聪”改变了构字方式，先是把表示心窍的字符换成表示窗的“囱”，意思是人的心灵像开了窗似的明亮、透彻。后来又在字中加上了“耳”，使“聪”有了耳朵好使、听觉灵敏之义。汉字简化时，“聪”变成了以“耳”表意，以“总”表声的形声字。

“聪”的本义指心眼灵活、通透，泛指天资灵敏、有智慧，如：聪慧、聪颖、聪明伶俐。宋代苏轼曾在《洗儿戏作》一诗写有这样的句子：“人皆养子望聪明，我被聪明误一生。”后人据此归纳出了一句俗语：“聪明反被聪明误。”意思是自以为聪明，最终反而被聪明所害。

“聪”也用来表示听觉或听觉敏锐，如：失聪、耳聪目明。许多典籍都曾引用过一句古语：“聪者听于无声，明者见于无形。”意思是说：听觉好的人能听到无声之音，视力好的人能看到无形之物。句中隐含着真正聪明的人对事物有前瞻性和预见性。

下图是清代的《百子团圆图》局部。这个孩子正拉着自己参与制作的麒麟形小车在游玩。他脸上那纯真的微笑里透着几分聪颖之气。

〔清〕童子游玩图

任何人都会有思念之情或处事理念，三千多年前的商代君王也不例外。有片甲骨刻道："王有念，允之。"这里的"念"是表示对人的思念？还是对国事的挂念？让人不得而知。

甲骨文和金文前一款的"念"，由古人认为思考的器官"心"和表示嘴巴的"口"组成，只是"口"的位置和形状不同，意思是嘴上叨念着心里想的事情。金文后一款及以后的"念"，把上部的"口"换成了开口说话的"今"（"吟"的本字），但字的意思未变。

"念"是会意字，本义包含两个方面：从"心"的角度看，念表示想、惦记，如：想念、惦念、念念不忘；引申指想法、打算，如：念头、杂念、一念之差。从"口"或"今"的角度看，"念"表示念叨、出声读，并引申出上学的意义，如：念经、念书、念大学。

唐代马总的《意林》里载有这样一句话："念己之短，好人之长，近仁也。"意思是说：牢记自己的短处，喜好别人长处，这样的人就接近仁德了。"念"在句中表示考虑、记着之义。

"江月知人念远，上楼来照黄昏。"这是宋代秦观《木兰花慢》一词里的句子。大意是：江上的明月知道有人怀念远方的亲人，特意上楼来陪伴他度过难熬的黄昏。"念"在句中表示思念的情感。

左图是一件清代的瓷质笔筒。装饰图案中那位依楼远望的男子，可能正在怀念自己远方的恋人吧。

〔清〕瓷质笔筒

周金	秦篆	汉隶	今楷
[古文字]	[古文字]	思思	思

读书与思考不可分割，就像孔子曾经说的那样：“学而不思则罔，思而不学则殆。”意思是光读书不思考就容易蒙受欺骗，光思考不读书就容易疑惑不解。

楷书中，上“田”下“心”为“思”。

周代金文的“思”，下部是个表示人心脏的“心”，上部不是个“田”，而是表示人脑门的“囟”，意思是用脑袋来考虑问题，用心灵来感知世界。汉隶以后的“思”，把上部的“囟”误写为“田”了。这样看来，“思”的来源和意义与田地没有任何关联。

“思”是会意字，本义是指想、考虑，如：思考、沉思、深思熟虑。《论语》载有孔子这样的话：“君子有九思，视思明，听思聪，色思温，貌思恭，言思忠，事思敬，疑思问，忿思难，见得思义。”大意是有道德的人处事注意九个方面：看要明察，听要用心，面色要温和，态度要谦恭，说话要诚实，办事要敬重，有疑惑要询问，有怨气要想到后患，见到利益要考虑道义。

“思”引申指想念、挂牵，如：思乡、思念、乐不思蜀。“天涯地角有穷时，只有相思无尽处。”宋代晏殊这句诗里的“思”表示有情人的思恋。另外，“思”还特指写文章的思路，如：文思、才思。

右图是唐代的思维菩萨铜像。这尊菩萨脑袋微微偏斜，右手轻托颌面，脸部表情安详，表现出一副若有所思的神态。

〔唐〕思维菩萨铜像

爱是人的天性，只不过不同的人爱的对象不同。孟子主张仁者爱人，礼者敬人。他说："爱人者，人恒爱之；敬人者，人恒敬之。"意思是关爱、尊敬别人的人，人们也关爱、尊敬他。

"爱"是"愛"的简化字。

金文的"爱"，虽说结构不同，但都由两个字符组成，一个是张口说话的"人"，另一个是"心"，意思是张口述说心中的爱意。至于后一款里那条弯曲的弧线，则表示这个人走了很远的路。由此，秦篆的"爱"把弧线换为表示行走的"夊"。

"爱"是会意字，本义是指向所爱之人表达心中的爱慕之情，即男女之间的恋情，如：爱情、恋爱、相爱。汉代苏武有诗写道："结发为夫妻，恩爱两不疑。"其中的"恩爱"就是这一意义。

"爱"泛指对人和事物的真挚情感，如：珍爱、热爱、爱惜。《孝经》中载有孔子这样一句话："爱亲者，不敢恶于人；敬亲者，不敢慢于人。"意思是说，关爱、孝敬自己长辈的人，不会厌恶、怠慢其他人的长辈。

"爱"引申指喜欢，如：爱好、爱科学、爱劳动。不过，当某些爱超过了一定的限度，可能就会走到它的反面，如对子女的溺爱、对钱财的贪爱。宋代民族英雄岳飞曾说："文臣不爱钱，武臣不惜死，天下太平矣。"句中的"爱"就含有贪图之义。

右图是一件周代的母衔子铜虎雕饰。这件器物深刻地反映了母对子的浓浓爱意。

〔周〕母子铜虎

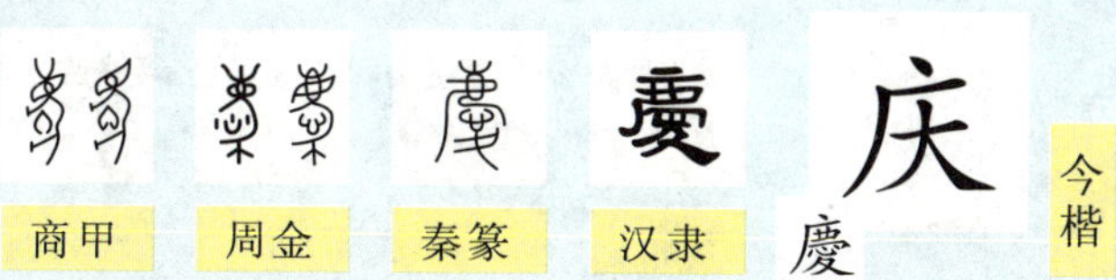

“庆”是“慶”的简化字。

观察甲骨文和金文的“庆”，它由两个象形的字符组合而成，一个是表示动物的“鹿”，另一个是“心”，意思是把珍贵的鹿皮或鹿角作为礼物送给有喜事的人家，以表示衷心的祝贺。秦篆及简化前楷体的“庆”，在字的下部又加上了个表示行走的字符“夊”，强调了前去送礼的意思。

简化后的“庆”，内部是意义与“小”相对的“大”，外部是表示房屋的“广”（甲骨文写为广，原指前脸敞开的房屋）。以“广”为意符的字大都与建筑物有关，如：店、库、廊、府。“庆”的意思变成了人住进大房子，应该好好庆贺一下了。

“庆”是会意字，本义指祝贺、庆祝，如：庆贺、庆功、普天同庆。唐代杜牧曾经写有这样的诗句，描绘人们欢庆丰收的喜悦情景：“万家相庆喜秋成，处处楼台歌板声。”

“庆”由表示送礼祝贺而引申出值得庆祝的日子，如：校庆、厂庆、国庆佳节。因为只有美好的事物才值得人们庆贺一番，“庆”还引申指吉祥、幸福。《周易·坤·文言》说：“积善之家，必有余庆；积不善之家，必有余殃。”此言告诫人们要多做好事、善事，莫做坏事、恶事。

左图是一件战国时期的银质卧鹿。它可能就是那时的王公贵族遇到喜庆事时相互赠送的礼物。

〔战国〕银质卧鹿

周金　秦篆　汉隶　勞　今楷

劳

孟子曾说："天将降大任于斯人也，必先苦其心志，劳其筋骨……"大意是上天想对某个人委以重任，一定会先磨砺他的心志，劳累他的筋骨，使他在艰难困苦中得到锻炼。句中的"劳其筋骨"为使动用法，表示使其筋骨受到劳累。

"劳"是"勞"的简化字。金文的"劳"，上部为两个"火"，下部为"心"或"衣"，其含义是：暗夜中，有人燃起灯火，或读书、谋划以劳其心，或缝制衣物以劳其力。秦篆以后的"劳"，把下部的字符换成了"冖"和"力"的组合。

"劳"是会意字，本义指用心力、体力做事，如：劳动、劳务、按劳分配、一劳永逸。古语说："饥者歌其食，劳者歌其事。"所谓"劳者"指的就是劳动者。

因为劳动是脑力和体力的付出，会造成身体上的疲乏，"劳"便引申指辛苦、劳累，如：疲劳、辛劳、任劳任怨、劳苦功高。"哀哀父母，生我劬劳。"《诗经·小雅·蓼莪》这句诗的意思是：可怜的父母双亲，生我养我多辛劳。

又因为辛勤做事会有贡献，"劳"还引申指功勋，如：功劳、勋劳。由此又引申指慰问，如：慰劳、犒劳。另外，还用为敬辞，为请人帮忙的客气话，如：劳驾、烦劳。

左图是明代匠人塑造的关羽瓷像，刻画他夜读兵书、运筹帷幄的情景。金文前一款的"劳"表示的正是这一意义。

〔明〕关羽夜读瓷像

志

周金 秦篆 汉隶 今楷

俗话说：人各有志。项羽年轻时看到秦始皇巡游天下的威仪，便立志要取而代之，后来他率领楚军与秦军决战，硬是砸碎做饭的锅，凿沉保命的船，以有我无敌的气概战胜了敌人，成就了霸业；春秋时期的越王勾践，为洗雪被吴国欺凌的仇恨，卧柴草，尝苦胆，以此明志，经过十多年的努力，最后灭掉了吴国。有副古代对联写的就是他俩的事："有志者事竟成，破釜沉舟，百二秦关终属楚；苦功夫天不负，卧薪尝胆，三千越甲可吞吴。"

"志"字现在写为上"士"下"心"，可以理解为有志之士的意愿。然而，金文和秦篆的"志"，下部是"心"，上部却是个表示脚的"止"。这种组合，既含有心中的意愿指向何处的意义，也含有意愿的实现需要脚踏实地去努力的意义。

"志"本义指需要努力才能够实现的愿望或决心，如：立志、志向、志同道合。三国时期的曹操曾有诗写道："老骥伏枥，志在千里；烈士暮年，壮心不已。""志"在句中用的就是其本义。

由于人的志向确定后会牢记在心或书写出来，"志"便引申出记住、记号和记事书籍等义，这一意义后来由"誌"取代。汉字简化时"誌"被废弃，其意义又归还给了"志"，如：标志、杂志、永志不忘。

"壮志饥餐胡虏肉，笑谈渴饮匈奴血。"宋代岳飞《满江红》的这一名句，表达了他驱逐外侮的豪情壮志。右图是浙江杭州岳王庙里的岳飞塑像。这位民族英雄的壮志就是：收复失地，还我河山。

岳飞塑像

源于脑袋（首）

首

商甲 周金 秦篆 汉隶 今楷

“百善孝为先，百行德为首。”这是一句被人们所熟知的古语。它的意思是：在所有的好事里，孝敬老人排在第一位；在所有的行为中，讲究公德最为重要。

甲骨文的“首”一看就明白，字形像人的脑袋，嘴、眼、脸、发俱全。金文的“首”有所简省，仅由头发和表示眼睛的“目”组成。秦篆以后的“首”向符号化演变，越来越不像头颅了。

“首”是象形字，本义指脑袋，如：首级、首饰、昂首阔步、俯首帖耳。唐代书法家颜真卿在《劝学诗》写道：“黑发不知勤学早，白首方悔读书迟。”句中的“白首”是指须发斑白的脑袋。

因为脑袋是思维器官，能够决定人的行动，“首”便引申指起决定作用的人，如：首领、首长、群龙无首、罪魁祸首。又因为脑袋在人体的上部，“首”还引申指开头的、第一位的，如：首先、首要、首席代表、首战告捷。“首”还被借用为量词，如：一首歌、两首诗。

“小楼昨夜又东风，故国不堪回首月明中。”这是南唐后主李煜的词句。李煜是位昏庸的皇帝，却是位天才的诗人。他因治国无方而成为亡国之君，降宋后总怀念过去，此诗就是他内心的写照。正因为这句诗，宋太宗认为他亡国之心不死，就赐毒酒杀死了他。

左图是一件明代的鎏金铜制佛首。它造型典雅，充满庄重感和神秘性。我们用这件佛首造像来表示“首”的意义。

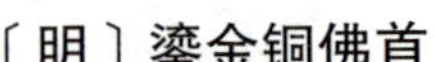

〔明〕鎏金铜佛首

商甲	周金	秦篆	汉隶	頁	今楷
𩑋	𩑋	𦣻	頁		页

“页”虽说表示书本的一面，但来源却与人的脑袋有关。

“页”是“頁”的简化字。甲骨文的“页”，就像个跪坐之人顶着一个大脑袋，上面脸、嘴、眼、发俱全。金文的“页”仅用“人、目、发”组成。汉隶以后的“页”，上部的头发被写成了横，下部的“人”被写成了“八”，从字形上看不出人顶着脑袋的意思了。

“页”是象形字，本义指人的头部，即脑袋。汉代许慎《说文解字》对它的解释就是：“页，头也。”我们先人所造的“页”，原本表示人的脑袋，由“页”组成的字意义也大都与脑袋有关，如：顶、项、顷、须、颈、额。

然而，“页”的本义早就不用了，它的意义由与其同源的“首”和后造的“头”（繁体为“头”）所代替。它被借用表示书本页面的“页”，如：插页、画页、活页。它还引申指互联网上记录着信息的页面，如：网页、主页。

据推测，“页”之所以表示书本的页面，是因为我国古代先民曾经把文字写在植物的叶子上面。世界上最古老的文字之一——古埃及“圣书字”，最初就是写在生长于尼罗河畔的“纸草”叶子上。“页面”的“页”原来写作“葉”（“叶”的繁体），由于书写不便而被“页”取代了。

右图为新石器时代的陶壶，其新颖之处就在于它的上部装饰是少女的头。而这正是“页”原本表示的意义。

〔新石器时代〕人首形陶壶

周金　秦篆　汉隶　憂　忧　今楷

人应当树立正确的忧乐观。孔子曾经说过："人无远虑，必有近忧。"孟子也曾经说过："生于忧患而死于安乐。"

"忧"是"憂"的简化字。

金文的"忧"有两款。前一款是象形字，像一个人用手遮着脸正掩面而涕。后一款是会意字，上部是表示人脸的"页"，下部是表示思想情感的"心"，意思是内心的忧愁显现在脸上。秦篆和汉隶的"忧"，格外加上表示行走的"夂"，字中含有人的忧愁源于不知下一步如何行动之意。简化后，"忧"变成了以"忄"为意符、"尤"为声符的形声字。

"忧"的本义指发愁、担心，如：担忧、忧愁、忧心如焚、忧国忧民。宋代政治家、文学家范仲淹在他的《岳阳楼记》里为我们留下了千古名言："先天下之忧而忧，后天下之乐而乐。"这句话应当是我们每个人应具有的忧乐观。因为人们担心、发愁，总与一些事情有关，"忧"便引申指让人发愁的事，如：隐忧、分忧、内忧外患、高枕无忧。

古代典籍《列子·天瑞》载有这样一个故事：杞国有个人多愁善感，总担心天会塌下来，觉得自己的安全没有保障，以至于寝食不安。后来，人们就用成语"杞人忧天"比喻不必要的忧虑。

左图是一件金代的砖雕。这个以手掩面、痛苦而涕的人，正是金文前一款"忧"的形象注释。

〔金〕人物砖雕

周金 秦篆 汉隶 縣 今楷

县

现在，“省、市、县”的“县”用于表示行政区划单位。然而，我们的先人当初造这个字时是表示悬挂的“悬”的。

“县”是“縣”的简化字。

金文的“县”由三个字符组成：一个是“木”，表示树；另一个是“糸”，表示绳索；还有一个是表示人头的“首”（𦣻）或代指人脑袋的“目”（目）。三个字符组合，意思是把犯罪分子的头颅砍下来，用绳子系好，悬挂在树上来警示他人。

“县”是会意字，本义指悬挂首级示众，泛指把东西用绳索吊挂起来。在最早出现这个字的周代郘钟上就载有“大钟既县”四字，意思是大钟已经挂好了。而在《诗经·魏风·伐檀》里也有这样的句子：“不狩不猎，胡瞻尔庭有县貆兮？”这是奴隶们控诉奴隶主贵族不劳而获的心声，大意是：不去狩猎，为什么你的庭院里却挂着那么多的猪獾？句中的“县”就表示悬挂，即“悬”的意义。

在古代，政府常把抓来的强盗头颅砍下来，悬挂于树上或城头示众，而悬首示众的地方一般是匪患猖獗的地区，由此“县”便被借用表示行政区域，如：县区、县城、县官。后来人们另造“悬”代替了“县”的本义，“县”就专用于表示地域方面的意义了。

右图是一个双手被反绑，吊挂着的铜人，为汉代铜矛上的装饰物。我们用这个被悬挂的人来表示“县”的本义——“悬”。

〔汉〕吊人铜矛局部

手是人体的重要器官。

金文和秦篆的“手”，就像五指伸开的人手之形，中间的一笔表示手掌，上面的几个分支表示手指。汉隶以后的“手”，写法虽说有些变化，仍像手的样子。

“手”是象形字，本义指人的手，如：手舞足蹈、手忙脚乱、赤手空拳、心灵手巧。“童心便有爱书癖，手指今余把笔痕。”唐代刘禹锡《送周鲁儒赴举诗》里的“手”用的就是它的本义。

因为人们做事离不开手，手便引申指亲手所为，如：手书、手笔、手到病除。宋代王安石在《书湖阴先生壁》写道：“茅檐长扫净无苔，花木成畦手自栽。”这里的“手”就表示亲手。

又因为手的功能是握持东西，“手”还引申指持、拿，如：人手一册。至于手机、手枪、手册里的“手”，表示轻便小巧之义，这与此类东西是供人随手携带之物，不能造得太大、太重有关。另外，人们对那些掌握某种技术或者从事某些工作的人，有的也以“手”相称，如：歌手、射手、猎手、舵手。

需要指出的是，提手旁的“扌”是由手演变来的，以“手”（扌）为意符的字大都与手及其功能有关，如：掌、拿、掰、拍、打、拼。

左图是山西省平遥县双林寺中的明代泥塑——千手观音。图中那一只只伸出的手就是“手”的原本之义。

〔明〕千手观音泥塑

失

周金 秦篆 汉隶 今楷

“失”与“矢”虽说字形相近，读音相似，但二者的来源没有任何联系。“失”来源于人的手，而“矢”来源于箭这种武器。

观察金文的“失”，它是在表示“手”（金文写为𢫦）的右下部加了个指事符号竖弯，意思是指有东西从手中掉落下来，也可以理解为手臂在所指的地方断失。秦篆以后的“失”，字形逐渐演化为与“矢”近似了。

“失”是个指事字，本义指失去、丢掉，意义与“得”相对，如：失掉、丧失、得不偿失。孟子有句名言：“得道者多助，失道者寡助。”其中的“失道者”是指丧失了道义的人。

“失”引申指没有把握住和改变常态，如：失手、失言、万无一失；失常、失色、痛哭失声。由于手臂的断失与人的过错有关，“失”还引申指错误，如：失误、过失。进一步还表示违背、背离，如：失信、失礼、失约。

汉代典籍《淮南子》里有个故事：边塞附近住着位老翁，一天他的马走失了，邻居都向他表示同情。他却没事似的说，这也可能是件好事呢。没过几天，他的马回来了，还带了一匹骏马。后来，人们就用“塞翁失马”比喻坏事能够转化为好事。

右图是魏晋时期的菩萨石雕，出土于山东省青州市龙兴寺遗址。我们借用这件断失了手臂的雕像来说明“失”的意义。

〔魏晋〕菩萨石雕

源于右手（又）

在我国古典诗词名句中，“又”并不鲜见。如陆游的“山重水复疑无路，柳暗花明又一村”，王安石的“春风又绿江南岸，明月何时照我还”。在这些句子里，“又”没有什么实在意义，主要起强化语气的作用。然而，我们的先人最初造“又”字时，是用来表示手的。

观察上表，我们不难看出，“又”是象形字，就像一只向上伸出的右手。“又”的本义原指右手，与表示方位的“右”同源、同字、同义。以“又”为意符的字大都与“手”的意义有关，如：反、友、受、取、驭。后来，“又”被借用为虚词，“右”被用来表示右手的方位，它们的意义才都由“手”代替了。

现在，“又”的本义早已废弃不用了，它被借用为没有实在意义的虚词。在词语中，它有时表示并列关系，如：又多又快、又好又省；有时表示重复，如：看了又看、一次又一次；有时还起强调或加重语气的作用，上面诗词名句中的“又”就起这个作用。

还需要指出的是，有些字中的“又”，仅仅是个书写符号，是原来繁体字里某一部分的简化写法，在字中既不表意，也不表音。下面我们列出几组，用简繁对照的方法来说明这个问题，例如：邓——鄧，戏——戲，难——難，汉——漢，权——權，树——樹。

左图是南北朝时期的一件佛手石雕，现已流失海外。我们用这只握着哈达，寓意和谐、幸福的手来表示“又”的本义。

〔南北朝〕佛手石雕

商甲　周金　秦篆　汉隶　父　今楷

“哀哀父母，生我劬劳。”这是《诗经·小雅·蓼莪》中的诗句。大意是：可怜的父亲母亲，生我养我真辛劳。“父”在诗中表示父亲。然而，我们的先人当初造“父”这个字的时候，不是用来表示父亲，而是用来表示斧子。

甲骨文和金文前一款的“父”，就像一只手举着一样东西。那东西是什么呢？金文后一款的“父”给出了答案，那是一把上尖下宽的石斧。汉隶以后的“父”，让人看不出手握石斧的意思了。

“父”是会意字，本义指石斧。在原始社会，成年男人以石斧为主要工具，从事农耕和狩猎等繁重劳动。他们甚至把石斧当作武器，去抵御其他部族的侵犯，由此，“父”便用来表示成年男人。在氏族部落中，孩子称所有的成年男人为“父”。

后来，随着家庭的出现，“父”的意义发生了变化，专指生养自己的男人，意义与“母”相对，如：父亲、父母、父子。宋代王应麟编撰的《三字经》里有这样的句子：“养不教，父之过；教不严，师之惰。”其中的“父”就表示父亲。“父”还引申指其他男性长辈，如：祖父、伯父、岳父。为了区别“父”的这两重意义，人们给“父”加“斤”（也表示斧子），另造“斧”字代替了“父”的本义，“父”也就专指父亲了。

右图是一件汉代青铜戈的戈头，出土于云南省江川县。这件武器的造型很像古文字的“父”，只不过戈头上的手握的是剑而不是斧。

〔汉〕手持剑形铜戈

商甲	周金	秦篆	汉隶	今楷
			左	左
			右	右

“左”与“右”都表示方位，而且常连在一起使用，如：左右为难、左右开弓、左思右想、左顾右盼。我们把这两个字一起作介绍。

“左、右”二字的来源都与手有关。

甲骨文的“左”与“右”是两个象形字，都像一只伸出的手，“左”像左手，“右”像右手，只不过手指的数量是三个而不是五个。由于这种写法过于简单，极易造成左右难分的情况，金文以后，人们便给它们分别加上了表示工具的“工”和表示吃饭的“口”，使得“左”成了拿工具干活的手，“右”成了协助吃饭的手。

“左”与“右”，本义分别指左手和右手。宋代苏轼在《江城子·密州出猎》一词里写有这样的句子：“老夫聊发少年狂，左牵黄，右擎苍。锦帽貂裘，千骑卷平冈。”描写作者为抒发豪放之情，左手牵黄犬，右手擎苍鹰，带领属下围猎的情景。句中的“左”“右”用的就是它们的本义。

因为两只手的位置相对，在人体的两侧，二字便引申出表示方位的意义来，指人或物的左、右两边，如：左边、左侧、右面、右翼。

左图是南北朝时期的鎏金青铜立佛。这尊造像人物庄重，制作精致，可惜早已流失海外。我们用立佛那摊开的双手来表示“左”“右”二字的本义。

〔南北朝〕鎏金铜佛

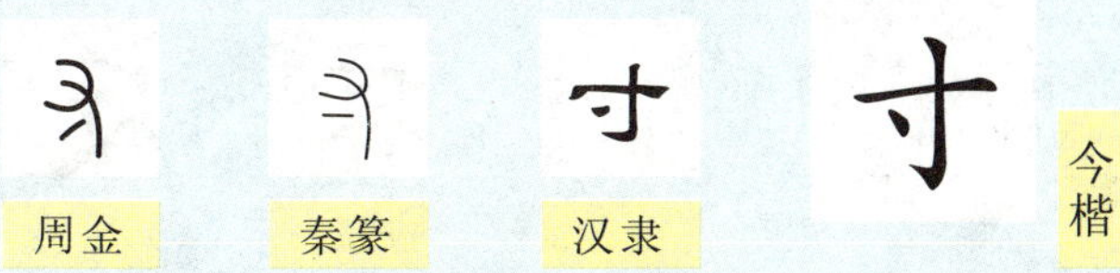

“一寸光阴一寸金，寸金难买寸光阴。”这通俗的名句已经传颂了一千多年。其上半句源自唐代诗人王贞白的《白鹿洞》：“读书不觉已春深，一寸光阴一寸金。”下半句为后人所加，强调黄金有价，光阴无价。两句诗用了四个“寸”。

金文和秦篆的“寸”，由表示右手的“又”和短横组成，这个短横为指事符号，指向手掌后部一个中医称为“寸口”的穴位。汉隶以后的“寸”，字形平正、整齐，看不出手的意思了。

“寸”是指事字，本义指“寸口”这个穴位。因为它离手掌边缘大约为一寸，“寸”便被借用表示长度的单位，是我们过去使用的市制长度单位——丈、尺、寸、分之一。十分为一寸，一寸是一尺的十分之一，约合3.33厘米。

由于寸的长度相对较短，人们便用“寸”来形容短或小的事物，如：寸土必争、寸步难行、手无寸铁、鼠目寸光。唐代孟郊《游子吟》的诗句：“谁言寸草心，报得三春晖。”其中的“寸草”就是指小草。

另外，“寸”还是个组字部件，以它为意符的字大都与手的动作有关，如：付、射、讨、守、夺、导。“寸”也可作声符，如：村、衬、忖。

用针灸治病是中华民族对世界医学的重大贡献。右图是明代依照宋制仿造的针灸铜人，供人掌握穴位使用。“寸”的本义就是指离手掌约一寸的穴位——寸口。

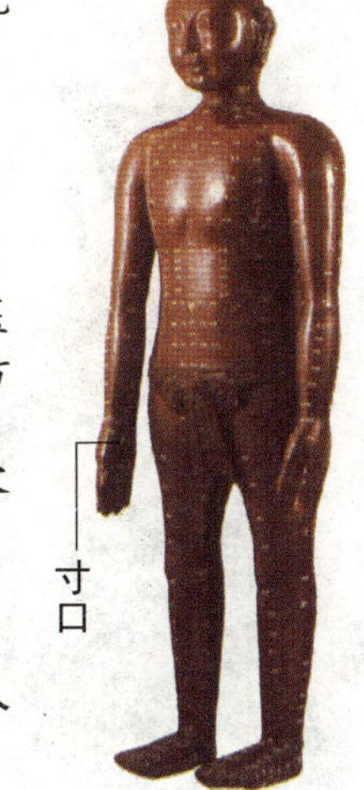

〔明〕针灸铜人

“反”字的意义确实很多。在“反败为胜、反戈一击”中表示翻转、掉转；在“反腐倡廉、官逼民反”中表示反对、对抗；在“反躬自问、义无反顾”中表示转身、回头；“反”有颠倒之义，如：反面、正反；“反”还有违背之义，如“违反、反常”；我们学习时常用的“举一反三”里的“反”还有类推之义……

“反”的本义究竟是什么呢？我们从字源上去探讨一下。

甲骨文和金文的“反”，都是半包围结构，外部的字符“厂”表示山崖，内部的字符“又”表示人的手，意思是用手扳着岩石，在悬崖峭壁上攀登。金文的“反”有一款格外加上了表示道路和行走的“彳”，强调了攀登之义。

“反”是会意字，本义指攀登山崖。因为向山上攀登，做的是与自身重量相反的运动，“反”便用来表示方向颠倒，意义与“正”相对。在这一意义的基础上，反引申和转化出我们开头所列的那些意义。现在，“反”的本义由后造的“扳、攀”取而代之了。

《论语·颜渊》载有孔子这样一句话：“君子成人之美，不成人之恶。小人反是。”意思是有道德的人，成全人家的好事，不成全人家的坏事。没有道德的人则与此相反。句中的“反”就表示与前者相对应的做法。

左图是清代的童饰转心瓷瓶。这些攀援在瓷瓶上的儿童，好像在用他们的行动说明“反”的原本之义。

〔清〕童饰转心瓷瓶

对

商甲 周金 秦篆 汉隶 對 今楷

“对”是“對”的简化字，它有多种意义。

在“对答如流、无言以对”中，“对”表示一方对另一方的回答和应对；在“两军对垒、针锋相对”中，“对”表示矛盾双方的对立和争斗；“对”可以表示正确，意义与“错”相反，如“分清对错、道理很对”；还可以表示双数的，意义与“单”相反，如“成双配对、两对鸳鸯”；“对酒当歌，人生几何”，这是三国曹操《短歌行》里的诗句，其中的“对”表示朝着、面对；而在唐代李白《望天门山》的“两岸青山相对出，孤帆一片日边来”一句中，“对”则表示对应、相互之义……“对”的意义这样多，它的本义是什么呢？

甲骨文和金文前一款的“对”，就像一只手举着点燃的灯台，意思是点亮灯盏，驱散暗夜的做法正确、合理，也有点灯朝向黑暗之义。金文后一款以及秦篆、汉隶的“对”，把表示灯台的字符换成表示乐器支架的“業”（其简化字为“业”），字中含有人干事业合情合理之义。汉字简化时，对写为左“又”右“寸”了。

“对”是会意字，本义指正确、合理，意义与“错”相反，也含有朝着、面对之义，它的其他意义都是在这一意义的基础上引申和转化出来的。

右图是一盏以童子举灯为造型的瓷质灯台。当人们在上部的灯碗里倒上油、放上灯芯并把它点燃，它驱散暗夜，给人带来光明的那种状态也就解释了“对”的原本之义。

〔清〕童子举灯造型瓷灯

及

商甲　周金　秦篆　汉隶　今楷

及格是指考试成绩达到或超过了所规定的底线。对于考者尤其是在校学生而言，“及格”已成为他们在谈论学习时使用频度最高的词汇之一。那么，“及格”的“及”是怎样造出来的呢？

甲骨文和金文的“及”，上部是“人”，下部是表示人手的“又”，看上去就像一个人在前面跑，另一个人从后面追上来，并伸手把他抓住。汉隶以后的“及”，把“人”和“又”穿插到一起，让人看不出字的意思了。

“及”是会意字，本义指追上、赶上，如：来得及、望尘莫及。“桃花潭水深千尺，不及汪伦送我情。”在唐代李白《赠汪伦》的这句诗里，“不及”的意思是赶不上。

“及”由追赶上而引申指到、达到，如：波及、及格、由近及远。还引申指推广到、牵扯到，如：涉及、顾及、爱屋及乌。另外还有趁、乘之义，如：及时、及早。它还可以用为连词，作用相当于和、与，如：工人、农民及士兵。

晋代陶渊明在他的《杂诗》写道：“盛年不重来，一日难再晨。及时当勉励，岁月不待人。”但愿每个学子都能珍惜青春年少时期的宝贵光阴，对学业不但要及格，更要优秀。

左图是唐代彩绘天王木俑。这位天王追上妖孽，将其抓获并踩在脚下。我们用这尊木雕来说明“及”的本义。

〔唐〕彩绘天王木俑

商甲 周金 秦篆 汉隶 徹 今楷

“不是一番寒彻骨，怎得梅花扑鼻香？”这是唐代诗人裴休的名句，常用来激励他人，只有经得起艰难困苦的磨炼，才能有所成就。下面，我们就来介绍一下句中的“彻”。

“彻”是“徹”的简化字。

甲骨文的“彻”是会意字。它由两个字符组成，一个是表示人手的“又”，另一个是古代先民煮饭烧菜的炊具兼食具的“鬲”，意思是吃完饭后，有人把鬲从饭桌上撤下来。金文的“彻”，有的在“鬲”的下部加了个“火”，意思变为把鬲从炉灶上撤下了。秦篆以后的“彻”是个形声字，它用表示行动的“彳”为意符，用“敨”为声符。简化后的“彻”把声符换成“切”了。

“彻”的本义是指撤掉、撤去，即“撤”的意义，如宋代范仲淹在为他人写的墓志铭中说：“访能吏，彻冗官。”意思就是起用能干的人，撤换多余的官。

因为撤除不必要的东西会使空间增大，使人有通畅感，由此，“彻”引申出通、透之义，如：彻夜、彻底、彻头彻尾、响彻云霄。本文开头那句古诗中的“寒彻骨”一词，意思就是寒冷穿透了筋骨。现在“彻”的本义已由“撤”替代，“彻”已被引申义所专用。

右图是一件金代的砖雕。这位捧着壶的奴仆可能在主人酒足饭饱之后，正忙着把餐具往下“彻”呢。

〔金〕侍者砖雕

商甲 周古 秦篆 汉隶 鑿 今楷

凿

“凿”是“鑿”的简化字。

甲骨文的“凿”写法很简捷，一个手举着锤子的“殳”，敲击一把上宽下尖的凿子，便表达了开孔、打洞的意思。周代古文、秦篆和简化前的“凿”，在字中加上了表示孔洞的“臼”和表示金属的“金”，字中含有开凿金属矿藏的意思。简化后的“凿”，字中的“丵”其实是凿子之形，“凵”表示坑穴，意思变成挖坑了。

“凿”是会意字，本义为开孔、打洞。宋代的辞书《类篇》对它的解释就是：“凿，穿孔也。”有则成语“凿壁偷光”，说的是汉代学者匡衡刻苦读书的故事。匡衡小时候家里很穷，买不起油供他点灯读书，他就在墙上开了个小洞，借邻居家的灯光读书。

“凿”由打洞而引申出挖掘之义，如：开凿、凿通。南北朝的刘昼曾写有《崇学》一文，他在强调学习要注意积累时指出：“为山者基于一篑之土，以成千丈之峭；凿井者起于三寸之坎，以就万仞之深。”意思是：筑山的人从一筐土开始垒起了千丈高峰，掘井的人从三寸沟开始挖出了万尺深井。

因为在土石上打洞，一锤一钎都会留下鲜明的印迹，“凿”还引申指真实、确定，如：事实确凿、言之凿凿。它还用来表示打洞的工具，如：凿子、斧凿。

左图是清代大禹治水玉雕局部。那些一手握钎、一手挥锤的工匠们劈石开山的架势，就是“凿”所表示的意义。

〔清〕大禹治水玉雕（局部）

段

周金 秦篆 汉隶 今楷

“段”字右部的“殳”比较常见，含有它的字大都与敲打的动作有关，如“殴、毁、投”；左部的“𠂤”则很少见，只能在“段”及相关字如“缎、锻、椴、煅”中看到。我们来看看这是怎么回事。

金文的“段”，从字形上看就好像有一只手正举着铁锤、钢钎之类的工具，在表示悬崖绝壁的“厂”下开凿矿石，字中的那两个小点表示矿渣。秦篆以后的“段”，把山崖和矿渣合并而写为“𠂤”了。

“段”是会意字，本义指对矿石的采掘、锤打，即“锻”所表示的意义。由于采矿时，大块的矿石会因为锤击而断裂，“段”便引申出分段之义，用来表示事物或时间的一部分，如：地段、时段、阶段、段落。有的工矿企业还把所属的生产或者管理部门也称为“段”，如：工段、机务段、水电段。

宋代卢梅坡在《雪梅》诗写有这样的句子：“梅须逊雪三分白，雪却输梅一段香。”句中的“段”则表示差距、距离。后来为了区分“段”的本义和引申义，人们就给“段”加上意符“金”，另造“锻”来表示段的本义了。

右图是清代的大禹治水玉雕局部。图中，那些挥舞铁镐、劈山凿石的人们，好像在用行动解释“段”的意义。不过，他们可不是在开凿矿石，而是在修筑水渠。

〔清〕大禹治水玉雕（局部）

商甲	周金	秦篆	汉隶	今楷
[古文字]	[古文字]	[古文字]	友	友

现在人们把与自己关系不错的人都笼统地称为朋友，而在古代，朋与友含义不同。“同门曰朋，同志曰友。”就是说，跟同一个老师学习的人称为朋，为同一个目标奋斗的人才称为友。

甲骨文和金文的“友”，是由两个方向一致的、表示手的“又”组成，意思是两手紧握的人。秦篆的“友”还是两只手，只不过上下排列了。汉隶以后的“友”，上部的“又”发生了变异，字也变成了包围结构，让人从字形上看不出两手相握的意思了。

“友”是会意字，本义指两手相握的朋友，如：战友、亲友、良师益友。“少年乐新知，衰暮思故友。”唐代韩愈这句诗的意思是，年少时乐于结交新知己，年迈时经常思念老朋友。由于朋友之间关系亲密，“友”便引申指亲近、相好，如友谊、友爱、友好相处。友还表示彼此具有良好关系的，如：友邻、友军、友邦。

人不能没有朋友，与什么样的人交朋友也有讲究。先贤孔子在《论语·季氏》中的一段话可资参考：“益者三友：友直，友谅，友多闻，益矣。”意思是说，有益的朋友有三种：正直的，诚实的，学识广博的，与这样的朋友交往就会有益处。

左图是魏晋时期两个并肩而立的武士陶俑。他们是一对患难与共、形影不离的好朋友，在对方需要帮助的时候，会随时伸出友谊之手。

〔魏晋〕并立武士陶俑

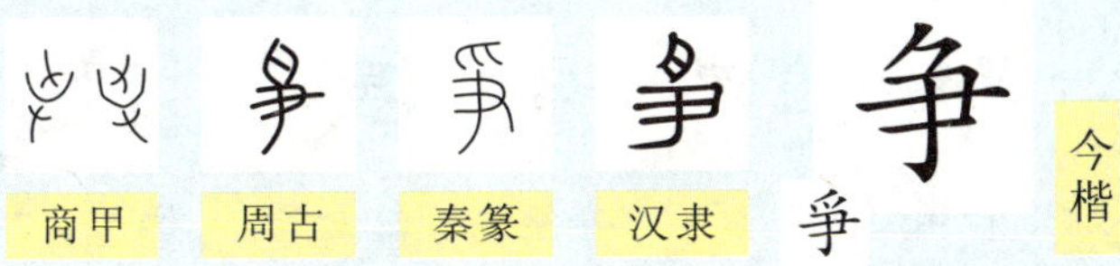

“争”，原本写为“爭”。汉字简化时，把上部表示手的“爪”规范为刀字头，“争”的意义好像由赤手空拳的搏击变成拔出刀剑的拼杀了。

甲骨文的“争”，中部是个半圆形的类似于璜的玉器，上下是不同人的两只“手”，意思是两人在争抢财物。周代古文以后的“争”，把玉璜和下部的手穿插到一起，让人看不出它的原意了。

“争”是会意字，本义指对财物的争夺，泛指对时间和其他利益的争夺，如：争分夺秒、争名夺利、寸土必争。“几处早莺争暖树，谁家新燕啄春泥。”这是唐代白居易《钱塘湖春行》的诗句，描绘的是早春时节，莺雀争夺向阳树枝、燕子啄泥筑巢的景象。

“争”由对东西的抢夺而引申指力求获得，如：力争、争取、争先恐后。进而还引申指口头上的辩论和力量上的较量，如：争吵、争辩、论争；争斗、争夺、战争。

《战国策》里有个故事：长嘴水鸟鹬见到蚌张开硬壳在晒太阳，就去啄它的肉，结果被蚌夹住了嘴。它们互相咬着，谁也不想先松口。有位渔民路过，把它们都捉走了。后人就用“鹬蚌相争，渔人得利”来比喻双方相争，两败俱伤，而让第三方得到好处。

右图是一件宋代的绿釉相扑瓷塑。这两个大力士互不服气，正在为冠军的头衔进行着激烈的拼争。

〔宋〕相扑瓷塑

具

商甲 周金 秦篆 汉隶 今楷

有条字谜，谜面是“真没头脑”，谜底是“具”。“具”字的来源与头脑无关，它源于人们的双手“廾”和古代先民烹煮食物的器具“鼎”。

甲骨文和金文前一款的“具”，就像有人双手捧着鼎，正在煮饭烧菜的样子。金文后一款和秦篆的“具”，因为书写便捷的需要，鼎的笔画被省略而写成了“贝”或“目”。楷书的“具”，把上部写为比“且”还多一横的“且”，把下部写为“八”了。

“具”是会意字，本义指用鼎来煮饭烧菜，准备饭食，即备办之义，如：谨具薄礼。唐代孟浩然《过故人庄》诗有这样的句子：“故人具鸡黍，邀我至田家。”意思是老朋友用鸡肉、黍米等准备了酒席，邀请我到他家去。其中的“具”用的就是它的本义。

“具”由准备好饭食而引申指存有之义，如：具备、具有、别具一格、独具匠心。“具”还由做饭使用的鼎而引申指生活和生产中使用的器物，如：炊具、文具、农具、家具。至于我们常用的“具体”一词，表示明确、实在或详尽之义，这大概也与鼎是个实实在在的物体有关。另外，“具”还用为量词，如：铠甲两具。

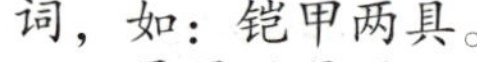

最早的鼎是用黏土烧制的，即使在青铜出现以后，铜鼎的使用也只是少数贵族的事，广大平民难以问津。左图是夏代的陶鼎。甲骨文的“具”字中，那个被双手捧着的器物指的就是这种类型的鼎。

〔夏〕陶质圆鼎

商甲	周金	秦篆	汉隶	今楷
[illegible]	[illegible]	[illegible]	尊	尊

《汉书》载："尊卑有序则上下和。"只要有人群的地方，就必然会有尊卑之分。一个家族多以年长者为尊，一个单位多以官大者为尊，竞技场上多以技艺超群者为尊，而在人们的心目中却常常以道德高尚者为尊……

甲骨文和金文前一款的"尊"，上部是表示酒器的"酉"，下部是一双"手"，意思是双手捧杯向他人敬酒。金文后一款及其以后的"尊"，把"酉"换为掌酒官"酋"，后来还把两只手换为"寸"。"寸"在字中一般也表示手，如"寻、导、射、讨"。

"尊"是会意字，本义指敬酒的器具。商周时期等级森严，用尊也有规定。据《周礼》载，周代设六尊：牺尊、象尊、著尊、壶尊、太尊、山尊。正规的宴会，不同级别的人使用不同的尊。

因为双手捧尊向他人敬酒，其中含有尊重之义，"尊"便引申表示敬重，如：尊敬、尊崇、尊老爱幼。又因为年龄大和地位高的人一般会受到敬重，"尊"又引申指地位或辈分高的，如：尊贵、尊卑、养尊处优。另外，"尊"还用作量词，如：一尊塑像、两尊大炮。

我国自古就有尊师重教的传统，正如南北朝时期的《魏书》所言："建国纬民，立教为本；尊师崇道，兹典自昔。"

右图是一件造型独特、制作精美的商代青铜酒器——四羊方尊。我们用这件文物来表示"尊"的原本之义。

〔商〕四羊方尊

“海上生明月，天涯共此时。”唐代张九龄的诗句流露着对远方亲人的思念。“结发同枕席，黄泉共为友。”汉乐府中的这句诗表达了夫妻间的忠贞情感。两句诗里都含有“共”，表示一齐、共同之义。这就是“共”的本义吗？

甲骨文的“共”，像两手向上举着一件方形之物的样子，有人说那是圆形玉璧，因为契刻不便而显得有些方了，意思是双手捧璧供奉给神祖。金文前一款的“共”，把玉璧换为“口”，表示供奉可口的食品。而后一款的“共”，双手捧的是两个“十”，表示供奉很多东西。汉隶以后的“共”，演化为上“艹”下“六”了。

在此，我们稍作说明，由“六”组成的字意义大都与双手持物有关，如：兵（双手持斧）、具（双手抱鼎）、典（双手捧简册）、其（双手拿簸箕）。

“共”是会意字，本义原指拱手捧物，供奉神祖，即“拱”和“供”这两个字所包含的意义。“共”由两手同时捧东西而引申出共同、一齐之义，如：共事、共享、同甘共苦、生死与共。进一步还引申指合起来计算，如：共计。后来，人们另造形声字“拱、供”表示“共”的本义，“共”则专用于表示引申义了。

左图是宋代的进贡人石雕。这个人双手高举贡品的形象就是“共”原本表示的意义。

〔宋〕进贡人石雕

商甲	周金	秦篆	汉隶	今楷
[古文字形]	[古文字形]	[古文字形]	奏	奏

奏，上部是“𡗗”，一般把它称为“春字头”，下部是“天”。这个字是怎样演变来的呢？

甲骨文和金文前一款的“奏”，中间是一株表示庄稼的“麦”，在它的两侧各有一只“手”。“奏”字来源于人们在祭祀仪式上手捧禾麦供奉给神祖，并向他们报告年景，祈求丰收。金文后一款的“奏”，把两只“手”换成了两个“口”，强调了祈祷之义。秦篆以后，由于构字符号化的需要，各构件重新穿插组合，“奏”演化成了现在这个样子。

“奏”是会意字，本义指向神祖供奉禾麦、报告年景，特指臣子向帝王报告情况或提出意见，如：奏章、上奏、先斩后奏。唐代韩愈原在朝廷为官，晚年为反对在皇宫里拜迎佛骨而上了一道奏折，结果得罪了宪宗皇帝，被贬到潮州任职。他的诗句“一封朝奏九重天，夕贬潮州路八千”，说的就是这件事。

因为向皇帝提出意见和建议，有时会取得成效，“奏”便引申指发生、取得，如：奏效、奏捷、屡奏奇功。又因为举行祭祀活动，向神祖报告年景，有时还伴有音乐，“奏”又引申指用乐器表演，如：奏乐、演奏、器乐合奏。

右侧的《臣子上奏图》为宋代画家根据史料绘制，反映汉代主政大臣袁盎劝谏文帝的故事。此刻，这位大臣俯身而立，正在向皇帝上“奏”。

〔宋〕臣子上奏图

源于下伸之手（爪）

说到“爪”，人们常把它与鸟兽的趾甲联系在一起。其实，“爪”的来源与手有关，汉代《说文解字》就指出：“覆手曰爪。”

甲骨文的“爪”，字形就像一只向下伸出的手，想要抓取或采摘什么东西，只不过手指的数目不是五个而是三个。金文的“爪”则向前平伸，格外突出了手指前端的指甲。秦篆以后的“爪”，字形虽说有些变化，还像一只下伸的手。

“爪（zhǎo）”是象形字，本义指伸手抓取，即“抓”的本字。汉字中，作为字头使用的“爫”是从“爪”演变来的，以“爪”为意符的字大都与用手抓取的动作有关，如：爬、采、受、俘、觅。

由于禽兽抓取东西靠的是带有硬趾甲的脚，“爪”便引申指鸟兽的脚或趾甲，如：虎爪、鹰爪、魔爪、张牙舞爪。唐代白居易曾写有《杜陵叟》一诗，控诉官府横征暴敛的恶行，诗里有这样的句子：“剥我身上帛，夺我口中粟。虐人害物即豺狼，何必钩爪锯牙食人肉。”其中的“钩爪锯牙”用来形容豺狼尖利的趾爪和牙齿。后来，人们给爪加上了提手旁，另造“抓”来表示“爪”的本义，“爪”也就专用于表示引申义了。

另外，“爪”后带有“子”或“儿”时要读作“zhuǎ”，但它所表示的意义不变，如：鸡爪子、猫爪儿。

左图是一件清代制作的彩漆木质酒杯。它的新奇之处就在于，其底座被设计成鹰爪之形。

〔清〕彩漆鹰爪杯

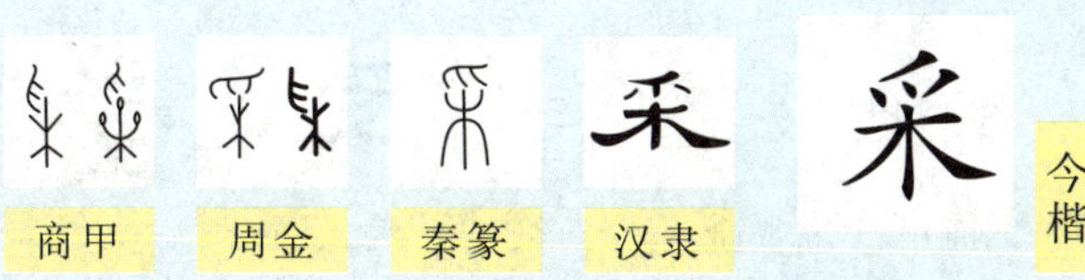

“采”可以用来表示人的精神、气色，如：神采奕奕。它也可用来表示收集、选取，如：博采众长。它的本义究竟是什么呢？

观察甲骨文的“采”，它的上部是个表示人手的“爪”，下部是个表示树木的“木”或果实的“果”，意思是用手来采摘树叶、果实。金文以后的“采”，全都选用“爪”与“木”的组合了。

“采”是会意字，本义指摘取，如：采茶、采桑、采摘。宋代陆游《春晚即事》诗写有这样的句子：“老农爱犊行泥缓，幼妇忧蚕采叶忙。”其中的“采”用的就是它的本义。

由于人们采摘树叶和果实时会有所选择，“采”便引申指选用、选取，如：采纳、采购、广收博采。它还引申指收集、挖掘，如：采集、采油、开采矿藏。“采得百花成蜜后，为谁辛苦为谁甜。”在唐代罗隐《蜂》这句诗里，“采”就表示收集之义。

在古代，人们给衣物染色时，大都使用采集到的植物或矿物作为原料，因此“采”又引申出色彩的意义来，一般用于表示人的精神风貌，如：风采、神采、兴高采烈、无精打采。有时也用于形容文章写的生动活泼、富有感染力，如：文采斑斓。需要注意的是，用于表示其他事物的颜色时不能用“采”，而只能用“彩”，如：彩霞满天、五彩缤纷、张灯结彩、丰富多彩。

右图是一幅魏晋时期的墓穴壁画——采桑女图。图中的女人提着篓筐，举着竹竿，正在采摘桑叶。此图形象地解释了“采”的原本之义。

〔魏晋〕采桑女壁画

一字二义或多义是汉字司空见惯的现象，这是社会发展和新生事物涌现而赋予文字的使命。但同一个字，却表示两个截然相反的意义，这种情况比较少见，而“受”就是其中之一。

“满招损，谦受益。”这是《尚书·大禹谟》里的名句。其中的“受”表示接受、得到，即“收”的意义。而在唐代韩愈的《师说》里：“师者，所以传道受业解惑也。”句中的“受”则表示传授、教给，即“给”的意义。这是什么原因造成的呢？

甲骨文和金文的“受”，中间是个“舟”，像个方头木船之形；两旁各有一个“爪”或“又”，表示不同人的“手”。意思是一个人把船交给了另一个人，也可以理解为有人往船上装货，有人从船上卸货。秦篆以后的“受”，把中间的“舟”换成“冖”了。

“受”是会意字，本义包含两重：一是对交船者或装货者而言，“受”表示给予。二是对接船者或卸货者而言，“受”表示接受。就这样“受”兼有给予和接受两重相反的意义了。后来，为了区分这两重意义，人们给“受”加上第三只手——“扌”，另造“授”字表示给予之义，“受”就专用于表示接受、得到的意义了，如：享受、受奖、受宠若惊。“受”引申指遭到，如：受挫、受害、遭受磨难。“受屈不改心，然后知君子。”李白这句诗里的“受”就是遭到之意。

左图是清代的游船玉雕。有的人正上船，有的人正下船。我们用这件玉雕来表示“受”的意义。

〔清〕游船玉雕

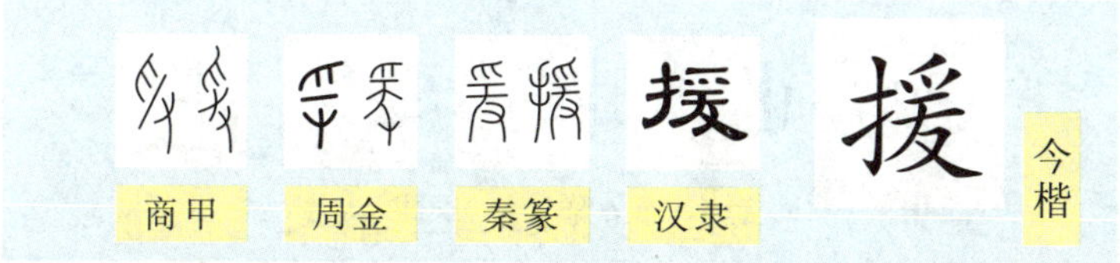

当人身陷绝境或遇到困难时，总希望能有人伸出手来拉上一把。我们的先人就是依据这一理念造出了“援”。

“援”最初写为“爰”。甲骨文和金文的“爰”，上下两部分为表示手的“爪”或“又”，在两手之间为木杆或树枝，意思是有人坠崖或落水，上面的人伸出援手，让下面的人顺着木杆、树枝爬上来。有的字中加上了人形的“大”，强调了其救人的意义。秦篆以后的“爰”，把中间的字符确定为表示木杆的“干”，只不过字中的竖被写成了撇。后来，“爰”被借用为虚词并作了组字部件，人们就另造形声字“援”表示“爰”的本义了。

“援”含有两重意义。其一是上面的人救助下面的人，如：救援、支援、援助。在商代甲骨卜辞里，“援”多用于表示援助之义，有片甲骨上就刻有：“王族援多子族立于磔。”

其二是下面的人向上攀爬。唐代李白在《蜀道难》一诗形容山高路险时写道：“黄鹤之飞尚不得过，猿猱欲度愁攀援。”其中的“攀援”就表示向上攀爬。另外，“援”还引申表示引用，如：援引、援用。

右图是一件充满童趣的清代瓷瓶。一群孩子密切配合，相互支持，正往瓷瓶的颈部攀援。他们上面的伸手拉，下面的往上推。此情此景，正好说明了“援”的本义。

〔清〕童饰瓷瓶

源于人脚（止）

“与时俱进”是句流行语。《易经》中的一段话有助于我们对它的理解：“时止则止，时行则行。动静不失其时，其道光明。”意思是：时机适于停止就停止，时机适于行动就行动。如果不丧失时机，道路必定光明。句中的“止”表示停止、静止。

甲骨文的“止”像人脚之形，上部为脚趾，下部为脚跟和脚掌。就如同三个手指的“又”（ㄡ）表示手一样，“止”中的脚趾也是三个。金文以后的“止”，写法有所变异，到楷书时，用上部的三画表示脚趾，用下部的长横表示脚跟和脚掌。

“止”是象形字，本义指人的脚。《汉书·刑法志》载：“当斩左止者，笞五百。”其中的“斩左止”就是砍掉左脚。

由于脚是站立和行走的器官，脚若不动，人就会停下来，“止”便引申指停住，如：停止、静止、止步、止境。“止”还表示阻拦、使停住之义，如：禁止、阻止、止痛、止血。“止”后来被引申义专用，人们便给“止”加意符“足”，用“趾”代替了“止”的本义。

另外，“止”在字典中还是个部首，由它组成的字，有的为意符，表示与脚及其动作有关的意义，如：正、步、企、此、武；有的为声符或兼而表意，如：址、耻、祉、齿。

左图是镶嵌在北京真觉寺佛塔基座上的佛足石雕，相传是根据佛祖释迦牟尼的双足雕刻的，供教徒们以头顶足，进行膜拜。“止”的意义原本就表示人的脚。

〔明〕佛足石雕

足

商甲 周金 秦篆 汉隶 今楷

成语“画蛇添足”源自《战国策》里的一个故事。有个当官的让手下人画蛇，谁画得快就赏给他一壶酒。一个人很快画完了，见其他人还在画，就给蛇加上了脚。结果酒没喝到，还受到大家的嘲讽，说他画蛇添足，多此一举。

“足”在甲骨文中是象形字，有的就像一幅简洁明了的图画，上部是腿，下部是脚。有的则抽象一些，用“口”来表示腿，用“止”来表示脚。

“足”的本义原指人体的下肢，包括腿和脚。后来它的范围缩小了，一般仅指脚，意义与“手”相对，如：情同手足、手舞足蹈。汉代史学家荀悦在《申鉴·政体》中指出：“足寒伤心，民寒伤国。”意思是脚若受寒会伤及心脏，民若贫寒会危及国家。

因为“足”是供人站立和行走的器官，两脚立地，人才有踏实之感，由此“足”引申出充实、富裕以及心理上的满意等义，如：充足、富足、丰衣足食、心满意足。宋代陆游在《游山西村》诗写道：“莫笑农家腊酒浑，丰年留客足鸡豚。”其中的“足鸡豚”就表示准备的鸡肉、猪肉充足。

另外，“足”还是个组字构件，以“足”（包括其变体“⻊”）为意符的字大都与腿、脚及其动作有关，如：捉、促、跑、跳、踏。

右图是一件造型奇特的陶罐，其下部被塑成人的腿、脚之形。甲骨文的“足”就指这两部分。

〔青铜时代〕人足形陶罐

商甲	周金	秦篆	汉隶	今楷
[illegible]	[illegible]	[illegible]	歷	历 歷曆

“历览前贤国与家，成由勤俭败由奢。”这是唐代李商隐《咏史》中的诗句。大意是：依次浏览前人的国事与家事，成功的是由于勤俭而失败的是由于奢华。“历览”是指按照历史的顺序逐个地阅读、察看。

甲骨文的“历”，上部的两个“木”或两个“禾”分别表示一排排的树木和庄稼，下部的“止”表示人的脚，意思是人在林中和田间走过。金文和秦篆的“历”，在字中加了个表示山崖的“厂”，意思则是这些树木和庄稼生长在山坡之上。

“历”是“歷”的简化字，本义指走过、经过，如：经历、历程、历尽艰险。引申指亲身经历的，如：学历、简历、人生阅历。还引申指已经过去的，如：历史、历次、历朝历代。还可以连用，表示有顺序地排列，如：历历在目。唐代崔颢的诗句“晴川历历汉阳树，芳草萋萋鹦鹉洲”中的“历历”也是这个意思。

另外，“历”还是“曆”的简化字，与“歷”相比，字中的“止”被换为“日”。“曆”原指日月的运行，由于古人是依据日月运行的规律来编制历法的，“历”还用来指历法，如阳历、阴历、公历。人们还把记录年月日的印刷品称为“历”，如：台历、挂历、日历。

左图是一件唐代的陶俑。那个经过长途跋涉而睡在驼背上的孩子，可能就有着不同于其他孩子的曲折经历。

〔唐〕睡儿骆驼俑

正

商甲 周金 秦篆 汉隶 今楷

“正”的意义确实很多。“其身正，不令而行；其身不正，虽令不从。”这是孔子的教诲，其中的“正”是形容词，表示端正。“以铜为镜，可以正衣冠；以人为镜，可以明得失。”这是唐太宗的训导，“正”用为动词，表示弄正。唐代王湾的诗句“潮平两岸阔，风正一帆悬”中，“正”表示平直的，意义与“歪”相对。明代冯梦龙的名言“心正自然邪不扰，身端怎有恶来欺”，“正”表示作风正派，意义与“邪”相对。“正”有严肃、郑重之义，如：正视、正告、义正词严。还有恰到好处之义，如：正好、正相应、正中下怀。我们的先人所造的“正”，本义究竟是什么呢？

甲骨文的“正”，上部的“口”表示城邑，下部的“止”表示人的脚，脚趾朝向城邑，意思是向城邑进军。金文的“正”把“口”填实或写为一横。秦篆以后的正，由此写为上“一”下“止”了。

“正”是会意字，本义指进军、讨伐，即“征”的意义。据商代甲骨记载：“王来正人方。”说的是商王来征伐叫“人方”的小国。要发兵讨伐总要有个正当的理由，“正”便引申出正确、公正之义。后来，人们另造“征”表示“正”的本义，“正”则专用于表示端正、纠正、正确、公正等意义了。

右图是汉代的两件骑士铜俑。他们持枪骑马，杀气腾腾，好像正在向他国进攻。这就是“正”原本表示的意义。

〔汉〕骑士铜俑

商甲	周金	秦篆	汉隶	今楷
[古文字]	[古文字]	[古文字]	世	世

在商周时期的先民眼中，当时的世界是什么样子的？我们可以从“世”的来历获得某些信息。

甲骨文和金文的“世”，是在表示人脚并兼而表音的“止”上，加了些表示叶子的圆圈或小点，有的还在上部加了个表示草木的竹字头。意思是植物的叶子像长了脚一样，四处生长，布满世界。秦篆的“世”，表示脚的“止”未变，却把叶片抽象化为短横了。汉隶以后的“世”，“止”和短横相互穿插，演化成现在这个样子。

“世”原是会意兼形声字，本义指到处是花草树木的世界，这大概是三千多年前，我国中原地区乃至黄河、长江流域的环境特点吧。“世”泛指天下、社会、人世间，如：世间万物、举世瞩目、闻名于世。秦汉时期的霸王项羽曾经唱道：“力拔山兮气盖世。”这里的“世”用的就是它的本义。

俗话说：草有荣枯，人有生死。人与草木的生长存在许多共同之处，由此“世”便引申指人的一生，如：今世、来世、一生一世、永世不忘。进一步还引申指老少之间的辈分承接，一般把一代人称为一世，如：世世代代、世代相传。

“世外桃源”是晋代陶渊明在《桃花源记》中所虚构的一个理想世界。左图是清代画家绘制的陶渊明像。他与书童远行，是否在重新寻找那片与世隔绝的乐土呢？

〔清〕陶渊明画像

先

商甲 周金 秦篆 汉隶 今楷

“先天下之忧而忧，后天下之乐而乐。”这是宋代政治家、文学家范仲淹在《岳阳楼记》中留给后人的传世名句。它激励人们以国家和人民利益为重，吃苦在先，享乐在后。

甲骨文和金文的“先”，下部是个侧立之“人”，上部是个表示人脚的“止”或者表示到、去的“之”（甲骨文的“之”写为㞢），意思是走在别人前头的人。汉隶以后的“先”，上部的“之”演化为没有尾巴的“牛（⺧）”，下部的“人”演化为“儿”了。

“先”是会意字，本义指次序在前的，意义与“后”相对，如：领先、先行、先人后己、争先恐后。唐代《意林》载有这样一句话：“先谋后事者昌，先事后谋者亡。”意思是：做事情先谋划后行动才能取得成功，先行动后谋划只会招致失败。

因为时间的流逝是有顺序的，“先”便引申指时间在前的，意义与“早”相近，如：早先、先前、先睹为快、未卜先知。由此，还引申指辈分在前的和对死去之人的尊称，如：先辈、祖先、革命先烈。《诗经·小雅·小宛》：“我心忧伤，念昔先人。”句中的“先人”是指祖宗、祖先。另外，我们常用的“先生”一词本来是指年长之人，一般特指老师，现在也用作对成年男人的尊称。

右图是汉代的两件舞女陶俑。那个走在前面的相对于走在后面的，其意义就是“先”。

〔汉〕舞女陶俑

商甲 周金 秦篆 汉隶 今楷

步

现在的“步”，上部是“止”，下部是缺了右点的“少”（少）。为什么会写成这个样子呢？

甲骨文和金文的“步”非常形象，有的画了一前一后两只脚（其实那是两个表示脚的“止”），有的还在脚的两边加个“行”，意思是迈开两脚向前走。秦篆以后的“步”，下面的那个“止”被写走了形，以至于看不出两脚迈步走路的意思了。

“步”是会意字，本义指走路、行走，如：步行、散步、闲庭信步。也用来表示步子、步伐，如：小步、快步、大步流星。“步”引申指事物的进程和发展阶段，如：初步、逐步、步骤。另外，人们还用“步”来表示距离，如：百步穿杨、五十步笑百步。

在现在，任何一只脚迈一次即为一步。而在古代，一只脚迈一次为半步，即“跬”，两只脚各迈一次才算作一步。战国时期的思想家荀子在《劝学》中就说：“不积跬步，无以至千里；不积小流，无以成江河。”

“邯郸学步”是则成语。相传，古代燕国有位少年，听说赵国的邯郸人走路姿势优雅，就跑去跟在人家屁股后面模仿。结果，邯郸人的走路姿势没学到，自己原来的走路方法也忘了，最后只得爬着回家。人们常用这则成语讽刺那些丢弃自己特色，片面模仿他人的愚蠢做法。

左图是南朝的牵马人画像砖。图中的那位驭手正牵着马，昂首挺胸阔步前进。

〔南朝〕牵马人画像砖

涉

商甲 周金 秦篆 汉隶 今楷

“涉”现在写为左“氵”右“步”，构字简单，表意清楚，没有什么新奇之处。如果你观察一下它的早期写法，可能会更深刻地理解我们先人的造字意图。

观察甲骨文和金文的“涉”，我们看到的就是一幅过河图：弯弯的曲线表示河流，几个小点表示溅起的浪花，河流两旁一边一个脚印。它所表达的意思非常明确，那就是赤脚趟过了河流。秦篆以后构字符号化，“涉”变成了现在这个样子。

“涉”是会意字，本义指徒步趟水过河。汉代许慎《说文解字》就解释说：“涉，徒行历水也。”宋代陆游也在《秋郊有怀》诗写道：“秋山瘦亦奇，秋水浅可涉。”意思是：秋天的高山因为露出岩石而显出几分神奇，秋天的河流因为水浅而可以徒步趟越。

水浅可以步行趟过，水深就要借助于舟船，由此，“涉”便泛指从水上渡过，如：跋山涉水、远涉重洋。唐代张祜的《苏小小歌》里有这样的诗句：“登山不愁峻，涉海不愁深。”这里的“涉”就表示凭借船来渡过海洋。另外，“涉”还引申指经历、牵连等义，如：涉及、涉险、牵涉、干涉。

右图是唐代玄奘和尚的石刻造像。玄奘俗称唐僧，年少出家，精通佛学，曾跋山涉水，历经艰险到印度取经，为中外文化交流做出了巨大贡献。我们用他徒步远行的石刻造像来表示“涉”的意义。

唐玄奘石刻造像

“发”表示两个毫不相干的意义。读“fā”时，表示与发射、发生有关的意义；读“fà”时，表示与头发、毛发有关的意义。这是因为“发”一身兼二职，分别是“發”和“髮”的简化字。

先看上表第一行的“發”。

甲骨文的“發”，上部是表示脚的两个“止”，下部是手持木棍之形的“攴”，意思是有人迈步向前，把投枪之类的武器掷了出去。金文以后的“發”另外加上“弓”，表示用弓把箭发射出去。“發”的本义指发射，如“百发百中、弹无虚发”。因为投枪被发射出去，意味着它离开了原处，便引申出离开、表达、生长、启发等诸多意义，如：出发、发表、发人深省、奋发图强。

再看上表第二行的“髮”。

甲骨文及金文前一款的“髮”，就像长发飘动的人形，其实这个字也是长者的“长”和长短的“长”，因为古人不剪头发，长发是老者的形象。金文后一款及以后的“髮”，为了与“长”相互区别，便用“首”与“犬”的组合表示人和动物的毛发，如：怒发冲冠、令人发指。“朱颜君未老，白发我先秋。”唐代李白这句诗里的“发”就表示头发。

左图是从战国铜器上的装饰图案描摹的。这个人发射投枪的动作，正是对甲骨文“發”的最好注释。

〔战国〕发射投枪图案

登

商甲 周金 秦篆 汉隶 今楷

商周时期科技落后，人们对祖先和神鬼怀有敬畏之心，常举行祭祀活动，以祈求护佑。在这种活动中，人们修筑祭坛，烹制佳肴，供奉给神祖。“登”字的来源就与走上祭坛有关。

甲骨文和金文的“登”，上部的两个“止”表示人的脚，中部的“豆”表示盛着美食的高脚钵子也兼表读音，下部有的还有两只“手”，意思是手捧美食，登上祭坛，敬献给神祖。秦篆以后的“登”，上部的两个“止”发生变异，下部的两只“手”被省掉了。

“登”是会意兼形声字，本义指由低处向高处走，如：攀登、登高、登峰造极。“海到无边天作岸，山登绝顶我为峰。”这是清代林则徐在学生时代所写的一副对联，表达了他的壮志和情怀。

“登”由人向高处走而引申指地位的升迁，例如古人把皇帝即位称作“登基”，把科举考试考中进士称作“登科”，成语“五谷丰登”则表示庄稼丰收、成熟，要让它“登”上场院，以便晾晒和脱粒。由于重大的祭奠活动都要有所记录，“登”还引申指记载、刊载，如：登记、登报、刊登。

宋代岳飞在《题青泥市壁》一诗写有这样的句子：“斩除顽恶还车驾，不问登坛万户侯。”意思是说，自己只想着为国家消灭敌人得胜还朝，并不谋求登上高坛接受封侯拜爵的赏赐。

右图描绘的是清代雍正皇帝在先农坛祭祀的场景。要在这样的祭坛上向神农氏敬献物品，非得沿台阶一步一步攀登不可。

〔清〕雍正祭先农坛图（局部）

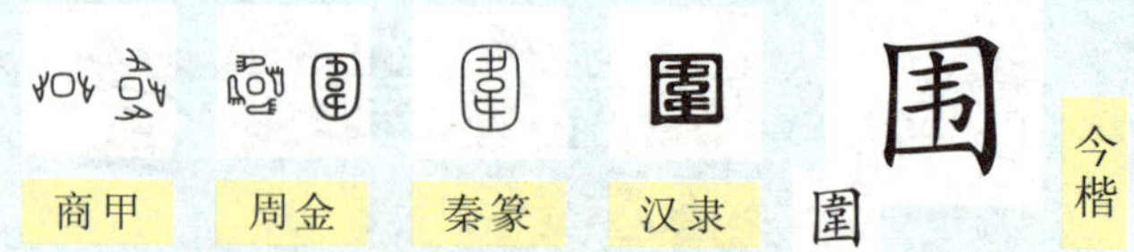

“口”在字典里是个部首，由它组成的字大都与包围、环绕、疆域的意义有关，如：困、固、团、国、圈。“围”也是其中之一。

“围”是“圍”的简化字。甲骨文及金文前一款的“围”写为“韋”，由一个“口”和环绕在周边的多个“止”组成，其中“口”表示筑有城墙的都市，“止”表示脚，意思是城市遭到围攻。金文后一款及其以后的“围”，用四面封闭的“口”把“韋”框在其中，进一步强调了围住之义。“围”也由此变成了以“口”表意，以“韋”（后简化为“韦”）表意兼表声的会意兼形声字。

“围”源于古代的攻防之战，本义指用兵围城，泛指在四周环绕、拦挡，如：围困、围绕、包围、解围。《孙子兵法·谋攻篇》载：“用兵之法，十则围之，五则攻之，倍则分之。”该句所讲的用兵方法是：兵力十倍于敌人时就包围他，五倍时就进攻他，一倍时就设法分散他而歼灭之。“围”由四面包围而引申指四周或周长，如：周围、外围、范围；胸围、腰围。

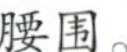

“围魏救赵”是我国历史上的著名战例。公元前354年，魏国派大军进攻赵国，赵国向齐国求救。齐王命田忌、孙膑率兵救赵。田忌、孙膑不去赵国增援，而是围攻魏国首都，迫使攻赵的魏军收兵，并在魏军返回的路上进行伏击，既解了赵国之急，又重创了魏国军队。

左图是清代的水晶烟壶，内壁画着一群孩子。这些孩子手拉着手围成了一圈，正在做游戏。

〔清〕内画水晶烟壶

卫

商甲　周金　秦篆　汉隶　衛　今楷

“卫”是“衛”的简化字。

甲骨文和金文的“卫”有两种写法，前一种写为“韋”，后来简化为“韦”。它由一个表示城邑的“口”和环绕在周围的多个表示脚的“止”组成，意思是在城市周边巡逻，对其进行守护。由于这种写法的“卫”也可以理解为对城市的包围，造成意义上的混淆，为此人们就把表示十字路口的“行”加在“韋”的两侧写成“衛”，字中含有表示守卫城镇安全和保护道路畅通之义了。

“卫”的本义指防护、守卫，如：防卫、捍卫、自卫、保家卫国。南朝的辞书《玉篇》对它的解释就是：“卫，护也。”由于对城市的防护总要有人去承担，“卫”便引申指执行守护职责的人员，如：门卫、侍卫、警卫。

“卫生”一词原指为维护生命健康所做的养生活动，现在的意义则扩大为能够预防疾病、有益健康的环境或措施，如：卫生间、卫生院、公共卫生、环境卫生。

我国有些地方曾用“卫”冠名相称，如天津市原称天津卫，山东省威海市原称威海卫，这些地方原是明朝军队屯田驻防而设立的卫所名称，后来沿用为地名。

右侧是清代《乾隆南巡图》局部。表现的是乾隆皇帝南巡后回銮紫禁城的情形。走在前面的是乾隆的大轿，后面呈拱形排列的骑兵是他的卫队。他们的任务就是保卫皇帝的安全。

〔清〕乾隆南巡图（局部）

源于倒止（夂）

商甲	周金	秦篆	汉隶	今楷
[古文字形]	[古文字形]	[古文字形]	各	各

有些汉字，其来源与表示脚的“止”有关，如“正、企、步、此”，这些字中的“止”全都趾尖朝上。还有一些字也源于脚，如“复、麦、逢、降”，这些字里的“夂”都是由“止”演化来的，只不过趾尖朝下而已。我们以“各”来说明这个问题。

甲骨文的“各”，下部的“口”表示住所的门口，上部倒写的“止”表示人的脚，脚趾朝向口，意思是人走到门口。金文的“各”，有的加上表示行走的“彳”，更强调了走的意义。

“各”是会意字，本义指从外面回来，即走来、回到的意思。在商周时期的青铜器上就有这样的铭文：“王各于周庙。”说的是君王来到了周庙。句中的“各”用的就是其本义。

“各”由人各回各的家而有了指代意义。用于名词前，表示每个、各个，如：各行各业、各家各户、各族人民。用于动词前，表示群体中的不同个体，如：各持己见、各行其是、人各有志。清代赵翼在《论诗》中写有这样的诗句：“江山代有才人出，各领风骚数百年。”意思是每个时代都会涌现才华超群的人，他们各自引领不同的诗歌潮流长达数百年。现在，“各”的本义已经弃之不用了，代指某一个体或群体成了它的基本意义。

左图是一件宋代的瓷枕。上面雕刻的人好像刚从外面回来。他推门进家的场景反映的就是“各”所表示的意义。

〔宋〕屋宇形瓷枕

商甲　周金　秦篆　汉隶　復　复　今楷

"复"是根据人在城内外往返行走造出来的一个字。

甲骨文的"复"，上部是个两侧有着通道的城邑，下部是个表示脚趾朝下的"止"，意思是人从城外返了回来。金文的"复"，有的给通道加上了阶梯，有的在字中加上表示道路或行走的"彳"，进一步强调了走回来的意义。由此秦篆和汉隶的"复"写为"復"，而汉字简化时又回归到原来的写法，把"彳"省掉了。

"复"是会意字，本义指回来、返回，如：循环往复。我国最早的辞书专著《尔雅》对它的解释就是："复，返也。"汉代乐府诗《长歌行》里有这样的句子："百川东到海，何时复西归？"其中的"复"就表示返回、回来。

"复"由人的返回推及旧有事物的返回，从而引申指回到原有的状况，如：复原、恢复、旧病复发。由于对他人问题的回答，其实质是让问题返回到发问处，"复"还引申指回答，如：回复、答复。进而又引申指对仇恨的回报，如：复仇、报复。至于"复习、复制、复印"中的"复"表示不止一次的，也源于返回是第二次走老路。

先贤孔子在谈到学习方法时说："举一隅不以三隅反，则不复也。"意思是教给他一个方面，他不能类推其他方面，这样的人就不用再教了。

右侧是宋代《清明上河图》局部。那些在城门下进了出，出了进的人，好像在图解着"复"的意义。

〔宋〕清明上河图（局部）

商甲 周金 秦篆 汉隶 條 条 今楷

“条”源于古代先民攀爬树木去采摘树叶和果实。据商代甲骨载：“王往条。”意思是商王来到“条”这个地方。“条”之所以用为地名，大概与当地发达的采集业和种植业有关。

“条”是“條”的简化字。甲骨文前一款的“条”，下部是个枝条柔软的“木”，上部是个脚趾朝下的“止”，意思是人爬到树上，用脚踩着树枝。后一款格外加上表示行走的“彳”，强调了攀爬之义。秦篆及简化前的“条”，把“彳”换成“亻”，把倒写的“止”换成手举树枝的“攴”，意思变为手拿荆条管教他人了。

《说文解字》指出：“条，小枝也。”“条”的本义指树木的细枝，如：柳条、藤条、枝条。唐代王昌龄在《咏柳》诗里写有这样的句子：“碧玉妆成一树高，万条垂下绿丝绦。”这描绘的是初春时节绿柳如玉、嫩枝低垂的姿态，其中的“条”表示柳枝。

“条”引申指像细枝那样的窄长之物，如：布条、封条、面条。因为人们写的简短文字用的大都是纸条，“条”还引申指简单的文书字据，如：借条、收条、请假条。又因为树木的枝条层次分明，排列有序，“条”又引申出次序方面的意义，如：条理清楚、有条不紊、井井有条。由此，“条”还用来表示分条说明的文字，如：条令、法条、教条。

左侧是清代的采桑图局部。人们脚踩树枝采集桑叶的情景就是“条”来源的依据。

〔清〕采桑图（局部）

逢

商甲 周金 秦篆 汉隶 今楷

我国是个礼仪之邦，对客人迎来送往有时要走出很远的路。古代的地方官员对远道而来的领导，有时还要到自己属地的边界处去迎接。“逢”的来历就是这一习俗的反映。

甲骨文、金文及秦篆前一款的“逢”写为“夆”，上部的“夂”是脚趾朝下的“止”，下部的“丰”原指沿边界栽种的植物，在字中既表示受封之地，也表示读音，意思是有要客来临，在边界处相迎。后来由于“夆”作了组字构件，人们就给它另加意符“彳”“止”等，以至于最后演化成了“逢”。

“逢”是会意兼形声字，本义指迎接、迎候。南朝的辞书《玉篇》对它的解释就是：“逢，迎也。”唐代王维也曾有诗写道：“主人能爱客，终日有逢迎。”其中的“逢迎”就表示迎接客人。

因为迎接客人往往要迎合其口味、心意，“逢”又用来表示迎合、讨好别人。《孟子·告子下》载：“逢君之恶其罪大。”意思是对君王的恶行加以迎合是大罪过。

又因为迎接客人就必然会与之见面，“逢”又用来表示遇到、碰见，如：逢年过节、逢凶化吉、狭路相逢勇者胜。“同是天涯沦落人，相逢何必曾相识。”在唐代白居易《琵琶行》的这句诗里，“逢”就表示遇见。

右侧是清代乾隆皇帝出行图局部。那些官员跪迎乾隆的场景就是“逢”所表示的意义。

〔清〕乾隆出行图（局部）

源于屁股（臀）

商甲　周金　秦篆　臀 今楷

我们的先人最初造字时采用的方法很简单，就是依形画图，想表示什么就画什么。只是有些字造出来后另有他用，人们不得不给它加上附属构件，另造新字来表示它的原本之义。写法复杂的“臀”就属于这种情况。

甲骨文及金文前一款的“臀”很简单，是象形字，就像人的屁股。秦篆前一款的“臀”，在人的屁股处加上了凳、几之类的器具，来强调臀的功能为坐。由于臀还是人受惩罚时挨打的部位，秦篆前一款的“臀”还被用作“殿”，表示惩罚人的“刑讯室”。为此人们不得不先是给殿加上“骨”，后又改为肉月旁的“月”，使“臀”越变越复杂，以至于演化成了现在这个样子。

“臀”的本义是指人体后背腰腿处的隆起部位，俗称屁股，如：臀部、臀围。动物后肢与腰的部位也称为“臀”，如：猪臀、牛臀。由于军队坐下休息时，地上会留下很多臀印，臀便被借用为“师”，表示军队。商代甲骨卜辞载：“王作三师，右、中、左。”意思是商王派出右、中、左三支军队。其中的“师”就写为“𠂤”。

汉字中，由“臀（𠂤、𠂤）”组成的字意义大都与屁股有关，例如，“官”原表示供人坐下休息的馆舍，“追”表示跟在屁股后面追赶，“归（歸）”表示人回到家中用笤帚扫除身上的尘土。

左图为清代《百子团圆图》的组成部分。这个自得其乐的童子，骑的是一匹假马，因为这匹马没有“臀”。

〔清〕童子骑假马图

商甲 周金 秦篆 汉隶 今楷

追

“悟已往之不谏，知来者之可追。”这是晋代陶渊明《归去来兮辞》里的一句诗，意思是过去的事已经不可挽回，只有做好未来的事加以补救。其中的“追”表示对往事的弥补。

甲骨文的“追”，上部是个人屁股之形的“臀”，下部是个人脚之形的“止”，脚趾朝向臀，意思是紧跟人的屁股追赶。金文的“追”，在字中又加了个表示道路和行走的“彳”，进一步强调了追赶的意义。秦篆以后的“追”，“彳、止”合并而演化为“辶”。

“追”是会意字，本义指跟在人的后面追赶，如：追击、追踪、你追我赶、奋起直追。与“追”意义相通的还有一个“逐”，甲骨文写为“[甲骨文]、[甲骨文]”，表示对猪、鹿等野兽的追赶。正因为如此，汉代《说文解字》对“追”的解释是：“追，逐也。”不过，在甲骨文中，“追”用于追赶人，“逐”用于追赶野兽，二者绝不相混。在现代汉语里，这两个字在用法上已经没有什么区别了，而且它们还常常连用，如：追逐。

因为跟在别人的后面赶，为的是想得到什么东西或者达到某种目的，所以“追”便引申出求得、寻找之义，如：追求、追寻、追名逐利、追根溯源。至于“追”表示对往事的回忆和事后的补做，这是因为往事已经走在前面，人们为它而想而做，只能是跟在后面“追”了，如：追忆、追述；追加、追补。

右图是魏晋时期的墓穴壁画。我们用骑马武士追捕野羊来说明“追”的意义。

〔魏晋〕猎羊壁画

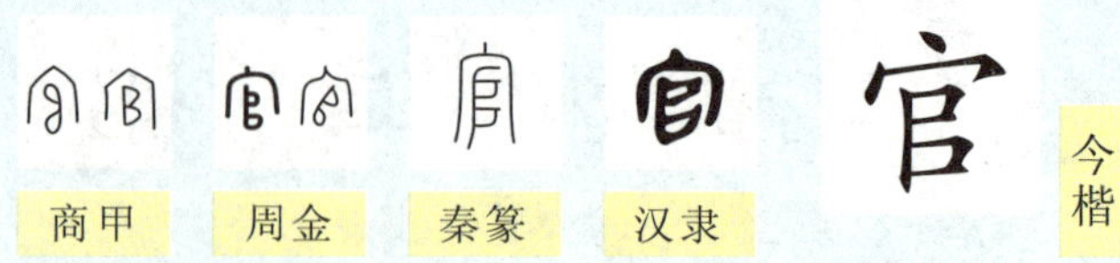

提起“官”来，人们马上会联想到当官的人。其实，我们的祖先当初造这个字的时候可不是这个意思。

甲骨文和金文的“官”是个半包围结构的字，外部为表示房屋的“宀”，内部为表示人屁股的“臀”。两个字符组合，意思是供人坐下来休息，并解决吃、住的地方，即“馆”。汉隶以后的“官”逐渐演变为上下结构了。

“官”是会意字，本义原指馆舍、旅馆，也指当官者用来居住和办公的地方，如：官府、官邸、官署。由此，“官”引申出官员、当官等义。后来，“官”的本义由后造的“馆”所代替，“官”也就专用于表示政府、军队等职能部门和企事业单位中负有一定责任的干部了，如：军官、法官、官职、官兵一致。

当官者都有自己的为官之道，宋代吕祖谦《官箴》里有句话，虽说直白，可也足资借鉴：“当官之法惟有三事，曰清、曰慎、曰勤。”句中的“官”就表示官职。

因为当官者大都对某一地区或某一部门承担管理责任，“官”还引申指生物体内担负一定责任的器官，如：五官、感官、消化器官。孟子说：“心之官则思。”说的是，心这个器官是供人思考的。

左图是元代的人物瓷俑。我们用穿红锦袍、戴乌纱帽的行政官员来表示“官”，但这绝不是我们的祖先创造这个字的原本之义。

〔元〕文官瓷俑

商甲	周金	秦篆	汉隶	歸	今楷
[illegible]	[illegible]	[illegible]	歸	归	

“归”，很多成语含有这个字，并且表示的意义也不尽相同。在“归心似箭、满载而归”中，“归”表示返回、回来。在“物归原主、完璧归赵”中，“归”表示返还、还给。“归”有趋向之义，如：殊途同归、众望所归。“归”还有依附之义，如：改邪归正、落叶归根。“视死如归”里的“归”可以解释为回家，“返璞归真”里的“归”可以解释为恢复。“归”的意义这样多，它的本义是什么呢？

“归”是“歸”的简化字。

甲骨文和金文前一款的“归”，由屁股之形的“臀”和笤帚之形的“帚”组成，意思是人回到家里，用笤帚扫去身上的尘土。金文后一款及简化前的“归”，有的加上了表示道路的“彳”和表示脚的“止”，强调了返回之义。简化后的“归”，从字形和构成上已根本看不出任何意义。

“归”是会意字，本义指回家、返回，如：回归、归国、早出晚归。“捐躯赴国难，视死忽如归。”三国曹植《白马篇》这句诗的意思是：为了解除国家危难甘愿牺牲生命，即使面对死亡也像回家一样平常。句中的“归”就表示回家之义。在这一意义的基础上，“归”衍生出我们前面所列的那些意义。

右图是一件清代的玉雕。形象是“鹬蚌相争”故事中的渔翁。这位老者提着鹬和蚌往家走，真可以说是满载而“归”。

〔清〕渔翁得利玉雕

源于物品的字

源于衣服（衣）

商甲	周金	秦篆	汉隶	今楷
[illegible]	[illegible]	[illegible]	衣	衣

衣是人们遮体御寒、装饰自我的重要生活用品。

甲骨文和金文的“衣”，就像一件古代上衣之形，上部是衣领，中部两侧空出的部分是衣袖，下部是互相掩合的左右衣襟。汉隶以后的“衣”，文字向符号化演变，变得不那么像上衣了。

“衣”是象形字，本义指上衣。在我国古代，衣为上装，裳为下装。《诗经·齐风·东方未明》里就有这样的诗句：“东方未明，颠倒衣裳。……东方未晞，颠倒裳衣。”说的是：天还没亮就起床，颠倒了上衣和下裳。在这句诗中，“衣”与“裳”都表示服装，但它们所表示的具体意义却并不相同。

现在，“衣”泛指各类衣服，包括上衣和下装，如：衣冠楚楚、衣不遮体、丰衣足食、量体裁衣。清代康熙皇帝玄烨在《起居注》写道：“重农桑以足衣食，尚节俭以惜财用。”这里的“衣食”是指民生最重要的两件事——穿衣、吃饭。

由于衣服是附着于人体外部的包装物，人们还把包在某些物体外面的东西称为“衣”，如：炮衣、肠衣、糖衣（裹在药片外的一层糖）。另外，作左偏旁使用的“衤”是从“衣”演变来的，以“衣”为意符的字大都与衣装有关，如：裳、装、裁、衬、衫、裤。“衣”也可作声符或兼而表意，如：依、铱、裔。

左图是一套商代的贵族衣饰，是根据出土文物复制的。三千多年前，那些达官贵人们出门在外，穿的就是这样的“衣”。

〔商〕贵族服饰复制品

怀

周金 秦篆 汉隶 懷 今楷

“怀”是“懷”的简化字。

金文的“怀”是包围结构的会意字，外框是“衣”，原指人们穿的上衣，在字中可以理解为被衣服包裹着的心胸；内部是流着泪的眼睛，“目”下的小点和线条表示眼泪。意思是心中怀有让人流泪的真情。

秦篆后一款及其以后的“怀”采用偏旁归类的方法，在字中加上了意符“心”，说明“怀”的意义与人的心理、情感有关，由此“怀”变成了由“忄、褱”组成的会意兼形声字。简化后的“怀”，把左侧的字符换成了“不”。

“怀”的本义是指内心怀有让人流泪的真情，即思念、挂牵之义，如：怀念、怀乡、缅怀。《诗经·邶风·泉水》载有这样的诗句：“有怀于卫，靡日不思。”大致意思是：故土卫国常挂牵，没有一天不思念。

“怀”由内心思念而引申指心里存有，如：胸怀大志、襟怀坦白、怀恨在心。还引申指心情、心意，如：情怀、抒怀、正中下怀。儒家经典《论语》载有先贤孔子之言说：“子生三年，然后免于父母之怀。”意思是儿女长到三岁后才能离开父母的怀抱。这里的“怀”表示胸部、胸怀。

右图是一幅明代的仕女图。这个女人倚树而立，翘首远望，正期待自己的亲人平安归来。此景此情表达的正是“怀”的意义。

〔明〕倚树仕女图

衰

周金	秦篆	汉隶	今楷
[古文字]	[古文字]	衰	衰

“衰”可以用来形容草木的枯萎，如晋代陶渊明《桃花源诗》中：“草荣识节和，木衰知风厉。”可以用来形容年长之人的苍老，如唐代贺知章《回乡偶书》中：“少小离家老大回，乡音无改鬓毛衰。”还可以用来形容人的意志消退和情绪低落，如宋代陆游《杂感》中：“蹈海言犹在，移山志未衰。”然而，这些诗句里的“衰”，用的都不是它的本义。

金文的“衰”是象形字，就像一件用树叶或棕麻编织而成的防雨用具——蓑衣之形。秦篆的“衰”，把金文的“衰”放在了“衣”的中间，变成了会意字。汉隶以后的“衰”承袭了秦篆的写法，只是把中间的字符规范为横卧的“中”了。

“衰”的本义原指古代防雨穿的衣服——蓑衣，它一般用植物材料制成。汉代《说文解字》就解释说：“衰，草雨衣也。”现在，穿蓑衣防雨在城市里已经很难见到了，但在农村和偏远地区仍然有人用它来遮蔽风雨。

由于蓑衣是用草、树叶或棕麻编织的，时间长了强力会减弱，“衰”便引申出由强转弱的意义来，如：衰败、衰弱、盛极而衰。前面那些诗句中的“衰”，用的都是它的引申义。后来，人们另造“蓑”代替了“衰”的本义，“衰”也就被引申义所专用了。

左图是明代国画的局部，画着一位拉网的渔翁。他身上披着的蓑衣就是金文“衰”的所像之物。

〔明〕穿蓑衣渔翁图

“表”的来源与裘皮衣服有关。

周代古文前一款的“表”，上下两部分其实是由衣领、衣襟组成的“衣”，夹在中间的是表示小草从土中生长出来的“生”，意思是衣服表面生长着像小草似的兽毛。周代金文后一款及秦篆的“表”，把“生”换成了“毛”，强调了裘皮衣服有毛这一特点。汉隶以后的“表”，各字符重新穿插组合，写为“青头衣底”了。

据汉代《说文解字》载：“表，上衣也。从衣，从毛。古者衣求（通“裘”），以毛为表。”在作者许慎看来，“表”是会意字，它表示两重意思，一是兽皮制作的衣服，二是兽毛朝外的一面。

现在，“表”的前一种意义已经被废弃不用，表示外面、外部，意义与“里”相对的“表”成了它的基本意义，如：外表、表面、表里如一、仪表堂堂。“表”由表示事物的外部而引申指把心里的想法说出来，如：表白、表达、发表意见。

由于古代的民族部落大都在居住地的中央树立起木杆，并在木杆顶部绑上不同颜色和形状的兽皮来作本部族的标识，甚至根据杆影的方向和长短来判断时间，“表”还用来表示标记和测定某种量的器具，如：华表、仪表、电表、水表。由此又引申指标准、榜样，如：表率、为人师表。

右图为清代职贡图卷局部，描绘的是台湾少数民族武士。此人身披兽皮衣装，兽毛露在外面。我们先人所造的“表”指的就是这一面。

〔清〕少数民族武士图

现在，军、警、邮、医等行业的人员，在工作时都有自己独特的衣饰。在古代，不同类型和不同级别的官员，衣冠着装也互不相同。“卒”字的来源就与这种现象有关。

甲骨文的“卒”是象形字，就像一件纹饰交错的上衣之形，这种纹饰是标记，表示它是专供差役和士兵穿的“工作服”。金文和秦篆的“卒”，在“衣”的下部加了个短画作为指事符号，表示这种衣与常人穿的衣服不同，“卒”由此变成了指事字。汉隶以后的“卒”，把衣领写成“亠”，把两个衣袖写成两个“人”，把加了指事符号的衣襟写成“十”，便演化成了现在这个样子。

“卒”的本义原指官府中当差者穿的衣服，汉代《说文解字》就解释说：“隶人给事者衣为卒。”意思是当差办事人穿的衣服为卒。由此而转指穿着这种衣服的差役，如：走卒、狱卒。

因为古代的士兵也穿着带有特殊标识的军装，“卒”便引申指士兵，如：小卒、兵卒、身先士卒。《孙子兵法·军争篇》载：“锐卒勿攻，饵兵勿食。”大意是，斗志正旺的士兵不要去攻击他，用为钓饵的士兵不要去消灭他。其中的“卒”意义与“兵”相同。

另外，“卒”还表示完毕、死亡之义，如：卒业、病卒、生卒年月。“卒”的这一用法则与士兵的职业特点有关。

左图是一尊南北朝时期的人物陶俑。他身着军装，手按盾牌，看样子是位久经沙场的士卒。

〔南北朝〕持盾士卒陶俑

可能是因为每个人都有自己的追求，因此与“求”组合的成语非常多，如：求贤若渴、求胜心切、有求必应、以求一逞、实事求是、委曲求全、梦寐以求、供不应求……

其实，“求”是“裘”的本字。

如果把甲骨文的“求”与“衣（㐸）”作个比较就会发现，它们都像一件上衣之形，只不过“求”像露着兽毛的皮衣。金文的“求”，前一款在皮衣中间加个表示手的“又”，表明对皮衣的追求，而后一款把“衣”省掉了，却把“毛”留在了手上。秦篆以后的“求”，由此而写成了现在这个样子。

“求”是象形字，本义指用野兽皮毛缝制的衣服，即“裘”。因为这种衣服能够满足人们冬天御寒的需求，“求”便引申指设法得到，如：寻求、探求、求之不得。进而还引申指恳请、请求，如：恳求、央求、求神拜佛。另外，“求”还有需要之义，如：需求、供过于求。后来，为了与“求”的本义相区别，人们在“求”下加“衣”，另造“裘”代替了“求”的本义，“求”也就专用于表示需求、追求方面的意义了。

先贤孔子说过这样的话：“君子求诸己，小人求诸人。”意思是品味高尚的人严格要求自己，品味低下的人却挑剔、苛求别人。句中的“求”就表示要求之义。

右图是一尊隋代的少数民族人物陶俑。这个人身上穿的兽皮衣服，就是我们上面所介绍的“求”。

〔隋〕少数民族人物陶俑

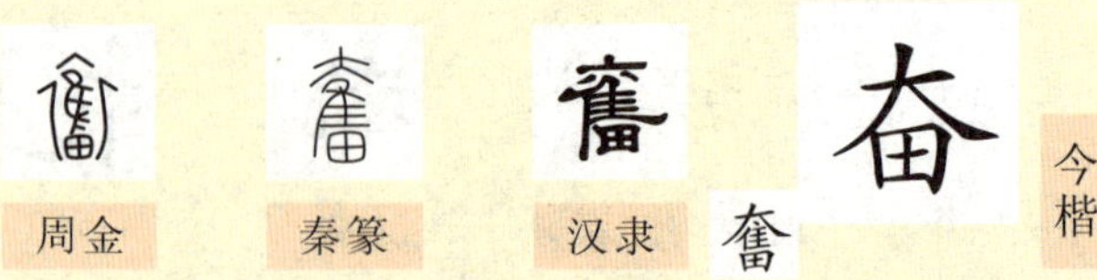

汉代史学家司马迁在《报任少卿书》一文里写道：“常思奋不顾身，而殉国家之急。”大意是：总想着勇往直前而不顾及自身的安危，时刻准备为国家的需要而贡献出自己的生命。“奋”在句中表示振作精神。

“奋”是“奮”的简化字。金文的“奋”是包围结构，外框为表示上衣的“衣”，内部为表示鸟的“隹”和表示田地的“田”。意思是被人捉住且用衣物包裹着的鸟，经过奋力挣扎终于逃脱出来，在田野上振翅飞翔。秦篆的“奋”，把“衣”误写为“大”，字形也变为上中下结构。汉字简化时，又把“隹”省掉了。

“奋”是会意字，本义指鸟雀振翅飞翔，如：奋翼、奋飞。“愿为双鸿鹄，奋翅起高飞。”在汉代《古诗十九首·西北有高楼》的这句诗里，“奋”用的就是它的本义。

“奋”由鸟雀振动翅膀而引申出人振作精神和鼓起劲头，如：振奋、兴奋、奋发图强、奋勇当先。又因为鸟雀之所以能够飞翔，是翅膀上下舞动的结果，由此“奋”还引申指舞动、举起，如：奋臂高呼、奋笔疾书。大诗人杜甫在《潼关吏》里写有这样的诗句：“艰难奋长戟，万古用一夫。”其中的“奋”就表示舞动。

左侧为五代的飞鸟展翅图，是从著名画师黄筌的写生珍禽图上剪裁下来的。图中的飞鸟振动羽翼，凌空飞舞，“奋”其实就表示这一意义。

〔五代〕飞鸟展翅图

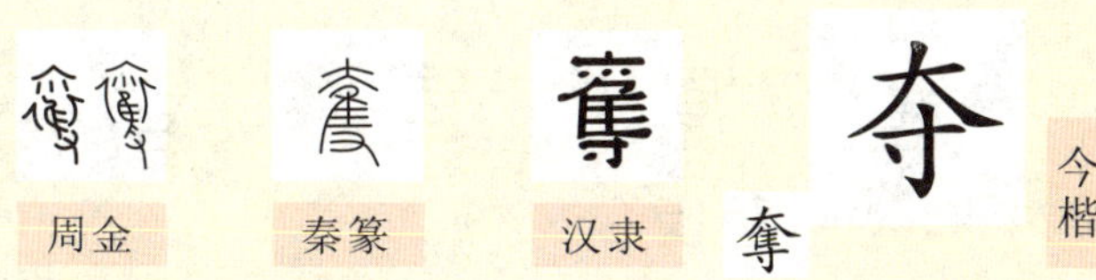

"夺"是"奪"的简化字。它的来源很简单，就是伸手去争抢别人心爱的鸟。

金文的"夺"由三个字符组成，分别是"衣"，衣中的"雀"和表示手的"又"。从字形上看，就像有人伸手把别人怀中的小鸟给抢走的样子。秦篆的"夺"，字中的"衣"被误写为"大"，"雀"被省略为"隹"。汉字简化时，"夺"变为上"大"下"寸"的组合了。

"夺"是会意字，本义指抢，也就是用强力取走，如：夺权、抢夺、你争我夺。《论语·子罕》载有先贤孔子这样一句话："三军可夺帅也，匹夫不可夺志也。"大意是：军队的统帅可能被敌人强行掠走，人的志向却不能被强迫改变。句中的两个"夺"都有通过强力去取走或改变的意思。

"夺"由对具体东西的强力拿走，而引申指对名次、时间等无形之物的取得，如：夺冠、夺标、争分夺秒。另外，"夺"还有作出决定之义，如：定夺、裁夺。至于"热泪夺眶而出、有人夺门而入"中的"夺"，则含有脱离、冲开之义。

同样是"夺"字，被誉为"亚圣"的孟子说过这样的话："百亩之田，无夺其时，数口之家可以无饥矣。"这里的"夺"可以解释为延误、错过。

下图是清代宫廷画师焦秉贞绘制的《百子团圆图》局部，上面画着三个童子争夺东西的场景。不过，他们夺的不是鸟，而是球。

〔清〕童子争球图

源于帽子（冒）

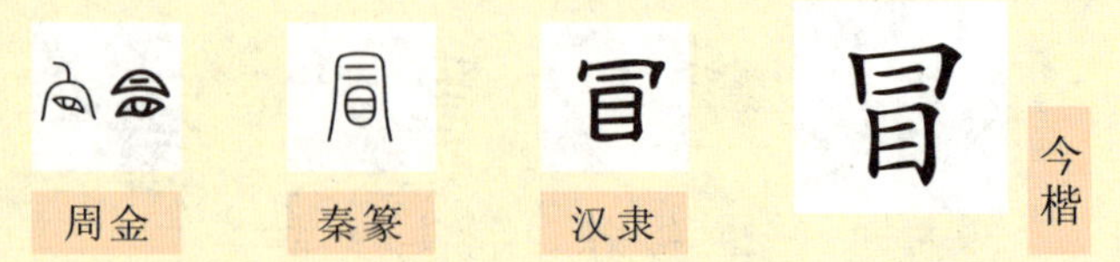

“冒”是“帽”的本字。

金文的“冒”由两个字符组成，一个是表示眼睛的“目”，在字中代指脑袋，另一个是半圆形的帽状物，意思是指人头顶上所戴的帽子。秦篆以后的“冒”，表示眼睛的“目”没变，表示帽子的字符却在逐渐演化。到楷书时，上部被写成了与“曰”极为相似的“冃”，其实这个字符本身就是“帽”。

“冒”是会意字，本义指帽子。因为帽子是戴在头顶上的，“冒”便引申出顶着、不顾之义，如：冒雨、冒险、冒死相救。“冒天下之大不韪”是则成语，意思是不顾天下人的反对，公然去干坏事，字中的“冒”含有轻率、莽撞之义。而“冒失、冒昧、冒进”等词语中的“冒”也是这种意思。

又因为帽子可以遮掩人的真实面目，“冒”还引申指以假充真，如：假冒、冒充、冒名顶替。“冒”还用来表示向上升、向外透等诸多意义，如：冒烟、冒汗、冒尖儿。“霜飘知柳脆，雪冒觉松贞。”唐代韩思彦这句诗中的“冒”则表示覆盖、蒙罩。大意是严霜飘落方知绿柳的脆弱，大雪覆盖倍觉苍松的坚贞。后来，“冒”的本义被“帽”取代，“冒”就专用于表示其引申义了。

左图是唐代的少数民族人物陶俑。这个人最鲜明的特色就是头上那顶又尖又高的帽子。其实，帽子才是我们的祖先造“冒”字时所要表示的意义。

〔唐〕少数民族人物陶俑

商甲	周金	秦篆	汉隶	今楷
			蒙	蒙

“蒙”是多音多义字。它是汉字繁化衍生和简化回归的典型。

甲骨文的“蒙”，上部是顶大帽子，下部是个突出了眼睛的人，意思是用帽子遮住眼睛。金文的“蒙”，上部是草字头，中部是个帽子形的“冃”，里面是“手”和“矛”，意思是把草帽扣在戈矛上。秦篆以后的“蒙”，帽子下的字符演化为“豕”了。

“蒙（méng）”是会意字，本义指罩住、覆盖，如：蒙头而睡、蒙被发汗。引申指隐瞒事实真相，如：蒙蔽、蒙混。由于人缺少文化知识，就如同脑袋被蒙住一样，“蒙”还引申指不懂事理或没有文化，如：启蒙、发蒙、蒙昧无知。

因为人的理智受到遮蔽，就容易受骗上当，“蒙（mēng）”便引申指欺骗和胡猜，如：蒙骗、瞎蒙。“蒙”的这一意义衍生出了“矇”。因为上当受骗者往往都是些敦厚、老实之人，“蒙”还用来表示朴实忠厚的样子。“蒙”的这一意义衍生出了“懞”。又因为雨雾也会蒙住人的眼睛，“蒙”还引申指雨雾飘浮的样子，如：细雨蒙蒙、山色空蒙。“蒙”的这一意义衍生出了“濛”。

汉字简化时，“矇、懞、濛”被废止，它们的意义都回归给了“蒙”。另外，“蒙”还读作“měng”，指蒙古族，如“蒙语”。内蒙古自治区是我国的一个省级行政区划单位。

右图是唐代的骑马仕女陶俑。为了遮蔽日光，这位爱美的女子头上戴着宽大的纱帽。“蒙”就是依据人的这种形象造出来的。

〔唐〕骑马仕女陶俑

商甲 周金 秦篆 汉隶 冠 今楷

“冠”指帽子，不过它不是遮挡阳光、抵御风寒的普通帽子。

甲骨文的“冠”，前一款是象形字，就像插有两支长尾鸟羽的帽子。后一款是会意字，在帽下加个人，表示它是供人戴的。在甲骨卜辞中，这两个字都表示被商王朝征讨的国家“冠方”和祭祀之名。用“冠”来称呼敌对国家，甚至用缴获该国领导人的帽子来祭奠先祖，说明了“冠”是权力、身份或荣誉方面的标志。

周代金文的“冠”，前者写为“莞”，表示被商王兼并的冠国之地；后者写为“完”，表示冠国命运的完结。秦篆的“冠”，为了与这两个意义相区别，在字中加上了“寸”（原指手掌旁边的一个穴位“寸口”，也代指手），用于表示对“冠”的争夺。

“冠（guān）”的本义指具有象征意义的帽子，如：王冠、桂冠、冠冕堂皇。“冠盖满京华，斯人独憔悴。”在唐代杜甫《梦李白》的这句诗里，“冠盖”是指戴着高官帽、乘着华盖车的官员。“冠”也泛指帽子，如：衣冠、免冠、张冠李戴。人们还把形状像帽子的东西称为“冠”，如：鸡冠、花冠、树冠。

“冠”还读作“guàn”，用为动词，表示戴帽子、超出众人等意义，如“冠礼”是指古代男子二十岁时举行的表示进入成年的加冠礼仪，“冠军”是指在比赛中因夺得第一名而戴上象征胜利之冠的人或集体。

左侧是清人绘于颐和园长廊的三国名将吕布图。“冠”就是依据他所戴的那种帽子造出来的。

三国名将吕布图

商甲	周金	秦篆	汉隶	今楷
[古文字]	[古文字]	[古文字]	免	免

有些字单纯着眼于楷书的字形，很难看出其意义，如果探讨一下字源，这个问题就比较容易解决了。“免”就是其中之一。

甲骨文的“免”，字形就像一个跪在地上的人，头上戴着顶大帽子。金文的“免”，表示帽子的字符未变，人却由跪而变立。秦篆以后的“免”，上面的帽子和下面的人在写法上都发生了较大的变化，从字形上很难看出人戴帽子的意思了。

“免”是会意字，本义指人们头上所戴的帽子，即“冕”的本字。在古代，官员的帽子是其职位和品级的标志，如果官职出现升降变化或者被免除，帽子就要被更换或收回。由此，“免”便引申出脱掉、除去之义，如：免除、免职、罢免。

由于当官者没有人愿意被免职，“免”又有了避开、逃脱之义，如“免刑、幸免、避免”。进一步还引申表示不要、不可，如：闲人免进、免开尊口。明代于谦是位抗击外族入侵的英雄，他为官清廉，即使进京述职也不带礼品送人，以避免老百姓说长道短。正如他在《入京诗》写的那样：“清风两袖朝天去，免得闾阎话短长。”后来，为了与免的引申义相区别，人们另造“冕”替代“免”的本义，“免”也就专用于表示其引申义了。

右图是晋武帝司马炎的画像，为唐代画师阎立本所绘。这位皇帝头上戴的王冠被称为皇冕。不过我们祖先创造的“免”字是泛指各类帽子，而绝非单指皇冕。

晋武帝画像

源于布帛（巾）

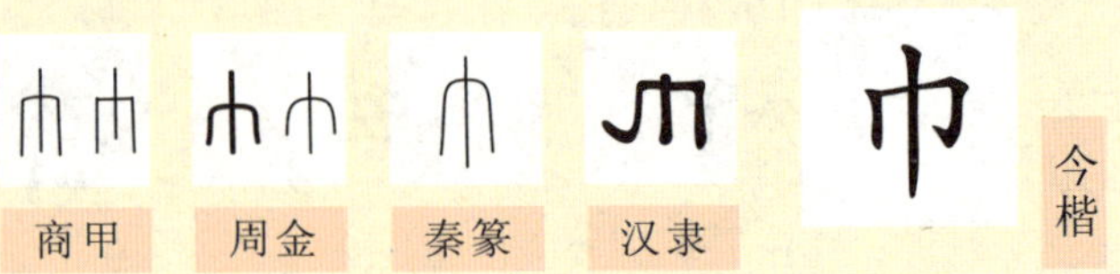

“海内存知己，天涯若比邻。无为在歧路，儿女共沾巾。”这是唐代王勃《送杜少府之任蜀州》里的诗句。大意是：四海之内存有知心朋友，即使远隔天涯也如同近邻。不要因为在歧路分手，就像小儿女那样让热泪沾湿佩巾。

“巾”从甲骨文到楷书，写法一直没有什么变化，看上去就像一块搭在竿子上晾晒的布帛。中间的长竖是竹竿或支架，两旁下垂的是布帛。不过也有人说，“巾”像古人围裹下身的佩巾。

“巾”是象形字，本义指方形的布块、丝帛。宋代苏轼曾写有《念奴娇·赤壁怀古》一词，他在描绘吴军主帅周瑜时用了这样的句子：“雄姿英发，羽扇纶巾，谈笑间，强虏灰飞烟灭。”其中的“纶巾”是指古人束扎头发用的青色丝帛。

不同的巾有不同的用途。它可用于佩戴，如头巾、围巾、红领巾；也可用于擦抹，如浴巾、餐巾、擦脸巾；还可用于覆盖，如枕巾、桌巾、沙发巾。我们阅读时，会见到“巾帼英雄、巾帼不让须眉”之类的词语。“巾帼”原指古代妇女佩戴的头巾和发饰，现在一般借指妇女。

另外，“巾”在字典中是个部首，以它为意符的字大都与纺织物有关，如：帛、帘、幕、帕、帐、帷。

左图是一件清代的瓷瓶，为皇家专用之物。这件精致典雅的器具，瓶体上的装饰就是一块系着的“巾”。

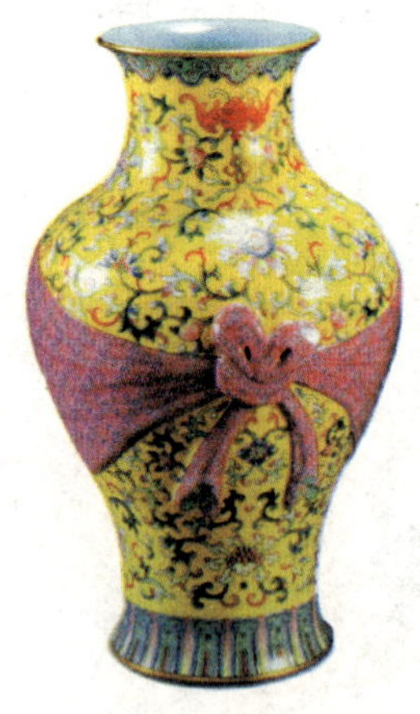

〔清〕彩巾装饰纹瓷瓶

周金	秦篆	汉隶	今楷
[illegible]	[illegible]	常	常

“天行有常，不以尧存，不以桀亡。”这是《荀子·天论》里的一句话。大意是：自然界的运行是有规律的，不会因为尧的仁政而存在，也不会因为桀的暴政而消亡。“常”在句中表示规律，不过，这可不是它的本义。

金文的“常”，上部是“尚”或“高”，原本表示尖顶的房屋和楼阁；下部是竿子上晾晒的布块，即“巾”，在字中表示衣物；意思是指形状像尖顶房屋那样上窄下宽的衣物，即裙子。秦篆以后的“常”，把上部规范为表意兼表声的“尚”。

“常”是会意兼形声字，本义指古人所穿的裙装。汉代许慎《说文解字》对它的解释就是：“常，下裙也。”所谓下裙，也就是人们下身穿的裙子。这样看来，“常”其实是“裳”的本字。

因为裙装是人们生活中很普通的衣服，“常”便引申指一般的、普通的，如：日常、平常、习以为常。又因为人们都有羞耻心，天再怎么热，上衣可以脱掉，下裙却不能脱去，“常”又引申指时间长久，如：常年、常任、冬夏常青。由此还引申指时时，如：经常、时常、常备不懈。唐代韩愈的《马说》载：“千里马常有，而伯乐不常有。”这里的“常”就表示时常。后来，为了与“常”的本义相区别，人们另造“裳”代替了它的本义。

右图是一件唐代的彩绘女陶俑。这个女人穿的裙子，就是“常”原本所表示的意义。

〔唐〕彩绘女陶俑

源于布帛（巾）

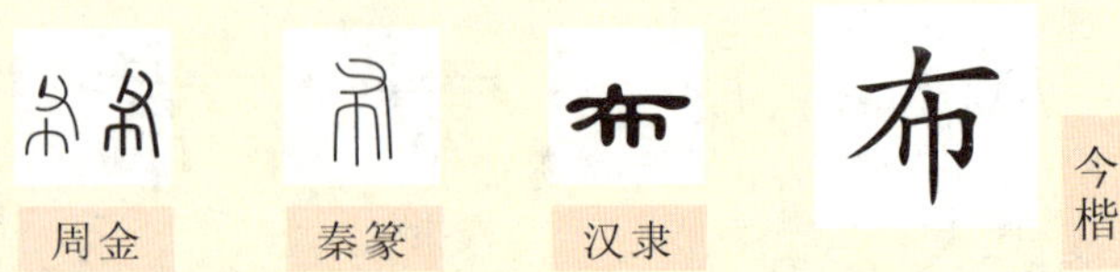

当人类逐步摆脱野兽般的茹毛饮血式生活，便有了羞耻感，而最令他们感到难为情的大概就是赤裸着下体。因此当纺织物一出现，他们最先解决的就是把绑在腰上遮羞的兽皮、草帘等换下来。与纺织物有关的“巾”（男女都可用的佩巾）、“布”（男人用的遮羞布）、“常”（女人穿的裙装）等字，来源都与这一意义有关。

金文的“布”，下部是表示纺织物的“巾”，上部是手持石斧之形的“父”，在字中既表示父亲一辈的男人，也兼而表示读音。整个字的意思是供男人遮蔽下身的纺织物。汉隶以后的“布”，“父”这个字符变得让人看不出它的意思了。

“布”是会意兼形声字，本义指遮蔽男人下身的佩巾，泛指用棉、麻、葛等纤维纺织成的物品，如：棉布、麻布、布帛、布鞋。“霜落荆门江树空，布帆无恙挂秋风。”唐代李白《秋下荆门》这句诗里的“布帆”是指用布做成的船帆。

由于古代的文告最初是书写在布帛上公布于众并广泛传播的，“布”便引申出宣告和传布之义，如：公布、宣布、开诚布公；散布、分布、星罗棋布。进而还引申指设置、安排，如：布置、布局、布下天罗地网。另外，“布”还表示形状像布一样的东西，如：瀑布、塑料布。

左侧为清代的卷布图，是《耕织图册》的一部分。那几个女人正在整理的物品，就是她们亲手织出的“布”。

〔清〕织女卷布图

商甲	周古	秦篆	汉隶	今楷
				敝

先贤老子的话语饱含着哲理。他曾经说过："洼则盈，敝则新。"大意是：地势低洼才会被水积满，东西破旧才会被人更新。在句中，"敝"表示破旧，意义与"新"相对。

"敝"的来源与"巾"有关。

甲骨文和周代古文的"敝"，左部是表示布块、衣物的"巾"，周围有些表示污垢、灰尘的小点；右部是只表示手的"又"，正举着棍棒在敲击的样子。整个字的意思是衣物脏了、旧了，人们用洗衣棒来捶打、洗涤。

"敝"是会意字，本义指肮脏、陈旧的布匹、衣物，泛指破旧、破烂，如：敝衣、敝履、敝帚自珍。唐代白居易在《观刈麦》诗里描写了一位拾麦穗的贫困妇女，说她："右手秉遗穗，左臂悬敝筐。"句中的"敝"就表示破旧之义。

由于破旧的东西总给人以衰落、破败之感，"敝"便引申指衰败、衰落，如：衰敝、凋敝。《左传·哀公元年》有这样的记载："吴日敝于兵。"意思是，吴国由于连年出兵征战而日益衰败。另外，"敝"在人们的谈话中还用作谦辞，例如用"敝人"称呼自己，用"敝舍"称呼自己的家。

右侧是名画《捣练图卷》局部，为宋代徽宗皇帝赵佶所绘。那些女人正用木杵捶击丝帛，以便让它更加平展、柔软。不过她们可不能用力过度，否则一块好端端的丝织品就会变成"敝"了。

〔宋〕捣练图卷（局部）

源于丝线（糸）

商甲	周金	秦篆	汉隶	今楷
⿰糸 絲	⿰糸 絲	糸 絲	絲	丝（絲）

观察“丝”字的演变我们可以看出，它有两条各自独立的进程，前一款为“糸”，就像一束扭结起来的蚕丝；后一款为“丝”，则由两个并列的“糸”组成。

“丝”和“糸”原本同字同源同义。现在，它们在用法上已经发生了分化，“丝”可以独立成字，而“糸”（作左偏旁时简化为“纟”）仅作组字构件使用，由它组成的字，大都表示与线绳、纺织物有关的意义，如：索、紧、絮、线、绳、绸。

“丝”的本义是指蚕这种动物吐出来的细而长的东西，即蚕丝，人们可以用它来纺织绸缎。唐代李商隐在《无题》一诗写有这样的名句：“春蚕到死丝方尽，蜡炬成灰泪始干。”在句中“丝”用的就是它的本义。

由于蚕丝具有细而长的特点，人们把有些状若细丝的东西也以“丝”相称，如：铜丝、粉丝、蛛丝马迹。“丝”还由蚕丝的纤细引申出微小、一点点之义，如：丝毫不差、一丝不苟。

另外，因为丝线和竹子是制作弦乐器和管乐器的重要材料，人们还用“丝竹”一词来表示乐器和音乐。唐代刘禹锡在《陋室铭》中写道：“无丝竹之乱耳，无案牍之劳形。”在句中，“丝竹”就表示音乐声。

我国是丝绸古国，纺纱织绸已有六千多年的历史。左侧的整理蚕丝图是宋代《蚕织图卷》局部。这两位女人正在整理的物品就是丝。

〔宋〕整理蚕丝图

索

商甲 周金 秦篆 汉隶 今楷

屈原是我国历史上伟大的爱国主义诗人。他在《离骚》中写道："路曼曼其修远兮，吾将上下而求索。"大意是：无论前面的道路多么漫长、遥远，我都要为真理而上下寻求、探索。句中的"索"表示寻找、探求。这是"索"的本义吗？

甲骨文和金文的"索"，中间是表示丝线的"糸"，两侧是人的两只"手"，意思是用手把丝、麻等材料搓成绳子。秦篆以后的"索"，表示手的字符被写走了形，看不出搓绳的意思了。

"索"是会意字，本义指用手搓绳，《诗经·豳风·七月》载有这样的诗句："昼尔于茅，宵尔索绹。"说的是白天去割茅草，晚上用来搓绳。"索"由用手搓绳转而表示所搓出的绳子，如：绳索、绞索、索链。

因为人在搓制绳子时，需要不断地寻找材料，"索"便引申出搜求、寻找之义，如：求索、搜索、按图索骥。由此，又引申指讨取、索要，如：索取、索赔、敲诈勒索。又因为一根绳子悬挂在半空，总给人以孤零零的感觉，"索"又引申出孤单及没有兴趣之义，如：离群索居、索然无味。晋代陆机在《叹逝赋》写道："亲落落而日稀，友靡靡而愈索。"意思是亲人离世使生者日渐稀少，朋友逝去让人倍感孤单。"索"在句中就表示孤独。

右图是清代王素所绘的《二十四孝图》局部。那位搓绳者好像正用自己的动作解释着"索"的意义。

〔清〕搓制绳索图

“乐”是“樂”的简化字。

甲骨文和金文前一款的“乐”由两个字符组成，下部是个表示树木的“木”，上部是个表示丝线的“丝”，意思是按上了丝质琴弦的木器，即乐器。金文后一款及其以后的“乐”，另外加上表示拇指的“白”，意思是可以用手来弹奏的乐器。简化后的“乐”只是个书写符号，不能直接表意了。

“乐（yuè）”是会意字，本义指乐器，引申指音乐，如：乐曲、乐队、奏乐。我国古代设有主管音乐的官府——“乐府”，负责制定乐谱、训练乐工、采集民歌。汉代的乐府诗，如《木兰辞》《孔雀东南飞》等著名诗篇，就是由这个机构收集和整理的。

因为音乐能让人高兴、欢快，“乐”又用来表示欢乐（lè）的意义，如：快乐、乐园、乐而忘返、乐以忘忧。进而引申表示高兴做某事，如：乐此不疲、乐善好施、津津乐道。

《论语》载有孔子这样一句话：“益者三乐（lè）……乐节礼乐（yuè），乐道人之善，乐多贤友，益矣。”大意是：有三种乐事非常有益，乐于以礼乐规章节制自己，乐于称赞别人的好处，乐于结交道德高尚的人为朋友。句中的“乐”读音及意义有所不同，要注意区分。

右图是汉代的一件乐师陶俑。这位全神贯注的演奏家所弹拨的琴瑟，就是一种“乐（樂）”。

〔汉〕乐师陶俑

周金	秦篆	汉隶	顯	今楷
[illegible]	[illegible]	顯		显

“八仙过海，各显其能”是一句成语。八仙指的是民间传说中的汉钟离、张果老、吕洞宾等八位神仙。有一次海上瀛洲举行神仙会，他们不用乘船，各自使用法术和神器渡过了大海。后来人们用这则成语比喻各有各的本领，各显各的神通。

“显”是“顯”的简化字。金文的“显”由三个字符组成，一个是表示太阳的“日”，另一个是表示蚕丝的“丝”，还有一个是瞪着大眼睛、观看蚕丝的人，意思是人们把纤细的蚕丝展现在阳光之下来察看。简化后的“显”写为上“日”下“业”，意思似乎变成事业取得成功，如同旭日东升，非常显耀了。

“显”是会意字，本义指暴露在阳光之下使人容易看清，如：明显、显著、浅显易懂、显而易见。三国时期的辞书《广雅》对它的解释就是：“显，明也。”

“显”由丝线被动地让人置于日光下观看，而引申出人主动地展示自己的才能，如：显露、显示、大显身手、各显神通。进而还引申指名声大、有权势之义，如：显达、显贵、声名显赫、地位显要。《韩非子》载：“世之显学，儒墨也。”意思是世上著名的学派是儒家和墨家。“显学”是指声名显赫的学说、学派。

左图是汉代的画像石拓片。那位纺织女工正把丝线举起来，以便察看她纺的线是否匀称。这就是“显”的原本之义。

〔汉〕纺织画像石拓片

源于丝线（系）

人们把给绳子、布带之类的东西打上扣，绑扎、联结起来的动作称为“繫（jì）”。“系”的来源就与这种动作有关。

甲骨文和金文的“系”（见上表第一行），上部是只“手”，下部是几束联在一起的“丝”，意思是给丝打结，把断丝联结起来。秦篆以后的“系”，上部的“手”被写成了撇，几束丝也并成一束了。

“系（xì）”是会意字，本义指联结丝线，泛指拴连、捆绑，如：系马、系束。汉代的《说文解字》就解释说：“系，繫也。”由丝的联结推及到人或其他事物的联结，系引申出世系、派系、联系以及系列、系统方面的意义。

而甲骨文和金文的“係”（见上表第二行），字形就像一个人的脖子上拴着绳索的样子，意思是用绳子把人捆绑起来。秦篆以后的“係”，写成左“亻”右“系”了。

汉字简化时，因为“系、係、繫”在意义上有共同之处，便把它们的意义都用“系”来表示了。只不过，当表示关联、联结方面的意义时读作“xì”，如：关系、联系；表示打节、绑扎的意义时读作“jì”，如：系红领巾、系鞋带。

右图是明代的机织图卷局部。图中的纺线女工正用唾液将断丝弄湿，以便打结将其连接。这正是“系”字意义的恰当图示。

〔明〕纺线女工图

“剪不断，理还乱，是离愁。别是一番滋味在心头。”这是南唐后主李煜在丢掉江山之后被宋军软禁时所写的词句。一个“乱”字，道出了他怀念故国、哀叹现状的那种乱丝般的悲愁。

“乱”是“亂”的简化字，它的来源还真的和丝有关。

甲骨文和金文的“乱”，上下两部分是表示手的“又”或“爪”，中间是“丝”；有的还另加了个侧写的“工”，表示整理丝的工具。几个字符的组合，意思是纺纱织布时，丝线乱了，有人手持工具去加以整理。简化后的“乱”，用“舌”和表示墙角的“乚”组合，意思变为躲在角落里摇唇鼓舌，散布谣言，制造混乱了。

“乱”的本义原指整理乱丝。因为丝乱才需要整理，“乱”便用来表示没有条理和秩序，如：紊乱、杂乱、乱七八糟、乱作一团。南北朝时期的鲍照有诗写道：“时危见臣节，世乱识忠良。”句中的“世乱”是指社会动荡、局势失控而产生的混乱。

“乱”由蚕丝的混乱推及到心理的混乱，从而引申指心情不安宁，如：慌乱、忙乱、心烦意乱。另外，还可以用为动词，表示使之混乱，如：以假乱真、自乱阵脚。先贤孔子说过这样的话：“小不忍则乱大谋。”意思是，小事情上不忍耐就会搅乱大事情。

左侧的织女理丝图是明代的《机织图卷》局部。那位女工正在纺织机的架子上整理乱丝。这就是“乱”原本所表示的意义。

〔明〕织女理丝图

商甲	周金	秦篆	汉隶	今楷
[illegible]	[illegible]	[illegible]	鼎	鼎

“鼎”被人们赋予很多意义。它是和平、团结的象征，是发展、昌盛的标志，也是民族团结、国家统一的体现。其实，鼎原来只是上古先民用来烹煮和盛装食物的炊、食两用器具。最早的鼎是用陶土烧制的，商周时期铜鼎被广泛使用，汉代时仍很流行。

现在的“鼎”字写法比较复杂，但它却是象形字。甲骨文和金文的“鼎”就像一个圆形鼎的简笔画，上部是双耳，下部是三足，中部是鼎的本体。秦篆以后的“鼎”，字形由图形化向符号化演变，用“目”表示鼎的本体，而其他部分成了鼎的支架。

在古代祭祀活动中，人们常用鼎装着食品供奉在神案之上，鼎便成了重要的礼仪之器，起着彰显使用者社会地位的作用。在周代，天子享九鼎，诸侯七鼎，公卿五鼎，依次类推。

据说，夏代大禹在治水成功后，把中华大地划分为九个州，并铸造九鼎以象征九州。鼎又作为传国重器成了王位和政权的体现，“问鼎、定鼎”就表示对王位的争夺和对国家权力的掌握。因为谁获得了九鼎，谁就拥有对国家最高权力的掌控以及显赫的名声，“鼎”又用来表示大的意义，如：鼎盛、鼎力相助、大名鼎鼎。又因为圆鼎由三个足支撑，“鼎”还被用来比喻三方并立，如：鼎立、鼎足、鼎峙。

鼎的形状多为圆的，也有方的。右图是著名的商代后母戊大方鼎。它高1.33米，重830多千克，是世界上现已发现的最大的古代铜鼎。

〔商〕后母戊大方鼎

员

員

商甲 周金 秦篆 汉隶 今楷

汉字的衍生有个奇特的现象，表示原始意义的那个字，因为被用来表示其他意义，人们就给它加了个字符，用一个新造的字来表示它的原本之义了。我们常用的“新”与“薪”、“县”与“悬”、“央”与“殃”、“然”与“燃”、“益”与“溢”是这种情况，“员”与“圆”也是如此。

“员”是“員”的简化字，它最初是用来表示“圆”的。

甲骨文和金文的“员”，下部是“鼎”，上部是圆圈，表示鼎的口是圆形的。秦篆以后的“员”，由于“鼎”的写法比较繁杂，就被换成了“贝”，圆圈也被规范为“口”。

“员”是会意字，本义指圆或圆形的。《孟子·离娄上》载有孟子这样一句话：“规矩，方员之至也；圣人，人伦之至也。”大意是：圆规直尺是画方与圆的最佳用具，圣人是处理人际关系的最佳之人。句中的“员”就表示与“方”相对意义的“圆”。

因为在人们所使用的各种器具里，鼎仅仅是其中之一，“员”便引申表示某个组织或团体里的一个成员，如：党员、团员、会员。“员”还引申表示从事某些职业或担当某种职务的人，如：员工、教员、官员。后来，为了与“员”的本义相区别，人们另造“圆”代替了它的本义，员也就专用于表示成员方面的意义了。

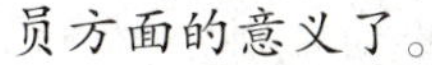

左图是一件新石器时代的陶鼎，出土于上海青浦区。该鼎高36厘米，口径45厘米，为原始氏族家庭使用的炊煮器具。这件鼎的口就是“员（圆）”的。

〔新石器时代〕圆形陶鼎

源于鼎（鼎）

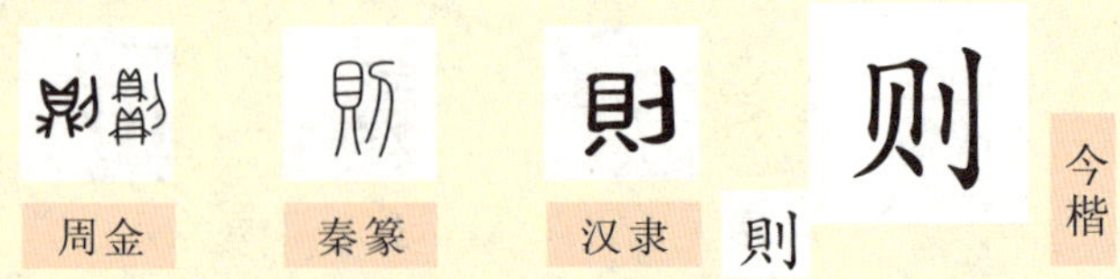

人类社会不能没有规则。古老的《尚书》就曾指出："有典有则，贻厥子孙。"意思是制定法典规则，留给自己的子孙。

现在的则，左"贝"右"刂"（刀的变异写法），其实"则"的来源与贝没有联系。金文的"则"，右部是"刀"，左部不是"贝"而是"鼎"，有的甚至是上下两个"鼎"，意思是用刀在鼎上刻字。秦篆以后的"则"，由于书写便捷的需要把"鼎"换成了"贝"。不过也有人说，由"贝"与"刀"组成的"则"包含着治国安民的准则，即对为善者赏之以"贝"，对为恶者惩之以"刀"。

"则"是会意字，本义指在鼎上刻字，而这些字有许多是国家的法令、规则，"则"就用来表示必须遵循的规章、制度，如：法则、规则、细则。我国现行的一些规定或者法规甚至就用"则"来命名，如《小学生守则》《道路交通管理规则》《民法通则》等。"则"引申指标准、榜样，如：准则、以身作则。

另外，"则"还用为量词，如：新闻一则、寓言两则。战国末期的法家代表人物韩非子说："诚有功，则虽疏贱必赏；诚有过，则虽近爱必诛。"意思是：确实有功，那么即使疏远低贱的人也必须奖赏；确实有过，那么即使亲近喜爱的人也必须责罚。句中的"则"作连词，可释为"那么"。

左图是战国时期中山国铸的一尊圆形铜鼎。鼎的表面刻有469个字，内容就含有许多中山国的治国之"则"。

〔战国〕
青铜鼎及铭文

周金 秦篆 汉隶 侧 今楷

侧

“沉舟侧畔千帆过，病树前头万木春。”这著名的诗句出自唐代刘禹锡的《酬乐天扬州初逢席上见赠》。该诗以形象的比喻道出了新旧更替、后来居上的事物发展规律。

现在“侧”以“亻”表意，以“则”表声，是个形声字。我们的先人当初造这个字时可不是这样写的。

金文的“侧”是会意字。它由三个字符组成，中间不是“贝”，而是古代烧饭的炊具“鼎”，在“鼎”的左右两边各站着一个“人”，让人一看就能明白它所表示的意思。秦篆及其以后的“侧”，写法发生了变化，不仅把“鼎”换成了“贝”，还把右边的“人”换成了“刀”，“侧”由此变成了形声字。

汉代许慎的《说文解字》指出：“侧，旁也。”“侧”的本义是指某一物体的旁边，如：左侧、两侧、侧面、侧翼。“横看成岭侧成峰，远近高低各不同。”宋代苏轼《题西林壁》这句诗的意思是，从不同的角度观察庐山，所见到的景象也各不相同。“侧”在句中用的就是它的本义。

由于“侧”表示的不是物体的正中、正面，而是其一旁，便引申出偏重、倾斜之义，如：侧重、偏侧、侧目而视、旁敲侧击。

右图是清代的双童葫芦瓶玉雕。两个童子一边一个抱着个葫芦瓶。这件玉雕恰到好处地说明了“侧”的本义。

〔清〕双童葫芦瓶玉雕

商甲	周金	秦篆	汉隶	今楷
				败 敗

“百事之成也，必在敬之；其败也，必在慢之。”这是战国时期的思想家荀子之言。意思是事情的成功，一定是因为恭敬谨慎；而失败，一定是因为怠慢松懈。句中的“败”意义与“成”相对，表示没能达到目的，可以解释为失败。

“败”是“敗”的简化字。甲骨文和金文的“败”，左侧的字符有的为“鼎”，有的为“贝”，都是商周时期的珍贵之物；右侧的字符为“攵”，就像手里举着棍棒。意思是把价值昂贵的好东西砸碎、毁掉。秦篆以后的“败”，用“攵”表意，用“贝”表意兼表声，变成了会意兼形声字。“败”源于国家被打败，象征权力的“鼎”遭损毁，象征财物的“贝”遭抢掠。

“败”的本义指物的损毁、腐坏，如：衰败、腐败、枯枝败叶，金玉其外、败絮其内。由物品受到打击而损毁推及到军队受到打击而受损，“败”引申指在战争和比赛中的失利，意义与“胜”相对，如：败仗、溃败、胜败乃兵家常事。

“败”还用来表示人的道德、名声的毁坏，如：道德败坏、伤风败俗、身败名裂。有这样一句古语：“成家子，粪如宝；败家子，钱如草。”所谓“败家子”是指不务正业、生活奢侈、败坏了家业的人。

右图是三星堆遗址出土的文物。这些三千多年前的珍贵铜器，大都因为摔砸而损毁。它们也许就是商代巴蜀国战败后的毁弃物。

〔商〕三星堆出土文物

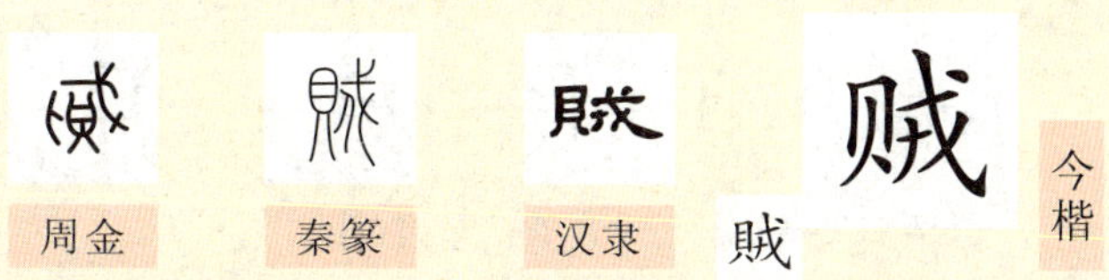

有些字的意义古今差异很大，“贼”就是其中之一。对今人而言，贼一般是指窃掠他人财物者。而在古人看来，窃货为盗，窃国为贼。贼是指对国家权力怀有野心的人。

金文的“贼”由三个字符组成，一个是表示古代兵器的“戈”，另一个是侧立的“人”，还有一个是象征国家权力的“鼎”。意思是指阴谋凭借武力夺取政权的人。秦篆以后的“贼”，把“鼎”写成了“贝”，把“戈”与“人”组合在一起写成了“戎”。

“贼”是会意字，本义指窃取国家领导权的人。孔子编辑的史书《春秋》，把篡国者的罪恶列在书中，使得那些阴谋夺权的人生怕被记录其上而遗臭万年。为此孟子说：“孔子成《春秋》而乱臣贼子惧。”其中的“乱臣贼子”原指犯上作乱的官员和不行孝道的逆子，后来多指那些用心险恶的祸国殃民者。现在人们仍把卖国求荣的人称作卖国贼，把背叛革命事业的人称作叛贼。

“贼”还用来表示偷抢他人财物的坏人，如：贼寇、盗贼。因为做贼是件不光彩的事，其行为总有些诡秘之处，再加上人们心理上的憎恶，“贼”还用来形容做贼者的行为举止，如：贼眉鼠眼、贼头贼脑、贼心不死。

宋代秦桧任宰相期间，对外实行投降路线，对内杀害抗金将领岳飞、韩世忠等，他因而成了“卖国贼”的代名词而被后人唾骂。左图是浙江省杭州市岳王庙中的秦桧铸铁跪像。我们用这位罪人之像来表示“贼”的意义。

秦桧铸铁跪像

源于盘子（凡）

商甲	周金	秦篆	汉隶	今楷
[illegible]	[illegible]	[illegible]	[illegible]	凡

“凡”的写法实在太平凡了，只比“几”多了一点。“凡”的来源难道和“几”真有什么联系吗？

早期的“几”写为“∏”，像古人跪坐时凭靠或搁物的靠几、茶几之形。而甲骨文和金文的“凡”，则像个侧放的高脚盘子，一侧是盘口，一侧是盘足。汉隶以后的“凡”，由于文字符号化和整齐化的的需要，才把“凡”写为“几中加点”了。

“凡”是象形字，本义原指盘子。因为盘子是人们日常生活中普遍使用的器物，“凡”便引申表示平常、普通之义。宋代的辞书《广韵》对它的解释就是：“凡，常也，轻也。”如：平凡、非凡、凡夫俗子、自命不凡。

因为盘子虽然普通，却能盛装各种东西，“凡”由此表示所有的、任何的，如：凡是、凡事。儒家经典《礼记·中庸》载有孔子这样一句话：“凡事豫则立，不豫则废。”大意是：所有的事情都这样，预先做好准备就会取得成功，没有准备就会招致失败。

另外，在神话故事中，“凡”还表示人间、尘世，意义与所谓的“上天、仙界”相对，如：凡尘、思凡、仙女下凡。现在，“凡”的本义早已由“盘”取代，它已被引申意义所专用了。

下图是一件周代的铜盘，盘内有铭文284字，记载了“墙”这个人的家族史。作为一个盘而言，它也许是平凡的，但是作为历史资料来说，它却是极其珍贵的。

〔周〕青铜史墙盘

商甲 周金 秦篆 汉隶 今楷

盘

盤

“谁知盘中餐，粒粒皆辛苦。”唐代李绅《悯农》的这句诗被吟诵了一千多年。即使在物质相对丰富的今天，此句对于人们勤俭持家、厉行节约也有着重要的警示作用。

“盘”是“盤”的简化字。

甲骨文前一款的“盘”，由表示盘子兼表读音的“凡”和手持工具敲击的“攴”组成，意思是用敲打的办法搅拌、揉匀陶土，来制作盘子。而后一款的“盘”，在字中格外加上表示嘴巴的“口”，强调了盘子是餐具的意义。金文的“盘”，一是由于“凡”与“舟”在古文字中的写法相近，便误把“凡”写为“舟”；二是为了表示盘子的属性，还在字的下部加上“木、金、皿”，分别表示铜盘、木盘以及陶瓷盘。简化后的“盘”被规范为上“舟”下“皿”，可以理解为那种形状像小船似的长而圆的盘子。

“盘”的本义指浅而扁的食具，如：菜盘、果盘、茶盘。引申指扁平如盘的东西，如：棋盘、光盘、键盘。由于陶盘是用转动捏塑之法造出来的，“盘”便引申表示旋转，如：盘绕、盘旋、盘根错节。进而引申出反复检查等方面的意义，如：盘查、盘点、盘根问底。“将军欲以巧伏人，盘马弯弓惜不发。”唐代韩愈诗中的“盘马”指的是骑马在原地打转。

右图是宋代的风水先生陶俑。这个人的工作应该说充满了迷信色彩，然而，他所使用测量工具却是当时最为先进的罗盘。

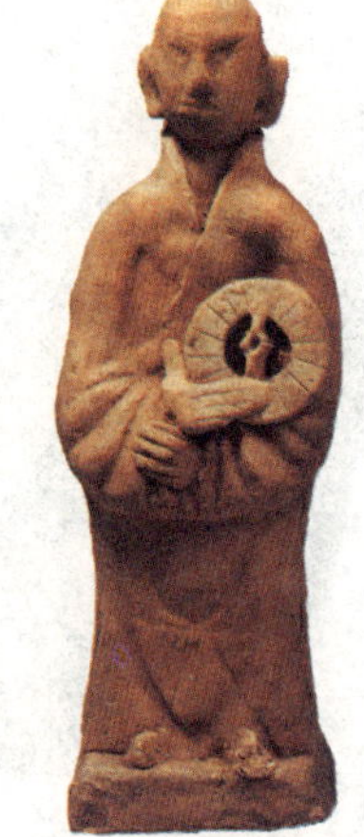

〔宋〕风水先生陶俑

源于盘子（凡）

商甲	周金	秦篆	汉隶	今楷
[illegible]	[illegible]	[illegible]	[illegible]	同

“死去元知万事空，但悲不见九州同。”这是宋代陆游临终前的绝笔诗《示儿》里的句子。一个“同”字，表达了这位爱国诗人期盼国家统一的强烈愿望。

甲骨文和金文的“同”，上部为“凡”，原指陶瓷盘子，在字中表示制造器物所用的陶质模具；下部为“口”，表示用模具制造出来的器物。两者合在一起表示用同一个模具制造出来的器物形状相同。秦篆以后的“同”，“凡”演化为同字框，“口”被包了进去。

“同”是会意字，本义指一样、没有差异的，如：相同、雷同、同工同酬、同心协力。“同声相应，同气相求。”这是《易经·乾》所载之言，意思是声音相同会互相呼应，气息相同会互相追求。其中的两个“同”都表示一样的。

物以类聚，同类的生命体会相互聚拢，“同”便引申指一起、共同，如：同学习、同劳动、同甘共苦、同归于尽。“同志”一词原本指志趣相同的人，一般指同一个政党内的成员。

《论语·子路》载有孔子这样的话：“君子和而不同，小人同而不和。”意思是说：品德高尚的人，与人关系和谐但不盲目趋同；品德低下的人，与人盲目趋同但关系不一定和谐。

左图是汉代的一件男俑陶范，为铸造所用的模具。使用这种模具制作出来的人，其形状肯定完全相同。

〔汉〕男俑陶范

商甲	周金	秦篆	汉隶	今楷
[illegible]	[illegible]	[illegible]	興	兴（興）

"兴"是"興"的简化字。

甲骨文和金文的"兴"，就像有众多的"手"，把一件表示盘子的"凡"举起来。有的字中加了个表示嘴巴的"口"，说明人们还喊着劳动号子。秦篆的"兴"，表示"手"的字符未变，却把"凡"和"口"合并而写为"同"，强调了共同劳动之义。汉隶和简化前的"兴"，仍能体味到有许多手一起干活的意思。

"兴（xīng）"是会意字，本义指众多的人一起行动、共同做事，即发起、起来之义，如：兴起、兴奋、兴师动众、兴风作浪。"兴，起也。"这就是《说文解字》的解释。

因为众人起来做事一定会有所创造，"兴"便引申指创建，如：兴建、兴办、兴修水利、兴利除弊。荀子说："兴天下同利，除天下同弊，天下归之。"意思是兴办有利于天下人的好事，除掉有害于天下人的弊端，就会赢得天下人的心。又因为众人一起做事场面会很热烈，"兴"还引申指旺盛、盛行，如：兴旺、兴盛、生意兴隆、百业俱兴。

另外，"兴"还读作"xìng"，用于表示人们共同劳动时振奋的情绪和高昂的兴致，如：高兴、助兴、兴高采烈、兴致勃勃。

右侧是一尊清代的童子舞龙图案瓷瓶。这么多的孩子举龙而舞，既体现了"兴"的共同做事之义，也表达了人们兴高采烈之情。

〔清〕童子舞龙图案瓷瓶

商甲	周金	秦篆	汉隶	今楷
[illegible]	[illegible]	[illegible]	鳳	凤 鳳

凤是中华民族所信奉的神鸟，是幸福、吉祥的象征，为此人们常常以凤取喻来表达思想和情感，而唐代李商隐的两句诗则尤为著名。“桐花万里丹山路，雏凤清于老凤声”写的是年轻人茁壮成长，后来居上。“身无彩凤双飞翼，心有灵犀一点通”写的是有情人心心相印，情感相通。

“凤”是“鳳”的简化字。

甲骨文和金文的“凤”，像一只头上长着高高的冠毛，身后拖着华丽尾羽的鸟，有的还在字中加了个表示读音的“凡”。秦篆以后的“凤”，“凡”被加大许多，“鸟”被囊括其中，字形变成了半包围结构。汉字简化时，被包围的部分写成了“又”。

“凤”的本义指凤鸟，全身披有五彩羽毛，被誉为百鸟之王。一般称雄的为“凤”，雌的为“凰”，合称“凤凰”。其实，自然界中没有凤这种鸟，它的形象源于孔雀等飞禽。

凤与龙一样，是我国古代先民崇拜的偶像，是他们想象中的神灵。《礼记·礼运》就有这样的记载：“麟、凤、龟、龙，谓之四灵。”因此，由凤组成的词大都含有美好、珍贵之义，如：百鸟朝凤、凤毛麟角、龙凤呈祥、龙飞凤舞。

正因为凤鸟寓意着福瑞祥和，许多器物都用它来作装饰。左图是一件战国时期的玉佩，它的造型就是凤。

〔战国〕凤鸟玉佩

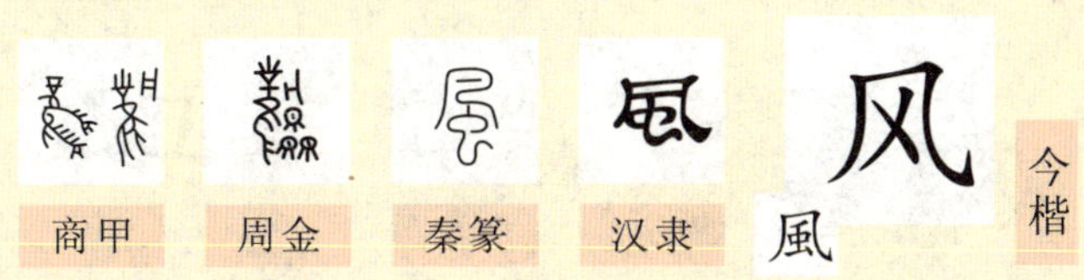

我们把空气的流动称为风。它看不见，摸不着，只能够通过其他事物的变化去感受。唐代李峤有首谜语诗，题目为《风》："解落三秋叶，能开二月花。过江千尺浪，入竹万竿斜。"整首诗没有一个"风"字，但是每一句描述的都是"风"。

风可以入诗，可以入画，但要把它造成文字就困难了。观察甲骨文和金文的"风"，我们可以看出，它像一只大鸟，有的在鸟头的旁边加了个表示盘子的"凡"，那是用来表声的。其实，我们的祖先是借用凤凰的"凤"来表示"风"的，这大概与凤鸟高飞，翅膀生风有关吧。秦篆以后的"风"，由"凡"和对风雨特别敏感的"虫"组合，并变成了包围结构。

"风"的本义是指自然界中空气流动的现象，如：微风、狂风、风平浪静、暴风骤雨。清代郑燮在《竹石》一诗写道："千磨万击还坚劲，任尔东西南北风。"这里的"风"用的就是其本义。

因为社会上流行的习气、风尚传播速度很快，如同刮风似的，"风"便引申指人们的习俗和作风，如：民风、学风、移风易俗、端正党风。同样的道理，人们还把消息、传闻称为"风"，如：风言风语、通风报信、闻风而动。而"风光、风景、风物"中的"风"，则表示自然和人文景观。

风是很难用什么实物来表现的。既然我们的祖先曾用"凤"来表示风，我们也借用明代的凤鸟形金钗来说明"风"。

〔明〕凤鸟形金钗

有则字谜："上面比血少一撇，下面比四长一截，洗脸刷牙离不开，吃饭喝水不能缺。"谜底就是"皿"。

甲骨文和金文前一款的"皿"是象形字，像一种能盛装食物、酒水的器具，其腹部较深，下部有底座。金文后一款的"皿"，由于加上了意符"金"而变成会意字，意思是指由金属制作的容器。我们现在饮食所用的"皿"以瓷器为主，而商周时期瓷器尚未普及，人们所用的"皿"以陶器为主、青铜器为辅。

"皿"的本义指盛装食物和液体的器具，是碗、盘、碟、盆之类的容器的总称。为了使器皿在放置时平稳，一般把它的底部做成带有圆形的足。足有高低之分，古时一般称低的为"皿"，高的为"豆"，其实二者都是"皿"。

在古代，人们对祭奠神灵和祖宗非常重视，必须准备好可供宰杀的牲畜、盛装祭品的器具和祭祀仪式上穿的衣服，否则不能举行这种活动。先贤孟子就曾经说过："牲杀、器皿、衣服不备，不敢以祭。"

在字典中，"皿"是个部首，由于它一般位于字的下部，而被称为"皿字底"。"皿"在字中大都充当意符，表示与容器有关的意义，如：盆、盒、盘、盖、盛、盈。

下图是明代的金盖金托玉碗，出土于北京十三陵之一的定陵。看来，这套豪华而精美的器具曾经是明朝神宗皇帝使用过的皿。

〔明〕金盖金托玉碗

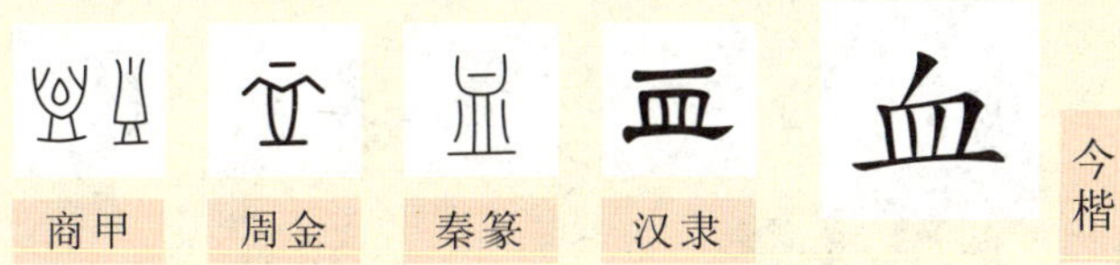

“血”为什么会写为“皿”上加撇呢？

甲骨文、金文和秦篆的“血”由两个字符组合而成，一个是表示容器的“皿”，另一个是位于皿的口部或内部的短竖、短横或者空心点，它们都表示血滴。把人或动物的血液滴入盛着酒的器皿之中，或供奉给神祖，或直接饮用，是夏商先民举行祭祀活动以及会盟的一种形式。“血”字就来源于这种古老的习俗。

“血”是会意字，本义指盛在器皿中的血酒，也指人和动物的血液，如：鲜血、血迹、呕心沥血。“壮志饥餐胡虏肉，笑谈渴饮匈奴血。”这是宋代爱国将领岳飞《满江红·写怀》一词里的名句。意思是满怀壮志去杀敌，饿了就吃敌人的肉，渴了就喝敌人的血，表现了疆场战士对敌人的仇视和轻蔑。

因为人的血液祖祖辈辈世代相承，“血”便引申指具有同一个祖先的，如：血统、血缘、血脉相通。又因为从古至今，人们把保家卫国而流血牺牲看作勇敢、忠诚的体现，“血”还用来比喻刚强和热诚的精神，如：血气方刚、血性男儿。

《论语》载有先贤孔子这样一句话：“君子有三戒：少之时，血气未定，戒之在色；及其壮也，血气方刚，戒之在斗；及其老也，血气既衰，戒之在得。”句中的“血气”原指决定人身体状态的血和气，可以解释为人的精神和气力。

右图是宋代的鎏金银杯。它风格淳厚，造型庄重。这件器皿可能就盛过血酒，而摆放于供奉神祖的祭台。

〔宋〕鎏金银杯

“天下事有难易乎？为之，则难者亦易矣；不为，则易者亦难矣。”在清代彭端叔《为学》的这句话里，“易”表示不用费力。

甲骨文的“易”有两种写法。前者较繁，就像把一个器皿里的水往另一个器皿里倒，意思是盛水的器具换了。后者较简，就像一个倾侧的器皿，里面的水被泼洒出来，意思是像泼水那样容易。金文以后选取了简的写法，只是器皿和水逐渐变异，最后定格为上“日”下“勿”了。

“易”是会意字，本义包含两个方面。

其一是改变、变换，宋代辞书《广韵》对它作的解释就是：“易，变易也，改也。”如：移风易俗、改弦易辙。由于人们买卖东西，其实质是商品与货币两种等价物位置的互换，“易”由此引申出交换之义，如：交易、贸易、以物易物。

其二是容易、不费力，意义与“难”相对。南朝的辞书《玉篇》在解释该字时指出：“易，不难也。”如“先易后难、轻而易举、来之不易”。汉代司马迁的《史记·淮阴侯列传》载有这样的话：“功者难成而易败，时者难得而易失。”大意是：干事业成功困难失败容易，好时机抓住困难丧失容易。另外，“易”还由人容易接近而引申指态度平和，如：平易近人。

左侧的童子购物图为明代画家所绘。当商贩收取了童子的钱，童子拿到了想买的物，他们之间便完成了一笔交易。

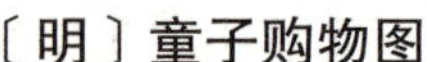
〔明〕童子购物图

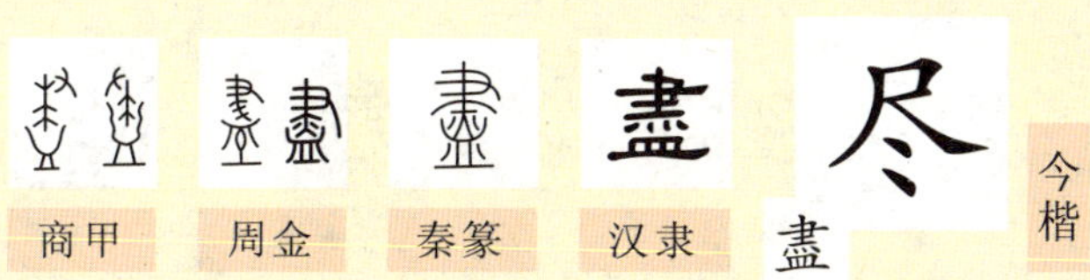

“尽”是“盡”的简化字。

甲骨文的“尽”，上部是“手”，还拿着把炊帚，下部是盛装食物的“皿”，意思是饮食完毕，饭菜吃净，洗刷碗钵。金文以后的“尽”与甲骨文相承接，只是把手和炊帚穿插到一起了。我们的祖先是通过洗刷空的食具来表示“尽”这一意义的。

简化后的“尽”，上部是“尺”，下部是两个点。这两个点同“寒、冬”二字下部的一样，其实它原本表示冰。简化后的“尽”，从其字形看，是用尺来测量冰的厚度，含有严寒即将过去，冬天快要结束的味道了。

“尽”是会意字，本义指完毕、没有了，如：吃尽、用尽、消耗殆尽、无穷无尽。宋代苏轼在《赠刘景文》诗中写道：“荷尽已无擎雨盖，菊残犹有傲霜枝。”这里的“尽”是指荷叶经过风吹雨打，已经失去了踪影。

“尽”引申指达到极点，如：山穷水尽、尽善尽美、仁至义尽。至于“同归于尽”中的“尽”则表示生命达到极限，即死亡之义。“尽”还引申指全部用出，如：尽职尽责、尽其所能、竭尽全力。三国时期的诸葛亮在《出师表》一文表达自己为国尽忠的意愿时说：“鞠躬尽瘁，死而后已。”其中的“尽瘁”表示使出全部的心力。

下图是清人绘于颐和园长廊的装饰画，描绘诸葛亮出师伐魏的情景。诸葛亮身为蜀相，为国家尽心尽力、尽忠尽职，是历代为相者的典范。

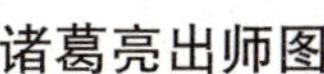
诸葛亮出师图

商甲　周金　秦篆　汉隶　監

监

今楷

脸是人相互区分的重要部位，是身体和精神状态的集中反映，人们常借助于镜子来观察它、美化它。在镜子出现以前，人们用什么来查看自己的容颜呢？“监”字的来源就解答了这个问题。

“监”是“監”的简化字。

甲骨文和金文的“监”，像个瞪着大眼睛的“人”正向表示容器的“皿”观看，有的还在“皿”中加了一点，表示里面有水。意思是在容器里装上水，把它当做察看面容的镜子。楷书的“监”，把“人”和“皿”中的点组合在一起，写为半个“竹”（⺮），从字形上看不出人以水为镜的意思了。

“监”是会意字，本义指镜子。汉代贾谊在《新书·胎教》中说：“明监所以照形也。”意思是明镜是用来照看容貌的。句中的“监”就指镜子。不过，“监”的本义后来由“鉴”取代了。

由于镜子是用来察看容貌的，“监”便引申指注视、观察，如：监视、监考、监督。进而还引申指监管犯罪者的地方，如：监狱、监牢、坐监。我国古代，政府的一些职能部门和官员因为具有监察的权力而被称为“监”，如表示官署的中书监、钦天监；表示官职的监军、学监。太监原来也是官名，在明代大都由侍奉皇帝及其家族的宦官担任，到了清代宦官就被称为太监了。

左图是春秋时期的吴王夫差铜鉴。在镜子出现之前，连古代君王都用这种皿装上水来照看自己容颜的。

〔春秋〕吴王夫差铜鉴

益

商甲 周金 秦篆 汉隶 今楷

“满招损，谦受益。”这是《尚书》中的名言。意思是自满给人带来损害，谦虚让人得到好处。“益”表示好处、利益。

甲骨文的“益”，字形就像一个高脚的器皿，里面装满水，要流出来了。金文的“益”，下部为“皿”，上部为表示分开、分流的“八”（“扒”的本字），意思也是有东西从器皿中淌出来。秦篆以后的“益”，下部的“皿”未动，上部干脆换为横写的“水”，明确表示容器里的水满了，流了出来。

“益”的本义原指水满流出，即“溢”所表示的意义。《吕氏春秋·察今》记载了这样一件事：“荆人欲袭宋，使人先表澭水。澭水暴益，荆人弗知，循表而夜涉，溺死者千有余人。”句中的“暴益”就表示水势猛烈上涨，布满河道。

水满了、多了才会从容器中溢出，而东西多一般会有好处，由此，“益”便用来表示好处和有好处的，如：受益、益处、开卷有益。“益”引申指增加，如：增益、补益、延年益寿。进而还引申指程度上加深，作用相当于“更加”，如：精益求精、多多益善。“丈夫为志，穷当益坚，老当益壮。”这是《后汉书》中载的汉代名将马援的话，句中的两个“益”就可以用更、越来解释。现在“益”被引申义所专用，而本义由后造的“溢”取代了。

右图是清代的青花红彩云龙纹瓷盘。那五龙戏水的图案，真让人有一种水要从盘子里向外“益”出之感。

〔清〕青花红彩云龙纹瓷盘

商甲 周金 秦篆 汉隶 鑄 今楷

铸

化干戈为玉帛，熔铁甲为锤镰，让战争远离世界，这是人们最美好的期望之一。“焉得铸甲作农器，一寸荒田牛得耕。”唐代杜甫《蚕谷行》里的这句诗，就是人们这种意愿的反映。其中的“铸甲”一词不是制造兵甲，而是熔化兵甲。

“铸”是“鑄”的简化字，左部的“钅”表意，右部的“寿”表声。然而，我们的先人当初造这个字时可不是这样写的。

甲骨文和金文前一款的“铸”是会意字，上部是一双手，手里拿着倒扣的皿，这个皿表示熔炼金属的坩埚；下部是个正立的皿，这个皿表示制作器皿的模具；在两个器皿之间还有个表示加热的“火”或表示脚的“止”。字的意思是，经过加热而熔化了的液态金属，被倾倒之后像长了脚一样流进模具中。秦篆以后的“铸”改变了原来的构字方式，用“金”表示对金属的熔化，用“寿”表示字的读音，“铸”变成了形声字。

“铸”的本义是指把熔炼的金属倒入模具里制成器物，如：浇铸、铸造、铸件。“为君铸得百链刀，要斩长鲸为万段。”在宋代苏轼的这句诗中，“铸”用的就是它的本义。“铸”由对器物的制造而引申指对人才的培育和造就，如：陶铸、铸就。

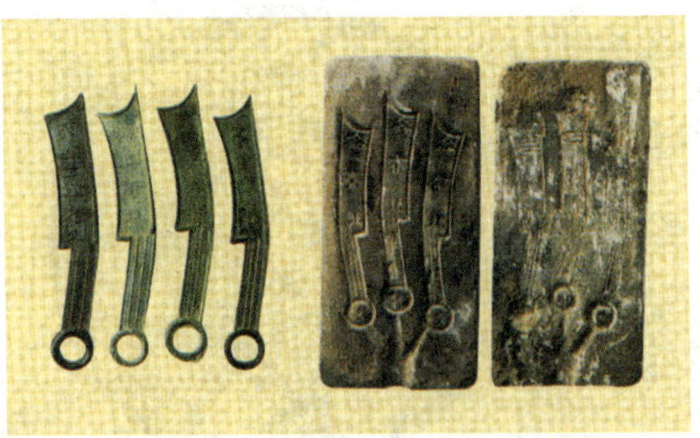

左图是战国时期的货币及陶范。其中的刀形货币就是用右侧的陶质模具铸出来的。

〔战国〕刀形货币和陶范

商甲	周金	秦篆	汉隶	今楷
[古文字]	[古文字]	[古文字]	盟	盟

我国古代有“歃血为盟”的说法。不同国家、部族甚至个人之间，为了共同利益的需要，通过一定的仪式立下誓言或缔结誓约。在仪式上，立誓者一般要在神像前，把自己或禽畜的血滴入酒中喝下，也有的把血抹在嘴上，以此来表示信守誓言。仪式过后，立誓者也就结了盟，他们彼此也就成了盟友。

甲骨文及前一款金文的“盟”，就像高脚杯形的器皿里装着一滴血，其实这个字也是“血”，意思是立誓各方通过喝血酒来订立盟约。而后一款的“盟”，把字中的血滴或者换成表示窗户的“囱”，或者换成表示明亮的“明”，字中含有把誓约的条文铭刻在器皿之上，让它公布于众，使大家都明白的意思。

“盟”的本义指立誓、发誓，如：会盟、联盟、对天盟誓。也指立下的誓言或缔结的誓约，如：盟约、盟书、海誓山盟。宋代陆游与前妻恩爱相依，却因长辈所迫而解除婚约，为此他在《钗头凤》一词悲愤地写道：“山盟虽在，锦书难托。莫，莫，莫！”

“盟”引申指缔结了同一誓约的国家或组织所形成的联合体，如：同盟、联盟、盟国。当今世界影响较大的盟邦有欧盟（欧洲国家联盟）、非盟（非洲国家联盟）、东盟（东南亚国家联盟）。

右图是唐代的牛首玛瑙杯。从形制上看，它带有明显的异域特征。这件皿也许就装过血酒，而成为某次会盟的见证。

〔唐〕牛首玛瑙杯

源于酒器（酉）

商甲	周金	秦篆	汉隶	今楷
[illegible]	[illegible]	[illegible]	酉	酉

“酉”这个字现在已经很少有人使用了，然而，在用天干地支计时的古代，它却是个被经常用到的字。

甲骨文和金文的“酉”，就像个酒坛子或酒瓶子，上部是口和颈，下部是盛装酒水的肚，有的还绘着花纹图案。秦篆以后的“酉”没有发生太大的变化，只是表示瓶口的上横长了些。

“酉”是象形字，本义指盛酒的器具，在甲骨文中也用来表示酒。后来，被借用为干支名，是十二地支中的第十位，它们分别为：子、丑、寅、卯、辰、巳、午、未、申、酉、戌、亥。这十二地支与“甲、乙、丙、丁”等十天干相配合，用于纪年，如一九四五年为夏历乙酉年。“酉”还用于纪月，每年的农历八月为酉月；还用于纪时，每天的十七时至十九时为酉时。

唐代白居易在他的一首诗里写道：“黄鸡催晓丑时鸣，白日催年酉前没。”意思是：雄鸡好像催促天亮，丑时（夜里一时至三时）便开始啼叫，太阳好像着急过年，酉时之前就已经落下。

“酉”在字典中是个部首，由它组成的字大都与酒或酒的酿造有关，如：酝、酿、配、酣、酬、醉。另外，“尊、奠、福、富”等字的来源也都与“酉”有关。

左图是一件新石器时代的彩陶瓶，它的独特之处在于瓶口被设计成少女的头形。我们先人就是根据这样的器物造出“酉”的。

〔新石器时代〕人头形器口彩陶瓶

富

商甲　周金　秦篆　汉隶　今楷

当今，在人们千方百计探寻致富之路时，《论语·里仁》所载的孔子之言会令我们深思："富与贵，人之所欲也；不以其道得之，不处也。"意思是：富有和尊贵是人们都向往的，如果不能用正当的方法得到它，就宁肯不去享有。

甲骨文和金文的"富"是会意字，外部为表示房屋的"宀"，内部为表示酒坛子的"酉"，意思是屋子里存有美酒的人家。秦篆以后的"富"，表示酒坛子的"酉"被割裂为三部分而写成"畐"，"富"也就变成以"宀"表形，以"畐"表声的形声字了。

酿酒是需要粮食的。如果家里贫穷，连饭都吃不上，是不会有多余的粮食来酿酒的。只有粮食富足，才能用它来酿酒喝。我们的先人就是用这种推理的方法造出了"富"这个字。

"富"的本义指财物、金钱多，意义与"贫"相反，如：富裕、富贵、民富国强、勤劳致富。大诗人杜甫有诗写道："富贵必从勤苦得，男儿须读五车书。"句中的"富"用的就是它的本义。

"富"由财物多而泛指一般意义上的多、充足，如：丰富、富饶、富富有余、富于想象。还引申指财产和资源，如财富、富源。

右图是一件汉代的酒器——铜锺，距今已有两千多年了，出土时里面还存有很多的酒。它总高78厘米，通体鎏金。在那个时代，能够使用这种酒器的人家，家境一定会相当富。

〔汉〕鎏金铜锺

商甲	周金	秦篆	汉隶	今楷
[古文字]	[古文字]	[古文字]	配	配

现在的“配”，左部是表示酒坛子的“酉”，右部是表示自己的“己”。“配”的意义既可以理解为自己得到了应该分到的那份酒，也可以理解为自己抱着酒坛子给他人分酒，也就是分配、配给之义。不过从字的来源看，它还有另外的意义。

甲骨文的“配”，字中的“酉”与现在没有什么两样，也表示酒坛子，其上部的几个点，表示酒香四溢。字中还有一个是面朝酒坛子跪坐的人，即“卩”。金文以后的“配”，字中的人由跪变立，最后演化为“己”了。

“配”字中的这个人是干什么的呢？根据汉代许慎《说文解字》的说法：“配，酒色也。”看来，这个人不是来喝酒或分酒的，而是给酒调配颜色的，其身份应当是个主掌给酒添加色料、香料或其他材料的调酒师。

“配”是会意字，本义指给酒配加材料，泛指按一定标准或比例调和、拼合，如：配色、配药、配音。“配”由对一般材料的搭配而引申指对人和器械的有计划安排和分派，如：分配、配发、配备。至于用来表示婚姻，如“婚配、许配、配偶”等，则源于媒人充当了“调酒师”的角色，按照他的标准把一对男女搭配到了一起。

左图是明代的制酒工艺图局部。这两个正在忙碌的人，就是“配”字中的“调酒师”。

〔明〕制酒工艺图局部

商甲	周金	秦篆	汉隶	今楷
[illegible]	[illegible]	[illegible]	飲	饮 飲

现在的“饮”，左“食”右“欠”，没有什么新奇之处。如果去探讨一下它的来源，就不能不为先民的造字创意而赞叹。

甲骨文的“饮”，字形就像个侧面站立的人，低着脑袋，伸着舌头，扶着酒坛子，正在痛痛快快地饮酒。识读这样的字，确实让人耳目一新，百看不厌。

金文和秦篆的“饮”，在酒坛子的上部又加了一个张口朝下且与“口”意义相同的“今”，既用来表意，也兼而表声，“饮”变成了会意兼形声字。汉隶以后的“饮”，左部的“食”表示吃喝，右部的“欠”表示张着口的人，饮变成了纯粹的会意字。

“饮（yǐn）”的本义指喝酒，如：对饮、畅饮、豪饮。“葡萄美酒夜光杯，欲饮琵琶马上催。”在唐代王翰《凉州词》这句诗中，“饮”就表示喝酒。“饮”泛指一般意义上的喝，如：饮酒、饮茶，饮水思源。“饮”由喝的动作转而表示可以喝的液体，如：冷饮、热饮、饮料。进而还引申指含着，例如，“饮泣”是指嘴里含着泪水，形容极度悲伤；“饮恨”是指心里含着怨恨或遗憾，却又无法宣泄。

另外，“饮”还读作“yìn”，表示给牲口水喝，如：饮牛。唐代元稹在《早归》一诗写道：“饮马鱼惊水，穿花露滴衣。”句中的“饮马”就是指让马喝水。

右图是一件清代的钟馗醉酒瓷像。钟馗是传说中能驱妖捉鬼的英雄。你看他手捧酒杯、背靠酒坛，喝得那么豪爽、惬意，像不像甲骨文“饮”字中的那个人？

〔清〕钟馗醉酒瓷像

源于清扫工具（帚）

商甲 周金 秦篆 汉隶 今楷

帚

“家有敝帚，享之千金。”这是汉代《东观汉记》所载的一句话。后人把它概括为成语“敝帚自珍”，意思是把自家的破笤帚也当作宝贝那样珍惜，比喻自己的东西即使不那么好，也非常珍爱。“帚”指的是扫地的用具——笤帚。

甲骨文及金文前一款的“帚”，就像一棵笤帚草的样子，下部是根，上部是茎秆。这种草生命力很强，长得比较壮实，到了秋天，一棵笤帚草就是一把简易的笤帚。而金文后一款的“帚”，在字中加了个侧写的表示工具的“工”，意思是用工具对笤帚草进行捆扎、加固。秦篆的“帚”，把笤帚草的枝叶写成了表示手的“又”，把下部写成了“木”。楷书的帚则一分为三，写为上“彐”、中“冖”、下“巾”了，其意义其实和这三个字符毫无关系。

“帚”是象形字，本义指笤帚草，也指由笤帚草或者其他材料（包括竹枝、棕毛、脱了粒的黍穗等）绑扎而成的清扫用具，如：笤帚、扫帚。由“帚”组成的字也大都表示与笤帚相关的意义，如：扫（掃）、妇（婦）、归（歸）。另外，“侵、寝”等字也源于“帚”。

我国古代的权贵人家，一般在大门口设有拿着笤帚的门吏，以便为来访的客人扫去身上的尘土。右图是汉代的画像石拓片，这位门吏的手中就握了把“帚”。

〔汉〕执帚门吏画像石拓片

“扫”是“掃”的简化字，原本写为“埽”。

甲骨文和金文的“扫”，就像一个人手里拿着笤帚，正在打扫卫生，字中的小点表示灰尘。秦篆由于构字符号化的需要，写成了左“土”右“帚”的“埽”。

《说文解字》指出：“埽，弃也。”意思就是用笤帚弃除灰尘、污物。可能因为笤帚草是砌筑和加固堤坝的填充物，“埽”便用来表示河道的堤岸和封堵溃坝的设施，例如清代陈熙在《答客问河防》诗写道：“千金筑堤埽，九曲慎防维。”后来，为了与“埽”的堤岸之义相区分，汉隶以后的“扫”，用提手旁（扌）取代了字中的提土旁。

“扫”的本义指用笤帚清除尘土、垃圾，如：清扫、打扫、扫地。古语说：“黎明即起，洒扫庭除。”意思是天亮就起床，洒水扫庭院。句中的“扫”用的就是它的本义。

“扫”由对灰尘这种具体之物的去除，而泛指清除、消除，如：扫雷、扫盲、扫黄。“秦王扫六合，虎视何雄哉。”唐代李白《古风》诗中的“扫六合”，是指秦始皇的军队清除、消灭了其他各国的军队，建立了大一统的秦帝国。扫还引申指快速移动，如：扫射、扫描、扫视。

左侧是清代画家孙温为《红楼梦》所绘的一幅插图。图中女子用扫帚清除积雪，其意义就是“扫”。

〔清〕清扫积雪图

商甲	周金	秦篆	汉隶	寝	今楷
[古文字]	[古文字]	[古文字]	寢	寢	

“寝”是“寢”的简化字。

甲骨文的“寝”是半包围结构的会意字，外部是表示房屋的“宀”，内部是表示笤帚的“帚”。金文后一款的“寝”另加了个表示右手的“又”，意思是手拿笤帚，打扫卧室，准备睡觉。秦篆和汉隶的“寝”，在字中又加上了个“人”，寝变成了以“宀”表意，以“侵”表声的会意兼形声字。简化前的“寢”，又把“人”换成了表示床的“爿”，进一步强调了睡觉的意义。

“寝”的本义指睡觉，如：寝室、就寝、废寝忘食、寝食难安。汉代文字学家许慎在《说文解字》里对它的解释就是：“寝，卧也。”《论语·卫灵公》载有孔子这样一段话：“吾尝终日不食，终夜不寝，以思，无益，不如学也。”意思是说：我曾经整天不不吃饭，整夜不睡觉，用来思考，结果没有什么长进，还不如学习呢。“寝”在句中就表示睡觉之义。

“寝”引申指睡觉的地方，即卧室、内厅，如：内寝、寿归正寝。“寝宫”原指供帝王及其后妃们睡觉、休息的宫室，也表示帝王陵墓中的墓室。“陵寝”原指帝王陵墓上的殿宇，也表示帝王的坟墓。“寝”用来表示帝王的墓葬，这大概与他们永远地睡去有关。

左图是宋代的童子托荷叶形瓷枕。这件瓷器本身就是一件寝具，而那个酣然入睡的孩子，仿佛也在解释着“寝”的意义。

〔宋〕童子托荷叶形瓷枕

商甲	周金	秦篆	汉隶	今楷
			侵	侵

现在的“侵”，从字的组成看，与牛没有丝毫联系，但从字的来源看，却与牛密不可分。

甲骨文的“侵”，前一款由两个字符组成，一个是“牛”，另一个是表示笤帚的“帚”。后一款则格外加上了表示手的“又”，意思是举着笤帚的人侵犯了牛主人的利益，把牛给赶跑了。金文以后的“侵”，把牛换成了人，使得“牛”与“侵”无缘了。

“侵”是会意字，本义指夺取、占有他人的财物，如：侵占、侵吞。引申指对他人造成伤害，如：侵害。在我国古老的甲骨史料中就有这样的记载：“土方侵我田。”意思是说：土这个国家侵占了我们的田地。

因为要想占有他人的财物，一般都必须闯进人家原来生活和居住的地方，“侵”又引申指进入内部实施伤害，如：侵略、侵犯、入侵。又因为占有、掠走他人的财物有时候不能一下子就完成，需要有步骤地进行，“侵”还引申指渐渐地进入，如：侵蚀、侵淫。宋代陆游曾经写过这样的诗句：“白发无情侵老境，青灯有味似儿时。”意思是：无情的白发让人慢慢地进入了衰老的境地，儿时的铜灯仍让人回味无穷。这里的“侵”就有渐渐进入的意思。

下图是汉代的一件鎏金铜饰。前后两个提着首级的强盗，不但赶走了人家的牛羊，还掠走了母子二人。这件铜饰生动地说明了“侵”的原本之义。

〔汉〕鎏金铜饰

商甲	周金	秦篆	汉隶	今楷
[古文字]	[古文字]	[古文字]	席	席

《诗经·邶风·柏舟》有这样的诗句，表达了一个人的坚定性和原则性："我心匪石，不可转也。我心匪席，不可卷也。"

甲骨文的"席"是象形字，就像一片有着编织纹理的长方形席子。金文的"席"由省略了"口"的表声的"石"和表意的"巾"组成，意思是可以卷起来的编织物。秦篆以后的"席"，意符"巾"未变，却把声符换成省略了四个点的"庶"。

"席"的本义是指用芦苇、竹篾、蒲草等编成的席子，可供人坐卧以及晾晒东西时使用，如：炕席、凉席、席棚。"燕山雪花大如席，片片吹落轩辕台。"这是唐代李白《北风行》里的诗句。把大雪花比喻为席子，展现了诗人丰富的想象力。

唐代以前，高脚椅子在正式场合很少使用，人们从师就学、聚会饮宴一般都坐在席子上，即席地而坐。"席"便引申出座位、宴席之义，如：坐席、软席、酒席。"主席"原指主持宴会的人，后用来表示会议的主持者或党政机关、群团组织的最高领导人。

"管宁割席"是南北朝时期的一个故事。据说管宁、华歆曾共用一席拜师求学。有一次两人锄地，锄出块金子，管宁无动于衷，华歆却收入囊中。还有一次，课堂外有高官车马路过，管宁照旧读书，华歆却起身观望，流露出羡慕之情。管宁看不起华歆的品行，便以刀割席，断绝了与华歆的交往。

左图是清人绘制的《北京民间风俗百图》之一。这个人正在编织的就是"席"。

〔清〕编织席子图

坐

商甲 周古 秦篆 汉隶 今楷

有些俗语与“坐”有关，如“任凭风浪起，稳坐钓鱼舟”，形容人在大风浪来临时的从容镇定。而“坐山观虎斗”和“坐收渔人之利”，则含有坐看别人相斗，以便从中获利的意味。

据考证，我国唐代以前高腿桌椅很少，人们在饮宴、会客、学习等正式场合大都席地而“坐”，这种坐姿其实是跪。甲骨文的“女（[illegible]）”“节（[illegible]）”等字就是这一坐姿的反映。然而在劳作休息等非正式场合，人们就比较随意，找个土堆一屁股就坐下了。

甲骨文的“坐”有两款，前一款由“人、席”组成，表示正式场合的席地而坐；后一款由“人、土”组成，表示非正式场合的随地而坐。周代古文的“坐”像两个人彬彬有礼，相互让座的样子。楷书的“坐”承继了周代古文的写法，像二人坐在土上了。

“坐”是会意字，本义指屁股着于腿或其他物体上的坐法，意义与“立”相对，如：坐立不安、坐以待毙、正襟危坐。唐代杜牧《秋夕》诗有这样的句子：“天阶夜色凉如水，坐看牵牛织女星。”描写的是宫女们坐在皇宫的台阶上仰望星空的情景。

“坐”引申指搭乘，如：坐车、坐船、乘坐。“坐”在“坐北朝南”中表示建筑物背对着的方向。另外，同样是杜牧的诗句，“停车坐爱枫林晚，霜叶红于二月花”中的“坐”用为虚词，作用相当于“因为、由于”。

右侧是清代的读书仕女图。这个女人既非跪坐于竹席，也非端坐于土堆，而是稳坐于用树根雕成的椅子。

〔清〕读书仕女图

源于席子（席）

宿

商甲　周金　秦篆　汉隶　今楷

“鸟宿池边树，僧敲月下门。”这是唐代诗人贾岛的名句，其中的“宿”表示过夜。这句诗之所以有名，是因为句中到底是用“敲”好还是用“推”好，贾岛骑着驴边琢磨边赶路，没想到驴冲进了在京城为官的文学家韩愈的车队。韩愈问明了事情的原委，建议贾岛用“敲”。从此，这件事便成了文坛上千古流传的佳话，而“推敲”也成了固定用词被辞典所收录。

甲骨文前一款的“宿”由两个字符组成，一个是“人”，另一个是“席”，意思是人睡在席子上露宿过夜。甲骨文后一款及其以后的“宿”，在字中加上了表示房屋的“宀”，强调了在屋子里住宿的意义。秦篆以后的“宿”，表示席子的字符发生了变异，到汉隶和楷书时写成了“百”。

“宿”是会意字，本义指夜晚住下、过夜，一般表示短住，如：住宿、露宿、宿营。后由临时性住宿推及到长期居住，从而引申表示长久的、多年的，如：宿怨、宿疾、宿敌。因为人长期从事某项工作，积累的经验就多、名声就大，故又引申指有经验、有名望的，如：宿将、宿儒、名宿。以上意义的“宿”读作“sù”。

另外，宿还用为量词，如：住了一宿、谈了半宿，这种用法的“宿”读作“xiǔ”。我国古代把天上某些星的集合体也称为“宿”，如：星宿、二十八宿，这种用法的宿读作“xiù”。

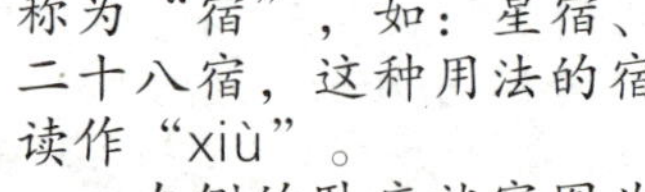

左侧的卧床就寝图为清人所绘。这位躺在席子上的人住的是自己家，而不是“宿”于旅舍。

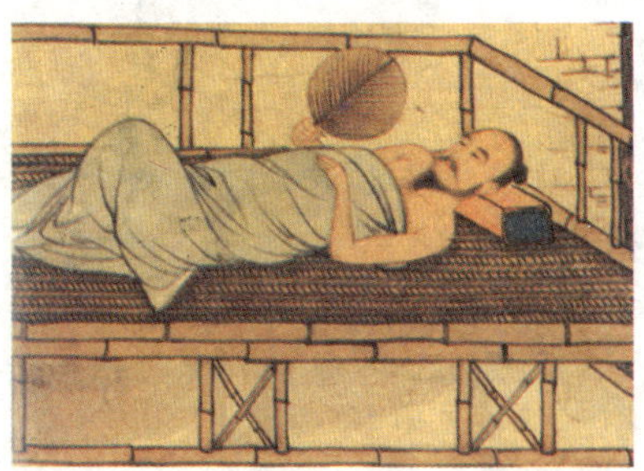

〔清〕卧床就寝图

帅

商甲　周金　秦篆　汉隶　帥　今楷

孔子在谈到人的志向时说：“三军可夺帅也，匹夫不可夺志也。”意思是：军队的统帅可能被敌人强行夺走，人的志向却不能被强迫改变。这里的“帅”是指军队的主将、统帅。

同样是“帅”字，有人问孔子治国之事，孔子回答说：“子帅以正，孰敢不正？”意思是：当国君的带头端正自己的行为，谁还敢不端正？这里的“帅”指率先、带头。

甲骨文的“帅”有两款，前一款由两只“手”和一张供人坐卧的“席”组成，意思是指负责管理君王饮食起居的官员。后一款把“席”换成了表示权杖的“丨”，“帅”成了执掌权力的官员。金文的“帅”在甲骨文后一款的基础上，格外加了个表示纺织物的“巾”，借以强调帅的服饰或使用的旗帜类标识与其他官员不同。

“帅”的本义原来仅指普通的官员。据《礼记·王制》载：“五国以为属，属有长；十国以为连，连有帅；三十国以为卒，卒有正。”看来，“帅”是管理十个诸侯国的首长，在周代共有“百六十八帅”。后来，“帅”成了军队的最高将领，如：将帅、统帅、元帅。可能因为将帅的盔甲使人显得格外有精神，“帅”便引申指漂亮、潇洒，如：这个小伙真“帅”；他的字写得好帅。

宋代杨家将的故事在我国流传很广。作为杨家媳妇的穆桂英更是一位巾帼女杰，为抗击外侮，她曾经挂帅出征。右图是清人绘于颐和园长廊的装饰画，画的就是她执掌帅印后发布命令的场景。

〔清〕穆桂英挂帅图

源于床铺（爿）

商甲　周金　秦篆　汉隶　牀　床　今楷

床是供人坐卧的家具，一般人晚上睡觉总离不开它。

甲骨文的“床”是象形字，就像一张床竖立起来时的侧视图形，床面与床腿俱全。金文和秦篆的“床”在字中加了个“木”，表示床的属性，说明它一般由木材制作。“床”由此而变成了会意字。简化后的“床”由“广、木”组合，“广”在甲骨文中写为“广”，像前脸敞开的房屋之形，在字中表示房子，“木”表示木制家具，这“床”指的是有屏蔽的像房子似的床了。

“床”的本义是指床这种家具，如：木床、铁床、双人床、折叠床。“床前明月光，疑是地上霜。”这是唐代李白《静夜思》里的诗句，床在句中用的就是它的本义。

由于床的功能是托载人的，让人在上面休息、睡眠，所以人们还把一些具有承托功能的东西也以“床”相称，如动物口腔里的“牙床”、加工用的“车床”、培育苗木的“苗床”以及江河流淌的“河床”。

另外，“床”还用为量词，是被褥等物的计量单位，如：一床被、两床铺盖。唐代卢照邻在《长安古意》中写有这样的诗句：“寂寂寥寥扬子居，年年岁岁一床书。”抒发了作者淡薄官场喧嚣、潜心研读诗书的心境。其中的“床”就用为量词。

左图是一件明代的黄花梨木六柱架子床，现陈列于北京故宫博物院。由“广、木”组成的“床”字，大概指的就是这种床。

〔明〕六柱架子床

病

商甲 周古 秦篆 汉隶 今楷

人们把生物体出现的不健康、不正常现象称为“病”。

甲骨文的“病”是会意字，它由“床”“人”和表示汗水的点组成，意思是人病得很重，以至于疼得大汗淋漓，必须卧床休息、治疗。周代古文以后的“病”，表示床的字符逐渐演化成了病字旁的“疒”，并且用炉灶之形的“丙”来表示患病发热之义并兼而表声，由此变成了会意兼形声字。

“病”的本义是指需要卧床休息的重病。在古代，小病为“疾”（甲骨文为[甲骨文]），指的是由箭矢造成的外伤；大病为“病”，应该是指与脏器有关的内科疾病。汉代《说文解字》就解释说：“病，疾加也。”也就是比外伤加重、厉害的病。

现在，“病”与“疾”已经没有这种用法上的区别了，凡是身体出现的不健康情况都通称“疾病”，如：皮肤病、心脏病、病从口入、治病救人。宋代李纲在《病牛》一诗写道：“但求众生皆得饱，不辞羸病卧残阳。”其中的“羸病”是指瘦弱、患病。

由于人的缺点同疾病一样，能给自身带来伤害，“病”还用来表示缺点、错误，如：弊病、通病、病句。“惟歌生民病，愿得天子知。”在唐代白居易的这句诗中，“病”表示百姓的疾苦。

右侧为清人绘制的《二十四孝图》局部。那位端茶送水的人是历史上著名的汉文帝刘恒，而他侍奉的卧床老者则是他生病的母亲。

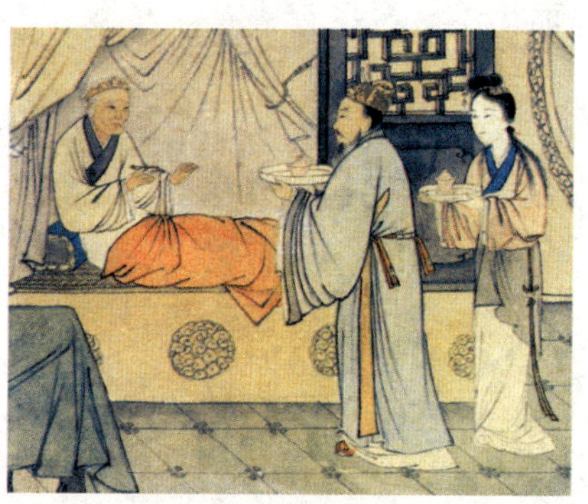

〔清〕汉文帝侍奉病母图

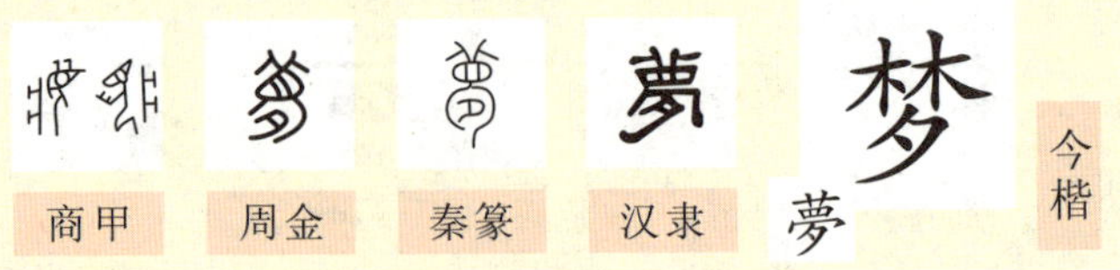

人都有梦。“梦为远别啼难唤，书被催成墨未浓。”唐代李商隐的梦饱含了对远方亲人的思念。“夜阑卧听风吹雨，铁马冰河入梦来。”宋代陆游的梦寄托了对宋朝军队收复失地的期盼。

“梦”是“夢”的简化字。甲骨文的“梦”很有意思。它是由“床”与“人”组成的会意字，只不过这个人或者瞪着大眼睛，或者手舞足蹈。意思是躺在床上的人正在做梦，瞪着的大眼睛好像在观看梦中的情景。金文、秦篆和汉隶的“梦”，在写法上发生了变化，成为以“眉”为声符、“夕”为意符的形声字。简化后的“梦”写为上“林”下“夕”，很有点艺术气息，好像夕阳映照下的山林，充满了梦幻般的色彩和意境。

“梦”的本义指人睡眠时大脑产生的影像活动，如：梦乡、梦境、夜长梦多。引申指做梦，如：梦想、梦见、梦寐以求。常用来比喻不切实际的虚幻和妄想，如：梦幻、梦呓、白日做梦。

“黄粱一梦”是唐代《枕中记》里的一个故事。卢生是位穷书生，有一次住店遇见了个道士，他自叹自己一无所有，道士就借给他个枕头，让他枕着睡觉。当时店家正在煮小米饭，卢生枕着枕头就进入了梦乡。在梦中他享尽了荣华富贵，醒来时那锅小米饭还未煮熟。后来，人们就用这则成语来比喻虚幻不实的事情和根本不能实现的愿望。

左图是造型新颖的宋代瓷枕。瓷枕中的儿童酣然而睡，此刻他也许正做着甜美的梦。

〔宋〕睡童造型瓷枕

将

商甲　周金　秦篆　汉隶 將　今楷

为了避免汉字数量过于庞杂，造成识读困难，我们的先人采用一字多音、多义之法来解决这个问题。“将”就是其中之一。

“将”可以读作“jiàng”，表示军队的将领，如唐代王昌龄《出塞》诗：“但使龙城飞将在，不教胡马度阴山。”其中“飞将”是指汉代名将李广，被匈奴人称为“飞将军”。

“将”还可以读作“jiāng”，表示多种意义。如北朝民歌《木兰辞》中“爷娘闻女来，出郭相扶将”里的“将”与“扶”意义相同，表示搀扶。唐代李白《将进酒》中“五花马，千金裘，呼儿将出换美酒，与尔同销万古愁”里的“将”表示取、拿之义。宋代欧阳修《丰乐亭游春》里“游人不管春将老，来往亭前踏落花”，其中的“将”可以用快要、即将来解释……“将”的意义这样多，它的本义是什么呢?

甲骨文和金文的“将”，字中的“爿”既表音，也表示祭祀用的床形供桌；字中“肉、酉”表示祭品；有的还加上“手”或“刀”，意思是向神祖敬奉食品并在祭祀完后把酒肉分给祭拜者的人。

“将（jiàng）”的本义原指祭祀活动的主持人，引申指主掌军队的高官，如：将领、将帅、帝王将相、损兵折将。“将”的其他意义都是由此引申或被借用的。

右图是唐代的彩绘将军俑。我们用这位将军的形象来说明“将”的意义。

〔唐〕彩绘将军俑

商甲	周金	秦篆	汉隶	今楷
[古文字]	[古文字]	[古文字]	用	用

"用"是一个使用频度很高的字。

甲骨文、金文和秦篆的"用"，就像一个支架形的装置，上面插着棍、干之类的武器。汉隶以后的"用"，字形虽说有些变化，仍然还像搁置东西的架子。

"用"是象形字，本义指人们日常生活中最为普通而又实用的器具——存放物品的架子。许多字的来源都与它有联系，例如，"备"（甲骨文为[古文字]）像架子上放置着箭矢之形，用来表示军备；"庸"（甲骨文为[古文字]）像架子上放置着铜钟之形，因为钟架与铜钟相比档次太低，便用来表示平庸之义；"勇"（金文为[古文字]）像架子上放置着斧钺之形，因为它能给人壮胆，而用来表示勇敢精神。

由于支架是供人们使用的器物，"用"便泛指物品或钱财，如：用品、用具、军用、家用。"欲饮井泉竭，欲医囊用单。"这是唐代孟郊《路病》里的诗句，描写了他出门在外病困潦倒的窘境。句中的"囊用单"指的是包里的物品、钱财太少。

"用"由供人使用的支架转而表示使用，如：用水、用脑、古为今用。进而还表示功效、用途，如：功用、效用、物尽其用。"天生我材必有用。"唐代诗人李白这句诗中的"用"就表示用途。

左图是汉代的武器库画像石拓片，上面雕刻着武器摆放在架子上的情景。那些放置武器的支架就是"用"的所指之物。

〔汉〕武器库画像石拓片

备

商甲　周金　秦篆　汉隶　今楷

備

有备无患是人们都熟知的道理，为此人们都根据自己的需要做些物质上的准备。三千多年前，我们的祖先把什么当作最主要的储备之物呢？“备”字的来历就回答了这个问题。

“备”是“備”的简化字。

甲骨文和金文前一款的“备”，就像一支“矢”插在架子“用”上的样子，表示做好了狩猎和战争准备。看来商周时期，武器是人们的必备之物。而后一款及简化前的“备”另外加上意符“人”，表示人配备了箭矢这种武器。简化后的“备”，上部“夂”表示行走，下部“田”表示土地，意思变成为耕种田地做准备了。

“备”是会意字，本义指军事用具，泛指器具、设施，如：军备、设备、武器装备。由于器具不论是军用还是民用，都要提前做好准备，“备”便引申指事先安排好，如：预备、防备、有备无患。

“备”还由准备的器物要充足而又引申出具有、齐全等义，如：具备、齐备、德才兼备。先贤荀子曾有过这样的教诲：“强本而节用，则天不能贫；养备而动时，则天不能病。”意思是说：强化根本、节制消费，上天就不会让他贫穷；给养充足、运动适时，上天就不会让他患病。句中的“备”表示齐全、完备。

右图是一件唐代的石雕武士俑。这个人手捧弓盒，身背箭函，其全副武装的架势正好说明了“备”的原本之义。

〔唐〕武士石俑

周金 秦篆 汉隶 勇 今楷

孔子提倡勇敢精神，《论语》记载了许多他关于“勇”的谈话。如：“仁者不忧，知者不惑，勇者不惧。”“仁者必有勇。”“见义不为，无勇也。”

金文前一款的“勇”写为“甬”，在表示支架的“用”上放置了一把斧钺形的武器，守着这样的武器，即使是胆小者也会增添几分勇气。金文后一款的“勇”，在“用”旁加上兵器“戈”，强调持戈上阵要有勇敢精神。秦篆后一款及以后的“勇”，变成了“力”和“甬”组合的会意兼形声字。

“勇”的本义指有胆量、不害怕，意义与“敢”相近，如：勇敢、勇猛、勇往直前、见义勇为。汉代《说文解字》指出：“勇，气也。”这个“气”指的是不怕苦、不怕死，有我无敌的气概。

由于军队招兵总想招到勇敢者，并且也希望士兵具有勇敢精神，“勇”有时也代指士兵，如：散兵游勇。唐代杨乘有诗写道：“犒功椎万牛，募勇悬千帛。”其中的“募勇”是指招募士兵。

“忠臣不畏死，故能立天下之大事；勇士不顾生，故能立天下之大名。”这是宋代苏轼之言。意思是说，不论是忠贞之臣还是勇武之士，只要不怕死，不恋生，就可能成就大业，青史留名。

三国时期的关羽在我国民间被誉为武圣人，他曾过五关斩六将，英勇无敌。左图是一幅清代画匠绘于颐和园长廊的装饰画，画的就是关羽勇斩敌将的雄姿。

〔清〕关羽勇斩敌将图

商甲	周金	秦篆	汉隶	今楷
				通

“通”字的用法非常灵活，意义也相当丰富。

在“四通八达、畅通无阻”里，表示道路没有阻碍，通向四方；在“文理不通、文通字顺”里，表示文章写得符合事理，读起来顺当。“通”可以表示双方的交往、联系，如：通信、通商、相互沟通；也可以表示普遍的、一般的，如：普通、通常、通俗易懂；还可以表示全部的、整个的，如：通盘、通力、通宵达旦。汉代司马迁有这样一句名言：“究天人之际，通古今之变，成一家之言。”意思是探讨自然现象和人类社会的关系，弄清古往今来的变化规律，建立自己的理论体系。其中的“通”表示懂得、明白之义。

甲骨文和金文的“通”，字中的“彳”或“止”表示迈步行走，“用”或“甬”原指放置着棍棒、斧钺的支架，在字中既表声，也表示手持武器的勇士。最早的“勇”字就写为“甬”。金文后一款的“通”，另外加了个“日”，强调了“通”含有大路通天之义。

通是会意兼形声字，本义指在勇敢者面前大路通天，可以到达任何地方，没有什么能够阻挡住他们前进的脚步。正如《说文解字》解释的那样：“通，达也。”这样看来，“通行、通畅、四通八达”里的“通”用的是它的本义。

古典小说《三国演义》中勇冠三军的蜀将赵云，曾单骑奋战长坂坡，万军之中畅通无阻。我们用清代画有赵云大战长坂坡的瓷质壁挂来表示“通”的意义。

〔清〕赵云大战长坂坡瓷质壁挂

源于供桌（示）

商甲	周金	秦篆	汉隶	今楷
				示

上“二”下“小”为“示”。

甲骨文和金文的“示”，就像安放在宗庙或灵堂里的桌子，用于人们祭祀时摆放供品。甲骨文的“示”还有一款写为“𡆧”，则像坟墓前用砖石砌筑的灵台。字中的几个小点，是表示祭祀时倒酒的酒浆或摆放在灵台周围的食品。秦篆以后，由于构字符号化的原因，将其写为上“二”下“小”了。

“示”是象形字，本义指祭奠神祖所用的供桌或灵台。由于人们祭祀时都要把供品摆放在上面，向神祖展示并供其享用，“示”便引申出把事物公开及表露之义，如：显示、展示、示意、示威。“国之利器不可以示人。”这是先贤老子之言。意思是说：国家的军队和武器不能轻易向他人展示。

儒家经典《礼记》载有这样一句话：“国奢则示之以俭，国俭则示之以礼。”意思是：国家的风气奢侈就要用节俭来引导，国家的风气节俭就要用礼义来引导。“示”在句中表示引导、教育之义，这是从“示”表示示范、示意所引申出来的意义。

另外，“示”在字典中是个部首，作左偏旁时写为“礻”。以示为意符的字，大都与祭祀、神祖和祸福有关，如：祭、宗、祝、神、福、祷。

右图是南北朝时期的一件瓷质供台，上部的圆筒形碗可以盛放祭祀用品。这种样式的供台就是一种“示”。

〔南朝〕青釉瓷质供台

宗

商甲 周金 秦篆 汉隶 今楷

从商代甲骨文到现代楷书，“宗”的构成要素没有任何变化，都为表示房屋的“宀”和表示祭祀所用的供桌“示”。只不过现在“宗”为上下结构，而早期则为半包围结构。

“宗”是会意字，本义指供奉着祖先牌位、以方便人们进行祭祀活动的祠堂、祖庙。商周时期，人们崇拜祖先之风非常盛行，建造房屋，首先要考虑的是宗庙。《礼记·曲礼下》就有这样的记载：“君子将营宫室，宗庙为先，厩库为次，居室为后。”

“宗”由人们祭奠祖先的场所转而指祭奠的对象，即祖先，如：光宗耀祖、认祖归宗。由此引申指同一个家族的，如：宗族、宗室、同宗兄弟。由于祖宗是一个家族的本源，“宗”还引申指根本，一般表示文章或者言行的主旨，如：宗旨、开宗明义、万变不离其宗。宋代黄庭坚就曾经说过：“凡作一文，皆须有宗有趣。”

在古代，人们祭奠的对象不仅有各自的祖先，也有他们信奉的神灵，有人还把自己视为某一神灵的子民。随着社会发展，出现了专门祭祀某一特定神灵的场所和主持，并由此衍生出了宗教。在同一个宗教中，又因为人们对教旨的理解不同而出现了派别，如：正宗、宗派。

左图为唐代的殿宇形金质佛塔，出土于陕西省扶风县法门寺地宫。这座小型佛塔里就珍藏着佛教之祖——释迦牟尼的指骨舍利。

〔唐〕金质佛塔

源于供桌（示）

祝

商甲 周金 秦篆 汉隶 今楷

现在的“祝”主要表示两个方面的意义：一个是对已经实现了的好事进行庆贺，如：祝寿、祝捷、庆祝国庆；另一个是对希望发生的好事表示祈祷、企求，如：祝愿、祝福、预祝成功。无论哪一种用法，“祝”字都包含了人们的美好意愿。

甲骨文和金文的“祝”有两种写法：前一种就像个跪着的人，正伸手向祭祀用的木桌、石台摆放供品。后一种则像人跪在灵台前张口朝天，仿佛在向神祖祷告。秦篆以后的“祝”承继了后一种写法，并规范为左“礻”右“兄”了。

“祝”是会意字，本义指主持祭奠活动并念诵祭辞的人。汉代许慎的《说文解字》就解释说：“祝，祭主赞词者。”周代典籍《周礼·春官》也有这样的记载：“大祝掌六祝之辞，以事鬼神，祈福祥，求永贞。”其中的“大祝”就是指主掌重大祭祀活动以祈求幸福、平安的人。

由于人们向神祖敬献供品并祷告，目的是为了求得护佑和幸福，“祝”便引申指对人和事所表示的美好愿望。《庄子·天地》载有这样一句话：“请祝圣人，使圣人寿。”其中的“祝”就表示祝愿、祝福之义。

左图是甘肃敦煌的一尊唐代菩萨塑像。他单腿跪拜于地，双掌合于胸前，仿佛正向佛祖祷告，并向天下人表示祝福。

〔唐〕敦煌菩萨塑像

福

商甲	周金	秦篆	汉隶	今楷
			福	福

福是人们都在追求的东西，不同的人也有不同的幸福观。我们的先人是怎样理解“福”的意义呢？

甲骨文前一款的“福”，就像两只“手”，捧着酒坛子“酉”，正向表示祭祀神祖的供桌“示”敬献酒，供桌周围的小点表示倒酒的酒浆。意思是向神祖敬酒，祈求他们赐福于人。这样看来，我们的先人把获得幸福的希望寄托在了神祖的护佑上。

甲骨文后一款及金文的“福”，把表示两手的字符给省掉了。秦篆及其以后的“福”，又把酒坛子割裂为三部分，由此变成了以“礻”和“畐”表意，“畐”兼而表声的会意兼形声字。

“福”的本义指向神祖祈福求祥，也指福气、幸福，意义与“祸”相反，如：祝福、福分、福星高照。先贤老子在谈到福与祸时曾经指出：“祸兮福之所倚，福兮祸之所伏。”此言告诫人们，福与祸相互依存，相互转化，必须引起注意，以便避祸迎福。

在古人看来，福是具体的、实在的事情，与人的生活、修养密切相关。古老的《尚书》有“五福”之说，分别是：寿、富、健康、修德、安度晚年。即使在今天，“福”仍然是我国民俗文化的核心，新春佳节那贴在千家万户门上的“福”字和蕴涵福味的对联就是明证。

右侧是清代画家焦秉贞所绘的《百子团圆图》局部。图中的童子扮作鬼神挨家送“福”，反映了人们祈求幸福的美好愿望。

〔清〕童子送福图

源于笔（笔）

商甲	周金	秦篆	汉隶	今楷
			筆	笔（筆）

言吐心声，笔抒胸臆。正因为笔的这种功能，而使它经常出现在古代诗词中。如唐代杜甫的“笔落惊风雨，诗成泣鬼神”，又如清代袁枚的“爱好由来落笔难，一诗千改始心安”。

“笔”是“筆”的简化字，它是从“聿”演化而来的。

甲骨文和金文的“笔”写为“聿”，就像一只手正握笔写字或绘画的样子。只不过有的是手、笔分离，有的却是手、笔交错。秦篆以后的“笔”，因为“聿”被借用为助词并作了组字构件，人们便给它加上竹字头用以表示笔杆的材料属性，另造“筆”（后简化为“笔”）替代了“聿”的本义。

“笔”是会意字，本义指毛笔，现在泛指各种笔，如：铅笔、钢笔、圆珠笔。“童心便有爱书癖，手指今余把笔痕。”唐代刘禹锡这句诗里的“笔”用的就是其本义。

“笔”由其所具有的功能而引申指书写，如：亲笔、代笔、下笔。我们还把组成汉字的横、竖、撇、点、折这些笔画简称为“笔”，如：“正”字有五笔，第二笔是竖。

考古资料显示，我国最早的文字是刻在龟甲和兽骨上的甲骨文，有人据此说最早的笔应该是石或金属等材料制作的硬笔。不过在有的甲骨上却留有色笔书写的印迹，这大概是因为先用软笔写，再用硬笔刻的缘故吧。

左图是一支清代的珐琅管羊毫毛笔。这种用兽毛制作的软笔是我们的先人所造“笔”字的依据。

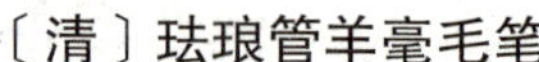

〔清〕珐琅管羊毫毛笔

日出月落，昼来夜去。站在大河之畔，望着流水东去，连我们的先哲孔子，也只能发出无可奈何的感叹：“逝者如斯夫！不舍昼夜。”说的是，时光如同流水飞逝，日夜不停离你而去。

“昼”是“晝”的简化字。《说文解字》的解释是：“昼，日之出入，与夜为界。”意思是说：昼是指从日出到日落这一段时间，与夜晚互为分界。

甲骨文和金文的“昼”，上部为“笔”，下部为“日”。我们的先人之所以用这两个字符来表意，道理很简单。夏商时期，人们大都日出而作，日落而息，即使是商王也不例外。对他而言，每天第一件事就是在日出之时让卜官为他预测当日的凶吉。作为文字的使用者和创造者的卜官来说，他们对“昼”当然有着很深的感受，因此用“笔、日”组合表示白天就是很自然的事了。

“昼”是会意字，本义是指太阳初生之时，泛指白天，意义与表示晚间的“夜”相对，如：白昼、昼夜、昼伏夜出。宋代林逋在《省心录》写道：“昼之所为，夜必思之。”意思是说白天做的事情，晚上要进行反思。这句话在某种意义上反映了为官从政者的心态。然而对于广大的普通农民而言，他们考虑的是如何种好地，当好家，正如宋代范成大在《四时田园杂兴》诗写的那样：“昼出耘田夜绩麻，村庄儿女各当家。”

右图是一件清代瓷碗，装饰图案为日出东海。当太阳从海面升起时，则意味着“夜”的逝去，“昼”的开始。

〔清〕日出图案瓷碗

商甲	周金	秦篆	汉隶	書	今楷
[illegible]	[illegible]	[illegible]	書	书	

为了鼓励孩子们刻苦学习，许多学校都有这样的对联：“书山有路勤为径，学海无涯苦作舟。”其中，“书”表示书籍。

“书”是“書”的简化字。

甲骨文的“书”，上部为手握毛笔之形的“笔”，下部为表示人嘴巴的“口”，意思是用笔来记录人说话。金文以后的“书”，把手和笔穿插到一起，并在笔下加了许多点画，用以表示所写的东西。简化后的“书”，写法简单，让人看不出提笔写字的意思了。

“书”是会意字，本义指用笔写字、作记录，如：书写、书法、大书特书。因为人写的东西常被装订成册，便引申指成册的著作，如：书籍、图书、教科书。又因为人写的东西有很多是信函和证明，还引申指信件或文件，如：书信、家书、证书、聘书。人们还把汉字的字体称为“书”，如：楷书、行书、鸟虫书。

书籍是人类智慧的结晶，读一本好书就像与知心朋友倾谈，使人开眼界，长见识。正如明代于谦《观书》诗写的那样：“书卷多情似故人，晨昏忧乐每相亲。”而唐代王贞白的诗句：“读书不觉春已深，一寸光阴一寸金”，更让我们领略了古代学子们孜孜不倦、惜时如金的治学精神。

右图是一尊明代的罗汉瓷像，他的肩上背着很多的书。看来，这位肥胖的罗汉酷爱读书。

〔明〕负书罗汉瓷像

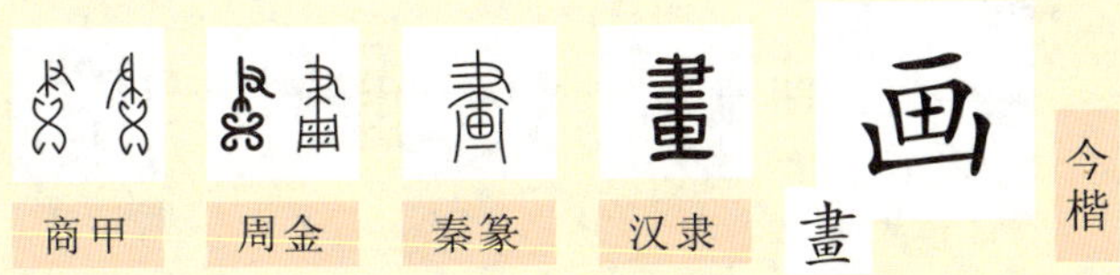

清代高鼎写有一首题目为《画》的诗：“远看山有色，近听水无声。春去花还在，人来鸟不惊。”这首看起来写山写水写花写鸟的诗，其实是首谜语诗，谜底就是诗的题目——画。

“画”是“畫”的简化字。

甲骨文和金文前一款的“画”，上部是个手持笔形的“聿”，下部是些弯转的曲线，意思是用笔作图、绘画。金文后一款及其以后的“画”，把下部的曲线图形换成表示土地、田园的“田”，画的意义变为对土地划定界线，重新规划了。

“画”是会意字，本义指用笔作图，如：画图、刻画、描画。我们所熟知的成语“画蛇添足、画龙点睛、画饼充饥”中的“画”都表示绘画的动作。

“画”引申指已经画好了的图画和画的种类，如：画像、画报、漫画、国画。“村村皆画本，处处有诗材。”在宋代陆游《舟中作》的这句诗里，“画”就表示图画之义。人们还把汉字的一笔称为“一画”，如“正”有五画。

另外，画还表示划分界限，如《左传·襄公四年》载：“芒芒禹迹，画为九州。”说的是，夏代大禹曾走遍辽阔大地，把中国分为九个州。不过“画”的这个意义由后造的“劃”（简化为“划”）取代了。

左图是清代的象牙雕件。这位女画师正在扇子上精心作画。她的动作就是对“画”字本义的最好注释。

〔清〕女画师牙雕

商甲	周金	秦篆	汉隶	今楷
[illegible]	[illegible]	[illegible]	[illegible]	册

现在我们在纸上写字，又方便又轻快。然而两千多年前，纸还没有出现时，我们的祖先是在用竹子、木片制作的一根根"简"上写字的。"册"的来源就说明了这个问题。

甲骨文和金文的"册"，字中的竖线表示竹简、木牍，把它们穿在一起的是皮绳、丝线，意思是用简连缀成的书籍。从现有的考古资料看，汉代官方用来书写文书的简长度为67.5厘米，民间用的简长度为23厘米，宽度约1厘米，每条写一行字。

"册"是象形字，本义指由写了字的竹简、木牍连缀起来而编成的书籍，泛指装订好的书本，如：手册、画册、纪念册。宋代朱熹曾有诗写道："书册埋头无了日，不如抛却去寻春。"在这句充满自嘲意味的诗中，"书册"就是指书籍。

因为古代帝王在确立皇后、太子或封赐属臣爵位时都要下诏书，而诏书又大都写在简册上，"册"又特指封爵的命令，如：册立、册封、册书。"册"还用为量词，如：人手一册、两册书。

我国最古老的典籍《尚书》载有这样一句话："惟殷先人，有册有典。"看来殷商时期的文字不仅铭刻在龟甲、兽骨上，有的也写在竹简上。否则甲骨文是不会有"册"这个字的，只是现在还没有发现商代的简册而已。

下图是清代嘉庆皇帝封赏一位王妃的金册，形制与甲骨文的"册"相同。只不过大多数的册用的材料是竹或者木，而这件册的材料却是黄金。

〔清〕御赐金册

商甲	周金	秦篆	汉隶	今楷
[illegible]	[illegible]	[illegible]	典	典

在纸发明以前，我们先人的哲学思想、治国理念以及历史事件等大都记录在由竹、木制成的长条形“简”上。把写有文字的简用皮绳穿连起来就成了表示书籍的“册”。典字的来源就与“册”有关。

甲骨文的“典”，上部是由竹简编成的“册”，下部是两手之形的“廾”，意思是由双手捧着的珍贵书籍。金文以后的“典”，表示双手的字符发生了变异，最后演化成了书案之形“六”。“典”的意思变为放在书案之上，需要经常翻阅的重要书籍了。

“典”是会意字，本义指能够作为标准、规范的重要书籍，如：字典、辞典、文献典籍。南北朝的辞书《玉篇》指出：“典，经籍也。”意思是“典”为经世济民、治国安邦的书籍，即经典。

因为典籍中载有很多与国法有关的事宜，“典”便引申指法令、制度，如：典章、法典、治乱世用重典。还引申指典籍中出现的词语或故事，如：典故、用典、引经据典。

又因为古代写于简册上的皇帝诏书和国家文告，对外发布时常常要举行一些宣传或庆祝活动，“典”又引申指隆重的仪式，如：典礼、庆典、开国大典。

孙膑是战国时期的著名军事家，他的用兵策略曾使他率领的军队所向无敌。右图是在山东省临沂县银雀山汉墓出土的竹简，上面抄录着孙膑兵法。这可是兵书中的经典！

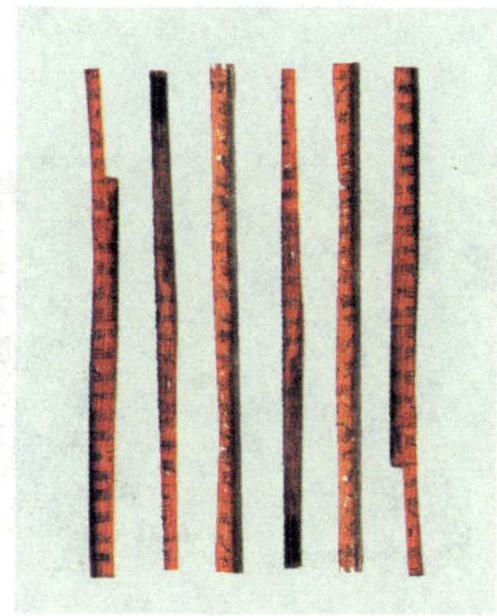

〔汉〕孙膑兵法竹简

商甲 秦篆 汉隶 編 今楷

编

大思想家孔子平生学而不厌，即使到了晚年，读起书来也是孜孜不倦。汉代司马迁的《史记·孔子世家》就载：“孔子晚而喜《易》……读《易》，韦编三绝。”说的是孔子晚年喜好《易经》这部著作，因为反复阅读，以至于编联书简所用的熟牛皮条多次断裂。后人便用“韦编三绝”来形容读书刻苦勤奋。

甲骨文的“编”是会意字，由表示线绳的“糸”和表示书籍的“册”组成，意思是把写有文字的竹简用线绳或皮条按顺序穿联起来，使之成为书籍。秦篆及其以后的“编”，在字中加了个表示门窗的“户”，意思含有编织篱笆、栅栏了；“编”也由此变成了以“糸”表意，以“扁”表意兼而表声的会意兼形声字。

“编”的本义指把竹简编成书籍，也就是编书，如：编辑、编著、改编。三国曹植有诗写道：“名编壮士籍，不得中顾私。捐躯赴国难，视死忽如归。”其中的“编”用的就是其本义。

由于编书是把所用的材料按顺序组织在一起，“编”便引申指按一定的条理或顺序排列，如：编号、编程、编组。编还引申指书或书的一部分，如：汇编、正编、上编。人们还把用丝线、树枝等条形物组织成东西也称为“编”，如：编织、编筐、编花篮。

孔子晚年致力于编修诗书、整理古籍。左图是《孔子圣迹图》的组成部分，为明清人士所绘。图中描绘的就是他与弟子们研讨并编撰典籍的情景。

孔子编修典籍图

“仑”是“侖”的简化字。

甲骨文的“仑”有两种写法，它们的共同之处是上部都有个嘴巴朝下的“口”（亼）。而不同之处则在于，前者的下部是个由带字竹简连缀而成的“册”，意思是按照简册的编排顺序诵读上面的文字；后者的下部是个由多个竹管制成的排箫、笙竽之类的乐器“龠”，意思是按照音律的节奏顺序吹响乐管。

金文的“仑”，上部的字符未变，下部的字符融合了甲骨文的两种写法，既像“册”也像“龠”。秦篆和简化前的“仑”，下部定型为“册”。汉字简化时，“仑”被写为上“人”下“匕”了。

“仑”是会意字，本义指按照一定的顺序来诵读文书或者吹奏乐器，泛指次序、条理，以“仑”为意符的字大都与这一意义有关。例如，“伦”指人与人之间的长幼尊卑顺序，“纶”指按顺序整理好的丝线，“抡”原指按照一定的顺序选拔人才，“沦”原指水面上有序排列的波纹，“论”含有条理清晰地发表意见之义，“轮”含有依次装配车轮上的辐条之义……

如果追根溯源，这些由“仑”组成的字都是它自身繁衍的结果，从某种意义上说，“仑”是这些字的字母。另外，“仑”还是“崙”的简化字，如“昆仑山”原写为“崑崙山”，这只不过是“仑”的简化回归而已。

右侧的《牧童短笛图》为明代画家所绘。这位放牛娃按照当地流传的民调古律，吹奏着悠扬的牧曲。这种按顺序吹奏乐曲，其实就是甲骨文后一款“仑”表示的意义。

〔明〕牧童短笛图

源于乐鼓（壴）

商甲 周金 秦篆 汉隶 今楷

鼓

人们对鼓并不陌生。它的外形大都为圆桶状，一般由木材制成，中间是空的，在两侧或一侧蒙上兽皮，用槌敲击时会发出咚咚的响声。鼓字左侧的字符“壴”，本来就表示鼓，许多字中都含有它。例如：“彭”表示鼓的响声，“喜”表示听到鼓声张口乐，“嘉”表示敲锣打鼓来表彰，“树”是“樹”的简化字，原本表示把鼓给竖立起来。

甲骨文和金文的“鼓”各有两种写法。前一种是象形字，就像一面独自竖立在地上的乐鼓，下部是支架，中部是鼓面，上部是装饰物；后一种是会意字，格外加上了手持鼓槌之形的“攴”。秦篆以后的鼓，把右侧的字符写为“支”了。

“鼓”的本义指蒙着皮的打击乐器，如：手鼓、腰鼓、敲锣打鼓。“箫鼓追随春社近，衣冠简朴古风存。”宋代陆游这句诗的意思是：伴随着箫与鼓的响声，春祭的日子越来越近，乡民简朴的衣帽仍然保留着古时的风韵。句中的“鼓”用的就是其本义。

由于鼓声有振奋人精神的作用，因此古代两军交战时，常以击鼓的方式激励士兵去冲杀，“鼓”也就引申出发动、振奋的意义，如：鼓动、鼓励、鼓起勇气。“鼓”还表示拍、打，如：鼓掌。

鼓的形制多种多样，不仅有木制的，也有陶制的、铜制的。左图是商代的青铜乐鼓，甲骨文和金文前一款“鼓”就是这种鼓的形象描绘。

〔商〕青铜乐鼓

商甲	周金	秦篆	汉隶	今楷
				彭

汉字中，用来表示声音的字很多，如“咚、咣、砰、锵”，但它们都是形声字，字中既有表形的字符，也有表声的字符。然而，有的字虽说也用来表声，字中却没有声符，例如“彭”。

甲骨文和金文的“彭”，是由表示鼓的“壴”和表示鼓声的斜线或小点组成的。只不过由于汉字初创时具有不确定性的特点，这些点或线的位置有的在字的左侧，有的在字的右侧。秦篆以后的“彭”，用表示纹饰、光影和色彩的字符“彡”来表示鼓声了。

“彭”是状声字，本义指鼓的响声，就连字的发音都模拟了鼓被敲击后发出的声音。汉代《说文解字》也明确指出：“彭，鼓声也。”宋代张舜民有首《打麦诗》，诗里写道：“打麦打麦，彭彭魄魄。”其中的“彭彭魄魄”就表示用连枷打麦时的声音。

“彭”在甲骨卜辞中用为国名和地名，大概与这个国家或地区对鼓的使用比较早或者常常能听到欢乐的鼓声有关。唐代诗人储光羲在《登戏马台作》一诗里写有这样的句子：“沧海沉沉晨雾开，彭城烈烈秋风来。”据考证，唐代的彭城为现今的江苏省徐州市。现在，“彭”主要用于姓氏，为此人们就另造形声字“嘭”来表示鼓声或类似于鼓的响声了。

右侧是清代《百子团圆图》的组成部分，为宫廷画师焦秉贞所绘。这个童子手里的鼓虽说不大，敲起来也会发出“彭彭”的响声。

〔清〕敲鼓童子图

源于乐鼓（壴）

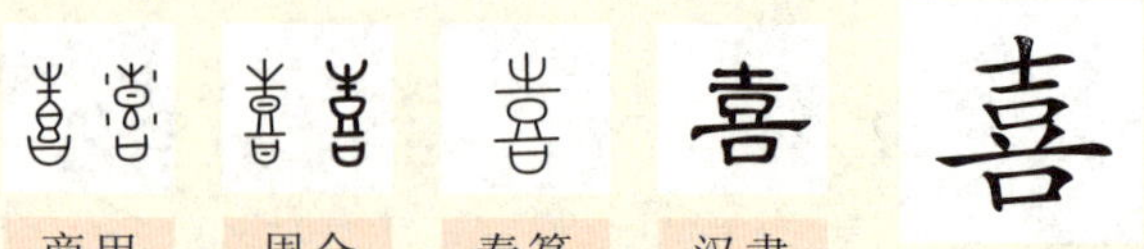

商甲　周金　秦篆　汉隶　今楷

喜出望外、喜笑颜开、欢天喜地、皆大欢喜、好大喜功、沾沾自喜……这些都是与喜相关的成语。然而，一个“喜”字中却有两个“口”，这是怎么回事呢？

甲骨文和金文的“喜”，上部是个表示鼓的“壴”，下部是个表示人嘴巴的“口”，有的字中还加了几个小点，那是表示鼓的响声。意思是听到鼓的响声，人们乐得合不拢嘴，也可以理解为敲鼓者的欢乐。这样看来，“喜”字下部的“口”原来与人张开笑口有关，而上部的“口”仅是鼓的一个组成部分——鼓面。

“喜”是会意字，本义指敲锣打鼓欢庆喜事，也就是高兴、快乐，如：喜悦、欣喜、喜气洋洋、悲喜交集。引申指值得高兴和庆贺的，如：喜报、喜事、喜讯频传、双喜临门。另外，“喜”还有爱好之义，如：喜好、喜爱、喜闻乐见、喜新厌旧。

喜怒哀乐是人之常情，但是不同的人却有着不同的喜乐观。就拿对待批评来说吧，有的人如宋代陆九渊所言：“闻过则喜，知过不讳，改过不惮。”而有的人则态度相反，隋代王通曾经指出：“闻谤而怒者，谗之由也；见誉而喜者，佞之媒也。”意思是说：听到批评就发怒者，给进谗言的人提供了机会；遇到赞扬就高兴者，给献媚的人创造了条件。

左图是汉代的画像砖拓片。那两个边击鼓边跳舞的表演者，让人感受到强烈的喜气洋洋的气氛。

〔汉〕建鼓舞画像砖拓片

商甲	周金	秦篆	汉隶	今楷
尌 尌	尌	尌 樹	樹	树 樹

在我国古代诗歌中，有许多描写树的优美诗句。如唐代岑参的“忽如一夜春风来，千树万树梨花开”，又如宋代欧阳修的“红树青山日欲斜，长郊草色绿无涯”，还有明末清初顾炎武的“苍龙日暮还行雨，老树春深更着花”……

“树”是“樹”的简化字，最早写为“尌”，来源与鼓有关。

鼓有大小，小的不需要支架，如手鼓、腰鼓；而大的则要装在支架上，像古代官府门前的堂鼓，战场上的令鼓等。甲骨文和金文的“树”（即“尌”），左部是带有支架的“鼓”，右部是表示手的“又”或“爪”，意思是把鼓安装到架子上，竖起来。

“树”是会意字，本义指把鼓立起来，泛指竖起、建立，意义与“竖”相同，如：树立、建树、独树一帜。宋代辞书《广韵》对它的解释就是：“树，立也。”

因为人们栽种树木时，需要把树苗竖直立起来，“尌”还用来表示树木，由此，人们便在字中另加上“木”而造出了“树”，如：松树、树丛、植树造林。又因为果树等优良树种大都经人工培育，进而树还表示栽培。战国典籍《管子》载：“十年之计，莫若树木；终身之计，莫若树人。”所谓“树人”就是培养人才。

右图是一件战国时期青铜器上的装饰图案局部拓片。这位鼓手使用的鼓可以拆卸，需要时只要把鼓架插入到基座上，鼓就被“树”起来了。

〔战国〕鼓手图案拓片

源于乐钟（庚）

商甲	周金	秦篆	汉隶	今楷
				庚

我国有一套独特的排序和纪时之法，即“天干地支”法。天干又称“十干”，依次为“甲、乙、丙、丁、戊、己、庚、辛、壬、癸”，“庚”排在第七位。而表示十干的这些字，其来源都与夏商时期人们使用的物品和生活环境有关。例如：“甲”原指士兵防护服上缀的金属片，“乙”原指平静的河水流淌移动，“丙”原指烧饭的炉台，“丁”原指铸造的铜锭……那么，“庚”又是根据什么造出来的呢？

甲骨文和金文的“庚”是象形字，就像能吊挂起来的乐器——铜钟，上部是可以绑缚的钟钮，下部是钟的本体，经敲击后可以发出声响。秦篆及以后的“庚”，钟体被割裂，从而看不出钟的样子了。据推测，钟源于古代氏族部落在树上吊挂的木梆、石磬，通过敲击来聚众、报时或告警，后来逐渐演化成了乐器。

“庚”的本义原指古代的打击乐器——铜钟。在甲骨文里，由庚组成的字意义大都与钟有关。例如：“唐（）”表示铜钟敲击后的声响，“康（）”表示乐钟之声给人的身心带来的愉悦，“庸（）”表示吊挂铜钟所用的架子。

由于古人常用敲钟来报时，“庚”便被借用为干支名，用于排序或纪时，并由此引申出年龄之义，如“同庚”表示年岁相同，“贵庚”表示询问对方年龄。

左图为春秋时期的瓷质乐钟。它造型古朴，制作规整，上有曾被敲击的痕迹。甲骨文和金文的“庚”，指的就是这种形状的器物。

〔春秋〕瓷质乐钟

南

商甲 周金 秦篆 汉隶 今楷

东西南北，“南”的意义与“北”相对，二者常搭配在一起组合为成语，如“南来北往、南征北战、走南闯北、天南地北”。“南”的意义比较抽象，我们的先人为何用它表示这一意义呢？

甲骨文和金文的“南”，字形就像可以吊挂起来的古代打击乐器——铜钟，上部是用来挂钟的绳索或钩环，下部是钟的本体。秦篆以后的“南”，构字向符号化演变，有点不那么像钟了。

“南”是象形字，本义指铜钟之类的乐器。商周时期，这种乐器是从南部的长江流域产铜地带传入到当时的政治、经济、文化中心——北部的黄河流域中原地区的。由此，“南”便被用来表示与“北”相对的意义了。考古资料显示，湖北省大冶市铜绿山古铜矿遗址，就是那时最重要的铜器冶炼地之一。

“南”和“庚”，字形都取象于古代的铜钟。只不过我们的先人是以铜钟的产地取义，用“南”来表示方向、方位。而以铜钟的作用、声响取义、取音，用“庚”表示铜钟，只是“庚”后来被借用为干支名了。

《战国策》里有个“南辕北辙”的故事，说的是：有个人要到南方的楚国，却让车夫赶车往北走。有人告诉他方向错了，他却以有好马、好车夫为由，继续沿着错误的方向走下去。现比喻行动与愿望相反，会与目标越来越远。

右图是在陕西省秦始皇陵出土的乐府铜钟，距今已有两千多年了。这种钟就是古人造“南”字的依据。

〔秦〕乐府铜钟

源于乐钟（庚）

商甲	周金	秦篆	汉隶	今楷
				唐

在字典中查阅“唐”字时你可能会产生疑问：一方面，它是中国历史上的朝代名称，许多国家称中国人为“唐人”；另一方面，由它组成的词又大都含有贬义，如“荒唐、唐突”。这是为什么呢？

甲骨文和金文的“唐”，上部为表示铜钟的“庚”，下部为表示嘴巴的“口”，意思是铜钟能像嘴巴一样发出声响。秦篆的“唐”由“手、干、口”组成，意思是人们手拿工具，喊着号子在劳动。汉隶以后的“唐”，仍为“庚、口”组合，只是变成半包围结构了。

“唐”是会意字，本义指乐钟的响声，连字的读音都模拟了钟的轰鸣。由于钟声洪亮，“唐”便引申出广大之义。例如唐代李咸用《春雨》里的诗句：“湿尘轻舞唐唐春，神娥无迹莓苔新。”大意是：湿润的烟尘在浩大的春天里舞动，司春女神在不知不觉中让草木焕然一新。“唐唐”就表示广大、浩大。

正因为如此，“唐”被古代帝王用为国名。例如新石器时代，尧把自己建立的政权称为“唐”；封建时代，李渊推翻隋朝后，国号也称“唐”。又因为钟声毕竟不是可见之物，具有“空”的特点，“唐”才引申出虚夸、不切实际之义，如：荒唐之言、唐大无验。

唐代太宗皇帝李世民是我国历史上的著名君王。在他的治理和影响下，我国封建社会逐渐发展到了顶峰。左图是唐太宗的画像，我们借用他的形象来说明“唐”的意义。

唐太宗李世民画像

商甲	周金	秦篆	汉隶	今楷
[古文字]	[古文字]	[古文字]	康	康

汉字有一种特殊的造字方法，那就是“状声造字”。它是在某一发声物的周围加上点或短画，来表示字音的一种造字方法。例如“彭”，甲骨文写为“[古文字]、[古文字]”，它是在鼓的旁边加上几根放射状的短画和小点来表示鼓声的。“康”也是个状声字。

甲骨文和金文的“康”，字的主体是表示古代铜钟的乐器“庚”，在其周围有几个小点，表示铜钟受到敲击后所发出的响声。秦篆的“康”，字形像“双手”举着“干”在舂米的样子，意思是指舂米时发出的响声，字中也含有谷糠之义，不过它的这一意义被后造的“糠”所取代。汉隶以后，“康”被写成外“广”内“隶”，其实是“庚”和小点的重新组合而已。

“康”的本义指乐钟的声响，字的读音就是这种声响的反映。因为乐钟之声能给人带来快乐，“康”便引申指安乐，如：安康、康乐。我国最早的辞书《尔雅》的解释就是：“康，乐也”。

“康”由表示安乐，进而引申指身体好，如：健康、康复。汉代乐府诗《孔雀东南飞》里有这样的句子：“命如南山石，四体康且直。”其中的“康”就是健康之义。因为人们的安乐与健康，不仅需要音乐方面的精神享受，更需要丰富的物资条件为基础，“康”又引申出富裕、丰盛之义，如：国富民康、小康生活。

下图是汉代的撞铜画像石拓片。这位乐师用他的演奏让人们欣赏到悠扬的钟声。而“康”就是依据这种乐器的声响造出来的字。

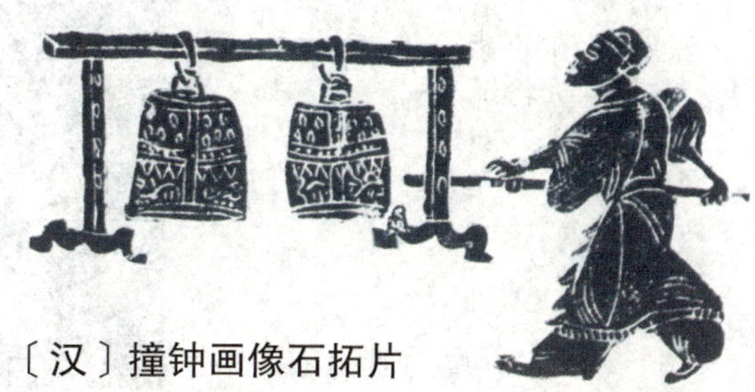

〔汉〕撞钟画像石拓片

源于贝壳（贝）

商甲 周金 秦篆 汉隶 今楷

贝

现在，贝是一种极为普通的东西，海岸湖畔常会见到它。然而人们仍然把自己最心爱、最珍贵的东西称为宝贝。这是为什么呢？原因就在于夏商时期，贝是一种被人们追求的宝物。

下图是战国时期的海贝，出土于云南省江川县的一个贵族墓葬。它的形状稍扁，贝口有齿状纹，颜色洁白，每只大小约二三厘米，今天有人称它为“玛瑙贝”。据考证，这种贝产自印度洋和太平洋的一些地方，中国沿海比较少见。

观察甲骨文和金文的“贝”，再与下图作个比较，我们就会看出，“贝”是象形字，所像之物就是这种海贝。秦篆以后的“贝”，字形整齐化，写为上“目”下“八”，有点不那么像海贝了。

夏商时期，由于这种玛瑙贝晶莹亮丽，招人喜爱，再加上中原地区离海太远，交通工具又极端落后，此物非常难得，所以人们把它视为珍宝，并穿成串作为装饰品悬挂于胸前，就像现代人戴黄金和珠宝项链一样。

后来，随着生产力的提高和商品交换的需要，玛瑙贝成了货币，因此以“贝”为意符的字，大都与钱财及商品交换有关，如：财、贱、贵、货、贯、贸。贝币的使用一直延续到周代末期，秦始皇统一中国后推行铜币，贝币才逐渐退出了流通领域。

现在，随着贝的审美价值和使用价值的衰落，贝仅用于表示软体动物的介壳了，如：海贝、河贝、贝壳、贝雕。但是贝作为宝物这一意义却会永远传承下去。

〔战国〕货币海贝

得

商甲 周金 秦篆 汉隶 今楷

“得道多助，失道寡助”“不入虎穴，焉得虎子”“谁言寸草心，报得三寸晖”，这些让人耳熟能详的古典名句中都含有“得”。如果把楷书的“得”分解一下，无论如何也看不到“贝”的影子，然而，“得”字的来源确实与“贝”有关。

甲骨文和金文的“得”，前一款都由两个字符组成，一个是伸出的“手”，另一个是商周时期人们使用的货币“贝”，意思是手中拿到了钱。后一款则在前一款的基础上，格外加上了表示道路和行走的“彳”，强调这钱是在路上行走时捡到的。秦篆以后的“得”，字中的“贝”被写走了形，让人看不出“得”的意思了。

“得（dé）”是会意字，本义指拿到、获取，意义与“失”相反，如：得到、获得、得寸进尺。因为人得到了他想得到的东西，往往会有一种心理上的满足感，“得”便引申指满意，如：得意、洋洋自得。又因为人要得到他想要的东西，就必须采取妥当的办法，“得”又引申指适合、适当，如：得当、得体、得心应手。

另外，“得”还读作“děi”，意义相当于应该、必须，如：你得努力了；还得加把劲。“得”在使用中还虚化为助词，用在动词或形容词后面，表示可能、结果或程度，如：拿得动、说得好、好得很。这种用法的“得”要读作“de”，声调轻而短。

左图是商周时期流通的贝币，有天然的和人造的。在人造的贝币中又包括金、银、铜、玉、骨、陶各类。甲骨文和金文得字中的“贝”指的就是这种东西。

〔商周〕天然和人造贝币

商甲　周金　秦篆　貯　贮　今楷

为了应付不时之需，人们总愿意贮存点东西。一个人如此，一个家庭如此，一个国家也是如此。汉代的政论家贾谊在《积贮书》中写道："夫积贮者，天下之大命也。"他认为，搞好积累和贮备，是关系到天下命运的大事情。

对于贮备什么样的东西，不同的人有不同的选择。三千年前的商代先人，他们认为最值得贮备的东西是什么呢?

"贮"是"貯"的简化字。甲骨文和金文的"贮"，都由表示储物柜的"宁"（读作"zhù"，"贮"的本字，后来被借用为"寧"的简化字）和表示货币的"贝"组成，只不过有的"贝"在柜中，有的"贝"在柜下，但所表示的意义不变，都是指把钱财存放于柜子中。这样看来，商周时期的先民们把贮存货币当做首选。

汉代《说文解字》指出："贮，积也。""贮"是会意兼形声字，本义指积存、储藏，如：贮备、贮藏、贮存、贮粮。我们现在使用的仍然是这一意义。

有人喜欢贮钱，有人却喜欢贮书。"茅屋三四间，充栋贮经史。"这是宋代陆游《冬夜读书》里的句子。意思是草房里贮存着大量书籍，房梁都被塞满了。正是由于陆游不倦地读书、创作，才给我们留下了九千多首诗词，许多名篇至今仍被人们广为传诵。

左图是一件唐代的三彩钱柜。它色泽鲜艳，做工精细，其功能就是用来贮存钱币。

〔唐〕三彩钱柜

嬰

周金　秦篆　汉隶　婴　今楷

有一则字谜：“一个女人好福气，肩上扛着俩宝贝。”谜底是“婴”。我们都知道，婴指刚出生的小孩子，对于做了母亲的女人来说，没有什么比孩子更宝贵的了。“婴”字难道就是依据女人的这种心理造出来的吗？

汉代文字大师许慎在《说文解字》中指出：“婴，颈饰也。”看来，“婴”字源于女人脖子上的装饰物，而不是怀中抱着的孩子。

爱美之心人皆有之，远古时期的先人们也不例外。女人常把一种晶莹可爱、比较难得的海生动物的贝壳穿成串，挂在脖子上来装饰自己。金文的“婴”，上部是一个或两个“贝”，下部是个“女”，其实就是这种习俗的反映。

“婴”是会意字，本义指由海贝串成的项链。如同今天的黄金项链一样，海贝串在商周时期价值很高。因为母亲常把它戴在小孩子的身上，“婴”便引申指刚出生的婴儿及幼童，如：男婴、女婴、婴幼儿。唐代白居易在《吾雏》诗里写道：“老幼不相待，父衰汝孩婴。”句中的“婴”就表示幼小的孩子。

“婴”还用来表示缠绕、遭受，如“婴疾”是指患病，“杂务婴身”是指杂事缠身。“婴”的这一用法与海贝项链的佩戴有关。现在“婴”的本义已经很少有人使用了，我们用的是它的引申义。

右图是宋代的金质娃娃，它长2厘米，重6克，是人们带在身边的吉祥之物。它的造型就是一个可爱的“婴”。

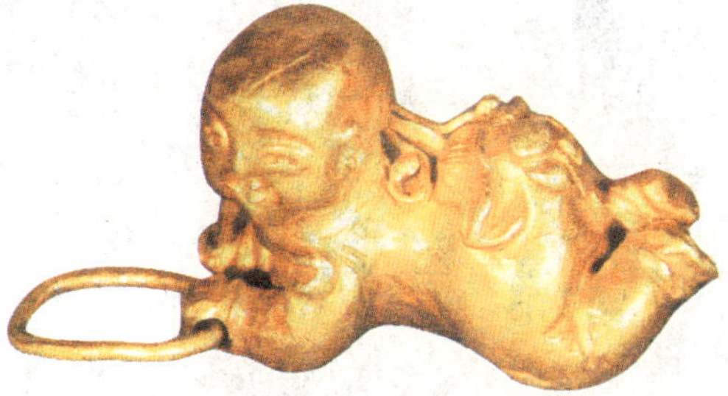

〔宋〕金质娃娃

商甲 周金 秦篆 汉隶 買 今楷

买

据说是五千多年前的炎帝创建了集市，供人们交换彼此生产的东西，使得华夏民族进入了商品经济时代。从此，人们的生活就与“买”紧密地联系在一起了。

“买”是“買”的简化字。甲骨文和金文的“买”，上部是捕鱼的网，下部是海生动物的外壳玛瑙贝，意思是用网来捞取海贝。商周时期，玛瑙贝非常珍稀，在中原地区很难搞到，因而被称为宝贝，后来还作了商品交换的货币。

“买”是会意字，本义指用网捞取海贝。而捞取海贝的目的，是用它换取和购进自己需要的东西，“买”便用来表示进购、购入，意义与“卖”相对，如：购买、买主、买进卖出。引申指用金钱和其他手段拉拢、贿赂，如：买通、收买人心。

因为有了“买”这种市场行为，我们的古籍文献中也就有了许多关于买东西的典故，如：买椟还珠、郑人买履、千金买邻。随着商品经济的发展、物质财富的增加，社会上可以买到的东西越来越多。但是，有一样东西是无价之宝，千金难买，那就是如同流水的光阴，正如古语所言：“一寸光阴一寸金，寸金难买寸光阴。”该句通俗易懂，令人深思。

左图是山西省洪洞县广盛寺中的一幅元代壁画局部。那位手提秤杆的人可不是卖鱼的，而是收购鱼的“买”家。

〔元〕买鱼壁画

买与卖是商品社会的主要形态。通过买卖我们可以看到人们的不同需求。“卖却屋边三亩地，添成窗下一床书。”唐代杜荀鹤的诗句反映的是知识阶层的精神追求；通过买卖我们还可以看到某一时期的社会状况。“买薪须论斤，卖儿不计价。”清代乔莱的诗句反映的是穷苦百姓遇到灾害时的悲痛与凄惨。

卖东西主要有两个环节，一是出售前要把货物展示出来，让需求者产生购买的欲望；二是出售后要把钱收回来，实现交换的目的。“卖”字就是依据这两条造出来的。金文的“卖”，上部是由“生”和“目”组合的“省”，表示把货物拿给人家察看；下部是作为货币使用的“贝”，表示卖掉货物收回钱币。汉字简化时，“卖”写为上“十”下“买”了。

“卖”的本义指出售货物、换回货币，意义与“买”相对，如：卖出、拍卖、专卖。因为要把东西卖出去，还要卖个好价钱，非得下气力甚至耍点小聪明不可，“卖”便引申出尽力和故作姿态之义，如：卖力、卖命；卖弄、卖乖。又因为我国是个农业古国，几乎历朝历代都重农轻商，再加上买者对卖者的戒备心理，造成了“卖”含有了不该有的贬义，如：倚老卖老、卖国求荣、卖官鬻爵。

右侧是宋代卖眼药郎中图。这个人为了更好地卖出自己的药品，浑身上下画满了眼睛。看来做广告卖东西并非是今人的发明。

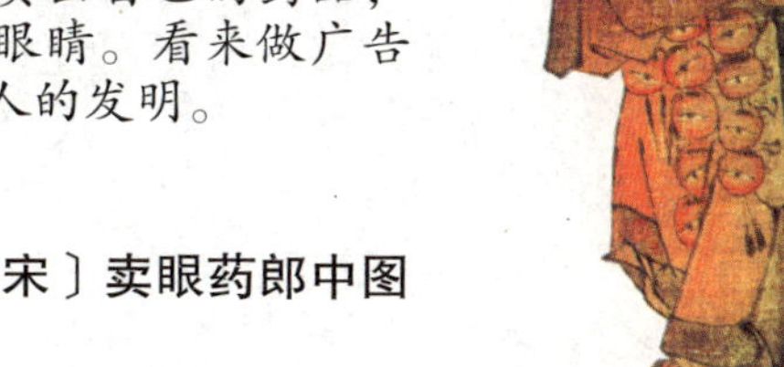

〔宋〕卖眼药郎中图

商甲	周金	秦篆	汉隶	今楷
[illegible]	[illegible]	[illegible]	柯	柯

“柯”最早写为“丂”。

甲骨文、金文及秦篆前一款的“柯”是象形字，就像一截分叉的树木枝干。金文、秦篆后一款及其以后的“柯”，先是在字中加上“木”来表示它的属性，后又用“可”来表示树木枝干可以做很多事情并兼而表声，“柯”变成了会意兼形声字。

“柯”的本义原指树木的枝干。“伐柯如何？匪斧不克。”《诗经·豳风·伐柯》这句诗的意思是：要砍树枝怎么办？没有斧子可不行。其中的“柯”用的就是其本义。

“柯”的用途非常广泛，可以直接用来放牧、敲鼓、制作斧柄，甚至防贼保安宁。甲骨文的“牧”写作“[illegible]”，“鼓”写作“[illegible]”，“斧”写作“[illegible]”，“宁”写作“[illegible]”，字中都有它。

但是，“柯”最主要的功能是制成拐杖供老人使用，表示老人的“老”，表示考验儿孙对老者态度的“考”，在甲骨文中分别写为“[illegible]”和“[illegible]”，字中也含有它。由于拐杖是老年人显示存在、召唤儿孙的工具，为此甲骨文的“于”（“吁”的本字）、“乎”（“呼”的本字）分别写为“[illegible]”和“[illegible]”，字中还含有它。

另外，表示被拐杖责打而痛哭的“号”，表示制杖技能高超的“巧”，表示木材腐蚀的“朽”等，也含有柯。

右侧的寿星图案是从清代的一件瓷瓶上描摹下来的。这位老人手中所拄的拐杖，就是用“柯”制成的。

〔清〕寿星图案

乎

商甲 周金 秦篆 汉隶 今楷

“乎”在古代典籍中使用相当频繁。《论语》开篇第一段话记载的孔子之言里就有三个“乎”：“学而时习之，不亦说乎？有朋自远方来，不亦乐乎？人不知而不愠，不亦君子乎？”这些“乎”都用在句尾，表示反问的语气。

我们先人所造的“乎”最初并不是表示语气的。“乎”其实是“呼”的本字，源于作为一家之长的老者，用敲击手杖的方法来召唤他的儿孙。

甲骨文、金文和秦篆的“乎”，下部是个表示由树木枝干制成的手杖“丂”（“柯”的本字），上部是些表示声音的点、短竖等，意思是手拄拐杖的老者击杖召唤儿孙，也可以理解为一国之君敲击权杖来呼唤他的属臣。汉隶以后的“乎”，字中的点画相互穿插，演化成现在这个样子。

“乎”是会意字，本义指呼唤、招呼。周代的铜器“牧簋”有铭文载：“王乎内史吴册命牧。”意思是周王招呼内史官吴来书写册封“牧”的诏令。其中的“乎”用的就是其本义。

后来，“乎”被借用表示语气以及用于动词之后起引介作用，如：合乎情理、出乎意料、忘乎所以。为此人们加上“口”，另造“呼”代替了“乎”的本义。

左侧为清代的持杖老媪图。老者就是用拐杖敲击地面的响声把她的亲人呼唤到身边来的。

〔清〕持杖老媪图

商甲	周金	秦篆	汉隶	今楷
[illegible]	[illegible]	[illegible]	可	可

“石可破也，而不可夺坚；丹可磨也，而不可夺赤。”这句话载于战国时期的典籍《吕氏春秋》。大意是：石头能被砸碎，却不能改变它坚硬的本质；朱砂能被磨成粉，却不能改变它赤红的颜色。句中的四个“可”都表示可以、能够之义。

“可”其实是“歌”的本字。

甲骨文和金文的“可”，写法与现代楷书的“可”差异不大，也是半包围结构。外框是既表示树木枝干、又表示字音的“丂”，在字中可以理解为用树木枝干做成的工具柄把；内部有个表示人嘴巴的“口”。意思是人们拿着工具、喊着号子在干活，这劳动号子就是歌。作为现代意义上的歌，就是从远古先民共同劳动时那种有节奏的吆喝声发展来的。当然，也可以理解为老人敲击手杖的声音节奏分明，如同唱歌。

“可”是会意兼形声字，本义指劳动号子。因为它能鼓舞人们的劳动热情，提高工作效率，“可”便引申出能够之义，如：可能、可以、可上可下、不可分割。“白云在青天，可望不可即。”明代刘基这句诗里的“可”就表示可以。

“可”还引申指允许、值得，如：许可、认可、可亲可敬、可歌可泣。后来，人们另造“歌”表示“可”的本义，“可”也就专用于表示引申意义了。

左图是魏晋时期的女歌手陶俑。你看她的神情，仿佛正在给干活的人们喊着号子。这就是“可”原本所表示的意义。

〔魏晋〕女歌手陶俑

夸

商甲　周金　秦篆　汉隶　今楷

上“大”下“亏”为“夸”，它的来源与表示欠缺的“亏”毫无关系。

甲骨文的“夸”，虽说字的结构不同，但是都由表示成年男人的“大”和表示敲击拐杖呼唤的“于”（“吁”的本字）组成，意思是拄杖的老者一敲击拐杖，家里人便应声而到，准备加以照顾。金文前一款的“夸”，在“于”的旁边加上表示声音的曲线，强调了它所具有的呼唤之义。秦篆的“夸”，下部的“亏”其实是“丂”（“柯”的本字）上加横，也表达了老人敲击拐杖招呼子孙的意义。

“夸”是会意字，本义指老人敲击拐杖呼唤家人时，儿孙们会闻声而到。因为儿孙的这种做法会使老人满意，甚至获得赞赏，“夸”便用来表示称赞、赞美之义，如：夸奖、夸赞。“方分类别物有名，夸贤尚功列耻荣。”宋代王安石这句诗的意思是，对物品要分门别类、各有其名，对臣子也要夸赞贤能、表彰有功，使他们具有荣辱感。句中的“夸”用的就是其本义。

因为夸赞一个人很难做到恰如其分、丝毫不差，往往含有夸大的言辞，由此“夸”引申出说大话的意义，如：虚夸、浮夸、夸大其词。先贤荀子说过这样的话：“诚信生神，夸诞生惑。”大意是：诚实守信让人心神向往，虚夸放诞让人心生疑虑。

右图是五代时期的文官陶俑。这位竖着大拇指的官员，不知是在夸奖他的属下，还是如俗语所言：王婆卖瓜，自卖自夸。

〔五代〕文官陶俑

商甲 周金 秦篆 汉隶 寧 宁 今楷

“宁”是“寧”的简化字，其下部的“丁”是由表示树木枝杈的“丂”（“柯”的本字）演化来的。因为树杈是制作拐杖的材料，它在字中也大都用于表示拐杖。

甲骨文的“宁”有两款，前一款含有三个字符，上部是表示住房的“宀”，中部是表示食具的“皿”，下部是表示拐杖的“丂”，在字中代指老人。意思是老人有房子住，有饭吃，生活安宁。后一款的“宁”把拐杖省掉了。金文以后的“宁”在字中另加上“心”，以突出心理平静、安宁之义。简化后的“宁”，字中的“宀”未变，却把表意的“丂”换成表声的“丁”，宁变成了形声字。

“宁（níng）”的本义指生活安定、心里平静，如：安宁、康宁、心绪不宁。引申指使安宁，如：息事宁人。“非淡泊无以明志，非宁静无以致远。”这是三国时期诸葛亮《诫子书》里的名句。意思是：不清心寡欲就不能明确奋斗方向，不排除私心杂念就不能实现远大目标。句中的“宁静”是指内心清静，不受干扰。

“宁”还被借用为虚词，读作“nìng”。它或者表示选择，可以用宁可、情愿来解释，如：宁死不屈、宁缺毋滥；宁为玉碎，不为瓦全。或者表示反问，可以用“岂、难道”来解释。秦末农民起义领袖陈涉有这样一句名言：“王侯将相宁有种乎？”通俗点说就是：那些帝王将相们难道都是天生的吗？

下图是魏晋时期的一幅墓穴壁画，上面描绘着一家人围着餐桌边吃边聊的情景。这幅画体现的就是温馨与安宁。

〔魏晋〕
家人聊天壁画

周金　秦篆　汉隶　平 今楷

“平”可以形容宽阔平坦的土地，如唐代杜甫的“星垂平野阔，月涌大江流”；也可以形容波澜不惊的水面，如清代查慎行的“风收云散波忽平，倒转青天作湖底”。然而，“平”字的来源与大地和水面无关，而与老人使用的拐杖——“柯”有关。

“柯”原本写为“丂”（甲骨文为丆），像树杈之形，常被做成手杖供人使用，“老、考”二字就是依据拄杖老者造出来的。而“乎”（甲骨文为亍）用“柯”上加点来表示老人敲击拐杖招呼儿女。“平”则是在“乎”的上部加一横画，意思是拐杖平静无声。“平”的构字方式与简化字“灭”相同，“灭”表示火的熄灭，“平”表示声的平息。

“平”是会意字，本义指安静、没有声息，它既可以表示环境的宁静，也可以表示心情的安定，如：平安、平和、风平浪静、心平气和。引申指使混乱的环境和心情恢复平静，如：平息、平叛、平心静气。“何日平胡虏，良人罢远征。”李白《子夜吴歌》这句诗里的“平”就表示对入侵者进行打击，使局势稳定。

“平”由无形之声的宁静推及到有形之物的稳定，还用来表示无倾斜、无起伏的，如：平面、坦平、水平如镜。并进而引申出公正、平凡等诸多意义，如：公平、平等、平淡、平常。

在古文物中有许多以象托瓶的造型，右侧的清代瓷塑就是其中的一件。其实它以瓶代“平”，寓意公平处事，象征天下太平。

〔清〕大象驮瓶瓷塑

源于袋囊（东）

“东边日出西边雨，道是无晴还有晴。”此句出自唐代刘禹锡的《竹枝词》。它以“晴”代“情”，采用谐声双关语的形式，用来探询意中人对自己是否也怀有恋情。在句中，“东”与“西”都表示方向，意义也彼此相对。我们把这两个字一起作介绍。

“东”是“東”的简化字。甲骨文和金文的“东”，从字形上看就像两头都扎着口的背囊、布袋。“东”是象形字，本义指袋子。因为人们常在早晨太阳东升时，背着袋子外出购物、办事，“东”便被借用表示东方。

“西”也是象形字，甲骨文和金文的“西”就像装东西用的箩筐、竹篓。秦篆的“西”，在字旁加了根绕来绕去的长绳“己”，表示筐篓上系着的绳子。“西”的本义指筐篓，因为人们常在日落西山时，用它把收获的东西背回家，“西”便被借用表示西方。

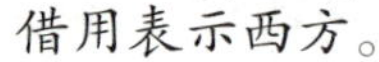

人们之所以把物品称为“东西”，就是由装东西的袋子、筐篓转化出来的。现在，“东”和“西”的本义早已弃之不用了，表示方位已经成为这两个字的基本意义，如：东部、西部、东方、西方、向东、向西、东西南北。

左图是宋代的瓷像，造型为大肚弥勒佛，又称布袋和尚。甲骨文的“东”就像他手中的布袋。不过他的袋子可是神袋，不装普通之物，专装捉来的妖魔鬼怪。

〔宋〕大肚弥勒瓷像

重

商甲 周金 秦篆 汉隶 今楷

如果把楷书的“重”拆解一下，它的上部是“千”，下部是“里”，字义应该表示“远近”之“远”。为什么却表示“轻重”之“重”呢?

甲骨文的“重”，上部是“人”，下部是装满东西的袋子，即“东”，只不过袋子横卧于地，意思是袋子太重，让人难以背负。金文前一款的“重”，把“东”放到了“人”的背上，但所表示的意义未变。金文后一款及其以后的“重”，把“人”和“东”穿插到一起，这才让人看不出人负重物的意思了。

“重”的本义指分量大，意义与“轻”相反，如：重担、沉重、拈轻怕重。唐代杜甫在《春夜喜雨》写道：“晓看红湿处，花重锦官城。”意思是由于春雨的滋润，锦官城的花也变得沉重。

“重”也用来表示重量，如：体重、净重、重于泰山。由于东西大而重会引起重视，“重”便引申出重要、重视等义，如：任重道远、举足轻重、郑重其事、德高望重。以上意义的“重”读为“zhòng”。

一般情况下，东西多了才会沉重。由此，“重”又引申出重复、重叠等义，如：重建家园、重整旗鼓、久别重逢、困难重重。宋代陆游《游山西村》“山重水复疑无路，柳暗花明又一村”里的“重”也是这个意思。这些“重”读为“chóng”。

右图是一件唐代的彩绘人物陶俑。这个人看样子是位来自少数民族地区的商人。他的身上背着沉重的包裹，正是金文“重”的形象注释。

〔唐〕彩绘人物陶俑

商甲 周金 秦篆 汉隶 量 今楷

俗话说，人不可貌相，海不可斗量。“量”字的来源还真的与测定体积的用具斗、升有关。

甲骨文及金文前一款的“量”，下部是个袋子形的“东”，上部是个斗、升形的器具，只不过金文的“量”在器具中加了个点，说明用斗或升测量袋子里的东西。而金文后一款的“量”，把上部斗、升的柄省略掉，以至于写成了“口”或“日”。楷书的“量”构字符号化，定型为上“旦”下“里”，字中含有测定日影和里程的意思了。

“量（liáng）”是会意字，本义指测定袋中之物的体积、重量，或把测定好的东西倒入袋中，泛指使用工具测定物体的长短、大小、多少或者其他性质，如：量布、量地、量血压、车载斗量。当人撇开工具而凭常识和经验去估计这些性质时，“量”便引申出估计、思考之义，如：估量、思量、酌量、商量。

“量”还读作“liàng”，表示计量用的器具，如：度量衡。并由此引申指器具容纳的数量和限度，如：雨量、产量、含量；胆量、度量、气量。进一步还用为动词，表示估计、权衡，如：量体裁衣、量入为出、量力而行、前途无量。唐代韩愈曾经写过这样的诗句：“蚍蜉撼大树，可笑不自量。”其中的“量”就表示估计、掂量。

左侧是一幅清代丝织品上的图案，画的是周代文王开仓放粮救济百姓的事。那些发放粮食的人用升、斗计量粮食，倒进袋中。“量”就是据此造出来的。

〔清〕周文王发粟图案缂丝

商甲	周金	秦篆	汉隶	今楷
			曹	曹

唐诗是我国诗歌发展的高峰，其中王勃等“初唐四杰”做出了开创性的贡献，但他们却遭到某些人的贬毁。为此大诗人杜甫愤然写道：“尔曹身与名俱灭，不废江河万古流。”批评那些胡言乱语者必定灰飞烟灭，而贡献卓著的诗人们会像江河那样万古永流。句中的“曹”表示同类人，“尔曹”指你们这些人。

甲骨文的“曹”，上部是两个“东”，表示众多的袋囊；下部是宽大的“口”，表示槽子，意思是指装东西的槽子。金文和秦篆的“曹”，把下部的口写成了“甘”，意思是指酒槽。汉隶以后的“曹”，把下部写成了“曰”，把上部的两个“东”合并而演变成比“曲”还多一横的“𠚒”。

“曹”是会意字，本义指储藏和存放东西的容器，即“槽”的本字。在一般情况下，一个槽子中储存的东西大都为同类，如水槽、粮槽，为此“曹”便用来表示同类人，并进而指同伴、同辈者。清代郑燮有句诗：“些小吾曹州县吏，一枝一叶总关情。”大意是说，我们这些小小的地方官，老百姓的每件事都牵动着我们的情感。其中的“吾曹”就表示我们这一类人。

又因为不同的东西要分装在不同的槽子中，“曹”在古代还表示政府中不同的职能部门，如：兵曹、刑曹。后来人们另造“槽”表示“曹”的本义，曹也就用来表示引申意义了。

右侧是元代的《饮饲图》局部。“曹”字的造出就与供马饮水、吃食的槽子有关。

〔元〕饮饲图（局部）

人都有爱美之心，除化妆美容外，还想方设法香化自己。今人自我香化靠喷洒香水，古人自我香化靠随身携带的装有香料的袋囊，即荷包、香囊。“柬”就来源于这样的袋囊。

甲骨文和金文的“柬”，与表示袋子的“东”相近，只是在里面多了几个小点，意思是袋中装着薰草之类的香料，能够散发出芳香气味。秦篆以后的“柬”，逐渐演化为在“束”中加两点了。

“柬”是会意字，本义指盛装香料的袋囊，只不过它形体较小，供人随身携带，以便香化自身。因为人们传递的文书、信件大都用袋子盛装起来，甚至荷包、香囊还是一些人的传情信物，“柬”便用来表示书信、请帖之类的文书了，如：书柬、请柬、柬帖。

又因为人们往袋囊装香草时，总要有所挑选，“柬”又用来表示选择，汉代的辞书《尔雅》就解释说：“柬，择也。”不过，“柬”的这一意义后来由“揀”（简化后写为“拣”）取代了。

另外，“柬”和“熏”为同源之字，在甲骨文中都像装着薰草的袋囊，只是二者取义的角度不同。“柬”是从用袋子盛装东西这一角度取义，来表示信函、函件，而“熏”是从袋子装的东西所起的作用这一角度取义，来表示香草的熏染功能。后来，为了从字形上区分这两个字，人们在“柬”下加“火”而演化为熏了。

右图为明代的凤纹镂空金香熏，是盛装香草以熏染衣物和身体的。从某种意义上讲，这件器物就是个“柬”。

〔明〕凤纹镂空金香熏

商甲 周金 秦篆 汉隶 今楷

熏

人闻到芳香的气味往往会有愉悦之感，为此今天的人们常喷洒香水来香化自身。古今同理，商周时期没有香水，贵族们用的是薰草等香料。他们把香料装进袋囊中，或随身携带，或放进衣柜，让其慢慢释放香气。有时则把香料置放于器具中，用火引燃，使居室香气缭绕。

甲骨文和金文前一款的“熏”，像是装有香料的袋囊，字中的小点表示香气。其实，“熏”的这种写法为“東”，“東、熏”同源不同义，因为二者取义角度不同。“東”从用袋子盛装东西这一角度取义，来表示函件、信函，而“熏”从袋子里的东西所起的作用这一角度取义，来表示香料的熏染功能。金文后一款及其以后的“熏”，为了区分这两个字的意义，在“東”下加“火”而逐渐演化为“熏”了。

“熏”的本义指用香料来香化自身或环境。宋代陆游曾写有这样的诗句：“睡脸余痕印枕纹，秋衾微润复炉熏。”句中的“熏”就表示用香料熏染被褥。

“熏”由香料气味的缓慢释放，引申指由于长期的接触而受到影响，如：熏陶、熏染、利欲熏心。还引申指用烟火烧烤食物以及烟气的沾染和发散，如：熏肉、熏鱼、烟熏火燎、臭气熏天。

博山是民间传说中的仙山。左图是一件汉代的铜制错金博山熏炉。这件器物中空，内部可装香料，点燃后烟气四溢，芳香袭人，令人有飘飘欲仙之感。

〔汉〕铜制错金博山熏炉

源于工具的字

源于工具（工）

商甲　周金　秦篆　汉隶　今楷

“工欲善其事，必先利其器。”孔子的这句话载于《论语·卫灵公》。意思是工匠想要干好活，一定先把器具磨锐利。

甲骨文和金文的“工”是象形字，这一点是无可争议的。至于所像之物是什么，人们的意见却各不相同。

有的说，“工”像施工时用于测量和绘图的曲尺、圆规；有的说，“工”像工匠砍削木头所用的铁斧、铜锛；还有的说，“工”像建筑房屋用来砸地基、夯土墙的木杵、石夯……总之，“工”是劳动者干活时使用的工具。秦篆以后的“工”规范为两横夹一竖，有点像人们缠绕线绳所用的木芯或者工字尺了。

“工”的本义是指工具、用具，引申指使用工具进行劳动的人，如：木工、瓦工、工匠。先贤墨子曾经指出：“百工从事，皆有法度。”意思是说，各种匠人做事，都有他们各自的方法和规矩。

由于工具是用来干活的，“工”还引申指人们所从事的劳动，如：务工、停工、工作。进而又引申指建设项目，如：施工、工程、工地。“工”还有细致、精巧的意思，如：工整、工笔画、巧夺天工。

在字典中“工”还是个部首，以它为意符（或兼而表声）的字大都与工具或工作的意义有关，如：巧、扛、功、差（“搓”的本字）。还有一些字则来源于侧写的“工”（⊢⊣），如：帚（）、帝（）、录（）、乱（）。

左图是一把六七千年前的骨制工具，我们的祖先曾用它疏松土壤，栽培庄稼。甲骨文的“工”也许就是依据这样的器具造出来的。

〔新石器时代〕骨制农具

周金　秦篆　汉隶　巨 今楷

“巨”是“矩”的本字，它们原本同源同义同音。只是由于字义上的分化，二者才分道扬镳，各表其义了。

金文的“巨”有两款。前一款是会意字，由表示成年男人的“大”和表示工字尺形的“工”组成，看上去就像一个人手举着工字尺。后一款是象形字，就像一卷测绳缠绕在大形工字尺上。就是后一款的写法，演变成了我们现在使用的“巨”字。

“巨”的本义原指绘图或者测量所用的工字尺、曲尺、测绳之类的用具，即“矩”的意义。汉代《说文解字》对它所作的解释就是：“巨，规矩也。从工，像手持之。”大意是说：巨指画圆用的“规”和画方用的“矩”，字形像手拿工字尺。

因为尺虽小，作用却大，不论多么浩大的工程都离不开它，比如图纸要靠它来绘制，施工要靠它来测量。所以“巨”便用来表示大的意义，如：巨大、巨型、事无巨细、鸿篇巨制。唐代大诗人李白在《猛虎行》一诗写道：“巨鳌未斩海水动，鱼龙奔走安得宁？”其中的“巨鳌”指的是大海龟。后来，为了区分“巨”这两重意义，人们就用金文前一款的“巨”（后演化为“矩”）表示曲尺之义，而用“巨”来表示大的意义了。

右图为汉代的铜制卡尺，是测量圆形器物直径的工具。在金文前一款的“巨”中，那个人手里拿的工形物可能就是这样的器具。

〔汉〕铜制卡尺

商甲 周金 秦篆 汉隶

攻

今楷

“攻，击也。”这是汉代文字学家许慎对“攻”字的解释。

甲骨文的“攻”由两个字符组成，一个是表示攻城的器具并兼而表声的“工”，另一个是手持锤形武器的“殳”，意思是对敌方进行攻杀。秦篆以后的“攻”规范为左“工”右“攵”了。

“攻”是会意兼形声字，本义指进击、攻打，意义与“守”相对，如：进攻、强攻、攻其不备、攻无不克。保存至今的商代甲骨上，有很多刻有“攻”的句子，如“王攻鼠方”“令攻射”“贞勿攻”等。其中的“攻”都表示进攻、攻占之义。而这些频频出现的“攻”字，说明了我国从夏商开始，就已经从小国众多的分治状态逐步走向大国一统的局面。

《孙子兵法·谋攻篇》载：“上兵伐谋，其次伐交，其次伐兵，其下攻城。攻城之法，为不得已。”在春秋时期的军事家孙武看来，最好的用兵策略是斗智谋，其次是斗外交，再次是斗军力，最次是攻城。攻打城池的战法，万不得已才采用。

“攻”由对敌人的攻击，引申指对困难的克服和对学问、技术的钻研，如：攻读、攻关。在唐代韩愈《师说》一文里说：“闻道有先后，术业有专攻。”这个“攻”就表示探究之义。

左图是周代一件铜壶上的装饰图案。图中那些手举武器的士兵，好像正用他们的行动图解着“攻”的意义。

〔周〕攻城装饰图案

任

商甲　周金　秦篆　汉隶　今楷

“任凭风浪起，稳坐钓鱼舟。”人们常用这句话来形容那些具有良好心理素质的人。其中的“任”有听凭、任其自然之义。

甲骨文的“任”，就像一个“人”身后背着“工”的样子，意思是这个人背负着完成某项工作的使命，也就是有任务在身。金文的“任”，前一款在“工”上加点而写为“壬”，后一款还另外加“心”，强调了人担负的责任既要出力，还要操心。秦篆以后的“任”与金文前一款相承接，写为左“亻”右“壬”了。

“任（rèn）”的本义指有工作在身，泛指担负、担当，如：任职、任教、任劳任怨。明代辞书《正字通》就解释说：“任，负也，担也。”“任”由人担负的工作而引申指所承担的职责，如：责任、任务、任重道远。先贤孟子有这样一句名言：“天将降大任于斯人也，必先苦其心志，劳其筋骨……”其中的“大任”是指重大的使命和责任。

由于人的职责有些是上级或群众赋予的，“任”又引申指使担任和任用之义，如：委任、任命、任人唯贤。古籍《尚书》载：“任贤无贰，去邪无疑。”意思是任用贤能之才不要三心二意，清除邪恶之人不要优柔寡断。另外，“任”用为姓氏和地名时要读作“rén”。

右图是一件唐代的彩绘泥塑。这位举着小旗的骑士看样子是位信使，他的任务就是奔走于各部队之间，传达上级的命令。

〔唐〕彩绘信使泥塑

商甲　周金　秦篆　汉隶　方 今楷

“方”的意义很多。在孔子的“有朋自远方来，不亦乐乎”中，表示地区、地方；在孟子的“不以规矩，不能成方圆”中，表示方块、方形。它可以表示人的品质、性格，如“方正贤良、豪爽大方”；还可以表示办事的方法、策略，如“千方百计、大政方针”。在“处方、秘方”中，表示医学上的药物配方；在“平方、立方”中，表示数学上的运算方法；而在“方兴未艾、如梦方醒、来日方长”中，则可以用“正、才、刚”之类的词语来解释……那么，“方”是怎样造出来的，它的本义是什么呢?

甲骨文和金文的“方”，字形就像一个侧面站立的“人”，颈部有个侧写的“工”，那是禁锢人的刑具——木枷。我们的祖先从犯人戴的木枷是方形的这一角度取义，造出了“方”这个字。

“方”的本义指方形，如：长方、方砖、方队。由于方形的东西有多个面，便引申出方面、方向、方法等诸多意义。需要说明的是，在甲骨卜辞中，“方”主要用来表示商朝以外的部族和国家，如：土方、井方、马方、鬼方。用戴着枷锁之人的“方”来表示其他国家，反映了商王朝自视强大和对其他部族的奴役。

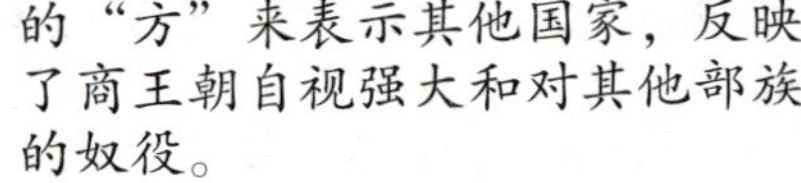

另外，“方”在字典中还是个部首，但以它为偏旁的字大都与“方”的意义无关，而和旗帜有关，如：旗、旌、旋、旅、族。

左侧是清代的戴枷囚犯图，为《红楼梦》彩绘本里的一幅插图。“方”字就来源于人被木枷所铐。

〔清〕戴枷囚犯图

商甲	周金	秦篆	汉隶	今楷
			央	央

“灯火万家城四畔，星河一道水中央。”在唐代白居易的这句诗中，“央”表示中间、中心。也许你不会想到，“央”原来是“殃”的本字。

甲骨文和金文的“央”，就像正面站立的“人”，在脖子处有的戴着刑具木枷，有的被系上绳索。人不管被木枷拘押，还是被绳索吊挂，都表示他遭了殃。楷书的“央”仍能看出人戴木枷的意思。

“央”是会意字，本义指人遭受祸害、灾难，即“殃”所表示的意义。汉代的《无极山碑》上刻有碑文“来福去央”，“央”的意义就与“福”相对，表示灾祸。

因为绳索、木枷套在脖子上，而脖子又是人体的中心部位，“央”便引申指中心、当中，如：中央。又因为人们在遭殃之后，常常哀求他人帮忙，“央”还引申出恳求之义，如：央求、央告。

“明月皎皎照我床，星汉西流夜未央。”这是三国时期曹丕《燕歌行》诗中的句子。“夜未央”是指黑夜还没完结。“央”表示终结、结束之义，这也与人遭了大殃，被夺去生命有关。后来，“央”被引申义专用，人们就给“央”加上表示残骨的字符“歹”，另造会意兼形声字“殃”代替了“央”的本义。

右侧是五代的《十五经图卷》局部，现已流失海外。图中的那两个赤身之人，双手被镣铐锁住，脖子被戴上木枷。他们俩就遭了“央（殃）”。

〔五代〕戴枷囚犯图

商甲 周金 秦篆 汉隶 今楷

录

稍有点生活常识的人都知道，为了用黄豆制作豆腐，或者从甘薯中提取淀粉，都要先把它们磨碎，然后用水通过布包过滤，去除残渣，留下精华，再进行加热或者晾干，就成了我们需要的东西。“录”的来源就与人们对食品的这种加工有关。

甲骨文和金文的“录”，字形就像一个挂着的吊包，被表示工具的侧写之“工”固定住，字中的小点表示水和过滤出来的东西。秦篆以后的“录”向符号化演变，让人看不出过滤的意思了。

“录”是象形字，本义指过滤东西，即“漉”和“滤”所表示的意义。由于过滤东西的目的是为了提取其精华或者选用人们需要的东西，其意义与选拔人才有着共同之处，录便用来表示对人才的选取和任用，如：录用、录取、选录。

“录”由对选取的人才进行登记造册而引申出记载、抄写方面的意义，如：记录、抄录、摘录。由此，还表示用文字记载的一些表册和事情，如：目录、语录、回忆录。在科技发达的今天，还表示用仪器设备记录声音和影像，如：录音、录像、录制。

后来，由于“录”作了“禄、碌、绿、氯”等字的构件，人们一是用“漉、滤”表示它的本义，二是用“录”表示它的引申义。汉字简化时，“録”的意义又回归给“录”了。

左侧是明代的漉酒图局部。这三个人用布包过滤酒的做法就是“录”所表示的意义。

〔明〕漉酒图局部

商甲	周金	秦篆	汉隶	今楷
			帝	帝

中华民族把自己的祖先尊称为炎帝、黄帝，有些人把想象中的主宰万物的天神尊称为玉帝、上帝，封建时代的君王把自己称为皇帝。“帝”这个字是怎么造出来的呢？

甲骨文和金文的“帝”，就像一束柴草捆扎起来的草人，中部那个侧写的“工”表示绑扎用的器具。人们一般把草人修饰成天神的模样，或者供奉于庙堂，让人直接祭拜；或者点燃焚烧，送它上天，让他在天宫里给人们带来好运。有的“帝”字还在上部加了一个短横，那是表示“帝”的至高无上。“帝”字的来源反映了我们的先人对神祖的崇拜。

“帝”是象形字，本义指代替天神供人们祭祀、膜拜的偶像，也用于表示神话传说和宗教信仰中的天神，即所谓宇宙万物的主宰者，如：上帝、天帝、玉皇大帝。“他年我若为青帝，报与桃花一处开。”在唐末农民起义领袖黄巢《题菊花》这句诗中，“青帝”是指主管春天的神。

由于古代君王为了维护其统治，都假称自己是天神下凡或王权神授，帝便引申指君主，如：皇帝、大帝、帝王将相。我国封建时代的开创者——秦朝的嬴政就自称“始皇帝”。

右图是秦始皇的石刻造像。这位两千多年前统一了中国的秦代君王，因其所建立的非凡功业而被后世誉为“千古一帝”。

秦始皇石刻造像

源于挖土之铲（耒）

商甲	周金	秦篆	汉隶	今楷
			力	力

“力拔山兮气盖世。”这是霸王项羽临终前的绝唱。项羽曾率领起义军推翻了秦朝的统治，却在与刘邦争夺天下时兵败身亡。一个“力”字既是他超凡气力的展示，也是他缺少政治智慧的哀叹。

“力”是个常用字，写法也很简单。甲骨文和金文的“力”，从字形看就像一把用来铲地、挖土的长柄工具——耒。它的上部是可以持握的耒把，下部是用来铲土的耒头和可供踏脚的横梁。形状、用途与我们现在使用的铁锨差不多。

“力”是象形字，本义是指耒。由于用耒干活是需要花费气力的，“力”便用来表示力量、气力，如：身强力壮、势均力敌、力不从心。进而引申指使劲、竭尽力量，如“力挽狂澜、力排众议、据理力争”。“少壮不努力，老大徒伤悲。”在汉乐府《长歌行》的这句诗里，“努力”表示尽量使出气力。

另外，人们还把身体器官和某些事物所具有的功能也以“力”相称，如：脑力、视力、想象力；浮力、弹力、爆炸力。“力”还引申指权力、势力，如孟子之言：“以力服人者，非心服也……以德服人者，中心悦而诚服也。”

力在字典中是个部首，以它为意符的字大都与力量、出力有关，如：劳、勇、劲、助、勤。“力”在字中也可以作声符或兼而表义，如：历、勒、劣。

神农是我国原始时期的领袖，据说是他发明了耒，并引领华夏民族进入农耕时代。左图是汉代画像石上的神农形象，他拿的工具就是“力”。

〔汉〕神农画像石拓片

幼

商甲 周金 秦篆 汉隶 今楷

孟子的思想折射着我国古代贤人智慧的光芒，而他敬老爱幼的一段箴言也确实让人难忘：“老吾老，以及人之老；幼吾幼，以及人之幼。”这句话说白了就是：尊重自己的老人，从而推及到尊重别人的老人；爱护自己的孩子，从而推及到爱护别人的孩子。句中的“幼吾幼”，前者为动词，表示对幼儿的关爱、爱护；后者为名词，表示幼儿、儿童。

甲骨文和金文的“幼”由两个字符组成：一个是古代铲地挖土的农具“耒”，后来演变为“力”，在字中表示力量、气力；另一个是像一卷细丝的“幺”，在字中表示细小、微弱。意思是像细丝般的微不足道的力量。

“幼”是会意字，本义指力量弱小的，如：幼小、幼嫩。引申指初生的，如：幼苗、幼虫。进而引申指年龄小的，意义与“老”相对，如：幼儿、幼童、年幼无知。为此，还用来表示小孩子，如：老幼皆知、扶老携幼。

儿童时代是学习知识的最佳时期，能够为一个人的发展奠定基础。宋代王应麟编著的《三字经》说得好：“子不学，非所宜；幼不学，老何为？”

右图是清代一幅国画局部，描绘的是天真烂漫的儿童。这个年幼的孩子，只能举着扇子追蝴蝶，却无力持耒去耕田。

〔清〕持扇童子图

周金	秦篆	汉隶	今楷
[古文字]	[古文字]	加	加

左“力”右“口”为“加”，其意义也不难理解，因为我们在数学上最早受到的启蒙教育就是一加一等二。那么，我们的先祖为什么会用这样的组合来表示“加”的意义呢?

金文的“加”由两个字符组成，一个是古代挖土的农具“耒”，后来演化为“力”，在字中表示手里拿着耒在用力干活的人；另一个是“口”，原指人的嘴巴，在字中表示夸赞。整个字的意思是用力干活的人受到了别人的称赞。

“加”是会意字，本义指对能干者的夸奖、赞誉，即“嘉”所表示的嘉勉、嘉许之义。因为一个人的努力如果受到了他人的肯定，积极性会进一步提高，所以便引申出增添、强化之义，如：增加、加班、加强。由此，还引申出把某种认识和行为给予他人，如：强加于人、施加压力、大加赞赏。后来，人们给“加”加上表示鼓的字符“壴”，用“嘉”来表示“加”的本义，“加”就专用于表示增添、强化的意义了。

荀子是战国时期的思想家，他在《劝学》一文指出：“登高而招，臂非加长也，而见者远；顺风而呼，声非加疾也，而闻者彰。”句中的两个“加”都表示增加。

鲁智深是《水浒传》里的一位英雄好汉，他力大无穷，能倒拔垂杨柳。右下图是北京颐和园长廊的装饰画，描绘着他拔树的情景。而那些伸出大拇指的旁观者就在用他们的行动解释着“加”的意义。

〔清〕鲁智深倒拔垂杨柳图

商甲 周金 秦篆 汉隶 協 今楷

协

一个人的力量是有限的，而群众的力量是无限的。正如古语所言："众力并则万钧不足举也。"换句话说就是，只要大家齐心协力，万斤重的东西也不够举的。"协"字就来源于"众力"。

"协"是"協"的简化字。

甲骨文和金文的"协"，有的写为三个并行排列的"耒"。耒是夏商时期人们铲地挖土的长柄工具，我们今天常用的"力"就是由它演化来的。有的还在字中加了个表示嘴巴的"口"，意思是众多的人喊着号子，互相合作，共同劳动。秦篆以后的"协"，由此而写为"十"加"劦"了。简化后的"协"左"十"右"办"，意思变成了十个人共同办事，彼此要协调一致。

"协"是会意字，本义指人们共同劳动时彼此之间的合作，泛指共同、一起，如：协作、协商、齐心协力。在商代的甲骨文献中有这样的记载："王大令众人曰：'协田其受年。'"意思是商王严令众人，要协作耕田夺取好年景。

"协"由彼此之间的合作而引申指帮助，如：协助、协办、协理。进一步还由相互帮助所产生的动作一致、气氛融洽，引申出恰当、和谐之义，如：协和、色彩协调。

左侧的打谷晾晒图为清代《耕织图册》的组成部分。这么多人聚在一起，挥动连枷共同劳动，反映的正是"协"的意义。

〔清〕打谷晾晒图

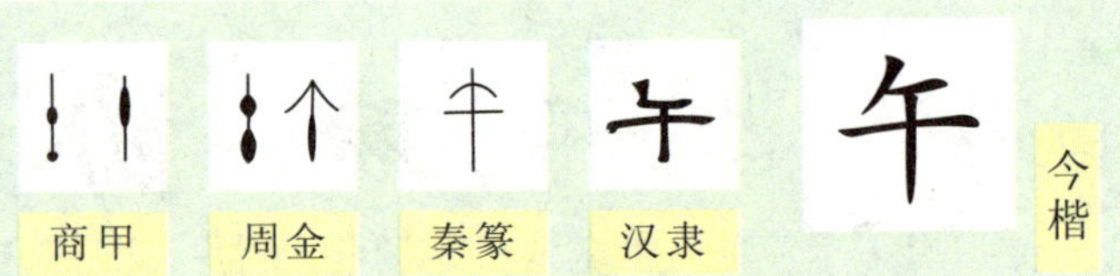

源于捣物之杵（午）

“午”的写法与“牛”虽然很相近，但是它们的来源和意义没有任何联系。

甲骨文和金文的“午”，看上去就像一支用来舂米的木杵，中部或头部加粗的地方分别表示杵把或杵头。汉隶以后的“午”，被写为“干”旁加撇，字形变得方正、规整，让人看不出木杵之形了。

“午”是象形字，本义指舂米的杵子，即“杵”的本字。可能是因为舂米的人常用杵来测定时间，每当太阳照到杵杆的影子落到杵下装着粮谷的“臼”上时，人们便休息、吃饭，“午”就被借用表示时间，也就是午时，相当于白天的十一时到十三时。

唐代李绅的《悯农》诗里有这样的句子：“锄禾日当午，汗滴禾下土。”其中的“午”就表示中午时分。而“午夜”则表示与白天午时相对应的半夜时分，例如元代郑元祐《寄金山普衲》中的诗句：“午夜江声推月上，浪花如雪寺门前。”

“午”还被借用为地支名，除用于纪时、纪日（农历每月逢五的日子）、纪月（农历五月）外，还与天干相配合用于纪年，如甲午战争是指1894年中日之间的战争，那一年为我国夏历的甲午年。后来，为了区分“午”的这两重意义，人们另造“杵”表示它的本义，“午”也就专用表示时间了。

左图是明代的一件耳坠局部，装饰着捣药的玉兔。玉兔手中的杵就是“午”原本表示的意义。

〔明〕玉兔捣药形耳坠（局部）

在2008年北京奥运会的开幕式上，庄重而古朴的“击缶迎宾舞”吸引了全世界亿万人的目光，同时也引起了人们对“缶”的浓厚兴趣。

甲骨文和金文的“缶”，上部是“午”，原指舂米、捣蒜用的杵子，在字中表示捣碎陶土用的工具；下部是“口”，原指人的嘴巴，在字中表示有口的器物。意思是用杵子捣击陶土，来制作陶器。秦篆以后的“缶”，上部的“午”未动，却把下部的“口”换成了表示凹陷之义的“凵”了。

“缶”是会意字，本义指加工陶土而制作出来的器皿，它可以盛装水、酒或其他物品。“缶，瓦器，所以盛酒浆。”这是汉代许慎《说文解字》对“缶”所作解释的前半句。另据《礼记·礼器》载：“五献之尊（樽），门外缶，门内壶。”意思是说：缶是人们祭祀时，摆放于祭台之上盛装供品的五种器具之一。

缶不仅可以作容器，有些还是可供敲击的乐器，许慎对“缶”所作解释的后半句就是：“秦人鼓之以节调。”意思是秦国人能用缶敲击出有节奏的音调。缶作为乐器，《旧唐书·音乐志》里还有这样的记载：“其形似覆盆，以四杖击之。秦、赵会于渑池，秦王击缶而歌。”

右图是一幅汉代的奏乐画像石拓片。这些排列有序的乐手，所敲击的乐器也许就是“缶”吧。

〔汉〕奏乐画像石拓片

周金	秦篆	汉隶	今楷
[illegible]	[illegible]	陶	陶

陶器是用黏土烧制的器物，我们的祖先在一万多年前就已开始制作。那些丰富多彩的古代陶制品是我国灿烂文化的佐证。

金文的“陶”，就像个侧立之人，手拿木杵（即“午”）弯腰捣土、制作陶器。秦篆前一款的“陶”，字中的“人”演化成了“勹”，木杵和陶器合并而写为“缶”；后一款及汉隶以后的“陶”，另外加上了表示高山或阶梯的“阜”，后演变为左耳旁的“阝”，意思是从山上取来黏土制作陶器，陶由此变成了“阝”表意，“匋”表意兼而表声的会意兼形声字了。

“陶”的本义指制作陶器，如：陶冶、陶铸、熏陶。由于培养人才使之成器，在意义上与制作陶器有相通之处，这些词也可用于表示对人的培养和教育。宋代梅尧臣在《陶者》一诗写道：“陶尽门前土，屋上无片瓦。十指不沾泥，鳞鳞居大厦。”诗中的“陶”用的就是它的本义。

“陶”由制作陶器转而指陶质器具，如：陶盆、陶俑、彩陶。由于烧制出优良的陶器是制陶者最为高兴的事情，“陶”便引申指快乐，如：陶然、陶醉、乐陶陶。“我醉君复乐，陶然共忘机。”唐代诗人李白的这句诗，反映了他壮志难酬，在醉酒中寻找乐趣的无奈。

左图是一件唐代的人形瓷尊，为盛装酒水的器具。这位外族陶工把陶瓶捧在胸前，可能正为自己制作的精美陶器而陶醉呢。

〔唐〕外族陶工形瓷尊

商甲	周金	秦篆	汉隶	今楷
[古文字形]	[古文字形]	[古文字形]	舂	舂

稻、谷、高粱等庄稼收获后，要想食用还得经过脱壳处理。古代没有电气设备，只能把稻谷放到石臼当中，用杵去捣，效率非常低下。“舂”的来源就是这种劳动的反映。

甲骨文、金文和秦篆的“舂”，就像有双手，正举着“午”（“杵”的本字），对着“臼”在捣击。从某种意义上讲，“舂”字其实就是一幅形象的捣粟图。汉隶以后的“舂”，下部的“臼”没有什么变化，却把双手和杵穿插到一起而写为“舂”或舂字头，从而演化成了现在这个样子。

“舂”是会意字，本义指用杵捣击石臼里的谷物，以便脱皮去壳，如：舂谷、舂米。汉代王充的《论衡·量知》载：“谷之始熟曰粟，舂之于臼，簸其秕糠。”这里就记录了加工稻谷使之成米的过程。由于使用杵和臼不仅能使稻谷脱壳，还能把其他东西捣成碎末，“舂”还用来表示捣、捣碎，如：舂药、舂蒜。

“田家秋作苦，邻女夜舂寒。”这是李白描写农民艰辛劳动的诗句，其中的“舂”表示捣米，用的是它的本义。“深笼夜锁独栖鸟，利剑舂断连理枝。”这是白居易感伤别离的诗句，其中的“舂”表示砍、斩，这是由捣米而延伸出来的意义。

右图是一件唐代的彩绘泥俑。这位舂米者手扶木杵，趴在石臼上休息。看来舂米这种劳动可真是不怎么轻松。

〔唐〕彩绘舂米泥俑

源于簸箕（其）

商甲 周金 秦篆 汉隶 今楷

其

“其”在现代汉语中使用的频度并不高，而在古典文献中却被广泛使用，我们以儒家经典《论语》所载的孔子之言为例。“其身正，不令而行；其身不正，虽令不从。”这是孔子的为政之道。“三人行，必有我师焉。择其善者而从之，其不善者而改之。”这是孔子的为学之道。两句话含有四个“其”，都起指代作用。

“其”这个字是怎样造出来的呢？

甲骨文的“其”，就像一种把米和糠分开的簸粮的工具——簸箕。金文第二款及其以后的“其”，在下部加了个如同基座的字符——“丌”。其实这个字符并非表示什么基座，它是由表示双手的“廾”（𠬞）演化来的。由“丌”组成的字意义大都与双手持物有关，如：兵（双手持斧）、具（双手抱鼎）、典（双手捧着典籍）。以此类推，“其”应当是双手拿着簸箕了。

“其”是象形字，本义指簸箕，即“箕”的本字。它由粮谷作物的秸秆或树木的枝条编织而成，是一种用手上下簸动而使米粒和谷糠分离的农具，至今农村中还有很多家庭在使用它。

后来，“其”被借用为具有指代意义的词，如：其人其事、名副其实、人尽其才。还用于一些词的后缀，没有实在意义，如：极其、尤其。为此，人们另造“箕”代替了“其”的本义。

左侧是清代的铲雪童子图。那个童子用来盛雪的工具就是“其”，不过它不是簸粮的簸箕，而是装粪土的畚箕。

〔清〕铲雪童子图

商甲	周古	秦篆	汉隶	今楷
				粪（糞）

“粪”现在指人或动物的排泄物，是又脏又臭的东西，但它在初造时并非表示这个意思。

“粪”是“糞”的简化字。甲骨文前一款的“粪”，下部是表示两手的“廾”，中部是表示簸箕的“其”，上部是些表示污物的小点，意思是把污秽、肮脏的东西弄到簸箕里倒掉，即清扫、扫除之义。而后一款的“粪”，在字中又加了把笤帚，进一步强调了清扫之义。周代古文和秦篆的“粪”，把小点写成了“米”，把其写成了捕鸟的网具“毕”（简化字为“毕”）。汉字简化时，“粪”写为上“米”下“共”了。

“粪”是会意字，本义指清除，汉代《说文解字》解释说：“粪，弃除也。”而《荀子·强国》里的一句话也印证了这种说法：“堂上不粪，则郊草不瞻旷芸。”意思是厅堂的灰尘尚未扫除，就顾不上郊野的草是有是无了。

由于古人清除的脏物主要是些儿童和家畜的粪便，“粪”才引申出粪便的意义来，如：马粪、粪池、粪土。粪水虽说臊臭，却有肥田的功效，被农家视为宝物。正如古语所言：“成家子，粪如宝；败家子，钱如草。”

右侧是清代的淘粪人图，为《北京民间风俗百图》中的一幅。这个人身背粪桶，肩扛粪勺，手里还提着马灯。看起来，为了不影响别人的生活，他们的淘粪工作要在夜间进行。

〔清〕淘粪人图

商甲　周金　秦篆　汉隶　棄　弃　今楷

汉字是记录华夏民族语言的符号，它不仅记载了这个民族五千余年的文明史，同时，字的本身也携带了很多信息。透过它们，我们可以了解某一历史时期政治、经济、军事、文化乃至医疗卫生等方面状况。“弃”就能说明这个问题。

“弃”是“棄”的简化字，其上部那个酷似“云”的“𠫓”其实是倒写的“子”的变异。如“育”（甲骨文为 ）表示女人生养孩子，“流”（甲骨文为 ）表示孩子出生时与羊水一起从母体涌出。

甲骨文的“弃”由三个字符组成：一个是表示两只手的“廾”，一个是可以用来簸粮撮土的“其”（“箕”的本字），还有一个是表示小孩子的“子”，意思是把死去的孩子放到畚箕里扔掉了。通过“弃”字我们可以了解到，夏商时期人们生活艰辛、医疗水平低下、婴儿死亡率高这一残酷的社会现实。否则，人们是不会用这样的构字方式来表示“弃”的意义的。

“弃”是会意字，本义指扔掉、舍去，我们现在使用的仍然是这个意义，如：抛弃、弃权、弃旧图新、背信弃义。“弃燕雀之小志，慕鸿鹄以高翔。”这是南朝文学家丘迟根据秦末农民起义领袖陈胜的“燕雀安知鸿鹄之志哉”创作的。人们常用此句激励自己和他人要树雄心、立壮志。

左图是汉代的一尊手拿铁锨和畚箕的人物陶俑。这个人满脸的哀伤，可能就因为儿子早逝，被他弃之荒野、挖坑埋掉。

〔汉〕持箕锸陶俑

商甲	周金	秦篆	汉隶	今楷 仆 僕

现在的“仆”写法简单，是个普通的形声字，左部的“亻”表形，右部的“卜”表声。其实，“仆”是“僕”的简化字。

甲骨文的“仆”是一幅奴仆的速描画：这个人张口朝天，好像在应答着主人的传唤；头顶上悬着表示古代刑刀的“辛”，意思是他的脸上刻着只有奴隶才有的标识；屁股后面拖着的尾巴，说明了他的地位和生活就如同牛马一样；手里拿着扬起粪土的畚箕，告诉人们他干的是打扫卫生的粗活。金文以后的“仆”构字符号化，逐渐演变为以“人”表意，以“菐”表声的形声字。

“仆”（pú）的本义是指失去了人身自由的奴隶，即奴仆。他们是商周奴隶制社会遭受剥削和压迫的阶层，可以被买卖、赠与，甚至还是赏赐的物品。周代的“叔夷钟”就有铭文写道：“余赐汝马车戎兵，厘仆三百又五十家。”

随着奴隶社会的瓦解，“仆”的含义也发生了转变，用于称谓在官府当差或者被雇到家里干杂活的人，意义与“主”相对，如：仆从、仆人、女仆。古人还常用“仆”来谦称自己，如汉代司马迁《报任少卿书》里的：“仆非敢如是也”。至于“公仆”则是这一谦称的扩展，指的是为大家办事、服务的人，一般为官员所用。另外，“仆”还读为“pū”，意思是向前跌倒，如：前仆后继。

右图是南北朝时期的女陶俑。这位使用簸箕干活的女人，可能就是某个有钱人家的“仆”。

〔南北朝〕簸粮女陶俑

源于簸箕（其）

商甲	周金	秦篆	汉隶	今楷
[illegible]	[illegible]	[illegible]	[illegible]	基

“根深则本固，基美则上宁。”这是汉代刘安组织人编撰的《淮南子》里所载的一句话，大意是根须扎实深远大树本身才会牢固，地基垒砌完美整座楼宇才会安稳。

甲骨文的“基”，看上去就像簸箕形的“其”里装着“土”，意思是建造房屋时，用器具搬运土石，打牢地基。“其”在字中既表意也表声。金文以后的“基”，“其”移到了“土”的上部，但字的意义没有任何变化。

“基”是会意兼形声字，本义指打地基，转而表示建筑物的基础，即墙脚或地面以下的部分，如：基石、房基、路基。《说文解字》对它的解释就是：“基，墙始也。”也就是墙开始砌筑时下面所夯实的泥土或铺垫的砖石。

“基”由建筑物的基础而引申指最底层的、根本的，如：基层、基数、基准。汉代王符在《潜夫论·务本》里指出：“为国者以富民为本，以正学为基。”大意是：治理国家的人要把富裕人民作为根本，把正确的理论学说作为基础。句中的“本”和“基”意义相近，都表示主要的和根本的。另外，“基”还引申表示大的事业，如“登基”是指坐上了王位，“基业”是指具有发展根基的大业。

左图是一件清代的珐琅瓶。其独特之处在于它以金龟为“基”。

〔清〕珐琅龟座瓶

期

周金 秦篆 汉隶 今楷

在周代的青铜器上，常能见到一些祝愿人年寿长久，没有终期的铭文，例如“齐良壶”上就刻有“其眉寿无期”的颂辞。

金文的“期”，字中的“日”或“月”原指太阳和月亮，用来表示时间；字中的“其”原指用竹子、柳条等编成的农具——箕。箕的种类很多，用途也很广泛，不同的季节，人们对它的使用也不同，春天用畚箕挑土肥，秋天用簸箕簸粮食……就这样，“期”便用来表示某一时段的意义了。

“期”是会意兼形声字，本义指一段时间，如：假期、暑期、早期。泛指时间或规定的时日，如：日期、限期、延期。唐代李商隐的《夜雨寄北》里有这样的诗句：“君问归期未有期，巴山夜雨涨秋池。”诗中的两个“期”都用来表示时间。

由于人们对未来的时光一般都寄予希望，有所祈求，“期”便引申出盼望的意义，如：期待、期盼、期望。“良剑期乎断，不期乎镆铘；良马期乎千里，不期乎骥骜。”这句格言出自于战国典籍《吕氏春秋·察今》。意思是：好剑希望能斩断东西，而不是非得有“镆铘”的美名；好马希望能日行千里，而不是非得有“骥骜”的美名。句中的四个“期”都表示希望之义。

右图是唐代的彩绘陶马。这匹仰天长啸的千里马，可能正期待着有朝一日能有用武之地。

〔唐〕彩绘陶质啸马

源于木橛（弋）

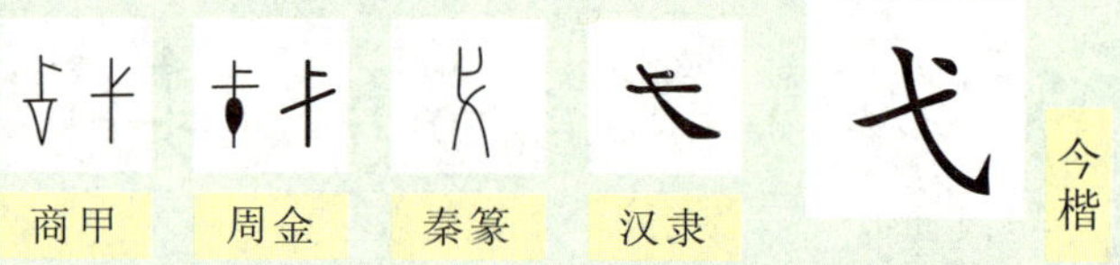

“弋”和“戈”字形相近，但二者的来源和意义没有丝毫联系。“戈”源于古代的兵器，而“弋”源于生活中经常使用的木橛。

甲骨文和金文的“弋”，看上去就像一根短木橛的样子，上部有分杈，下部有尖头。秦篆以后的“弋”，木橛的杆被写得弯转曲折，从而让人看不出它的意义了。

“弋”是象形字，本义指木橛、木桩。南北朝时期的辞书《玉篇》对它的解释就是：“弋，橛也，所以挂物也。”其实，在生产力尚不发达的古代农耕社会里，木橛的使用相当广泛，不仅可以钉在墙上挂东西，也可以钉在地上拴牛马，还可以系上细绳当飞镖使用去进行渔猎活动，甚至建宫殿、修道路时把它插在地上可以确定位置和走向……因此表示天才、才能的“才”就是由弋衍生出来的一个字。

由于弋系上细绳能当渔猎使用的飞镖，人们还把系着细绳的箭也称为弋。宋代陆游的《东齐夜兴》里有这样一句诗：“忽忆江湖泊船夜，号鸣避弋闹群鸿。”大意是：忽然回忆起客船停泊在江湖上的夜晚，曾看到一群鸿鸟为躲避射来的弋而喧叫。句中的“弋”就表示尾部拴着细绳的箭。

右侧的猎雁装饰图案是从战国时期一件铜壶上描摹下来的。那些拖着线绳的箭虽然也被称为“弋”，但它绝不是弋字的原本之义。

〔战国〕猎雁装饰图案

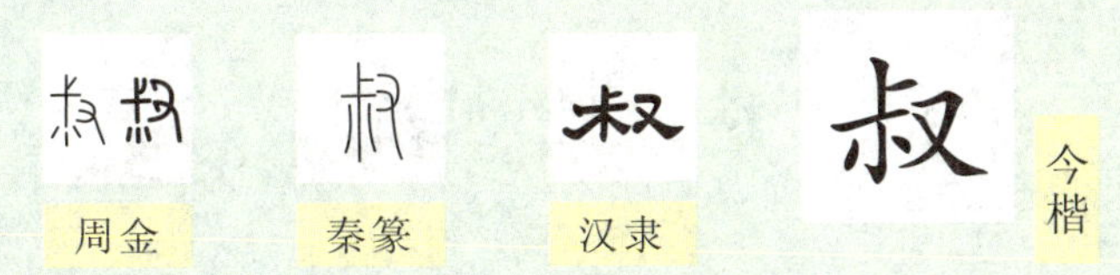

人们常把与父亲同辈而年龄较小的男子称为“叔”。然而，汉代《说文解字》对它的解释却是：“叔，拾也。”

金文的“叔”，左上部是表示尖头木橛的“弋”，左下部是豆芋、白薯之类的小东西“小”，右部是表示人手的“又”或“爪”。从字形上看，就像有人手持木橛，挖掘生长在地表下面的块根类作物，并把它们捡拾回来。

“叔”是会意字，本义指捡拾、拾取。《诗经·豳风·七月》里有这样的句子：“八月断壶，九月叔苴。”大意是八月采摘葫芦，九月捡拾麻籽。句中的“叔”就表示拾取之义。

可能是因为捡拾地里东西的农活，大都由家里的“小叔子”来做，也可能是因为拾取的豆芋、白薯之类的东西太小，“叔”就被借用表示叔伯之“叔”了。如儿子称父亲的弟弟为“叔父、叔叔”，女人称丈夫的弟弟为“小叔子”，人们一般把与父亲同辈而年龄小的男人称为“大叔、表叔”。

现在，“叔”的本义已经弃之不用了，表示叔伯之“叔”已成为其基本意义。以“叔”为意符的字大都与“叔叔”的意义有关，如：督（叔对侄的监管）、寂（单身叔叔的孤独）、淑（叔对侄情深而引申指德行美好）、菽（叔比父小而引申指豆类作物）。

左图是清代《百子团圆图》的局部。那位不怕苦累的大童子就是他所照料的两个小童子的“叔”。

〔清〕叔侄童子图

商甲	周金	秦篆	汉隶	今楷
			在	在

“在、才”同源，都是根据常用的木橛造出来的。只不过“才”从木橛的作用取义来表示才华，而“在”从木橛的存有取义来表示存在。

甲骨文和金文前一款的“在”，就像个楔形木橛或画有十字线的木橛，意思是用木橛标明工程建设的位置和走向。其实这个字是“才”。因为这种由木橛做成的标识物非常重要，“才”便用来表示能力、才华方面的意义。又因为这种标识物是实实在在存有的，“才”又用来表示存在方面的意义。

为了把“才”的后一种意义区分出来，人们在字中另加上表示斧钺的“王”或“士”，强调用斧子把木橛钉在地上。汉隶以后的“在”，才被写走了形，“士”被写成了“土”，“在”变成了现在这个样子。

“在”的本义指木橛的存在，也用于表示生存，如：在职、健在、山河永在、精神常在。“但使龙城飞将在，不教胡马度阴山。”唐代王昌龄《出塞》诗里的这个“在”就表示存活之义。

因为任何事物的存在，都会有具体的位置、时间、范围等限定，“在”便引申指处于、处在，如：在场、在早晨、在全国。宋代政治家王安石有句名言：“在上不骄，在下不谄。”意思是身处高位不骄横，身处下位不谄媚。而古语“谋事在人，成事在天”中的两个“在”则可以解释为“取决于”。

左图是宋代的磨房砖雕。那墙上的簸箕、笸箩、笤帚就挂在木橛上。我们虽然看不到它，但能明显地感觉到它的存在。

〔宋〕磨房砖雕

商甲	周金	秦篆	汉隶	今楷
[古文字]	[古文字]	[古文字]	[古文字]	才

人才是决定事业成功的重要因素，正如古语所言："功以才成，业由才广。"然而，"才"这个字的来源并不是什么了不起的东西，而是让人看不上眼的小木橛——"弋"。

甲骨文和金文前一款的"才"，就像个尖头木橛。而后一款的"才"，则像在确定好位置的十字线上，插入了一根木橛，用来作为某一有用之点的标识。这种标识方法在土地丈量、工程建设等方面被普遍采用。秦篆以后的"才"，那两条垂直交叉的十字线还依稀存在，只是楔形木橛被写成了一撇。

"才"是象形字，本义指用于确定位置而钉在地上的木橛。因为这种标识物对于工程测量和建设具有很重要的作用，"才"便用来表示能力之义，如：才能、才智、德才兼备、多才多艺。引申指具有某种才能的一类人，如：将才、全才、奇才。"江山代有才人出，各领风骚数百年。"在清代赵翼的《论诗》这一句子中，"才人"是指有文学才华的人。

另外，因为读音相同，"才"还被借用为"纔"的简化字，作用与刚刚、仅仅相当，如：刚才、方才。"小荷才露尖尖角，早有蜻蜓立上头。"宋代杨万里《小池》诗里的"才"就是这种用法。

右图是清代的瓷瓶，装饰图案画着汉代张良在高师指导下研读兵书的情景。后来张良协助刘邦打下天下，治理国家，成为汉朝初年难得之才。

〔清〕人物图案瓷瓶

商甲	周金	秦篆	汉隶	今楷
				己

“己”的意义很简单。人们除了在我国传统的表示时间和顺序的干支名中用到它外，大都用来表示自己。

“己所不欲，勿施于人。”这是《论语·颜渊》里记载的大思想家孔子之言。大意是：自己不喜欢的事情，不要强加给别人。其中的“己”代指自己，表示个人。

“知己知彼，百战不殆。”这是春秋时期的军事家孙武编著的《孙子兵法》里的话。说的是：了解自己也了解敌人，即使打一百仗也不会有凶险。句中的“己”代指自己一方，表示群体。

我们的先人是怎样造出“己”这个字的呢?

甲骨文、金文一直到现代楷书的“己”，字形没有多大的变化，都像一根曲曲弯弯、绕来绕去的绳子。

“己”是象形字，就像一根绳索之形。在文字产生的夏商时期，生产力水平低下，绳子的使用相当广泛。人们用它把自己砍的柴草捆起来背回家，用它把自己猎捕的禽兽拴养起来，用它把自己开垦的田地扎上篱笆圈起来，甚至用它把人家欠自己的账以“结绳记事”的方法记录下来……总之，什么东西用绳子一拴就属于自己的了。为此，人们便用表示绳索的“己”来表示自己这一意义了，如：舍己为人、克己奉公、固执己见、身不由己。

左图是唐代的玉雕。当孩子拽拉着骆驼脖子上的绳索时，就意味骆驼和它驮载的货物便属于孩子自己所在的家庭了。

〔唐〕童子骆驼玉雕

商甲　周金　秦篆　汉隶　弔　吊 今楷

“吊”是“弔”的异体字，汉字简化时，“吊”被转正，“弔”被废弃。

甲骨文和金文的“吊”，像个侧立之“人”，身上被表示绳索的“己”捆绑着。有的在绳索前端加了个上指的箭头，意思是把人捆绑起来，吊挂在半空。汉隶的“吊”，把绳索写成了“弓”，把人写成了“丨”，从字形上看不出吊挂人的意思了。

“吊”是会意字，本义原指把人捆绑起来，悬空高挂，泛指悬挂，如：吊灯、吊桥、吊装。“吊”由把人或物向上提挂引申出提取、收回之义，如：吊水、吊销、吊扣。旧时的铜钱中间有孔，可以用绳穿起来提着，“吊”还表示货币单位，一吊相当于一千个铜钱。

因为人被捆绑吊挂，说明他招致了祸患，家属必定会对其进行劝慰，“吊”又引申出安慰之义。例如，“吊民伐罪”的意思是安抚无辜百姓，讨伐有罪君王；“形影相吊”的意思是只有身体和影子互相安慰，形容非常孤单。进而又引申表示对死者的哀悼和对死者家属的慰问，如：吊丧、吊孝、吊唁。由“口、巾”组成的“吊”便由此而来，“口”表示念诵悼词，“巾”表示悬挂的丝布挽幛。另外，“吊”还表示对古人和往事的追怀，如：凭吊。

右图是汉代的青铜长矛头部。这件铜矛的装饰物就是两个被捆绑着双手、吊挂起来的人。

〔汉〕青铜矛头

商甲	周金	秦篆	汉隶	今楷
[古文字]	[古文字]	[古文字]	弗	弗

在商代的甲骨卜辞中，与“弗”相关的记载不少，如“今夕弗震王师”，意思是商王的军队在今晚没有受到惊扰。又如“狩，弗其逐”，意思是狩猎时没有追捕到野兽。在这些句子里，“弗”都表示不、没有等具有否定的意义。然而，从“弗”的构成和来源看，是无论如何看不出这个意义的。其实，“弗”是“缚”的本字，它是依据用绳子捆绑东西造出来的。

甲骨文和金文的“弗”，字形就像有一根弯曲的绳索——“己”，绕来绕去，分别把一些箭杆、树枝、长戈捆绑起来。汉隶以后的“弗”，由于构字符号化的需要，把被捆绑的东西抽象为一撇一竖，把绳索写成了“弓”。

“弗”是会意字，本义指把东西捆绑起来，即“缚”所表示的意义。因为散乱的树枝、箭杆等物品经过捆绑之后，就会变得整齐而不散、不乱。由此，“弗”便用来表示否定的意义，作用相当于“不”。三国时期的辞书《广雅》就解释说：“弗，不也。”

儒家经典《礼记·学记》在强调实践和学习的重要性时有这样一段话：“虽有嘉肴，弗食，不知其旨也；虽有至道，弗学，不知其善也。”意思是：即使有鲜美的食物，不亲口品尝就不会知道它的美味；即使有最好的道理，不亲自学习就不会知道它好在何处。句中的两个“弗”都表示不的意义。

右侧是清代的担柴人图。散乱的柴草经过樵夫的捆扎变得不再凌乱。这就是“弗”来源的依据。

〔清〕担柴人图

弟

商甲 周金 秦篆 汉隶 今楷

我们的先人所造的“弟”，最初不是为了表示兄弟，而是表示次序，即“第”的。“弟”与“第”原本是同一个字。

甲骨文及金文前一款的“弟”，就像表示绳索的“己”缠绕在长杆子上。“弟”源于古代先民垂钓的渔竿或狩猎用的缀着绳索的投枪，使用前旋转渔竿或投枪，绳索会按顺序松开，用完后再按顺序卷上。而后一款的“弟”，则把长杆换为表示武器的“戈”，但字的意义未变。汉隶以后的“弟”承接了后一种写法，只是把“戈”写散了架，把“己”写成了“弓”，最后演变成了现在这个样子。

“弟”是会意字，本义指缠绕在长杆上的绳索。因为用绳子缠绕东西必定会有先后顺序，“弟”便用来表示顺序、次序之义。又因为女人生养孩子也是有次序的，“弟”又被用来表示同辈男子中比自己小的，如：兄弟、胞弟。“四海之内，皆兄弟也。”这句话出自《论语》，为先贤孔子的门生子夏所言，反映了我国儒家学派建立和谐社会，人人和睦相处的理念。

后来，为区分“弟”的这两重意义，人们用竹字头的“第”来表示次序之义，如：次第、第二。而用八字头的“弟”来表示弟弟之义了，如：兄弟、弟妹。

左侧是宋代画家苏汉臣所绘的婴戏图局部。那个身材稍矮小的童子就是身材稍高大的童子的“弟”。

〔宋〕婴戏图（局部）

源于绳套（厶）

“私”和“公”意义相对，许多成语都把它们连在一起使用，如“公而忘私、假公济私、损公肥私”。这两个字中都有字符“厶”，其实这个字符本身就是“私”。

甲骨文、金文和秦篆前一款的“私”是象形字，就像个绳套。绳套的使用古今都相当普遍，上山砍柴、集市购物、荒原上追逐野马、树林间套捕禽兽……只要绳套的口一紧，里面的东西往往就属于个人的了。“私”字的来源就是这么简单。秦篆后一款及其以后的“私”，因为粮谷是人们赖以生存的主要私有财物，“厶”便被加上禾字旁而变成了会意兼形声字。

“私”的本义指个人的或属于个人的，与属于大家的、国家的“公”相对，如：私事、私有、公私兼顾、铁面无私。“自环者谓之私，背私谓之公。”这是《韩非子·五蠹》里的一句话。大意是：为自己经营就是私，背弃私欲就是公。

因为有些私事不适于公开，“私”便引申指暗地里、隐秘地，如：私下、私访、私相授受、窃窃私语。还有些私事属于犯罪行为，“私”又引申指违法的商品，如：走私、贩私、私货。汉代贾谊有这样一句名言：“国耳忘家，公耳忘私。”意思是为了国家和公众的利益，宁可舍弃自己的家庭和个人的利益。

下图是元代的套马图。当那位猎马者把绳索套在野马的脖子上，并将它降服时，这匹马也就属于这位猎手私人的了。

〔元〕套马图

怡

周金　秦篆　汉隶　今楷

“怡”原本写为“台”。

汉代辞书《尔雅》对怡的解释是：“怡，乐也。”而许慎《说文解字》的解释是：“台，说也。”这里的“说”并不是表示说话，而是与“悦”同义。看起来，“怡”和“台”的意思相通，原本都表示喜悦、和乐之义。

金文的“怡”写为“台”，是会意字。它的上部是个猎捕野兽所用的绳套“厶”，下部是个表示嘴巴的“口”，意思是看到猎物被绳扣套牢，禁不住张嘴乐了。就如同“喜”字一样，上部是个“鼓”，下部是个“口”，意思是听到鼓声张嘴乐。

“怡”的本字“台（yí）”，本义指人们捕到猎物之后的喜悦之情。汉代《史记》有这样的记载：“唐尧逊位，虞舜不台。”意思是上古时代的尧把帝位禅让给了舜，舜感到不那么自在。其中的“台”用的就是它的本义。

可能是因为古代的氏族部落中，捕猎能手会被推举为首领并住进筑有高台（tái）的房屋，“台”便用来表示古代的官名，如：道台、学台。后来，“台”还作了“臺、檯、颱”的简化字，分别表示高而平的建筑物、高的桌案和强烈的风暴，如：戏台、柜台、台风。“台”的意义扩大后，为了与其本义相区别，人们另造形声字“怡”代替了它的本义，如：怡然自得、心旷神怡。

左侧是元代著名书画家赵孟頫的饮马图。图中人就是因为自己得到一匹好马而高兴得亲自端水侍饮。

〔元〕饮马图卷

商甲	周金	秦篆	汉隶	今楷
				纠 糾

绳子是古代先民最常用的工具，生活、劳作、狩猎甚至连打仗都离不开它。大概最让人们挠头的就是把一堆缠绕不清的绳子理顺。“纠”就是基于这种认识造出来的。

“纠”原本写为“丩”。甲骨文和金文的“纠”，都由两个相同的表示绳套的“厶”（“私”的本字）组成，只不过它们或者上下纠集，或者左右相对，意思是两根绳子缠绕在一起了。

秦篆前一款的“纠”，把两个绳套之形的“厶”换成了两个绳子之形的“己”，字中含有个人利益的交织。秦篆后一款及其以后，另加上表示丝线的“糸”，用以说明绳子的属性，字中的两个“己”也发生变异，“纠”被写为左“糸”右“丩”了。

“纠，绳三合也。”这是《说文解字》所作的解释，意思是说多股绳子绞合在一起为“纠”，如：纠结、纠葛、纠缠不休。大诗人李白在《古意》诗里写有这样的句子：“枝枝相纠结，叶叶竞飘扬。”其中的“纠”就表示缠绕之义。

“纠”由两个绳套的相互缠绕，引申指一些人的聚集、集合，如：纠集、纠合。这个用法一般含有贬义。“纠”还由把缠绕的东西解开而引申指矫正、改正，如：纠正、纠偏、有错必纠。

左图是一件战国时期的玉环，被雕刻成两根绳子相互绞合之形。绳子缠绕在一起的这种状态，其意义就是“纠”。

〔战国〕绞绳纹玉环

商甲	周金	秦篆	汉隶	今楷
				以

“以铜为镜，可以正衣冠；以古为镜，可以知兴替；以人为镜，可以明得失。”这是唐代太宗皇帝李世民的名言。他告诫人们，要善于借鉴古代的经验，虚心听取他人的意见。句中的六个“以”都可以解释为“用”。

甲骨文及金文前一款的“以”是象形字，像人们捆绑东西所用的绳套，写法同“厶”完全一样。而后一款的“以”，在字中加了个“人”，表示人对绳套的使用。汉隶以后的“以”，承继了甲骨文和金文后一款的写法，只是左部的“厶”，由于平衡字的重心的需要，写得有些变了形。

“以”的本义是指使用绳套干活，泛指用、拿，如：以身作则、以诚相待、动之以情、晓之以理。清代民族英雄林则徐曾写有这样的诗句：“苟利国家生死以，岂因祸福避趋之。”大意是：对国家有利的事甘愿拿生命去奉献，绝不为个人利益而避祸趋福。

另外，在一些词语中，“以”的意义多被虚化，有的起连接作用，如：所以、以便、全力以赴。有的起界定作用，如：以前、以东、自古以来、从此以后。

“以”和“私”都源于绳套，但它们同源不同义。“以”从使用绳套去做某项工作的角度取义，表示绳套是人凭借的工具。而“私”从使用绳套完成某项工作结果的角度取义，表示套中之物归属于个人。

右图是元代的玉雕。那位驭马人就是以手中的缰绳来控制马匹为自己服务的。

〔元〕人与马玉雕

源于网具（网）

商甲	周金	秦篆	汉隶	今楷
				网 綱

“天网恢恢，疏而不失。”这是春秋时期的思想家老子的一句名言，原意是世间万物都在依据大自然的规律运行，就如同一张大网，尽管网眼稀疏却没有漏失。现在，人们常借用此言喻指法网宏大，任何犯罪分子都逃脱不了它的惩罚。

甲骨文和金文的“网”是象形字，就像两根木杆中间挂着的一张网，那些相互交错的斜线表示网眼。秦篆后一款的“网”有些复杂化，一是加上了“糸”，表示网是由线绳编织而成，二是加上了“亡”，既表示落入网中便难以逃走，也表示字的读音。这种写法的“网”是会意兼形声字。简化后的“网”又恢复了早期象形的写法，只是把网眼写成两个“乂”了。

“网”的本义是指用线绳编织的捕鱼、捉鸟甚至猎获野兽的器具，如：渔网、鸟网、张网以待。古语说：“临渊羡鱼，不如退而结网。”意思是说，站在岸边眼馋水中的鱼，不如回去编织一张网来捕捞。句中的“网”是指捕鱼的网。

“网”引申指像网一样的东西，如：网兜、蜘蛛网、铁丝网。还引申指纵横交错的水、电、路、邮系统，如：灌溉网、交通网、通讯网。进而人们还把那些有着内在联系，却看不见摸不着的组织或系统也以“网”相称，如：法网、关系网、销售网、互联网。

左图是新石器时代的网纹彩绘陶壶，距今约有五千年的历史了。从一定意义上讲，陶壶上所画的网就是最原始的“网”字。

〔新石器时期〕网纹彩绘陶壶

商甲	周金	秦篆	汉隶	剛	今楷

刚

“海纳百川，有容乃大；壁立千仞，无欲则刚。”这是清代政治家林则徐自题的一副对联，挂在家中，用以自勉。

“刚”是“剛”的简化字。甲骨文的“刚”由两个象形的字符组合而成，一个是具有切割和砍削功能的“刀”，另一个是捕鱼捉鸟的“网”，意思是能够把坚韧的网绳砍断的刀，借此表示刀更为锋利、坚硬。金文至简化前的“剛”，在字中加了个“山”，与“网”组合为“岡”，用来表示字的读音，“剛”由此而变成了会意兼形声字。汉字简化时，“剛”写为左“冈”右“刂”了。

“刚”的本义是指刀的硬度高，泛指东西坚硬，意义与“柔”相对，如：刚硬、刚劲。引申指人性格和意志的坚强，如：刚强、刚烈、刚正不阿、以柔克刚。孔子非常赞赏刚强的品质，甚至把它作为仁德之人首先应当具有的品行。《论语·子路》载有他这样一句话：“刚、毅、木、讷，近仁。”意思是：刚强、坚毅、质朴、慎言，这四种品质仁人志士都应当具备。

“刚”还被借用表示时间、空间上的连续、承接，作用相当于“才、正好、仅仅”，这大概与人挥舞刀时的连续动作有关，如：刚才、刚刚、刚好、刚巧。宋代苏轼在《花影》诗写道：“刚被太阳收拾去，却叫明月送将来。”句中的刚指的是时间上的连接。

右图是清代的关羽牙雕摆件。我们用关羽手中的让敌人胆战心惊的青龙偃月刀来表示“刚”的意义。

〔清〕关羽牙雕摆件

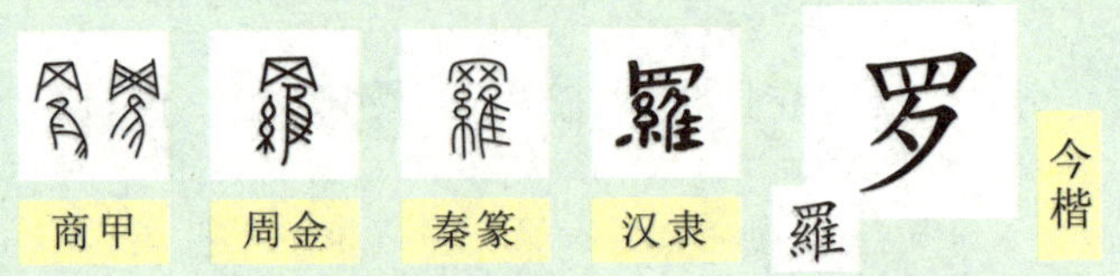

“罗”是“羅”的简化字。

甲骨文的“罗”，上部为“网”，下部为“鸟”，意思是指捕鸟的网。金文及其以后的“罗”，下部加了个表示线绳的“糸”而写成“维”。简化后的“罗”，把“维”换成了“夕阳”的“夕”，表示傍晚鸟雀归巢的时候才是猎捕它们的最佳时机。

“罗”是会意字，本义指网，如：罗网、天罗地网。“不见篱间雀，见鹞自投罗。”在三国曹植的这句诗中，“罗”就表示捕鸟所用的网。由于“罗”是由丝线编织成的，人们还把一种能够显现出网纹效果的丝织品也称为“罗”，如：罗衣、罗扇、绫罗绸缎。

“罗”由表示捕鸟的网转而指用罗来捕鸟，成语“门可罗雀”的意思是门前可以张网捕鸟，形容宾客稀少，门庭冷落。《诗经·小雅·鸳鸯》里载有这样的句子：“鸳鸯于飞，毕之罗之。”其中，“毕”与“罗”原本都表示擒兽捕鸟的网，这里也都用为动词，表示用毕和罗去捕鸟。

因为捕鸟的人一般都把网设置在鸟经常出没的地方，甚至还排成网阵，“罗”便引申指排列、分布，如：罗列、星罗棋布。进而又引申指收集、招致、包括等义，如：网罗、搜罗、罗致、包罗万象。

左侧的田园围网图是清代一幅画的局部。图的下方那张高高立着的大网可能不是捕鱼用的，而是捕鸟用的。“罗”指的就是这种网。

〔清〕田园围网图

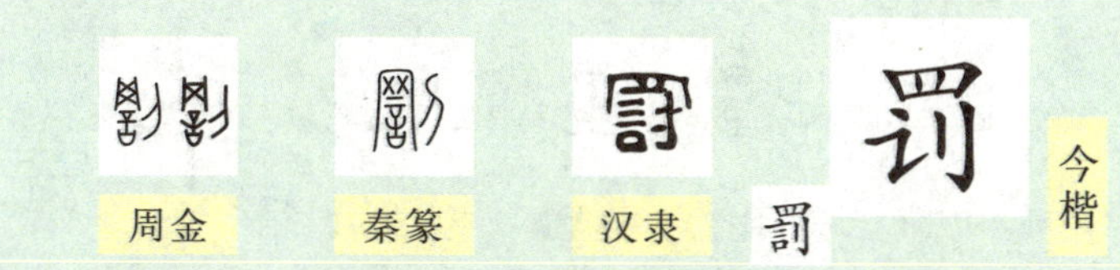

开创了我国大唐盛世的唐太宗李世民曾指出："赏当其劳，无功者自退；罚当其罪，为恶者咸惧。"意思是说，奖赏符合他的功劳，没功的人就会自动退下来；惩罚符合他的罪过，作恶的人就会感到害怕。在句中，"罚"与"赏"相对，表示惩处。

"罚"是"罰"的简化字。

金文和秦篆的"罰"由三个字符组成：一个是"网"，在字中代表法律尊严的"法网"；一个是"言"，表示对犯人进行宣判；另一个是"刀"，表示对犯人施以肉刑乃至死刑的刀具。整个字的意思是对触犯法律的人进行宣判和肉体惩处。汉隶以后的"罰"，字符"网"逐渐演化成了四字头。汉字中，由四字头组成的字意义大都与"网"有关，如：罗、罪、罩、罢、羁。

"罚"是会意字，本义指对犯人进行肉体惩处，商周时期处罚犯人有"五刑"，分别为墨（在脸上刺字）、劓（割鼻）、宫（割生殖器）、刖（剁足）、杀，这些处罚都为肉刑。现在，随着社会的进步和法律的完善，"罚"的意义变为依照法律对犯法者进行的惩处，如：处罚、罚金、赏罚分明。竞技场上，对违规者的惩处也称"罚"，如：罚球、罚下。

右侧的审理案犯图为清代孙温所绘。那些跪在地上被审判的人，可能就要遭到处罚。而衙役手中的棍棒，则是用于处罚的刑杖。

〔清〕审理案犯图

源于长柄网具（毕）

商甲	周金	秦篆	汉隶	今楷
			畢	毕 畢

对“毕”这个字最敏感的，莫过于在校学生了。小学毕业读中学，中学毕业读大学，学业全部完成，标志着学生时代的终结。人们为什么会用“毕”来表示结束、完成这一意义呢？

“毕”是“畢”的简化字。

甲骨文前一款的“毕”是象形字，就像个分叉的长柄竿子，前头编织着围网。“毕”原来是古代一种猎捕鸟兽的长柄网具。甲骨文后一款及其以后的“毕”，又加了个表示狩猎之义的“田”，强调了“毕”的猎具功能，也使它变成了会意字。简化后的“毕”，用“十”表示网具的把，用“比”表示字音，变成了形声字。

“毕”的本义原指狩猎用的长柄网具，甲骨文中有好多字都含有它，例如，表示捕获的“擒（ ）”，表示鸟被捉走的“离（ ）”，表示猎猪时英勇精神的“敢（ ）”。宋代陆游在《闻雁》诗里写道：“不知重云外，何处避毕弋。”句中的“毕弋”就是指猎鸟所用的网具和箭矢。

古人用毕捕捉鸟兽，主要是为了解决食物来源问题，鸟兽一旦被捉到，便意味着其生命的结束，因此“毕”便用来表示完成、终结，如：毕业、完毕、毕其功于一役。进一步还引申表示全、都，如：毕生、毕露、群贤毕至。

下图是汉代的一块狩猎画像石局部拓片。图中后面两个猎手手里拿着的长柄网状猎具，就是我们上面所介绍的“毕”。

〔汉〕狩猎画像石拓片（局部）

上“人”下“离”为禽。

甲骨文的“禽”是会意字，它由表示长柄网具的“毕”和表示手的“又”组成，看上去就像有人手拿网具去猎捕禽兽。金文的“禽”，在上部加了个“今”，既用来表声，也用来表示狩猎时要屏住声息的意义。因为“今”（甲骨文写为A）是在倒写的“口”下加点，原指嘴里含着东西，嘴含东西当然就得闭口不言了。汉隶以后的“禽”，由于构字符号化的需要，才写为上“人”下“离”。对于这两个字符组合而成的“禽”，不妨理解为人捉到了鸟兽之后离开现场，扬长而去。

“禽”是“擒”的本字，本义原指对禽兽的捕捉，也用来表示捕获来的禽兽。我国汉代医学家华佗曾创造了一套“五禽戏”，是模仿虎、鹿、熊、猿、鸟五种禽兽的动作编成的体操锻炼方法。为此有人说，“五禽戏”是中国乃至世界上最早的体操。

现在，“禽”一般用于指鸟雀，如：家禽、猛禽、飞禽走兽。“野禽喧曙色，山树动秋声。”这是南北朝时期萧悫《经山寺》里的诗句。“朝来庭树有鸣禽，红绿扶春上远林。”这是宋代陈与义《春日》里的诗句。句中的“禽”都表示鸟雀。后来，“禽”的本义被“擒”取代，“禽”就主要用来表示鸟的总称了。

画像石属于石刻艺术，在汉代达到了高峰。下图是一块画像石拓片局部，描绘三位猎手挥舞着长柄网具“毕”，正在捕捉飞鸟和走兽。甲骨文的“禽”（“擒”的本字）就源于这样的场景。

〔汉〕狩猎画像石拓片（局部）

源于长柄网具（毕）

商甲	周金	秦篆	汉隶	今楷
			離	离（離）

离心离德、背井离乡、挑拨离间、分崩离析、众叛亲离、形影不离……这些成语都含有"离"字。这个字是怎样造出来的呢？

甲骨文和金文前一款的"离"，就像一把长柄网具"毕"正在捕捉"鸟"，鸟被人捉走了，当然就离开了它原来生活的群体。金文后一款的"离"，把上部的鸟换成了表示树林的"林"，意思变为由于人们的乱捕滥猎，鸟儿只得离开丛林。秦篆以后的"离"构字符号化，写为左"离"右"隹"。汉字简化时，仅用其中的一部分来表示它的意思了。

"离"的本义是指分别、分开，意义与"合"相对，如：离别、分离、寸步不离。宋代苏轼在《水调歌头》一词写有这样的诗句："人有悲欢离合，月有阴晴圆缺，此事古难全。但愿人长久，千里共婵娟。"其中的"离"用的就是它的本义。

如果两样东西被分离，中间自然就会有间距，"离"便引申指相隔、相距，如：距离；下笔千言，离题万里。"离"还表示缺少之义，如：鱼儿离不开水，瓜儿离不开秧。

"离离原上草，一岁一枯荣。"在白居易的诗里，"离离"形容野草高而直，长得茂盛。而在李贺"夜峰何离离，明月落石底"的这句诗里，"离离"则形容山高而直，一座挨一座地排列着。

左侧的雄鹰图为元代画家所绘。这只戴着锁链的鸟可能就是被人用"毕"捕来，而离开了它曾生活的山林。

〔元〕戴链雄鹰图

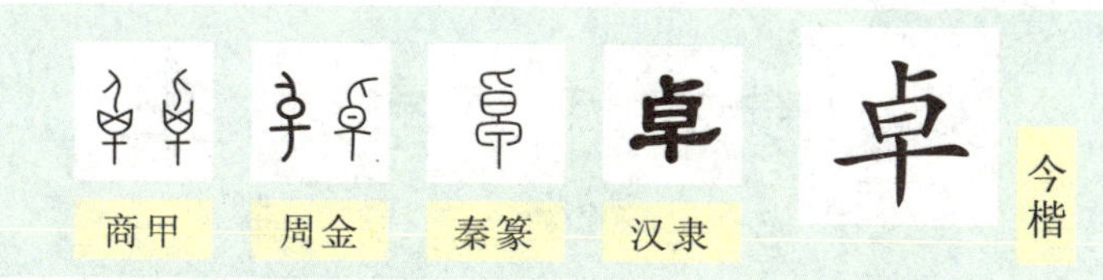

“卓”是“罩”的本字。

甲骨文的“卓”，下部是表示长柄网具的“毕”，上部是侧身而立的“人”，意思是人被网给罩住了。金文和秦篆的“卓”，上部的“人”未变，下部的网具却逐渐写走了形。汉隶以后的“卓”，规范为上“卜”下“早”，从字形上看不出人被网具罩住的意思了。

“卓”是会意字，本义指用长柄网具把人扣在其中，即“罩”的意义。因为“毕”这种网具比较小，只能用于猎捕鸟雀或体形稍小的野兽，能够用它把人罩住，说明使用者的技艺高超。因此“卓”便用来表示优秀、超出一般的意义，如：卓越、卓著、艰苦卓绝、远见卓识。晋代陶渊明《和郭主簿》诗有这样的句子：“芳菊开林耀，青松冠岩列。怀此贞秀姿，卓为霜下杰。”诗中描写了菊与松的秀姿，赞颂它们品格超群，是寒霜之下的豪杰。

在人们的心目中，那些超乎寻常者往往高大、正直，“卓”由此引申出又高又直的意义，如：孤峰卓立。宋代王禹偁在《对雪》一诗曾经这样描写边关的景物：“城上卓旌旗，楼中望烽燧。”意思是：城墙上高耸着军队的战旗，门楼中能望到报警的烽烟。“卓”在句中就表示高的意思。

右侧的杂技表演图为明代宪宗皇帝行乐图局部。这两个人脚蹬转轮，口吹短笛，其精彩的演出可以用四个字来形容，那就是“卓尔不群”。

〔明〕杂技表演图

源于车子（车）

商甲 周金 秦篆 汉隶 今楷

車 車 車 車 车

我们现在所见到的车，大都是汽车、火车、摩托车，然而，“车”字却来源于古代的马车。

“车”是“車”的简化字。甲骨文和金文的“车”一看就明白，字形就像一辆由轮、轴、厢、辕等组成的马车。秦篆以后的“车”，车的构件减少了很多，就像用一根车轴把车轮和车厢穿连起来。简化后的“车”，虽说不那么像车了，写起来却很方便。

“车”是象形字，本义指马车，泛指陆地上有轮子的交通运输工具，如：公交车、救护车、消防车、自行车。“车辚辚，马萧萧，行人弓箭各在腰。”这是唐代杜甫《兵车行》里的诗句，其中的“车”是指由马拉的战车。

人们还把有轮子转动的机器设备也称为“车”，如：纺车、水车、车床。进而又把工厂中干活的地方称为“车间”，把用车床干活的人称为“车工”，把车工用车床干活称为“车某某活”。“鱼陂车水人竭作，麦垅翻泥牛尽力。”这是宋代陆游《记老农语》中的诗句，这里的“车”就用为动词，表示用水车提取鱼塘里的水。另外，“车”还是个组字构件，在字中大都充当意符，表示与车辆有关的意义，如：军、载、轰、轮、转、辆。

下图是在陕西省临潼县出土的秦代铜车马，大小是真车马的二分之一，现陈列于秦始皇兵马俑博物馆。据说秦始皇曾经多次巡游全国，乘坐的就是这种样式的车。

〔秦〕铜车马

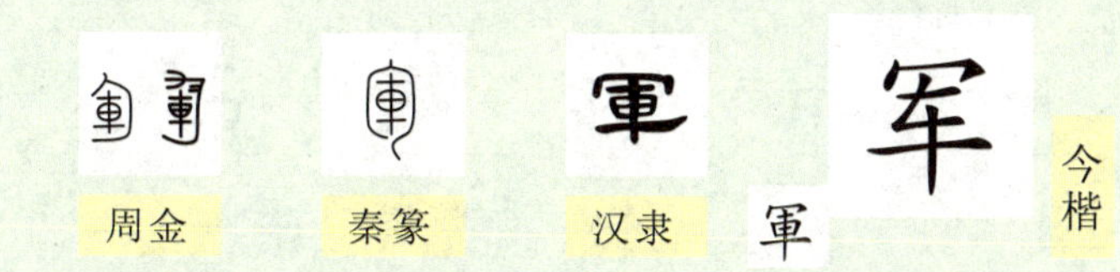

上“冖”下“车”为军。

甲骨文中尚未见到“军”字，表示军队这一意义的字是“师”，甲骨文写为“𠂤”。它是借用人屁股的“臀”来代指军队的，说明商代的军队以步兵为主，驻扎时会留有屁股的印迹。而在金文中，“军”被广泛使用，它说明了两个问题：一是军队编制扩大，士兵数量增多；二是军事装备提高，战车被普遍使用。

金文的“军”有两款，都是含有“车”的半包围结构的字。只是前一款是会意字，包围着“车”的是身体呈环形的“人”（勹）。而后一款是会意兼形声字，包围着车的是手臂环绕、抱着两块铜饼的“匀”（勻）。它既表意也表声。两种写法都表示一个意思，即军队驻防时把战车呈环形停放，以保护中间的军人。

“军”的本义指由战车组成的武装部队，也泛指军队，如：军人、参军、扩军备战。“三军甲马不知数，但见动地银山来。”宋代陆游的这句诗，描绘的是披着银色铁甲的部队进军的情景。

“军”引申指部队最高的编制单位，在师级以上。据《周礼·夏官》载：“万有二千五百人为军。王六军，大国三军，次国二军，小国一军。”“军”还引申指与军队有关的事宜，如：军医、军备、拥军爱民。

右图是从甘肃省武威县一座汉代将军墓出土的铜制马车。“军”字中的“车”指的就是这种类型的战车。

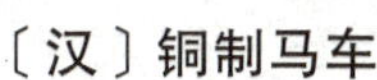
〔汉〕铜制马车

商甲	周金	秦篆	汉隶	两	今楷

两 兩

“两”是“辆”的本字，它的来源与“车”有关。

甲骨文的“两”其实就是“车”，像两匹马拉的单辕车，即车辆，只不过，“两”是从拉车的马匹数量为二这一角度取义用来表示数字。金文的“两”为了突出这一意义，舍掉了车的轮、厢、轴等部件，保留了可以架在马脖子上、供其拉车的两个轭，以及固定轭的衡和连接车轴的辕。秦篆和汉隶的“两”承继了金文的写法，就像马车的衡、辕和双轭组成的图形。

“两”是象形字，本义指车辆的“辆”。如《尚书·牧誓序》“武王戎车三百两”中的“两”。“两”在古代典籍中有的用为“辆”，后来，人们另造“辆”表示“两”的本义，“两”就与车无缘了。

“两”由两匹马拉的车，引申出数词“二”的意义，如：两个、两侧、两小无猜、两袖清风。由此，还引申表示矛盾的双方，如：两全其美、两败俱伤、势不两立。还被借用为市制重量单位，即“斤两”的“两”，一两为一斤的十分之一，相当于五十克。

“一片丹心图报国，两行清泪为忠家。”这是明代民族英雄于谦《靖日感怀》的诗句。意思是：我把全部的心血都献给了国家，留给自己家庭和亲人的只有歉疚的泪水。“两”在句中泛指数量，为不确定的数字。

左图是掩埋在地下的商代战车，出土于河南省安阳市。那时的军队在战场上拼杀，乘坐的就是这种“两”。

〔商〕出土战车

商甲	周金	秦篆	汉隶	今楷
				輿 舆

现在的“舆”，从字形上让人实在看不出它的意思来，然而观察它早期的写法，其意义就很容易理解了。

“舆”是“輿”的简化字。甲骨文的“舆”，就像有四只手共同举着一辆有厢之“车”，意思是有很多人在制造或维修车辆。汉隶以后的“舆”，由于字形整齐化和符号化的需要，字中的四只手重新排列组合，而让人看不出修造车辆的意思了。

“舆”是会意字，本义指车或车厢，如：舍舆登舟、舟舆之便。《孟子·梁惠王上》载有孟子之言说：“一羽之不举，为不用力焉；舆薪之不见，为不用明焉；百姓之不见保，为不用恩焉。”大意是：一根羽毛举不起来是因为不肯用力，一车柴草看不见是因为不肯明察，老百姓生活得不到保障，是因为君王不肯施恩于他们。句中的“舆”就表示车。

因为古代的车辆没有轮胎，跑起路来很颠簸，坐着不舒服，官绅富豪便用人来代替车轮，由此“舆”便引申指由人抬的轿子，如：彩舆、肩舆。“舆”还由造车、抬轿的人，引申指普通老百姓和社会大众，我们常用的“舆论”“舆情”等词，指的就是群众的意见和态度。

右图是宋代的瓷质花轿。几个人立于轿旁，好像正抬轿而行。我们就用这些轿夫来说明“舆”的引申意义。

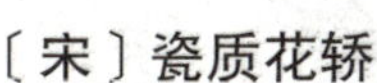

〔宋〕瓷质花轿

源于船（舟）

商甲	周金	秦篆	汉隶	今楷
				舟

舟是我国南方常见的水上交通运输工具，因而在唐代诗人的笔下，与“舟”有关的诗句也屡见不鲜。

“两岸猿声啼不住，轻舟已过万重山”，这是李白乘舟沿长江飞速而下的内心感受。“沉舟侧畔千帆过，病树前头万木春”，这是刘禹锡面对沉舟的理性思索。“春潮带雨晚来急，野渡无人舟自横”，这是韦应物描绘的一幅关于舟的图画……

甲骨文和金文的“舟”，看上去就像一只结构简单的方头小木船，现在人们一般把它称为“舢板”。秦篆以后的“舟”，虽说还有些船的影子，但象形的意味明显减弱了。

“舟”是象形字，本义指船，如：轻舟、泛舟、独木舟。成语“同舟共济、破釜沉舟、顺水推舟、逆水行舟”中的“舟”都表示船。另外，“舟”还是个组字构件，可以和其他字符组合成字，以“舟”为意符的字大都与船有关，如：舰、艇、舵、艘、航、舱。

我国是个海洋大国，曾有过辉煌的驾船远航的历史。明代的航海家郑和，从1405年至1433年，曾经率领庞大的船队，驾驶着自己制造的宝船七次下西洋，足迹踏遍亚非三十多个国家和地区，创造了世界航运史的奇迹。

左图是明代郑和宝船的复制模型。据史料的记载，宝船长138米，宽56米，有9桅12帆，是当时世界上最大的“舟”。

〔明〕郑和宝船（复制模型）

商甲	周金	秦篆	今楷
[illegible]	[illegible]	[illegible]	航

现在的“航”字，让人很难理解它的意义。如果你看一下这个字的早期写法，就不能不为我们先人那种简单明了、生动传神的造字技巧所折服。

甲骨文的“航”是会意字，几个字符的组合让人一看就能明白其中的含义，一个手握船篙的“人”站在“舟”上，正驾着小船在水上航行。金文的“航”，像人站在船上任由船行。楷书的“航”变成了“舟”为意符、“亢”为声符的形声字。

“航，船行也。”这是南朝的辞书《玉篇》对该字所作的解释。“航”的本义是指驾驶船舶在水上行驶，如：航海、航运、远航。唐代韩愈在《答张彻》一诗写有这样的句子：“叠雪走商岭，飞波航洞庭。”大意是说，脚踏积雪跨过商岭山，乘船破浪穿越洞庭湖。现在，人们还把飞机、飞船和卫星在空中飞行称为“航”，如：航空、航天、宇航。

另外，在一些典籍中，常用“杭”来表示“航”的意义，如《诗经·卫风·河广》：“谁谓河广，一苇杭之。”意思是谁说江河宽广，一叶苇舟便可跨越。句中的“杭”通“航”。从这个意义上讲，我国西湖边上的杭州，其名称的由来大概与这里河网密布、舟船众多、航运发达有关吧。

下图是宋代画家夏圭所绘的《长江万里图卷》局部。图中撑船人搏击风浪、驾船前进的情景，正是对甲骨文“航”的形象注释。

〔宋〕撑船人图

商甲 周金 秦篆 汉隶

前

今楷

“前”与“后”意义相对，二者常互相搭配组成一些寓意深刻、通俗易记的成语，如：前车之覆，后车之鉴；前事不忘，后事之师；前人栽树，后人乘凉；前无古人、后无来者。

甲骨文的“前”，由表示脚的“止”和表示船的“舟”组成，有的还格外加上“行”，意思是船像长了脚一样在水中前进。由于船行进时划开的波纹如同把布剪开一样，为此秦篆的“前”便在字中加了把“刀”。汉隶以后的“前”，由于字形相近，又把字中的“舟”误写为了“月”。其实，“前”的来源与“月”毫无关系。

“前”是会意字，本义指船划破水面而行，泛指朝着面对的方向走去，如：前进、前行、勇往直前、畏缩不前。三国时期的辞书《广雅》对其所作的解释就是：“前，进也。”

因为船向前行进，必然把原来所处的位置抛到后面，“前”便引申出在方位和时间上与“后”相对的意义，如：前方、从前、前因后果、前赴后继。“流水淘沙不暂停，前波未灭后波生。”在唐代刘禹锡的这句诗里，“前”用的就是这一意义。

又因为船行进的前方隔一段时间才能到达，“前”还引申表示将来，如：前程、前景、前途光明。“莫愁前路无知己，天下谁人不识君。”唐代高适这句诗中的“前路”就表示未来之路。

左图是清代的划船童子玉雕。我们的先人就是根据船在水中的行进造出了“前”这个字。

〔清〕划船童子玉雕

盗

商甲 周金 秦篆 汉隶 今楷

“盗”的上部为“次”，下部为“皿”，意思应该表示残次的器皿，为什么却与盗贼、偷盗的意义联系在一起了呢？

甲骨文和金文的“盗”，下部不是表示器物的“皿”，而是表示小船的“舟”；上部不是表示残次的“次”，而是张着大嘴、流着口水的人，它原本为“涎”，古文字写作“㳄”。意思是对人家的东西垂涎三尺，要驾船去窃取。汉隶以后的“盗”，因为字形近似，便误把“舟”写成“皿”，误把“㳄”写成“次”了。另外，表示因喜爱而想得到的“羡”，下部的“次”也属于这种情况。

“盗”是会意字，本义指眼馋人家的东西，以至于下手窃取、抢劫的人，如：盗贼、强盗、江洋大盗。引申指偷窃他人财物的行为，如：偷盗、盗窃、监守自盗。人们还把非法使用公家或者他人的财物、名义及权益去谋取个人私利的行为也称为“盗”，如：盗版、盗用、欺世盗名。

战国典籍《吕氏春秋》载有一则“掩耳盗铃”的故事，只是那件被盗的东西不是铃而是钟。“百姓有得钟者，欲负而走，则钟大不可负。以椎毁之，钟况然有音，恐人闻之而夺己也，遽掩其耳。”现在，人们常用这则故事来讽刺那些自欺欺人的人。

右图是清代的金盖托瓷碗。这套材料昂贵、制作精致的皇家御用器皿，确实会让那些盗贼们垂涎三尺。

〔清〕金盖托瓷碗

源于武器的字

源于刀子（刀）

商甲 周金 秦篆 汉隶 今楷

“不知细叶谁裁出，二月春风似剪刀。”这是唐代诗人贺知章《咏柳》里的诗句。作者以剪刀喻指春风，意境巧妙而清新。“我自横刀向天笑，去留肝胆两昆仑。”这是清代谭嗣同因变法革新失败走向断头台时留下的诗句。作者直抒胸臆，展示了一个壮士的慷慨与豪迈。上面的诗句都含有“刀”。

在介绍“刀”字之前，先来看看下图。那是一把三千多年前的商代青铜大刀，刀尖上翘，刀身弯曲，刀背还装饰着棱形纹。在博物馆里，常常可以见到这种形状的刀具。

甲骨文和金文的“刀”是象形字，所像之物就是下面的那种青铜刀。尤其是金文的“刀”字，有的就画了一把刀。汉隶以后的“刀”，字形整齐化，有点不那么像刀了。

“刀”的本义是指刃口锋利的武器或用具，可以用来切、割、砍、削、刺，如：菜刀、镰刀、刺刀、铅笔刀。人们把有些形状像刀的东西也称为“刀”，如抹墙用的“瓦刀”、滑冰用的“冰刀”以及春秋战国时期有些诸侯国使用的“刀币”。“刀”还被用来比喻危险的事情或人物，如：刀山火海、两面三刀、笑里藏刀。

另外，作右偏旁使用的“刂”是从“刀”演变来的，由“刀”（刂）组成的字中，它有的为意符，如：刃、分、切、利、刻、削，有的为声符或兼而表意，如：叨、召、到。在字典中，有的把刀字头“⺈”也列在刀部，如：龟、兔、象，但是这些字的意义与刀没有任何联系。

〔商〕青铜大刀

创

周金　秦篆　汉隶　創　今楷

创新是社会发展的阶梯，守旧是事业衰败的祸根。清代赵翼的诗说得好："不创前未有，焉传后无穷？"意思是不创造出前所未有的美好东西，拿什么去传留给后世的无穷子孙。

"创"是"創"的简化字。

金文及秦篆前一款的"创"写为"刅"，是指事字，在刀的两侧分别加点用作指事符号，表示两面都有锋芒的刀。金文后一款的"创"，由人站立之形的"立"和"刃"组合而成，意思变为刀刃能给人带来创伤。秦篆后一款及其以后的"创"才演变为"仓"为声符、"刀"为形符的形声字。

"创"的本义原指两面都有锋刃的、类似于剑的刀。由于使用这种刀很容易对他人的身体造成伤害，"创"便用来表示受伤和伤害之义，如：创伤、创面、重创。这一意义的"创"读作"chuāng"。

因为"创"这种双刃刀是在单刃刀的基础上经过创新制造出来的，"创"又用来表示具有新意的创造，如：开创、创举、创意。进而还表示通过经营而获取利益，如：创利、创收、创汇。这一意义的"创"读作"chuàng"。

剑都是双刃的。右图是春秋时期越王勾践所用的宝剑。这把用特殊工艺制作的剑，虽说历经两千五百多年的风雨，仍然光亮可鉴、锋利无比。它从一个侧面反映了中华民族的伟大创造力。

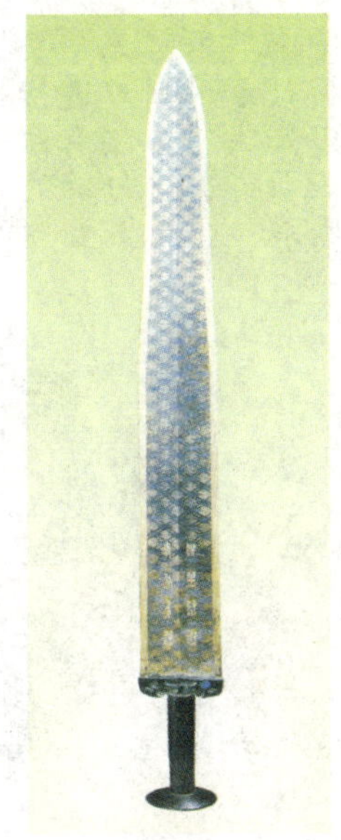

〔春秋〕越王勾践剑

源于刀子（刃）

商甲	周金	秦篆	汉隶	今楷
				刃

“十年磨一剑，霜刃未曾试。”这是唐代诗人贾岛《剑客》里的诗句。意思是历经十年光阴磨砺手中之剑，剑锋寒气闪烁未曾用来一试。人们常用此句来比喻经过多年潜心修养，一旦机会来临便会跃跃欲试。句中的“刃”是指宝剑的锋芒。

“刃”是典型的指事字，其来源与刀有关。

甲骨文和金文的“刃”，是在象形字“刀”的锋利之处另加上一条曲线或者点，用作指事符号，来指明刀锋所在的位置，即人们所称的“刃口”。

“刃”本义是指刀锋所在的位置，泛指刀剑斧钺等利器上用来切割、砍劈的那一部分，如：刀刃、斧刃、迎刃而解。《尚书·费誓》载：“锻乃戈矛，砺乃锋刃。”意思是锻造武器戈矛，磨砺上面的锋芒，其中的“刃”就表示武器的刃口。

因为刃口是刀的锋利之处，“刃”便引申指刀以及剑戟斧矛等冷兵器，如“手持利刃”是指手里拿着刀剑，“白刃战”是指双方用刺刀进行拼杀。“刃”还用为动词，表示杀，如：手刃奸贼。“相看白刃血纷纷，死节从来岂顾勋。”唐代高适《燕歌行》这句诗的意思是：只见到将士们提着带血的利器拼力厮杀，在面临生与死的时刻哪能考虑什么功名利禄。

左侧的匠人磨刀图为清人绘制的《北京民间风俗百图》之一。这位匠人把工具固定在长凳上，扛着它走街串巷，靠给人家磨砺刀剪的锋刃挣钱维持生计。

〔清〕匠人磨刀图

商甲	周金	秦篆	汉隶	今楷
				分

“物以类聚，人以群分。”这句古语的意思是物品因为类别相同而被划归在一起，人因为族群不同而相互分离。

从商代甲骨文到现代楷书，“分”的构成要素一直未变，都由表示分开之义的“八”（“扒”的本字）和切割东西的“刀”组成。意思是以刀分物，即把东西分割成几部分，使其相互离开。

“分（fēn）”是会意字，本义指分开，意义与“合”相对，如：分割、分离、分门别类。《三国演义》开篇第一句“话说天下大势，分久必合，合久必分”中，“分”用的就是其本义。

因为人们切割东西，有时是为了查清该物以便与其他东西相区别，“分”便引申指辨别，如：分辨、区分、真假难分。又因为东西被切割之后，每一块便成了原物的一个组成部分，“分”又引申指事物的局部，如：分局、分场、分支机构。“分”还用作量词，是长度、时间、货币的计量单位之一，如：丈尺寸分、争分夺秒、身无分文。宋代卢梅坡在《雪梅》诗写道：“梅须逊雪三分白，雪却输梅一段香。”句中的“三分”是指十份中占三份，用来表示程度。

另外，“分”还读作“fèn”，表示职责、权利的限度，如：本分、过分、安分守己；或者表示东西里含有的物质，如：成分、水分、养分。

右侧是清代的卖西瓜商贩图。这位摆摊卖瓜人为方便顾客，提前把瓜切好，其意义就是“分”。

〔清〕卖西瓜商贩图

商甲　周金　秦篆　汉隶　利 今楷

《礼记》载有孔子这样一句话："苟利国家，不求富贵。"墨子也曾说过："利人乎即为，不利人乎即止。"看来，我们的古代先贤都把国家和人民的利益放在高于一切的位置上。

甲骨文和金文的"利"，由表示庄稼的"禾"与表示切割东西的"刀"组成，意思是收割庄稼的镰刀很锋利。有的字中还含有几个小点，那是表示抖落的谷粒或扬起的禾屑。汉隶以后，字中的"刀"发生变异而写为立刀旁"刂"了。

"利"是会意字，本义指刀的刃口快、刀锋锐利，意义与"钝"相对，如：利剑、利器、锋利、尖利。唐代白居易在《放鹰》诗写道："鹰翅疾如风，鹰爪利如锥。"其中的"利如锥"就形容鹰爪尖锐如同锥子一样。

由于人们在使用快刀切割东西时会觉得顺手，"利"便引申指顺当、方便，如：顺利、便利、干净利落。由此还引申出有好处和利润方面的意义，如：利益、盈利、利令智昏、兴利除弊。

"苟利国家生死以，岂因祸福避趋之。"这是清代民族英雄林则徐的诗句。大意是：只要有利于国家甘愿出生入死，怎能计较个人利益而回避不前。句中的"利"为使动用法，表示使……得到好处。

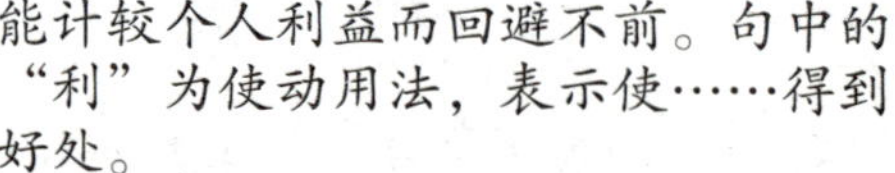

左图是我们的祖先在新石器时代使用过的石镰和骨镰。与现在的铁镰相比，它们是迟钝的。但是在五千年前，它们算是最为锋利的收割工具了。

〔新石器时代〕石镰和骨镰

商甲	周金	秦篆	汉隶	今楷
				勿

三国时期的刘备在他的《遗诏》中有这样一句话："勿以恶小而为之，勿以善小而不为。"意思是说：不要因为坏事小就可以去做，也不要因为好事小就不屑于去做。句中的两个"勿"都用于表示否定，意义可以用"别、不、不要"等来解释。

"勿"其实是"物"的本字。

甲骨文和金文的"勿"，字中都含有一把"刀"，刀刃的周围散布着几个小点，表示人们切割菜果鱼肉时需要扔掉的菜根、果蒂、鱼鳞等杂物，即"物"所表示的意思。秦篆以后，表示杂物的小点被加长，并与"刀"穿插到一起而写成了现在这个样子，让人从字形上看不出它的意思了。

"勿"是会意字，本义指用刀切去不需要的杂物。由于这些杂物都要被扔掉，便引申表示否定、劝阻和禁止的意义，作用相当于"不要、别、莫"等，如：请勿吸烟、切勿打扰。宋代辞书《广韵》就解释说："勿，莫也。"后来，人们另造"物"代替了"勿"的本义，"勿"也就专用于表示否定的意义了。

先秦典籍《论语》载有先贤孔子这样一句话："非礼勿视，非礼勿听，非礼勿言。"意思是说：对那些不符合道义的事情，不要看，不要听，也不要传播。句中的三个"勿"都表示莫、不要之义。右图是象牙雕刻的三只猴子。它们或捂眼，或捂耳，或捂嘴。清代工匠就是想借用它们来反映孔子这句话的意义。

〔清〕牙雕三猴摆件

商甲	周金	秦篆	汉隶	今楷
				初

左“衤”右“刀”为“初”。

从商代甲骨文到现代楷书，“初”的写法虽说因字体的演变而有些差异，但其构成要素毫无变化，都由两个字符所组成：一个是“衣”，另一个是“刀”，意思是用刀来裁剪衣服。

“初”是会意字，本义指裁剪布帛，以便缝制衣物，即“裁”所表示的意义，只不过这一意义早已被弃之不用了。

由于裁衣是制作衣服的起始、第一步，“初”就用来表示起头、开始之义，如：初始、初学、起初、月初。“初，裁衣之始也。”这就是汉代许慎在《说文解字》对它的解说。宋代王应麟的《三字经》开篇第一句为：“人之初，性本善。”这里的“初”就是起初、初始之义。

“初”引申表示头一次的，如：初次、初恋。还引申表示等级最低的，如：初等、初级。“初生牛犊不怕虎”是一句被人们经常使用的俗语，其中的“初”为虚词，作用相当于“才、刚”等。

“初出茅庐”是《三国演义》里的故事。汉代末年，刘备三登诸葛亮家门，邀请他帮助自己打天下。诸葛亮被他的诚意感动，便当了刘备的军师。他指挥的第一仗就用妙计把曹操的军队打得惨败。有人赞他：“直须惊破曹公胆，初出茅庐第一功。”后人就用“初出茅庐”来比喻刚进入社会参加工作。

左图是宋代牟益所绘的《捣衣图卷》局部。那位妇女用剪刀裁制衣服的情景，就是“初”所表示的意义。

〔宋〕裁衣女人图

制

商甲　周金　秦篆　汉隶　今楷

部件是构成汉字的基本单位。有些部件不仅使用率低，而且难以释读，“制”左侧的“𠂔”就是其中之一。但是，如果从字源上去探讨就会发现，它原来是“未”在写法上的变异。

甲骨文和金文的“制”，左部是“未”，右部是刀、斧之类的工具。从字形看“未”比“木”多了一层枝叶，说明它是高大的树木。而大树往往是建造房屋和制作器具的材料，在它旁边加上刀斧，正说明砍伐、加工树木之义。秦篆后一款的“制”，把“未”分成上下三段，进一步强调了截断和加工的意义。

“制”是会意字，本义指对木材进行加工，即做、造之义，如：制作、制革、制药。明代辞书《字汇》对它的说解就是：“制，造也。”成语“出奇制胜”和“克敌制胜”里的“制”都表示取得、夺取，其实是创造之义的延伸。

因为要对树进行加工必须根据它的情况先做好设计和规划，“制”便引申出规定和准则方面的意义，如：法制、制度、因地制宜。又由规定所具有的约束力而引申指强力管束，如：管制、控制、抑制。汉代《战国策·赵策》载：“制国有常，而利民为本；从政有经，而令行为上。”在句中，“制国”就表示对国家的治理和管控。

右侧是元代的《卢沟运伐图》局部。图中的木材就是经过那些搬运者的劳动而加工、制作出来的。

〔元〕卢沟运伐图（局部）

商甲	周金	秦篆	汉隶	今楷
			弓	弓

弓箭是古人最重要的狩猎工具和作战武器。它大约出现在一万多年前的旧石器时代晚期。人类对它的使用标志着自身的发展进入了一个新的阶段。

甲骨文和金文的“弓”就像一张射箭所用的弓，弯曲的是弓身，绷直的是弓弦。有的“弓”字有弓身无弓弦，说明这种弓更为高级，弓弦可以随意拆装。秦篆以后的“弓”，写法虽说有些变化，但仍然还像弓的样子。

“弓”是象形字，本义指能够把箭矢或者弹丸射向远处，从而杀伤猎物或敌人的一种武器。唐代杜甫在他的《前出塞》诗里写有这样的句子：“挽弓当挽强，用箭当用长。射人先射马，擒贼先擒王。”此诗在一定意义上介绍了弓箭的使用方法及其作用。

由于弓在制作时，为了使它产生很强的弹射力，都把它做成弯曲的弧形，“弓”便引申出弯曲之义，如：弓背、弓腰、弓形。“可怜九月初三夜，露似真珠月似弓。”唐代白居易《暮江吟》这句诗所描写的月，是指像弓那样的弯月。

“弓”可以独立成字，也可以与其他构件组合成字。“弓”在字中大都为意符，表示与弓及其作用有关的意义，如：弯、弩、引、弦、张、弛。在一些字中，“弓”为声符并兼而表意，如：躬、穹。

左图是甘肃省敦煌莫高窟的五代壁画。图中那位射手所用的武器，就是我们上面所介绍的“弓”。

〔五代〕射箭壁画

商甲	周金	秦篆	汉隶	今楷
[古文字]	[古文字]	[古文字]	射	射

楷书中“射”的左部是表示身体的“身”，右部是表示尺寸的“寸”。从字的组成来分析，“射”应该表示矮的意思，为什么却与射击、射箭联系到一起了呢？

甲骨文和金文的“射”，就像一支箭搭在弓上，正准备发射出去。有的加上了表示手的“又”，意思是用手把弓拉开，箭才能射出去。秦篆以后的“射”，把表示弓与箭的字符合并而写为“身”，把表示手的字符规范为“寸”。这两个字符组合在一起，就很容易让人对字的意义产生误解了。

“射”是会意字，本义指开弓放箭，也指枪炮、火箭的发射，如：射箭、射击、扫射。宋代苏轼在《江城子·密州出猎》一词中写道：“会挽雕弓如满月，西北望，射天狼。”意思是：能把雕着图案的强弓拉得如同圆月，朝着西北方向的天狼星把箭射去。句中含有抗击外敌入侵，捍卫边疆安宁的意思。

“射”由弓把箭发射出去，引申指光线的发散，如：射线、照射、光芒四射。进而还引申指液体在力的作用下迅速排出，如：喷射、注射。人们还把往球门里踢足球称为“射”，如“射门”。因为射向猎物的箭是从远处发出，不易被觉察，“射”又有暗中指向之义，如：暗射、影射。

右图是一幅魏晋时期的墓穴壁画。图中，骑马的猎手弯弓放箭的情景，正是对“射”字本义的形象注释。

〔魏晋〕射猎墓穴壁画

弹

商甲 秦篆 汉隶 彈 今楷

“弹”是多音多义字，不同的读音表示不同的意义。

甲骨文的“弹”有两款，都是象形字。前一款比较形象，在弓弦上画了圆形弹丸。后一款相对抽象，在无弦的弓旁加了个小点，也表示弹丸。秦篆以后的“弹”，图形化的构字方式被打破而改为符号化，“弹”变成以“弓”表意、以“单”表声的形声字了。

“弹”的本义是指可以用弓来发射的小圆球，如：泥弹、铁弹、弹丸。古代的阔少们有的则用金子来制作，唐代李商隐的七言诗《富平少侯》中“不收金弹抛林外”，说的就是富家子弟射出金弹却不去回收，反映了他们的奢侈生活。后来，随着火器的出现，“弹”引申指需要投射的爆炸物，如：枪弹、炮弹、手榴弹。以上意义的弹都用为名词，读作“dàn”。

由于弓所用的弹丸是借助于弓的弹力发射出去的，“弹”还用为动词，读作“tán”，表示发射，如：弹射。而琵琶、古筝之类的弦乐器需要用有弹性的拨子来拨动才会发声，“弹”又用来表示拨弄和敲击乐器，如：弹奏、弹唱、弹钢琴。唐代白居易的《琵琶行》描写了一位技艺高超的琵琶女，说她弹奏时：“大弦嘈嘈如急雨，小弦切切如私语。嘈嘈切切错杂弹，大珠小珠落玉盘。”

左侧是元代《挟弹游骑图》。这位拿弓的人正朝树上张望，准备打鸟。他的弓上搭的不是矢，而是弹。

〔元〕挟弹游骑图

商甲	周金	秦篆	汉隶	今楷
[illegible]	[illegible]	[illegible]	引	引

左“弓”右“丨”为“引”。在常用汉字中，像“引”这样右部为竖的字可能是绝无仅有。我们看看这个竖是怎样演变来的。

甲骨文及金文前一款的“引”是会意字，就像一个表示成年男人的“大”正要把“弓”拉开。而后一款则是个指事字，是在“弓”的后部加了个或直或弯的短画作指事符号，意思是此处是可以把弓拉开的地方。秦篆以后的“引”，承继了后一种写法，只是就把短画换成与“弓”并列的长竖了。

“引”的本义指把弓拉开，如：引弓放箭、引而不发。唐代卢纶根据汉代名将李广酒后误把巨石当虎而引弓射石的传说写有《塞下曲》一诗：“林暗草惊风，将军夜引弓。平明寻白羽，没在石棱中。”诗中的“引”用的就是它的本义。

由于弓被拉开后，弓弦和弓身的距离会加大，“引”便引申指拉长、延伸，如：引桥、引申、引吭高歌。还由用手把弓拉开，引申出牵、拉和吸引之义，如：牵引、引力、穿针引线。进一步还引申出带领、招来、援引等诸多意义，如：指引、引导、引人入胜、旁征博引、抛砖引玉。

清代乾隆皇帝在文治武功两方面都很有造诣。右图是一件画屏的局部，上面画着他射箭的情景。乾隆弯弓搭箭、将弓拉开的架势正是对“引”字本义的形象说明。

〔清〕乾隆射箭图

商甲	周金	秦篆	汉隶	今楷
			矢	矢

矢与弓不能分离，就如同弹与枪一样。在冷兵器时代，由于弓矢能够远距离袭击猎物或敌人，因而使得它成为当时最重要的狩猎工具和战斗武器。

甲骨文和金文的“矢”像一支箭。它由四个部分组成：主体是箭杆，其他三部分都安装在箭杆上。前端是箭镞，具有穿透和杀伤作用，它最早由石或骨做成，铜出现后改用金属。后部是箭羽，一般用鹰鹫的羽毛制作，用来保持箭飞行时的平衡。后端是箭栝，为凹槽形，可与弓弦相扣，便于发射。秦篆以后的“矢”，由于夸大了箭栝而不那么像箭了。

“矢”是象形字，本义指箭，如：削木为矢、矢无虚发、众矢之的、有的放矢。《汉书·晁错传》载：“蒙矢石，赴汤火，视死如归。”其中的“蒙矢石”指的是冒着箭矢和石块的打击。

“矢”也用来表示立志、发誓之义，如：矢志不渝、矢口否认。这种用法源于古人在结盟立誓时，常把箭杆折断，用以表示誓言一旦发出就如同离弦之箭不可收回的决心。另外，“矢”还是组字构件，以它为意符的字大都与箭的意义有关，如：医、疾、族、侯、短、矫。

下图是清代画家描绘的乾隆皇帝骑马射猎的场景。图中的那个女骑手正举着一支装有雕翎的细长的器物，递给挽弓射箭的乾隆。这件细长之物就是上面所介绍的“矢”。

〔清〕乾隆射猎图

侯

商甲 周金 秦篆 汉隶 今楷

“侯”与“候”，写法只有一笔之差，意义却各不相同。我们要介绍的是王侯将相的“侯”。

甲骨文和金文的“侯”是会意字，它由两个字符组成，一个是表示山崖的“厂”，另一个是表示箭的“矢”，意思是树立在山崖旁供人练习射箭的靶子。秦篆和汉隶前一款的“侯”，在字的上部另加了个“人”，意思变为射中箭靶的人了。汉隶后一款及楷书的“侯”，采用偏旁归类的方法，又加了个单人旁，变成了以“亻”表意，以“矦”表意兼表声的会意兼形声字。

“侯”的本义指箭靶。古时候，弓箭是最有用的狩猎工具和作战武器之一，人们常把射术高超的人推举为首领，“侯”由此引申出了“官”的意义，如：王侯、侯爵。据《礼记·王制》载：“王者之制禄爵，公、侯、伯、子、男，凡五等。”说的是周王朝共设置了五个等级的爵位，侯位列第二等。

在古代，能够被君王封侯拜相是大多数读书、习武之人的梦想与追求，宋代陆游就曾直言不讳地写道：“当年万里觅封侯，匹马戍梁州。”当然，也有人一心图报国，并非为功名，明代抗击倭寇的民族英雄戚继光就是其中之一。“封侯非我意，但愿海波平。”这句诗就表达了他保卫祖国海疆安宁，不被外侮侵犯的志向。

右图是战国时期一件铜壶上的装饰图案。那几位练箭人所面对的箭靶，就是“侯”所表示的原本之义。

〔战国〕练箭装饰图案

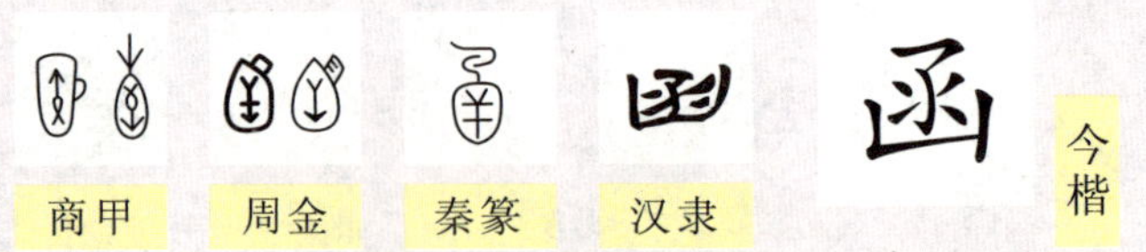

现在的“函”，字形就像一个槽子装着水的样子。其实，“函”字的来源与“水”无关，而与“矢”有关。

甲骨文的“函”，前一款像带有小耳的盒子，里面放着箭矢。这种写法的函表示用竹木制作的、可以挂在腰带上的箭壶。后一款就像扎着口的袋子，里面也装着箭矢。这种写法的“函”表示古代装箭的另一种用具——用皮革缝制的箭囊。金文的“函”承继了甲骨文前一款的写法。秦篆以后，由于构字向符号化演变，人们已经看不出它的意义了。

“函”是会意字，本义指盛装箭矢所用的箭壶或箭囊，泛指盛装东西的匣子、套子，如“剑函”是指剑鞘，“镜函”是指镜框，而“木函、玉函”指的是用木材、玉石做成的盒子。由于古代的文告、书信一般装在函中由信使发送，“函”便引申表示公文、信件，如：信函、公函、函电、函授。

另外，“函”因为能盛装物品，还引申表示包含、容纳之义。例如清代沈起风说过：“函牛之鼎不可以烹小鲜，千斤之弩不可以中鼷鼠。”其中的“函”就是容纳之义。不过这一意义的“函”现在已经被同音的“含”“涵”取代了。

左图是清代乾隆时期平定叛乱的功臣画像，曾悬挂于皇宫紫光阁中。这位武士身前挂着弓，身后背着矢，而那盛装弓和矢的匣子都可以称为“函”。

〔清〕功臣画像

商甲	周金	秦篆	汉隶	今楷
[illegible]	[illegible]	[illegible]	疾	疾

“有疾固足惧，无疾未足愉。”在清代陈确《病吟》的这句诗中，“疾”表示病痛、疾病。“春风得意马蹄疾，一日看尽长安花。”在唐代孟郊《登科后》的这句诗中，“疾”表示快速、急促。那么，“疾”的本义是什么呢？

甲骨文和金文的“疾”是会意字，它由表示成年男人的“大”和弓箭射出的“矢”组成，从字形上看就像人的腋下被箭矢射中的样子。人受箭伤也是一种病，为此秦篆以后的“疾”采用偏旁归类的办法，用病字旁的“疒”换掉了原来的“大”，疾变成“疒”表意、“矢”表意并兼而表声的会意兼形声字了。

“疾”的本义指箭矢造成的伤病，泛指各种病，如：疾病、疾患、讳疾忌医、积劳成疾。在古代，“疾”指小病，“病”指大疾，现在已经没有这种用法上的区别了。“鉴形须明镜，疗疾须良医。”在唐代王建《求友》的这句诗里，“疾”用的就是它的本义。

因为人受箭矢的伤害与其速度快、来得突然有关，“疾”还用来表示迅速、猛烈，如：迅疾、疾驰、疾言厉色、奋笔疾书。又因为疾病能给人带来疼痛感，被人们所憎恨，“疾”又用来表示厌恶、痛恨，如：疾恶如仇。

在《三国演义》中，关羽曾被毒箭所伤，著名医师华佗为他做了手术。右侧是北京颐和园长廊的装饰图，画的就是华佗刮骨疗毒，为关羽医治由矢所造成的“疾”。

〔清〕刮骨疗毒图

源于斧子（斤）

商甲 周金 秦篆 汉隶 今楷

提起"斤"来，人们都会说它表示重量。如果说"斤"的本义是指斧子，表示重量只是它的假借义，大多数人可能会感到吃惊。

甲骨文的"斤"是象形字，所像之物就是斧子，字中那个向侧面伸出的箭头表示斧头或斧刃，向下部伸展的曲线表示长长的柄把。金文以后的"斤"，斧刃加长而斧柄缩短了。

"斤"的本义指斧子，以它为意符的字大都与斧子有关，如：兵、匠、断、折、斩、新。孟子曾经指出："不违农时，谷不可胜食也；斧斤以时入山林，材木不可胜用也。"意思是农民不耽误农时，稻谷就吃不完；斧子适时进山林，树木就用不完。句中的"斧斤"就表示斧子。

在生产力低下的夏商社会，"斤"的使用相当广泛。人们砍柴劈木、做工务农、斩杀牲畜、参加战斗都离不开它。再加上同一个地区使用的铜斧，大都是用同一个模具铸造出来的，重量相同，因此在商品交换初期，没有砝码和秤砣的情况下，人们顺便用身边的"斤"作称量单位，"斤"就这样被借用表示重量了。唐代白居易有诗写道："织绢未成匹，缫丝未盈斤。"句中的"斤"就表示重量。后来，为了区分"斤"的这两重意义，人们另造"斧"代替了它的本义。

左图是宋代的鱼龙纹鎏银铁斧，这件稀世珍品可不是用来干活的，而是军事指挥权的象征。"斤"原本就指这种形状的器物。

〔宋〕鱼龙纹鎏银铁斧

斧

商甲　周金　秦篆　汉隶　今楷

斧既是人们常用的工具，也是古代将士杀敌的武器。

甲骨文和金文的“斧”各有两款。前一款是象形字，就像一把短柄斧头。而后一款是会意兼形声字，其中的“斤”原本就表示斧子，在字中为意符；还有一个是“父”，原指手拿石斧的男人，在字中也为意符并兼而表声。秦篆以后的“斧”承继了后一款的写法，只是把字形确定为上下结构了。

“斧”的本义指斧子，如：斧钺、板斧、利斧。战国时期的思想家荀子在《劝学》一文里写道：“质的张而弓矢至焉，林木茂而斧斤至焉。”大意是：靶标张开就会有弓箭射来，树木茂盛就会有斧子砍来。其中的“斧斤”指的就是斧子。

在由“斧”组成的词语中，“斧正”用于恭请他人审阅并修改自己的诗文，这是一种请对方不吝赐教的自谦说法。“斧凿”原指木工使用的斧头、凿子，用于文艺作品则表示过分雕琢。

“班门弄斧”是一则成语。“班”是指我国木匠的始祖公输班，因出生于鲁国又称鲁班。据说，他雕刻的木鸟能在天上飞，他制作的木马能用来拉车，许多宫殿、桥梁都是他设计建造的。在他家门口摆弄斧子、炫耀技艺，确实有些自不量力，可笑至极。

夏商时期，斧不仅有它的实用价值，同时也是权力的象征，我国新石器时代的权杖大都为斧钺之形。下图是一块汉代的斧车画像砖。这辆战车上插着把大斧，说明它是一辆负责指挥的车。

〔汉〕斧车画像砖

源于斧子（斤）

兵

商甲	周金	秦篆	汉隶	今楷
			兵	兵

上“丘”下“八”为“兵”，但“兵”的来源与这两个字毫无关系。

甲骨文和金文的“兵”，从字形上看，就好像有两只手高举着一把利斧“斤”，意思是斧为人们战斗的武器。汉隶以后的“兵”，上部的“斤”未动，却把下部的两只手穿插到一起而写为“六”了。

“兵”是会意字，本义指战斧之类的武器，如：兵器、兵革、短兵相接、秣马厉兵。唐代杜甫在《洗兵马》一诗写道：“安得壮士挽天河，洗净甲兵长不用。”该诗寄托了作者早日结束战乱的愿望。其中，“甲兵”是指盔甲和武器。

“兵”由表示战斧这种武器转而指手持武器去参加战斗的军人，如：士兵、炮兵、招兵买马、全民皆兵。还引申指军队和有关军事的，如：兵权、兵法、精兵简政、先礼后兵。

成语“纸上谈兵”源自战国史实。赵括自小熟读兵书，通晓战例，每当谈起用兵，便会引经据典，被人称为将才。有一年秦军攻赵，赵括统兵迎敌，结果大败，四十万军队被歼，他也被射死。后人就用“纸上谈兵”比喻只会空谈理论，而不切合实际。

《水浒》中的李逵是个家喻户晓的农民英雄，左侧的人物图就是清代画家描绘的李逵形象。他挥舞着手中的两把大斧，好像在冲锋陷阵。这正是“兵”字来源的最好说明。

〔清〕《水浒》人物李逵图

新

商甲	周金	秦篆	汉隶	今楷
[古文字]	[古文字]	[古文字]	新	新

“新松恨不高千尺，恶竹应须斩万竿。”大诗人杜甫的这句诗，态度鲜明，情真意切。时至今日，此句还常常被引用，来表达人们对新生事物的期待和对邪恶势力的憎恨。

“新”是我们经常使用的一个字，如：新人新事、新老交替、日新月异、推陈出新、新陈代谢、吐故纳新。那么，“新”字是怎样造出来的，它的本义是什么呢？

观察甲骨文和金文的“新”，可以发现它由三个字符组合而成：左上部是“辛”，原为古代一种对囚犯用刑的上宽下尖的刀具，在字中兼而表声；左下部是表示树木的“木”，在字中表意；右部是表示斧子的“斤”，好像对着“木”砍去，在字中也表意。三个字符组合，意思是用刀斧砍伐树木来作烧火的柴草。这样看来，“新”其实是“薪”的本字。

“新”是会意兼形声字，本义指人们做饭、取暖所用的柴草。由于树木刚被砍伐时，会留下崭新的茬口，“新”便被借用表示刚出现的，意义与“老”相对，如：新芽、新潮、新产品。引申表示没有用过的，意义与“旧”相对，如：新衣、新书、新鞋子。人们还把结婚时的人或物冠以“新”，如：新郎、新娘、新房。后来，为了与“新”的本义相区别，人们给它加上草字头，另造“薪”代替了它的本义。

右图是一幅元代的石刻拓片。这位樵夫身上背着的柴草，就是我们上面所介绍的“新（薪）”。

〔元〕樵夫石刻拓片

商甲 周金 秦篆 汉隶 鉞 今楷

钺

我国古代有十八般兵器之说，有人列为：刀、枪、剑、戟、斧、钺、钩、钯、棍、槊、铲、镋、鞭、锏、戈、矛、锤、叉。钺是其中的一种。

“钺”原本写为“戉”。甲骨文和金文的“钺”是象形字，就像一把长柄、圆刃的大斧。秦篆后一款及其以后，由于文字采用偏旁归类，给“戉”加上了金字旁用于表示其属性，“钺”也就变成了会意兼形声字。

“钺”的本义是指类似于斧子的兵器，汉代《说文解字》就曾指出：“戉，斧也。”有些常用字就源于这种武器，如：“成”（甲骨文为[古文字]），意思是斧钺一挥人头落地，杀人之事完成；“威”（金文为[古文字]），意思是手举斧钺对弱小女人耍威风；喊（金文为[古文字]），意思是用斧钺杀人时给自己壮胆的高声喊叫；甚至连表示君主的“王”（金文为[古文字]），字形也是去了柄的斧钺。

在古代，钺不仅是战场上拼杀的武器，更是军队将帅权力和威严的象征。三国时期蜀国丞相诸葛亮在《斩断》一文写有这样的话：“设斧钺之威，以待不从令者诛之。”说的是：设立斧钺以树军威，对那些不服从命令的人进行处罚。

左图是宋代银质镀金护法神像。这位天国的守护神，肩上扛着的武器就是我们上面所介绍的“钺”。

〔宋〕银质镀金护法神像

商甲 周金 秦篆 汉隶 歲 岁 今楷

“岁寒，然后知松柏之后凋也。”这是我国古代大思想家孔子之言。大意是说：一年中寒冷的时节，才能知道松树和柏树是最后凋零的。比喻只有经过严酷环境的考验，才能显现出那些品德高尚者的气节。“岁”在句中表示时间年。

“岁”是“歲”的简化字。甲骨文及金文前一款的“岁”，由表示古代战斧形的兵器“钺”与表示人脚的两个“止”组成。后一款则把“止”简省为两个点，用来表示鲜血，意思是用斧钺把人的两脚砍断。简化后的“岁”写为上“山”下“夕”，字中隐含着夕阳落山，光阴流逝，岁月无情之意了。

“岁”是会意字，本义指用利器伤害他人，即“刿”所表示的意义。“岁”源于古代祭祀时，把奴隶当作牛羊之类的“牺牲”来祭奠神祖，为了怕奴隶反抗或逃跑，就先把他们的两脚砍断。由于这种残暴的活动每年举行一次，“岁”便引申出表示年和年龄的意义来，如：岁末、岁月、年岁、万岁。

现在，有人称过年为“年关”，三十晚上要“守岁”，过年要燃放鞭炮，这些习俗的由来都与“岁”所蕴涵的残暴性以及躲过这一劫难的喜庆有关。后来人们另造“刿”代替了“岁”的本义，“岁”也就专用于表示时间了。“盛年不重来，一日难再晨。及时当勉励，岁月不待人。”晋代陶渊明这句诗中的“岁”就表示时间。

右图是商代的三孔青铜斧钺。它也许就是一件用来砍断奴隶双足的凶器，而锋刃上的斑斑锈迹也可能浸染着奴隶的鲜血。

〔商〕三孔青铜斧钺

源于战斧（戉）

商甲	周金	秦篆	汉隶	今楷
[古文字]	[古文字]	[古文字]	成	成

“成”字的意义较多。在孔子的“君子成人之美，不成人之恶”中，表示成全、促成。意思是道德风尚高的人成全别人的好事，不成全别人的坏事。在荀子的“百事之成也，必在敬之；其败也，必在慢之”中，表示完成、成功。意思是各项事业的成功是因为恭敬谨慎，而失败则是因为怠慢松懈。“百炼成钢、弄假成真”的“成”表示变成、成为；“成果丰硕、坐享其成”的“成”表示业绩、成就。“成”有固有的、定型的意义，如：成见、成规、成语。还有做好的、配套的意义，如：成品、成药、成套。

甲骨文和金文前一款的“成”，是在斧子形的“钺”下加个表示血滴或头颅的小点、圆圈，意思是斧钺一挥，就完成了对牲畜的宰杀或对人的行刑。金文后一款和秦篆的“成”，变为以“戊”（甲骨文写为[古文字]，也表示斧钺）为意符、“丁”为声符的形声字。汉隶以后，把“戊”与“丁”穿插到一起，写成了独体字的“成”。

“成”的本义指完成，即成功地做完了一件事。南北朝时期的辞书《玉篇》就解释说：“成，毕也。”“成”的其他意义都是在这个意义的基础上引申出来的。在甲骨文献中，“成”一般专指建立了商朝的汤王，这大概与他凭借武力灭掉了夏朝有关，也可能夏朝最后一位君王桀的脑袋就是他砍掉的。

左侧的行刑图是五代的《十五经图卷》局部。当那位手持斧钺的执法者砍下罪犯的头颅，他的一项任务也就完成了。

〔五代〕行刑图

威

周金　秦篆　汉隶　今楷

当刘邦经过灭秦伏楚的征战，建立汉王朝荣归故里时，曾高唱他的《大风歌》："大风起兮云飞扬，威加海内兮归故乡。"一个"威"字凸显了这位君王手握重兵、震慑天下的心态。

金文的"威"由两个字符组成，大的是表示武器的"戉"（"钺"的本字），小的是手无寸铁的"女"，大钺高悬于小女的头上，意思是用手中的武器去吓唬弱小者。秦篆以后，表示斧钺的字符逐渐演化为"戌"（甲骨文写为[illegible]，意义与"钺"相同），字也变成了半包围结构。

"威"是会意字，本义是指凭借武力去恐吓、震慑他人，如：威慑、威胁、威逼利诱。孟子在谈及大丈夫应该具有的品质时指出："富贵不能淫，贫贱不能移，威武不能屈。"意思是富贵不能使他堕落，贫贱不能使他改变心志，武力威胁不能使他屈服。

"威"引申指令人畏惧的声势或力量，如：声威、示威、耀武扬威。古人言："公生明，廉生威。"意思是说办事公正会使自己的头脑清醒，作风廉洁能够获得他人的信任。句中的"威"表示一个人或组织在人们心目中的声望和信任度，即"威望、威信"。

右图是从明代画家商喜所绘的《关羽擒将图轴》上剪裁的。这位武士手持大刀的架势，真可以说是八面威风。

〔明〕持刀武士图

商甲	周金	秦篆	汉隶	今楷
[illegible]	[illegible]	[illegible]	王	王

“王侯将相宁有种乎？”这是两千多年前的农民起义领袖陈涉的名言，表达了一位普通农民推翻秦王朝残暴统治的壮志。

甲骨文和金文的“王”，就像一把没有柄的、利刃朝下的斧钺。在早期人类社会中，部族领袖就是手拿这种武器来调度、指挥他人，甚至用它将人处死。因此“王”就成了权力的象征，而手持“王”的人也就被称为“王”。

“王”是象形字，本义指象征最高权力的武器——斧钺，引申指某一地域的最高统治者，如：帝王、国王、王公。唐代聂夷中在《咏田家》诗写道：“我愿君王心，化作光明烛。不照绮罗筵，只照逃亡屋。”其中的“君王”就表示国家的最高领导人。

我国从秦始皇嬴政建立统一的秦王朝开始，改国王的称号为皇帝，他自称始皇帝，从此“王”便用来表示皇帝所分封的最高爵位了，如：郡王、亲王、诸侯王。另外，人们还把同类中居首要地位的也以“王”相称，如：蜂王、兽王、花王、球王。

“王”在字中或作声符，如：汪、枉、旺、狂；或作意符，如：皇。以“王”为意符的字，大都与其本义无关，而和“玉”——美石的意义有关，如：弄、珠、珍、瑞、环、斑。在甲骨文中写为“丰”，像一串用细绳穿联起来的玉石片；在金文中写为“王”，字形与“王”相同。

左图是商代的青铜人面纹钺。这件龇牙咧嘴、凶相毕露的武器就是“王”字的所像之物——王。

〔商〕青铜人面纹钺

吉

商甲　周金　秦篆　汉隶　今楷

“吉祥如意、大吉大利、逢凶化吉、吉庆有余”，是人们祝福他人时最为常用的词语。这些含有“吉”的词语，为什么会被人们如此喜爱呢?

甲骨文和金文的“吉”，下部都是表示人嘴巴的“口”，上部有的是表示斧钺的“士”或“王”，有的是表示长矛尖头的字符。意思是人们在夸赞士兵使用的战斧、长矛锋利无比，能够保卫他们安宁祥和的生活，免除外族侵扰的凶险。秦篆和楷书的“吉”，把它规范为上“士”下“口”了。

“吉”是会意字，本义指幸福、美好、顺利，意义与“凶”相对，如：吉日、吉利、吉凶福祸、万事大吉。“吉，善也。”这就是汉代许慎在《说文解字》所作的解释。

唐代《贞观政要·教戒太子诸王》里载有这样一句话：“祸福无门，吉凶由己。”意思是说，祸福吉凶没有什么固定的门路，一切取决于自己。

“吉”还特指吉林省，如辽吉黑就是指我国东北地区的辽宁、吉林、黑龙江三省。另外，“吉”还是个音译用字，如“吉普”和“吉他”分别是英语“jeep”和“guitar”的音译。

右图是商代的玉刃铜矛，刃部由玉石磨制，銎部由青铜铸造，应属于仪仗用具。甲骨文后一款的“吉”，其上部的字符指的就是这种形状的兵器。

〔商〕玉刃铜矛

源于无柄斧钺（王）

金

周金　秦篆　汉隶　今楷

一提到“金”，人们最先联想到的是黄金，其实，“金”的本义是指铜。铜是人类最早冶炼和使用的金属。

金文前一款的“金”，上部是个表示箭镞的字符，下部是表示斧钺的“王”；后一款则在字旁另加上两个点，那是表示铜锭的“吕”，意思是用来制作箭镞和斧钺的铜锭。秦篆以后的“金”，表示铜锭的两个点被移了位，“金”演化成了现在这个样子。

“金”是会意字，本义指铜，“金鼓齐鸣、鸣金收兵”中的“金”指的是用铜制作的铜钟、铜锣。还泛指金属，包括金银铜铁锡等，如：冶金、合金、五金。由于铜和金子在古代都曾用来铸造货币，“金”便用来表示金钱，如：现金、奖金、拾金不昧。“金”还表示金子那种黄而亮的色彩，如：金色、金黄、金灿灿。

现在，“金”一般专指颜色深黄、表面光亮的贵重金属，也就是黄金。由于金子的价格昂贵，有人就以假乱真。唐代李绅有诗写道：“假金方用真金镀，若是真金不镀金。”看来造假的问题历代都存在，并非当今社会所独有。另外，“金（钅）”还是个组字构件，以它为意符的字大都与金属有关，如：釜、鉴、铜、铁、铸。“金”也可以作声符，如：钦、锦。

考古资料显示，天然海贝是我国商周时期的货币，也有用金、银、铜、玉、骨、陶等制作的人造贝币。左图的这些货币，它们的制作材料可不是铜，而是货真价实的金。

〔商周〕金质贝形货币

皇

周金 秦篆 汉隶 今楷

在我国，人们把神界的领袖称为“玉皇”，把原始时代的部落联盟领导人伏羲氏、燧人氏、神农氏并称为“三皇”，把封建时代国家的最高统治者称为“皇上”。

上“白”下“王”为“皇”。这个字是怎样演变来的呢？

金文的“皇”，上部是一顶闪闪发光的华贵王冠，下部是一把象征王权的斧钺，意思是指头上戴着王冠，手中握着权杖的帝王。秦篆以后的“皇”，下部的“王”未变，上部的字符，在秦篆中写为表示人鼻子的“自”，在汉隶和楷书中写为表示表白的“白”，字义含有自己指着自己的鼻子，称王称霸的味道了。

“皇”是会意字，本义指帝王头上所戴的王冠，转而表示那些头戴王冠的人，即具有极尊地位和极大权力的古代帝王，如：皇帝、皇后、皇亲国戚、三皇五帝。

“最是一年春好处，绝胜烟柳满皇都。”唐代韩愈《早春》诗里的“皇都”是指皇帝常住的城市——首都。而“皇冠、皇袍、皇宫”则表示皇帝使用的东西和居住、办公的地方。另外，“皇”还由皇帝的威严而引申表示气势庄严、盛大的样子，如：堂而皇之、冠冕堂皇、富丽堂皇。

右图是明代万历皇帝戴过的皇冠。它用金丝编织而成，虽说时隔四百多年，仍然华光闪烁，显示着皇帝的尊严。金文的“皇”，其上部的字符指的就是这种帝王戴的帽子。

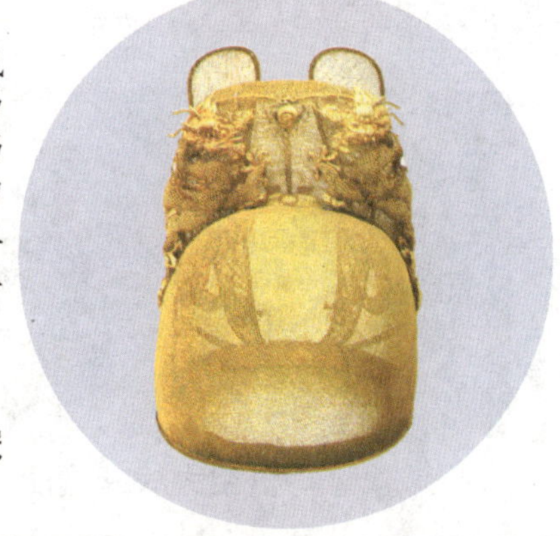

〔明〕金丝皇冠

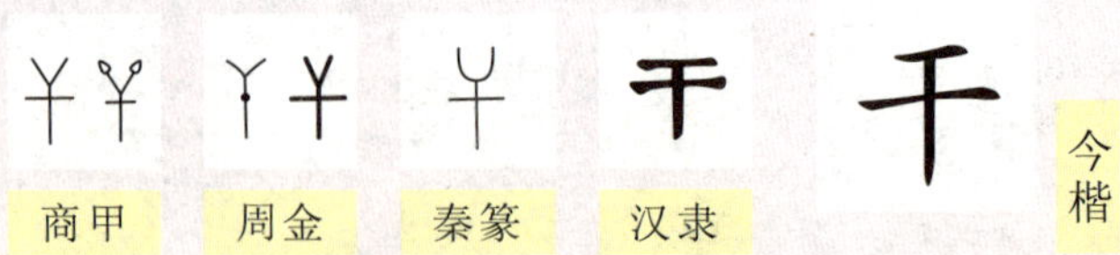

在人类社会早期，为了与野兽争夺生存空间，先祖们所使用的武器，除了俯身即是的石头，再就是方便易得的小树枝干。

甲骨文和金文的“干”，就像一根带有丫杈的树干，有的在树杈顶部加了两个圈，那是表示绑在上面的石头，以增加对野兽的打击力度。至于树干上的短横或小点，那是指事符号，表示树干的截断之处。汉隶以后的“干”，把前部的丫杈写为横了。

“干（gān）”是指事字，本义指由树木枝干制成的长柄简易武器。甲骨文的“狩”写为“[illegible]”，金文的“搏”写为“[illegible]”，字中都含有“干”。大诗人杜甫曾经写道：“干戈未偃息，安得酣歌眠。”句中的“干戈”原本指干和戈这两种武器，用来喻指战争。因为有人在侵犯他人利益时，常举着干这种武器，“干”便引申指冒犯、扰乱，如：干涉、干扰、干预。进而还引申指有联系的，如“毫不相干”。“干”还被借用为“乾”的简化字，表示与“湿”相对的意义，如：干湿、晒干、饼干、葡萄干。

另外，“干”还读作“gàn”，是“干”的简化字，表示事物的主体和重要部分，如：树干、骨干、干部。并由此引申出做和有能力的意义，如：干活、干练、埋头苦干、精明强干。

〔清〕孙悟空大战妖魔图

左图是清代画匠在北京颐和园长廊绘制的一幅装饰画。画面上，孙悟空大战妖魔所使用的武器——金箍棒也可能就是用树木枝干制作出来的。

單 单

商甲 周金 秦篆 汉隶 單 今楷

“单（dān）”源于“干”。

甲骨文前一款的“单”与“干”原本是一个字，都为丫形树杈制作的棍棒式武器，只不过单是在干的前端绑上两块石头以增加攻击力。后来，由于“干”还用于表示做事等方面的意义，人们便给它加上表示围猎之义的“田”（在农耕社会之前，田表示划区分片对野兽的围捕），另造“单”表示武器的意义了。

“单”是会意字，本义指古代一种原始的狩猎和作战武器，由它组成的字意义大都与打击和作战有关，如：弹、掸、殚、戰（“战”的繁体字）。由于单这种武器比较简易，在对付虎豹之类的猛兽时显得又轻又薄，打击力不足，“单”就用来表示力量微小、薄弱之义，如：单薄、微单、势单力孤。“秋月颜色冰，老客志气单。”唐代孟郊《秋怀》这句诗的“单”就表示气力微弱。

人要是少了力量就弱，“单”便引申指独自一个的，如：孤单、单独、单枪匹马。由于纸张和布匹的单薄，“单”还引申指记载事物的纸片和大块的布，如：单据、账单；床单、被单。

另外，“单”还是个多音字。在唐代卢纶《塞下曲》“月黑雁飞高，单于夜遁逃”里，“单于”是古代匈奴君主的称号，其中的“单”读作“chán”。“单”用为姓氏时读作“shàn”。

右侧的戏装打斗图为清代画家所绘。中间的那个红脸大汉要对付一群围攻他的人，未免显得势孤力单。

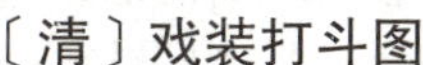

〔清〕戏装打斗图

商甲	周金	秦篆	汉隶	今楷
[illegible]	[illegible]	[illegible]	獸	兽 獸

人们一般把长着四条腿、全身有毛的哺乳动物称为“兽”，正如我国最早的辞书《尔雅》指出的那样：“二足而羽谓之禽，四足而毛谓之兽。”然而，“兽”字的来源却与人类的狩猎活动有关。

甲骨文前一款的“兽”由两个字符组成，一个是狩猎的工具——带杈的长杆子（即“干”），另一个是狩猎的帮手——狗（即“犬”），意思是拿着武器、带上狗去打猎。金文的“兽”，把“干”换成了同样是表示武器的“单”，有的还在下部加上个“口”，表示捉到野兽后的欢呼。简化后，“犬”被省掉，“单”被割裂，变成了符号的堆积，已看不出打猎的意思了。

“兽”是会意字，本义指猎捕野兽，在商代的一片甲骨上就刻有这样的卜辞：“王往兽。”意思是商王外出打猎，“兽”在句中就表示“狩”的意思。

因为野兽是人们狩猎的主要对象，“兽”便转而表示野兽，如“禽兽、走兽”，以及三国时期曹操所写的诗句“神龙藏深泉，猛兽步高冈”中的“猛兽”。又因为野兽没有羞耻感，其行为是野性的，“兽”还引申指野蛮、下流，如：兽性、兽心。后来，“兽”专用于表示野兽，而将打猎的意义转给了“狩”。

左图是一件烧水用的陶壶，属新石器时代的遗物，距今五六千年了。它的外部造型就是一只兽。

〔新石器时代〕兽形陶壶

敢

商甲　周金　秦篆　汉隶　今楷

“敢”是一个抽象的概念，很难用什么东西来表现。我们的先人是怎样造出这个字的呢？

观察一下甲骨文的“敢”。从字形上看，前一款就像有人手里拿着前头分叉的长木杆（即“干”），迎面去捕捉一头表示野猪的“豕”。而后一款则把“干”换成了长柄网罩的“毕”。我们的祖先是通过手持简陋猎具的人以大无畏精神去猎捕凶残的野猪，来表示“敢”这一意义的。

金文的“敢”，在写法上仍然渗透着人与野猪搏斗的情景，只不过表示长柄网罩的“毕”变了形。秦篆以后的“敢”，由于构字符号化的需要，让人看不出猎捕野猪的意思了。

“敢”是会意字，本义指有勇气、有胆量、不害怕，如：勇敢、果敢、敢想敢干、敢为人先。三国时期的辞书《广雅》就解释说：“敢，勇也。”另外，“敢”还用为谦词，表示自己的行动冒昧，如：敢问、敢请。

儒家经典《孝经》中载有孔子这样一句话：“爱亲者，不敢恶于人；敬亲者，不敢慢于人。”意思是关爱、孝敬自己的长辈，不能厌恶、怠慢其他人的长辈。句中的“敢”虽说用的是它的本义，但语气弱化，可以用“能、要”之类的词语来解释。

右图是战国时期一件以猎猪为题材的青铜装饰物。两个猎人正在和野猪搏斗，其中的一人还被野猪所伤。这件铜雕所表现的主题可以用两个字来概括，那就是——勇敢。

〔战国〕猎猪铜饰

周金 秦篆 汉隶 今楷

搏

人类社会最初的战争形式，大都是矛盾双方找块平坦而开阔的田野，列好阵势，然后刀枪相向，进行厮杀。“搏”的来源就与这种原始的战争形态有关。

金文的“搏”有两款，都由两个字符组合而成，一个是“干”或“戈”，表示作战的武器；另一个是由“田”和上下两棵草（屮）组成的“甫”（“圃”的本字），在字中既表示作战的地点在田野，也表示作战时军人像排列整齐的庄稼禾苗，还兼而表声。意思是手持武器，列阵进行拼杀、格斗。秦篆以后的“搏”，把武器换成“手（扌）”，把“甫”换成布种幼苗于苗圃的“尃”，但所表示的意义未变。

“搏”是会意兼形声字，本义指两军列阵拼杀，泛指对打、打击，如：肉搏、拼搏、搏斗、搏击。三国时期的辞书《广雅》就解释说：“搏，击也。”

唐代柳宗元曾写了个寓言故事《黔之驴》。说的是：贵州的小老虎有一天突然见到了庞然大物的驴子，开始时有些胆怯，与驴保持距离，“近出前后，终不敢搏”。其中的“搏”就表示对打之义。后来小老虎熟悉了驴的那点本事，就吃掉了它。另外，由于人在与对手搏斗时心跳会加快，“搏”还用来表示心脏和血脉的跳动，如：脉搏、搏动。

〔清〕列阵迎战图

左图是清人绘于颐和园长廊的一幅装饰画局部。这支军队已布下战阵，准备与敌方军队进行搏杀。

事

商甲　周金　秦篆　汉隶　今楷

“世事洞明皆学问，人情练达即文章。”这是清代作家曹雪芹《红楼梦》中的一副对联。大意是：能透彻了解世间万事犹如掌握一门学问，会妥善处理人际关系如同写好一篇文章。

甲骨文的“事”，看上去就像有只表示手的“又”，正举着长柄木杆“干”的样子，只不过在杆子上还附带着表示狩猎用的网罩“毕”，说明它是由“干”与“毕”组合的新式武器。看来，我们先人所造的“事”最初是用来表示狩猎和战争之事。

金文的“事”，把木杆顶部的丫杈换为“草”或者“旗”，其意义又增添了农耕和外交方面的事宜。秦篆以后的“事”，字中的“干”把各个字符穿插到一起，其自身又发生变异，而让人从字形上难以看出它的意义了。

“事”是会意字，本义指狩猎、战争、农耕和外交等方面的事宜，泛指事情，如：公事、私事、事在人为、好事多磨。明代有副著名对联：“风声、雨声、读书声，声声入耳；家事、国事、天下事，事事关心。”这副对联里的五个“事”都表示事情。

由于世间的许多事情是人类活动的结果，是人做出来的，事便引申指做、干，如：从事、共事、大事宣传、无所事事。另外还表示意外发生的灾祸，如：事故、出事、平安无事。

右图是汉代画像石拓片。这支前为仪仗、旁为护卫、后为轩车的队伍大概正出使他国。他们要做的是金文第二款的“事”。

〔汉〕出使画像石拓片

源于刑刀（辛）

商甲 周金 秦篆 汉隶 今楷

辛

“谁知盘中餐，粒粒皆辛苦。”这是唐代李绅《悯农》诗中的句子。“对酒不能言，凄怆怀酸辛。”这是三国时期阮籍《咏怀》诗中的句子。为什么由“辛”组成的词，如“辛苦、酸辛”以及“辛辣、艰辛”都与痛苦、悲伤之义有关呢？

甲骨文和金文的“辛”，从字形上看就像一把上宽下尖的刀具。有的在上部格外加了个横线，意思是从这里用力下按，就会伤害他人。秦篆以后的“辛”，文字向符号化演变，让人看不出刀具的形状了。楷书的“辛”写为上“立”下“十”，只是书写符号，与它所表示的意义没有任何联系。

“辛”是象形字，本义指古代用刑的刀具。商周时期，统治者惩处囚犯和奴隶时常对他们施以肉刑，如割鼻、削耳或在额头刻契标记，所用的刑具就是辛。因此，以“辛”为意符的字大都与刑罚、痛苦或奴隶有关，如：宰、辣、辟、辜。

另外，在一些字中，“辛”被简省为“立”，但它所表示的意义不变，如“童”（甲骨文为[甲骨文]）原指被刺瞎一只眼的小奴隶，“妾”（甲骨文为[甲骨文]）原指女奴隶，而“竞”（甲骨文为[甲骨文]）是“競”的简化字，字中原本含有两个互相角斗的奴隶。

左图是战国时期的一把人形柄青铜短剑。这件设计别致、铸造精细的利器，可能就是奴隶主贵族对他人施以肉刑的“辛”。

〔战国〕人形柄短剑

商甲	周金	秦篆	汉隶	今楷
[illegible]	[illegible]	[illegible]	章	章

“文章千古事，得失寸心知。”大诗人杜甫这句诗里的“文章”是指独立成篇的著述。“章”的这一用法是它的本义吗？

甲骨文和金文的“章”由两个字符组成，一个是古代用刑的刀具“辛”（在字中表示凿子、刻刀），另一个是花纹交错的圆形玉璧，意思是用刀在玉璧上雕刻图案。秦篆的章用“日”把“辛”分成上、下两部分，使得楷书的章写为上“立”下“早”了。

“章”是会意字，本义指雕琢在玉器上的纹饰。在出现“章”字的周代青铜器上，分别铭刻着“玉十契章”和“章马四匹”的字样。前者的意思是在十片玉上雕刻图案，而后者的意思是身上有花纹的马四匹。

因为古代常用玉石雕刻人名或官职名来作印玺使用，“章”便引申指图章，如：印章、公章。而这种标明身份的图章要随身携带，由此“章”又引申指身上佩戴的标志，如：胸章、肩章、徽章。

又因为我国最早的文字是契刻在甲骨上的图形，意义与玉璧上的纹饰有许多相似之处，“章”便用来表示文字著作以及诗文的段落，如：奏章、文章、篇章结构。由于有些文章的内容关乎法律和规定，对他人具有约束作用，“章”又引申指法规、规定，如：党章、规章、照章办事。进而还引申出条款和条理的意义，如：约法三章、杂乱无章。

右图是新石器时代的双兽耳玉璧。甲骨文的“章”字中，那件被雕刻的玉璧形状就是这个样子的。

〔新石器时代〕双兽耳玉璧

商甲 周金 秦篆 汉隶

童

今楷

儿童天真烂漫，常常生活在幻想和快乐之中。这对那些饱经人世磨难和看透官场黑暗的古代诗人来说，描写他们无忧无虑的生活无疑是自己沉重心灵的解脱。“儿童相见不相识，笑问客从何处来。”这是唐代贺知章《回乡偶书》的诗句。“童孙未解供耕织，也傍桑阴学种瓜。”这是宋代范成大《四时田园杂兴》的诗句。在诗人的笔下，儿童的稚气、好奇，让人哑言而笑。

“童”字上“立”下“里”。这个字是怎样演化来的呢？

甲骨文的“童”是会意字，上部是被锥形物刺瞎的眼睛，下部是站在土堆上的人。“童”指的是被刺瞎一只眼睛，站在高处遥望家乡的小奴隶。金文的“童”是形声字，它在甲骨文的基础上，格外突出了意符“辛”，并加上了“东”。东在字中既表声，也含有儿童像东西一样可以被买卖之义。汉隶以后的“童”，“辛”被简省为“立”，“东”和“土”被穿插到一起而写为“里”。

“童”的本义指未成年的小奴隶，如：书童、童仆。引申指小孩子，如：儿童、童年、童叟无欺、返老还童。后来，人们用“僮”代替了“童”的本义，“童”也就专指普通的小孩子了。

左图是一件魏晋时期的黑童陶俑。这个孩子头发卷曲，皮肤黝黑，显然是来自异国他乡的小奴隶。此刻，他把头埋入两臂之中，可能正在思念亲人，并为自己的悲惨命运而哭泣。

〔魏晋〕黑童陶俑

竞

商甲 周金 秦篆 汉隶 今楷 競

古罗马竞技场是奴隶社会鼎盛的标志，同时也是奴隶在强制之下被迫相互搏杀，用生命的格斗和暴力的刺激去换取奴隶主贵族欢娱的见证。迄今为止，我国还没有发现用这种方式供奴隶主逸乐的大型场所，但是“竞”的来源则是这一历史事实的反映。

“竞”是“競”的简化字。

甲骨文的“竞”，就像两个头上标有“辛”的人在互相追逐、争斗。辛原是商周时期对奴隶用刑的刀具，也是奴隶的标识。几个字符组合，意思是奴隶们在角逐、争斗。金文的“竞”，在“辛”与“人”之间另外加了个“口”，这大概与奴隶主贵族欣赏这种血腥场面时的狂呼乱叫有关。秦篆的“竞”，把前后两个部分都写为上“辛”下“兄”。汉隶的“竞”，又把“辛”简省为“立”。汉字简化时，仅用“競”的一半来表意了。

“竞”是会意字，本义指供奴隶主取乐的奴隶之间的角逐，泛指争斗和比赛，如：竞争、竞赛、竞技、竞选。“千岩竞秀，万壑争流”是人们形容大自然壮丽景色的词语，其中的“竞”与“争”，使得本无生命的山水含有了相互比斗的色彩。而大诗人杜甫《江亭》诗里的“水流心不竞，云在意俱迟”，表达的却是他心灵的平静与恬淡。

右图是一组金代的相扑人物陶俑。这两位大力士赤膊上阵，摩拳擦掌，正准备为分出个胜败高下而拼力一“竞”。

〔金〕相扑人物陶俑

源于刑刀（辛）

商

商甲 周金 秦篆 汉隶 今楷

“商”字的来源与我国历史上的商王朝有关。

据汉代司马迁《史记·殷本纪》的记载，商的始祖中有个名字叫作契的，因为年长并协助大禹治水有功而受到封赏，封地在商（位于今天的陕西省商洛市境内）。契之后，历经十四代传至汤王，这时的商已经是个经济发达、军力强大、刑罚完备的国家了。公元前1600年，汤王灭掉夏朝，建立了商朝。

甲骨文和金文的“商”，上部是个表示刑刀或奴隶的“辛”，既说明商的法律制度健全，也说明它通过战争俘获大批奴隶；下部是个表示窑洞的“穴”，说明商在陕西时的居住特色；有的字中还加个“口”，说明商已经强大到可以对其他国家发号施令了。

“商”是会意字，本义指商这个部族或由这个部族所建立的商王朝。甲骨卜辞有这样的记载：“今岁商受年。”意思是今年商获得了好收成。

至于“商”后来表示做买卖的意义，如：商品、商业、经商。那是由于商朝灭亡后，商族人失去了土地等生产资料，不得不依靠变卖家产或做生意来维持生计。“商”由做买卖讨价还价，引申表示讨论，如：商量、商讨、协商。

左图是宋代画家马麟绘制的商代汤王画像。就是他起兵征伐夏桀，凭借武力灭掉了夏朝，完成了我国历史上第一次改朝换代的革命。

商代汤王画像

宰

商甲 周金 秦篆 汉隶 今楷

“烹羊宰牛且为乐，会须一饮三百杯。”在李白《将进酒》的这句诗中，“宰”表示对牲畜的宰杀。这是“宰”的本义吗?

从商代甲骨文到现代楷书，“宰”的构成没有什么变化，其中的“宀”表示房屋，“辛”表示商周时期的一种用刑刀具，意思是指坐在官府里，掌管处罚奴隶事宜的官员。

从现有的资料看，商代甲骨和周代铜器上的“宰”大都表示官员，而且是王的近臣。如卜辞中有商王把自己捕获的猎物赏给“宰丰”（名字为“丰”的宰）的记录。周代铜器上还载有周王赏赐玉器给师遽时，“王呼宰利（名字为“利”的宰）赐师遽”。

“宰”是会意字，本义指君王的近臣、官员。《荀子·王制》载：“宰爵知宾客、祭祀、飨食、牺牲之牢数。”意思是说：宰官是负责迎宾、祭祀、饮宴和确定祭奠所需牛羊数量的人。我国许多朝代设“宰相”一职，则是协助帝王治国理政的高级官员。

由于“宰”这级官员负责管理饮宴和祭祀用牲的数量，当然也就管理牲畜的宰杀，由此“宰”引申出屠宰、宰割的意义。现在人们还把买东西受骗、花高价也称为“宰”，如：挨宰、宰客。

右图是一件清代瓷瓶装饰图案的局部，描绘的是皇帝临朝听政的情景。那位正在汇报工作的官员可能就是个“宰”。

〔清〕皇帝听政图案

源于镣铐（幸）

商甲	周金	秦篆	汉隶	今楷
			幸	幸

幸福是人们愉快、高兴时的心理状态，是大家都在追求的东西。但是，当你知道“幸”这个字的来源后，你的心情可能会增加几分沉重感，而未必高兴得起来。

甲骨文及金文前一款的“幸”，就像拘押俘虏和囚犯所用的镣铐。金文后一款及以后的“幸”，逐渐失去了象形的意味，让人看不出它的意义了。汉隶的“幸”写为上“土”下“羊”，由于这种组合会使人对字义产生误解，楷书就把“羊”去了一横。

“幸”是象形字，本义指镣铐、枷锁之类的刑具。在夏商周奴隶制社会中，俘虏和囚犯的生命比牲畜还低贱，不被处死是件幸运的事情。因此，“幸”便用来表示意外地获得好处或免去灾祸，如：侥幸、庆幸、幸亏、幸免。在这个意义的基础上，引申表示高兴、愉快，如：幸福、幸运、荣幸。三国时期的曹操在《龟虽寿》诗写有这样的句子：“幸甚至哉，歌以咏志。”意思就是喜悦到了极点，用诗歌来表达自己的心愿。

另外，“幸”还是组字部件，以它为意符的字，意义大都与刑具有关，如“執”（简化后为“执”）原表示被人戴上刑具、捉拿归案；“報”（简化后为“报”）原表示被押送审判、通报罪行；“圉”原表示关押囚犯的地方。

左图是一对商代制作的奴隶陶俑，是为奴隶主贵族殉葬用的。那个在身前或背后铐住奴隶双手的刑具，就是我们上面介绍的“幸”。

〔商〕戴幸奴隶陶俑

周金　秦篆　汉隶 擇　今楷 择

“择善而从”是则成语，意思是选取别人好的方面来学习。它脱胎于先贤孔子的一句话：“三人行，必有我师焉。择其善者而从之，其不善者而改之。”

金文和秦篆的“择”，前一款写为“睪”，是会意字，上部的“目”表示眼睛，下部“幸”表示镣铐。“择”源于执法者搜寻和捕捉犯罪分子。由于“睪”作了组字构件，如“译、释、泽”，人们便加上表示“手”的字符，“择”由此演变成了“扌”表意、“睪”（后简化为“𠬤”）表意兼表声的会意兼形声字。

“择”的本义是指挑选，我们现在使用的仍然是这一意义，如：选择、抉择、饥不择食、择优录用。唐代柳宗元在《梓人传》里写道：“择天下之士，使称其职；居天下之人，使其安业。”大意是：选取天下的有才者，让他们担任相应的职务；安置天下的老百姓，让他们用心于各自的事业。

孟子的母亲为了给儿子找个有利于其成才的环境，曾三次搬家，最后在一所学校的附近住了下来。儿子弃学早归，孟母还曾剪断织机上的布帛来教育孟子，学习不能半途而废。“昔孟母，择邻处。子不学，断机杼。”《三字经》里的这段话说的就是这两件事。

右图是明代的护法神木雕像。这位天国的守卫者，手按武器，环视四周，正在履行搜寻混入神界鬼魅的职责。而这就是“择”表示的意义。

〔明〕护法神木雕像

商甲 周金 秦篆 汉隶 報 今楷

报

“小来思报国，不是爱封侯”，这是唐代岑参的诗句。“平生铁石心，忘家思报国”，这是宋代陆游的诗句。“离家自身寻常事，报国惭无尺寸功”，这是明代于谦的诗句。诵读着这些报国的名句，有人会提出“报”字来历的问题。

“报”是“報”的简化字。甲骨文的“报”非常形象，分别由表示手铐、锁链的“幸”，跪着的“人”和一只“手”组成，就像一个戴着枷锁的人，被另外的人用手按住跪在地上，正在等候宣判。秦篆以后的“报”，“人”和“手”被合并写为“𠬝”。简化后，又把“幸”换成提手旁的“扌”，从而演化成了现在这个样子。

“报”是会意字，本义指对犯人进行判决，通告其罪行，泛指通知、告诉，如：通报、报告、报信。汉代的《说文解字》就解释说：“报，当罪人也。”意思是根据罪行判决罪犯。

因为对犯人的判决一般要写出来公布于众，以达到警示他人的目的，“报”又用来表示书报的意义，如：海报、画报、报刊。又因为犯人被判刑，是对其所犯罪行的回报，所以“报”又有回应之义，如：报答、报恩、报仇雪恨。“报国”指报效祖国，其中含有对祖国养育之恩的回报之义。

左侧的审案图是五代的《十五经图卷》局部。图中，被押的罪犯戴着枷锁听候宣判的场景，就是“报”字来源的依据。

〔五代〕审理案件图

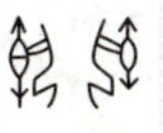
商甲

周金

秦篆

執
汉隶

执 執
今楷

现在的“执”，左“扌”右“丸”，意思是手里拿着弹丸、肉丸之类的小而圆的东西。其实，“执”是“執”的简化字，它的来源和意义与这两个字符毫无关系。

甲骨文的“执”含有两个字符，一个是表示手铐、枷锁的“幸”，另一个是跪在地上的“人”，只不过人的手被枷锁铐住，意思显然是罪犯已经被捉拿归案。金文和秦篆的“执”，人的两只手虽说与“幸”脱离，但仍旧像被捆住的样子。汉隶以后，把捆着双手的人写为“丸”。汉字简化时又把“幸”换成“扌”了。

“执”是会意字，本义指把罪犯捉拿归案，捆绑、拘押起来，即“絷”所表示的意义。汉代《说文解字》就解释说：“执，捕罪人也。”“执”由把罪犯抓到手而泛指一般意义上的持握、拿着，如：执笔、执旗、明火执仗。

因为捉拿罪犯时常常需要出示证件、凭据，“执”便引申表示凭证，如：收执、回执、营业执照。又因为捉拿罪犯是执法人员的工作职责，“执”又引申指从事某项工作，如：执勤、执教、执法如山。“执”还由把东西抓得过紧而用来表示坚持自己的意见不改变，如：固执、执意、执迷不悟。

右图是明代画家商喜所绘的关羽擒将图局部。图中，那两位武将把敌军首领捉住并捆绑起来的情景，恰到好处地说明了“执”的本义。

〔明〕擒将图（局部）

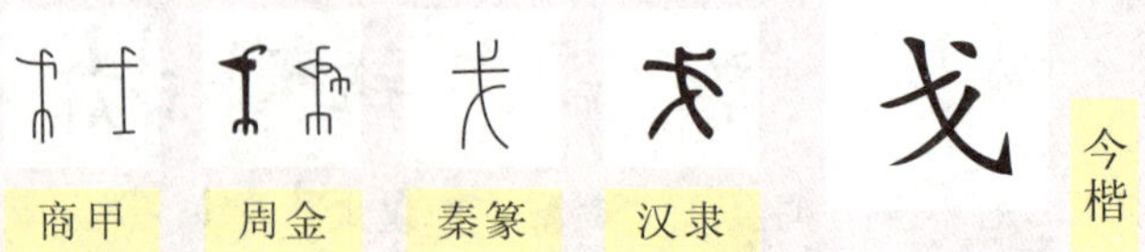

宋代的辛弃疾不仅是著名的词人，年轻时还是一位抗击外族入侵的英雄。“想当年，金戈铁马，气吞万里如虎。”这段《永遇乐》中的词句，就是他本人在疆场上拼杀的写照。

甲骨文和金文的“戈”，字形就像一件长柄武器，上部是用来啄击、钩杀的利刃，下部是可以持握的把柄，有的还在戈头处加上了装饰性的缨穗。秦篆以后的“戈”让人很难看出它的意思了。

“戈”是象形字，本义指我国商周时期的一种常用兵器，形状就像甲骨文和金文“戈”所描画的样子。《荀子·议兵》载：“古之兵，戈、矛、弓、矢而已矣。”意思是：古代的兵器，只有戈、矛、弓、矢这几种罢了。

“戈”由专指戈而泛指武器，如：枕戈待旦、反戈以击。进一步还引申指战争，例如唐代白居易曾用这样的诗句反映战乱给人们带来的灾难：“田园寥落干戈后，骨肉流离道路中。”句中的“干戈”就喻指战争。

“戈”在字典中还是部首，以它为意符的字大都与武器、格杀及战争有关，如：戒、伐、战、戟、戮。另外，在这个部首中，还有些由“𢦏”组成的字，如：哉、栽、载、裁、戴。“𢦏”读作“zāi”，甲骨文写为“[illegible]”，像戈上挂着人头之形，表示战乱之“灾”。后来它只作组字部件，一般充当声符或兼而表意了。

下图为战国时期的装饰图案，是从一件铜壶上描摹下来的。这些士兵所持的武器，就是我们上面所介绍的“戈”。

〔战国〕征战装饰图案

商甲 周金 秦篆 汉隶 殘 今楷

残

含有“残”的成语很多，但都给人以凄凉、悲惨的感觉，如：残兵败将、残垣断壁、花残叶落、风烛残年、苟延残喘、老弱病残。“荷尽已无擎雨盖，菊残犹有傲霜枝。”即使是诗坛名家苏轼这样意境高昂、格调雅致的诗句也难以掩饰残菊凋落、枯萎的意义。

“残”是“殘”的简化字。甲骨文和金文的“残”原本写为“戔”，是由两个“戈”组成的会意字。戈是商周时期的一种常用兵器，两戈相向，意思很明显，就是两个举着戈的人在相互厮杀，彼此伤害。秦篆后一款及其以后的“残”，采用偏旁归类的办法，另外加了一个表示人尸骨的字符“歹”，更突出了“残”的伤害之义，由此变成了以“歹”表意、以“戋”表意兼而表声的会意兼形声字了。

“残”的本义指伤害，如：残杀、残害、摧残。引申指凶恶，如：凶残、残暴、残酷无情。因为受到伤害的东西大都会由于破损而残缺不全，便引申出不完整的，如：残损、残废、身残志坚。还引申表示剩余的、快要完结的等义，如：残局、残余、残汤剩饭。“残雪暗随冰笋滴，新春偷向柳梢归。”在宋代张耒的这句诗里，“残”就表示剩余的意义。

下图为战国的两军残杀装饰图案，是从一件铜镜上描摹下来的。两军对立，长戈相向，短剑刺杀，弓矢互射。该图所表现的正是“残”的本义。

〔战国〕两军残杀装饰图案

商甲	周金	秦篆	汉隶	今楷
[古文字字形]	[古文字字形]	[古文字字形]	我	我

“海到无边天作岸，山登绝顶我为峰。”这是清代民族英雄林则徐年轻时题写的一副对联，它展现了作者的宽广胸怀和远大志向。“我”是汉字中使用频度最高的字之一，只要翻阅书报，随处可见。这个字是怎样造出来的呢？

如果把甲骨文及金文前一款的“我”与“戈”（[古文字字形]）作个比较，就会发现二者有许多相似之处。“我”原本也是一种戈，只不过有三个用来啄击的锋刃而已。秦篆以后，表示锋刃的那一部分被拉长，使“我”变得不那么像三个刃的戈了。

“我”是象形字，本义指古代类似于戈的兵器。可能是由于这种兵器主要用来装备主帅的车队、卫队，而主帅又是己方军队的代表，“我”就被借用为第一人称代词，用来表示自己，如：我家、我的、我行我素、忘我工作。“我”也代指自己一方，意义相当于“我们”，如：我国、我军；人不犯我，我不犯人。

《论语·子罕》载：“子绝四：毋意，毋必，毋固，毋我。”用现在的话来说就是，孔子杜绝四种毛病：不凭空猜测，不墨守成规，不固执己见，不主观武断。句中的“我”表示私人成见。现在，“我”的本义早已弃之不用，它被假借义所专用。

左图是一件战国时期的铜制三戈戟头，出土于湖北省随县的曾侯乙墓。甲骨文和金文的“我”，形状就很像这种兵器。

〔战国〕三戈戟头

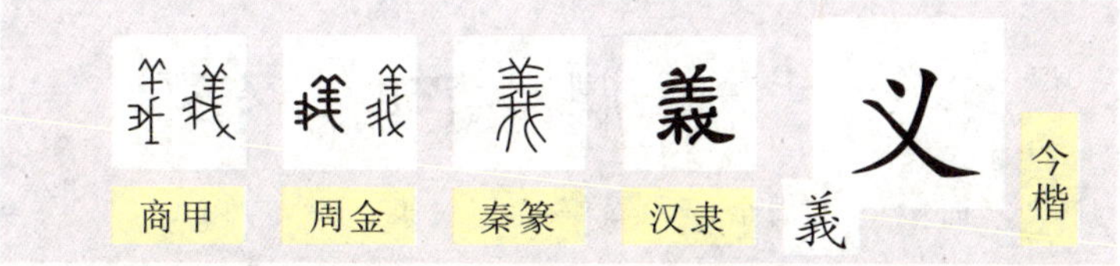

仁、义、礼、智、信，是我国古代思想家孔子、孟子等所倡导的五种道德规范和行为准则，后来被儒家称为“五常”。“义”是其中之一。

“义”是“義”的简化字。

甲骨文和金文的“义”，上部是“羊”，表示安宁、和谐的生活，即“祥”的意义；下部是“我”，原指像三头戟似的古代兵器，在字中表示武力。两个字符组合，意思是吉祥如意的生活需要用武力去保卫和争取。秦篆至简化前的“义”，与甲骨文和金文一脉相承，只是更为规范而已。简化后的义写为乂上加点，字中隐含着在谬误中寻求真理和道义。

“义”的本义是指用武力来捍卫美好的生活。由于这种做法是合理的，“义”便用来表示公正的道理，如：正义、道义、义正词严、舍生取义。《论语》里记载了孔子许多关于“义”的论说，例如：“见利思义，见危授命。”“见义不为，无勇也。”“君子喻于义，小人喻于利。”句中的“义”都表示公理、道义。

“义”由表示公正的道理，转而指符合道理的，如：义演、义卖、义举。进而引申指人的情感，如：情义、忠义、义气。还表示意思、意义，如：字义、含义、望文生义。

右图为战国时期的羊形铜雕，是插在旗杆顶端的装饰物。它可能是某国军队仪仗的标志，用来表明这支军队的任务是捍卫正义。

〔战国〕羊形杆头铜饰

商甲	周金	秦篆	汉隶	今楷
[illegible]	[illegible]	[illegible]	何	何

“何”一般用来表示疑问或强调，没有什么实在意义。

“本是同根生，相煎何太急？”这是三国曹植《七步诗》里的句子，表达了作者对手足兄弟相互残害的愤怒与无奈，其中的“何”表示疑问，作用相当于“为什么”。“秦王扫六合，虎视何雄哉！”这是唐代李白《古风》里的诗句，赞颂了秦始皇扫平六国、统一天下的气概，其中的“何”表示反问式强调，作用相当于“多么”。而在宋代王安石《泊船瓜洲》一诗里：“春风又绿江南岸，明月何时照我还。”此句抒发了作者对家乡的怀念，其中的“何时”意思是指“什么时候”。不过，我们的先人当初造“何”字时，可不是用来表示这些意义的。

甲骨文和金文的“何”是会意字，就像一个人肩膀上扛着作战的武器——“戈”。有的“何”字，人好像还张着口在呼喊。秦篆以后，“人”独立出来，“口”和“戈”合并为“可”，“何”变成以“人”为意符、“可”为声符的形声字了。

“何”的本义原指以肩扛物，即“荷”的意义。因为人扛上戈往往意味着战争，会考虑与谁打、为什么打、什么时候打等问题。由此“何”便被借用为表示疑问的虚词，如“何必、何时、为何、如何”，而本义就被后造的“荷”取代了。

左图为扛着长矛的武士，是从元代的青花瓷罐上描摹下来的。该图所表现的，正是“何”的本义“荷”。

〔元〕扛长矛武士图

商甲	周金	秦篆	汉隶	今楷
[古文字]	[古文字]	[古文字]	[古文字]	戒

《诗经·大序》中有这样一句话：“言之者无罪，闻之者足以戒。”唐代的白居易把它概括为八个字——“言者无罪，闻者足戒”，使其成为人们听取建议和意见的座右铭。

现在的“戒”是个以“戈”为外框的包围结构的字，被包围的那个“廾”源于人的两手。

甲骨文、金文和秦篆的“戒”，都像两只“手”举着一支长柄武器“戈”，意思是手里握着兵器，时刻保持警惕。楷书的“戒”，把两只手穿插到一起而写成了“廾”。汉字中含有“廾”的字，意义大都与双手有关，如：开、弄、弃、异、弈、算。

“戒”是会意字，本义指提防、防备，如：警戒、戒心、戒备森严。引申指革除、除掉，如：戒烟、戒酒、戒骄戒躁。人们之所以把戴在手上的指环称为“戒指”，不单纯是因为它的装饰功能，更因为它能随时提醒佩戴者注意某些禁忌。

为人处世总有一些需要注意的问题，而不同的人生阶段要注意的重点问题也各不相同。为此孔子提出了他的“三戒”观：“少之时，血气未定，戒之在色；及其壮也，血气方刚，戒之在斗；及其老也，血气既衰，戒之在得。”

右图是明代的护法神彩绘塑像，矗立于北京的大慧寺中。这位神灵怀抱武器守卫着佛界的安宁，他的架势正是对“戒”的形象说明。

〔明〕护法神塑像

商甲	周金	秦篆	汉隶	今楷
			武	武

记录着唐代太宗皇帝及属臣们治国理念的《贞观政要》中有这样一句话："兵恶不戢，武贵止戈。"用现在的话来说就是：用兵忌讳无休无止，动武贵在不战而胜。看来这些创造了中国历史上"贞观盛世"的君臣们对动用武力是非常慎重的。

"武"确实是来源于"止"和"戈"，不过它的本义不是制止武力，而是炫耀武力。

甲骨文及金文前一款的"武"为上下结构，下部的"止"表示人的脚，上部的"戈"表示武器。意思是拿起武器，迈开双脚，耀武扬威地向他国发动战争。汉隶以后的"武"，把"戈"字中的撇移到上部，写成了横，字也变成了半包围结构。

"武"是会意字，本义指炫耀武力、发起战争，泛指关于军事的，意义与"文"相对，如：武装、武力、文韬武略、文武双全。"文武之道，一张一弛"，原指周代的文王和武王治理国家宽严结合的方法，现常用来比喻工作和生活要劳逸结合，有松有紧。

因为要发动战争，征讨人家，将士们就必须练兵习武，培养勇敢顽强的精神，"武"由此引申指搏斗的技术，如：武术、武艺、比武。还引申表示勇猛，如：威武、英武。

左图是一件唐代的瓷俑。这位骑士身穿战袍，马披铠甲，好像要远赴他乡，参加战争。"武"就表示这一意义。

〔唐〕骑士瓷俑

国

商甲　周金　秦篆　汉隶　國　今楷

热爱并效忠国家是历朝历代的仁人志士都具有的情怀。“苟利国家，不求富贵。”这是两千四百多年前的思想家孔子的教诲。“金瓯已缺总须补，为国牺牲敢惜身。”这是一百多年前清末民主革命的女豪杰秋瑾的诗句，她也用自己的鲜血践行了誓言。

“国”是“國”的简化字，源于“或”。

甲骨文的“国”由两个字符组成：一个是表示武器的“戈”，在字中代指军队并兼而表声；另一个是表示嘴巴的“口”，在字中代指人。意思是有了人民和军队才能称为“国”。字中隐含了国家以人民为本，以军队为支柱的理念。

金文的“国”把表示人的“口”换为表示地域的小圆圈，并在圆圈的周围加上表示疆界的短横，强调了国家在领土方面的意义。简化后的“国”，外框为表示地域之义的“囗”，内部为表示珍贵和圣洁之义的“玉”，寓意着国家领土神圣不可侵犯。

“国”的本义是指有军队守卫的、有人居住的地区，如：祖国、外国、保家卫国。引申指代表国家的，如：国旗、国徽、国歌。因为世界各国大都有独具本国特色的东西，“国”还引申指属于本国的，如：国货、国产、国画。

右图是汉代的骑士铜俑，出土于甘肃省武威县一个将军的古墓。这位武士骑着战马，握着长戈，正警惕地守卫着他的国家——“或”。

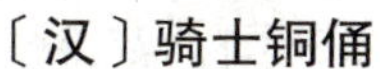

〔汉〕骑士铜俑

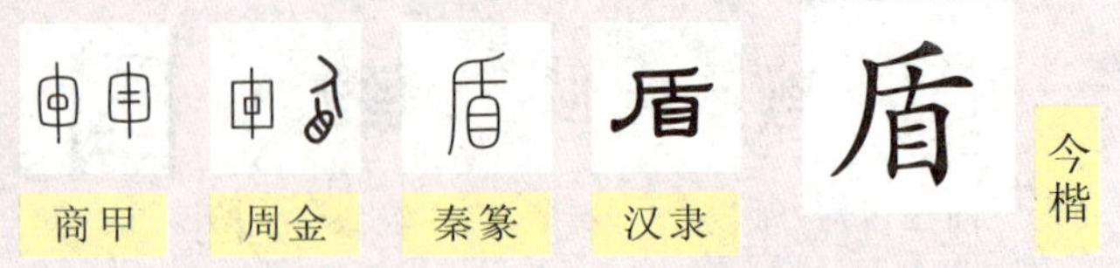

在冷兵器时代，当两军交战时，将士们的手里常拿着两种武器，一是用于杀伤敌方的刀戈等进攻性武器，二是保护自己免受伤害的防御性武器。这种防御性武器或方或圆，呈牌形，一般用藤木、金属等制作，人们称之为“盾牌”或者“盾”。在周代的青铜器上有个图形化的文字“[illegible]”，就反映了士兵的装备情况。

甲骨文和金文前一款的“盾”是个象形字，就像盾牌的样子。金文后一款的“盾”，是由“人”和“盾牌”组成的会意字，意思是人用盾牌保护自己。秦篆以后的“盾”，“人”的方向发生了掉转，盾牌被写成了“目”，字形像人提着画有条纹的盾牌。

“盾”的本义指古代作战时遮挡敌方刀箭的牌形武器，如：盾牌、矛盾。由于盾有防御性特点，人们还用它来比喻用来防卫和支援的力量，如：后盾。引申指形状像盾牌的东西，如：金盾、银盾。

“自相矛盾”源自战国时期的思想家韩非子讲的一个故事：有个卖矛和盾的人，先炫耀自己的盾，说它没有什么东西能够穿透。接着又夸赞他的矛，说它任何东西都能穿透。有人质问他：“用你的矛去刺你的盾会怎么样呢？”这个人无法回答了。后来，人们就用这则成语比喻言语和行为前后不一致或互相抵触。

左图是三国时期的一件武士陶俑。我们上面所介绍的“盾”，指的就是武士用于遮挡身体的牌形防护装备。

〔三国〕武士瓷俑

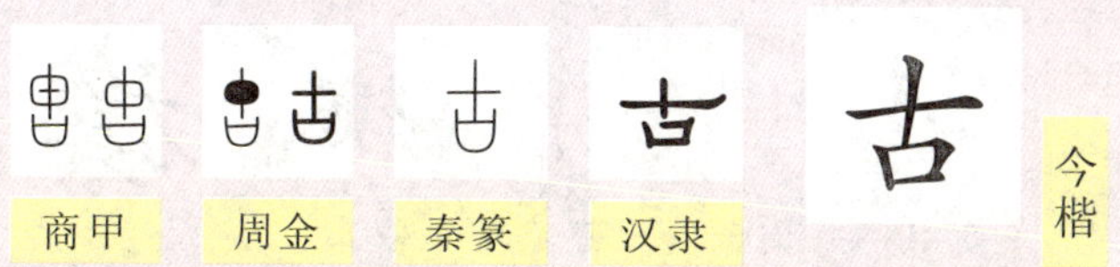

今为古之流，古为今之源，再过百千年，今人变古人。正应了唐代孟浩然的一句诗：“人事有代谢，往来成古今。”

现在的“古”，上部为“十”，下部为“口”。

甲骨文和金文前一款的“古”，上部原本不是“十”，而是古代作战时防身用的盾牌，在字中表示战争；下部的“口”原指人的嘴巴，在字中表示说话。两个字符组合，意思是人们在讲述从前的战争故事。金文后一款及其以后的“古”，表示嘴巴的“口”未变，却把表示盾牌的字符换为表示数量众多的“十”，“古”的意思变成了众多的人，在口口相传过去的事情。

“古”是会意字，本义指年代在很久以前的、过去的，意义与“今”相对，如：远古、古代、古今中外、古往今来。唐代诗人杜甫曾给我们留下这样的名句：“不薄今人爱古人。”在他看来，不厚古薄今，也不厚今薄古，传承并发扬古今文化中优秀的东西才是我们应该具有的态度。

因为“古”不是个空洞的概念，而是由许许多多具体的人、事、物组成，所以引申指古代的事物，如：怀古、考古、以古为鉴。在一些词语如“古朴、古雅、古色古香”中，“古”有质朴无华之义；而在“古板、古怪、古里古气”中，“古”则表示陈旧、不开通。

右图是一对汉代的说书艺人铜俑。他俩一唱一和，正在绘声绘色地谈今论古。

〔汉〕说书艺人铜俑

源于旗帜（旗）

商甲 周金 秦篆 汉隶 旗 今楷

国有国旗，党有党旗，旗帜是一种标志。岑参的“纷纷暮雪下辕门，风掣红旗冻不翻”，写的是部队的军旗。杜牧的“千里莺啼绿映红，水村山郭酒旗风”，写的是酒店的店旗。

据推断，最早的旗帜是把彩色的野兽皮条系在木杆上，插在氏族部落的最高处，以供外出采集、狩猎的部族成员辨别方向，顺利归来。后来，旗演变成了不同氏族部落的标志。

甲骨文的“旗”是象形字，像一面旗帜在木杆上飘动。金文后一款及其以后的“旗”，另加上表示读音的“斤”或“其”，旗变成了形声字。汉字简化时，统一规范为“旗”了。

“旗”的本义指用布、绸等制作的具有标识作用的旗帜，如：队旗、旗开得胜、旗鼓相当。“落日照大旗，马鸣风萧萧。”唐代杜甫《后出塞》诗里的“旗”指的是飘扬在边关的国旗。

在清代，夺得了江山的满族军队主要分属八个部分，每个部分都有自己的旗帜，“旗”便特指满族的，如：旗人、旗袍。另外，在字典中许多属于部首“方”的字，来源都与表示旗帜的“㫃”有关，如“族、旅、旋、游”，它们在甲骨文中分别写为[甲骨文]、[甲骨文]、[甲骨文]、[甲骨文]。

左图是清代瓷瓶上的装饰图案。在骑马武将的身后，有位旗手正挥舞旗帜，好像在为出战的将军助威。

〔清〕瓷瓶装饰图案

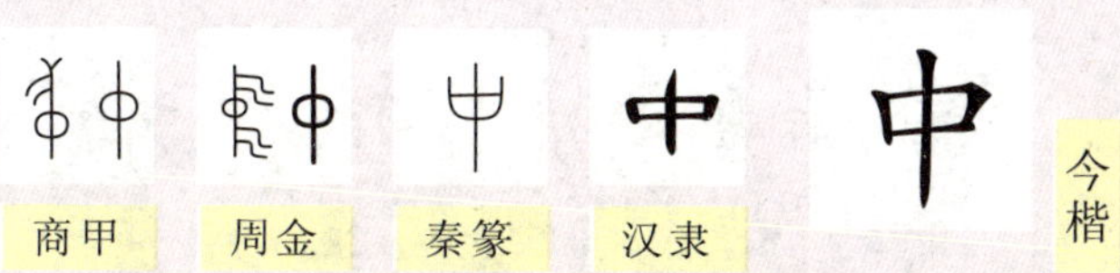

“中”是我们国家的简称。这个字是怎样造出来的呢？

甲骨文和金文的“中”有繁、简两种写法。繁的就像一面旗帜插在框中，这个框表示氏族部落的居住之地。有的“中”字上下对称，在下部也有个旗，那是旗帜在地面留下的影子。简的则仅有旗杆，而把旗帜省掉了。秦篆以后的“中”承接了简的写法，用“丨”从“口”的正中穿过来表示“中”的意义了。

“中”是会意字，本义指氏族部落里具有标徽性质的旗帜，因为这种旗帜树立在部族居住地的中央，“中”便用来表示位于四方中央的意义，如：中心、居中、东西南北中。引申指在两者中间和里面，如：心中、中部、中流砥柱。

因为我国古代华夏民族认为自己生活的地方是天下的中心，“中”便被用来表示中华、中国，如：中文、中医、中餐、古今中外。以上意义的“中”读作“zhōng”。

又因为“中”是氏族部落的标志性旗帜，它必然存留于氏族成员的脑海里，一旦看到这种旗帜时就会与脑海里的印象重合，故又用为动词，表示对上、合乎，如：中意、看中、中规中矩、百发百中。进而引申指受到，如：中毒、中暑、中弹。这种用法的“中”读作“zhòng”。

右图是清代的五彩瓷盘，上面的装饰花纹描绘着两军交战的情景。图中的所有旗帜都飘扬在各自的军队之“中”。

〔清〕五彩瓷盘

源于旗帜（旗）

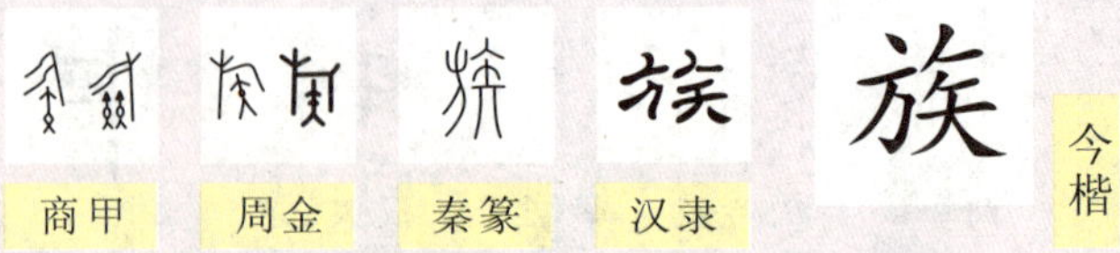

“族”的左旁为“方”，在字典中也属于“方”这个部首，但它的意义和来源与表示方形的“方”毫无关系。

甲骨文和金文的“族”由两个字符组成：一个表示旗帜，它是具有相同血缘关系的氏族部落的标识；另一个表示箭矢，即武器。意思是具有同一血缘关系的、在需要的时候能够拿起武器共同战斗的群体。这样的一个群体，小而言之是一个家族，中而言之是一个宗族，大而言之是一个民族。

“族”是会意字，本义指以血缘为基础而聚居在一起的群体，如：部族、氏族、族群。唐代刘商有诗写道：“归来故乡见亲族，田园半芜春草绿。”其中的“亲族”就表示有血缘关系的家族。我国古代对重要案犯有一人获罪，诛灭九族的刑罚。“九族”是指以犯人为中心，上下共牵涉到九辈人。

“族”还用来表示民族，一般指语言、居住地域、经济形式和文化理念相同的人类群体。我国共有五十六个民族，包括汉、藏、回、蒙古、维吾尔等。“族”引申指具有某一特定属性的人群或物种，例如“工薪族”是指靠工资收入为生的人群，“追星族”是指热捧文体明星的人群，生物学界把生活在水中的动物称为“水族”，化学界把能够散发香味的碳环化合物称为“芳香族”……

〔南北朝〕弓箭手画像砖

左图是南北朝时期的画像砖，上面雕刻着四位扛弓持盾的弓箭手。他们可能是一个部族的人，正在向本部族的旗帜聚集，去迎接外部族的挑战。

旋

商甲　周金　秦篆　汉隶　今楷

人们常用“凯旋”来形容打了胜仗，返回家乡。“旋”字就是根据这一意义造出来的。

甲骨文前一款的“旋”，由表示旗帜的“旗”、表示人脚的“止”和表示城邑、驻地的口形框组成，意思是部队在军旗的指引下取得了胜利，正高奏凯歌，掉转脚跟，返回驻地或家乡。而甲骨文后一款及金文的“旋”，把“口”省略了。汉隶以后的“旋”，把表示旗帜的字符写成了“㫃”，把表示脚的字符写成了“疋”，但是字的意义没变。

“旋”（xuán）是会意字，本义指掉转脚跟往回走，即返回、归来之义，如：凯旋。唐代李白曾写诗寄给他的儿子说：“桃今与楼齐，我行尚未旋。”句中的“旋”就表示回家。

“旋”由掉转脚跟往回走而引申指转动、旋转，如：回旋、盘旋、天旋地转。由于人掉转脚跟不需要太长的时间，“旋”还引申指时间短，意义相当于不久、很快的，如：旋踵即逝、旋即离去。音乐的曲调之所以称作“旋律”，这与乐曲的婉转、迂回有关。

“旋”还读作“xuàn”，表示旋转的、转圈的。例如：人们把转圈移动的风称为“旋风”，把能旋转加工的车床称为“旋床”，把转圈切削苹果称为“旋苹果”。不过表示水流旋转的圆涡一般写为“漩涡”，而不是“旋涡”。

右图是南北朝时期的一块画像砖，上面刻着奏凯而归的军乐队。这种场景所表现的正是“旋”的本义。

〔南北朝〕乐队画像砖

商甲	周金	秦篆	汉隶	今楷
[illegible]	[illegible]	[illegible]	[illegible]	旅

“旅”从字形上已看不出任何意义来，我们从字源上探讨一下。

甲骨文和金文的“旅”由两个字符组成，一个是“旗”，另一个是前后二人相随的“从”，有的还格外加了个“车”。我们的先人采用这种组合造出的“旅”字，究竟想表示什么意思呢?

有人说：“旅”字就像现在的旅游团一样，导游举着小旗在前面走，后面跟着一群游山玩水的人。“旅”的本义指出行在外，客居他乡，“旅行、旅游、旅居”的“旅”就表示这一意义。三国时期的辞书《广雅》就解释说：“旅，客也。”“旅”之所以用来表示军队，那是因为军队要经常外出打仗。

还有人说：“旅”字中的旗指军旗，旅字中的人指军人，旅的本义是指聚集于军旗之下的军队，如：军旅、劲旅。汉代的文字学家许慎在《说文解字》中指出：“旅，军之五百人为旅。”这位大师的观点是，旅为军队的一个编制单位，其本义是指军队。“旅”用来表示出门在外，这与军队常远离驻地，外出征战有关。

对于“旅”的本义，不同的人有不同的解释，也各有各的道理，我们再来看看“旅”的早期用法。据商代甲骨卜辞载：“王其令右旅及左旅……”句中的“旅”指的是军队。看来，“旅”的本义不是指旅游，而是指军旅。

左图是汉代的彩绘步兵俑阵。这支行列整齐、军容威严的部队就是一支能征善战的“旅”。

〔汉〕彩绘步兵俑阵

商甲	周金	秦篆	汉隶	今楷
				游

“游”可以表示人或动物在水中的行动，如：游泳、游鱼。也可以表示人在陆地上的玩耍、旅行，如：游玩、旅游。哪一个是它原本所表示的意义呢？

甲骨文和金文的“游”是会意字，它由表示旗帜的“旗”和表示小孩子的“子”组成，有的还加了个表示行走之义的“彳”，意思是孩子们学着大人出征的样子，举着小旗在巡游、玩耍。秦篆以后的“游”，另加上三点水旁，游变成了会意兼形声字。

“游”的本义指在陆地上玩耍，如：游乐、游戏、游玩。引申指旅行和移动，如：旅游、远游、游牧。在古代，人们把外出宣传自己的政见称为“游说”，把外出求学、求官的人称为“游子”。唐代孟郊曾写有《游子吟》一诗，他用简朴的语句描写了母亲对即将离家外出儿子的真挚情感：“慈母手中线，游子身上衣。临行密密缝，意恐迟迟归。谁言寸草心，报得三春晖。”

由人在陆地上的玩耍推及在水中的玩耍，“游”也用来表示动物在水中的行动，如：游动、游水、畅游。“晓日照江水，游鱼似玉瓶。”在宋代苏轼的这句诗中，“游”就表示这一意义。另外，“游”还用于表示河流的一段，如：上游、中游、下游。

右图为清代《百子团圆图册》的组成部分。孩子们围着旱地龙舟欢快玩耍的场面，表现的正是“游”的本义。

〔清〕童子游玩图

源于建筑物的字

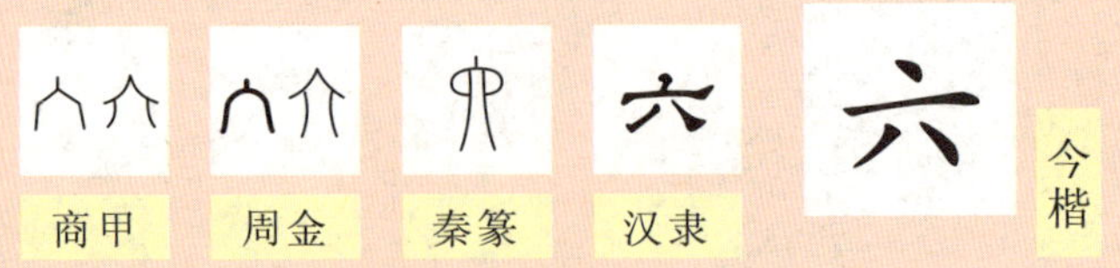

“六”是个常用数字。农家把驯养的马、牛、羊、猪、犬、鸡称为“六畜”；中医把能致病的风、寒、暑、湿、燥、火称为“六淫”；文字学家把汉字的六种造字方法——象形、指事、会意、形声、转注、假借称为“六书”；儒家把学生应具备的六种技能——礼（礼仪道德）、乐（音乐歌舞）、射（射箭）、御（驾车）、书（写作）、数（算术）称为“六艺”。“秦王扫六合，虎视何雄哉！”唐代李白诗中的“六合”是指上、下、东、西、南、北六个方向。而在老子“六亲不和有孝慈，国家昏乱有忠臣”的话里，“六亲”通常指父、母、兄、弟、妻、子。

其实，“六”初造时不是用来表示数字，而是表示草房的。

甲骨文和金文的“六”，就像一座简易房屋之形，上部为房顶，下部为墙壁。汉隶以后的“六”构字符号化，屋顶和四壁被割裂开来，写为上“亠”下“八”，从字形上看不出房屋的样子了。

“六”是象形字，本义原指“庐”，即供人居住的简陋小屋。只是由于读音相近，“六”才被借用表示数量方面的意义。另外，“六”还是宝盖儿（宀）的本源，它后来成了表示房屋的意符，如：宁、宅、家、宫、室、宾。

“三顾茅庐”说的是汉代末年刘备三次拜访诸葛亮，诚邀他出山相助的故事，反映了统治阶层中的有识之人尊重人才、礼贤下士的品德。既然六是庐的本字，我们就用明代画家绘的《三顾茅庐图》中的草屋来表示它的意义。

〔明〕三顾茅庐图（局部）

我国自古就有热情好客、以礼待宾的传统。《诗经·小雅·鹿鸣》有这样的诗句："呦呦鹿鸣，食野之苹。我有嘉宾，鼓瑟吹笙。"大致意思是：鹿儿呦呦鸣叫不停，啃食地上野草青苹。我有宾客远道而来，奏瑟吹笙热烈欢迎。

"宾"是"賓"的简化写法。

甲骨文及金文前一款的"宾"是会意字，由表示房屋的"宀"和屋子里的"人"组成，有的加上了表示脚的"止"，意思是家中有客人到来。金文后一款及简化前的"宾"，把"止"换为表示货币的"贝"，意思是来的客人带着金钱等礼物。简化后的"宾"变成了"宀"表意、"兵"表声的形声字。

"宾"的本义是指客人，意义与"主"相对，如：宾客、宾朋、来宾、外宾。"宾至如归"是指客人来到这里，其感觉就像回到自己家里一样，形容主人待客殷勤、周到。"喧宾夺主"原指客人的喧闹声压过了主人的声音，比喻外来的、次要的人或事物占据了原有的、主要的人或事物的位置。"相敬如宾"是指夫妻二人相互尊敬，就像对待宾客一样。

在古文献中，"宾"与"客"意义相通但用法有别，"宾"多指高贵的客人，如：嘉宾、贵宾。而"客"多指普通的来宾，如：门客、食客、说客。

右侧是明代画家根据史料绘制的宋太祖夜访大臣赵普图。那位居中而坐的是宋代皇帝赵匡胤，他可是这一家人的贵宾。

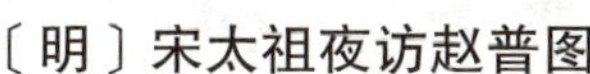
〔明〕宋太祖夜访赵普图

晋代陶渊明是我国山水田园派诗人的鼻祖。他厌恶官场腐败，做县令不到八十天就辞官回家，隐居乡间。“开荒南野际，守拙归园田。方宅十余亩，草屋八九间。”他的《归园田居》里的诗句就是其生活的写照。其中，“方宅”是指住宅周围的区域。

甲骨文前一款的“宅”是象形字，就像一根十字形长杆支撑着的住房之形，它是商代部分先民居住状况的形象描画。考古资料显示，人类最初的住宅为地穴式，是在地上挖个深坑，中部立根柱子，在柱子和坑沿间用柴草搭成斜坡，上面抹上泥巴，里面就可以住人了。

甲骨文后一款及其以后的“宅”，把长杆子换成了既表意又表声的“乇（tuō）”，变成了会意兼形声字。“乇”是“托”的本字，字形像幼芽以地面为依托，向上生叶，向下扎根。在“宅”字中表示上部高出地面、下部深入地下的地穴式住宅。

“宅”的本义是指人们居住的房屋，如：宅门、住宅、深宅大院。南北朝时期的辞书《玉篇》就解释说：“人之居舍曰宅。”“亦知官府非吾宅，且移山樱满院栽。”在唐代白居易的这句诗中，“宅”就表示住所。

左图是汉代的一件陶制小楼，为陪葬用的器物。它上有碉堡，下有岗亭，可不是普通人家居住的茅宅，而是权贵人物的豪宅。

〔汉〕陶制豪宅

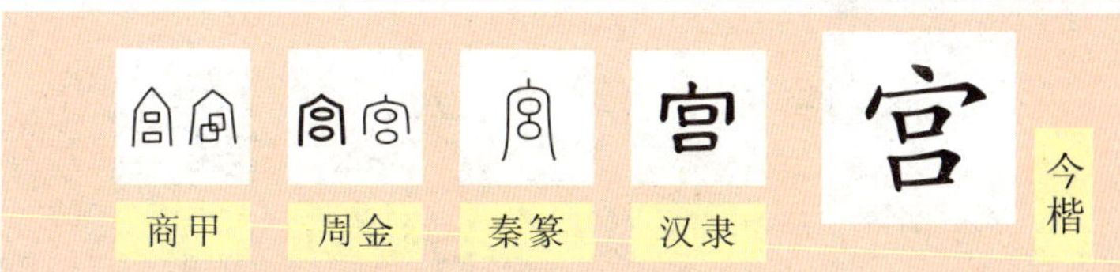

一提到“宫”，人们就会联想到北京的故宫，那是明清两代帝王居住和办公的场所。其实历代帝王都给自己修筑宫殿，像秦代的阿房宫、汉代的未央宫都很有名，只是由于改朝换代，它们都被损毁了。正如元代张养浩在散曲《山坡羊·潼关怀古》写的那样：“伤心秦汉经行处，宫阙万间都做了土。”

“宫”字从古至今写法变化不大，都由表示房屋的“宀”和两个“口”组成。只不过，上下并列的两个“口”是表示连续浇铸的铜锭“吕”，相互叠加的两个“口”是个表示两环相扣的“环”，说明“宫”是由一个挨着一个的房屋组成的建筑群落。

“宫”是会意字，本义指由多个房屋组成的建筑群。最初指普通人家，因为农家小院大都有多个建筑，分别供居住、储藏或饲养。后来才专指帝王居住和办公的地方，如：皇宫、宫殿、宫廷。唐代韩翃的《寒食》诗有这样的名句：“日暮汉宫传蜡烛，轻烟散入五侯家。”描写的是寒食节那天，老百姓家禁止烟火，皇宫却享有特权，而且这种特权通过蜡烛传递到侯王之家。

在封建时代，皇权至高无上，神权也很强大，神仙住的地方以及神庙也被称为“宫”，如：天宫、龙宫、神宫。现在，人们还把一些文化娱乐场所也称为“宫”，如：少年宫、文化宫。

下图是我国历史上第一个王朝——夏朝宫殿的复原模型。后世王朝的宫殿基本上都是依照这种形制修建的，只不过占地更广、房屋更多、用料更好、制作更精美了。

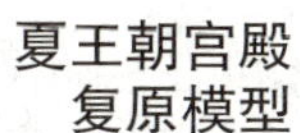
夏王朝宫殿复原模型

“安”的使用相当广泛。早晨上班见到同事道“早安”，晚上临睡时对家人道“晚安”；祝贺人家乔迁新居常说“安居乐业”，送别朋友的赠语往往是“一路平安”；安慰那些情绪激动者常用“少安毋躁”，鼓励失足者说得最多的是“安分守己”；儿女对老人的最大愿望是让他们“安度晚年”，而长辈对子孙的最基本企盼是“平平安安”……

从甲骨文到楷书，“安”都由“女”和表示房屋的“宀”组成。对于这种组合，不同的人有不同的理解，可以说是仁者见仁，智者见智。但是，如果某户人家有个贤惠的女人主事，这个家庭一定会安稳、平静、和乐，这一点是不会有异议的。

“安”是会意字，本义指稳定、快乐，如：安定、安乐、国泰民安。引申指使稳定，如：安抚、安慰、安邦定国。人们生活安稳、心情平静，大都因为安全得到保障，“安”还引申指安全，意义与“危”相对，如：平安、安检、转危为安。“安”还有安置、安装之义，如：安顿、安排、安家落户。

唐代杜甫有诗写道：“安得广厦千万间，大庇天下寒士俱欢颜，风雨不动安如山。”句中的两个“安”，前者表示疑问，后者表示安稳。

左侧是清代一幅国画局部，画着三代人忙碌之形。图中的那位贤惠女人，有她当家，一定会老有所养，幼有所教，全家和乐平安。

〔清〕端茶女人图

周金	秦篆	汉隶	今楷
[illegible]	[illegible]	寒	寒

“足寒伤心，民寒伤国。”这是汉代史学家荀悦在其所著的《申鉴·政体》中的警世之言。意思是说：腿脚受寒会伤及人的心脏，百姓贫寒会危及国家的稳定。前一个“寒”是指冷凉，后一个“寒”是指贫苦。

金文的“寒”有两款，字形都如同一幅御寒图：一间“屋子”，里面塞满了“草”，有个“人”钻进草堆里，好像在躲避风寒。后一款的“寒”给那个人格外画了个大的“脚”，脚下踩的两条短横用来表示“冰”，借以强调天寒地冻。汉隶以后的“寒”，各个字符相互穿插，重新组合，让人从字形上看不出冷的意思了。

“寒”是会意字，本义指冷或寒冷的季节，意义与“暑”相对，如：严寒、寒假、寒气袭人、寒来暑往。“岁寒，然后知松柏之后凋也。”孔子这句话的意思是，时节寒冷，才知道松柏是最后凋零的。比喻环境恶劣才能看出一个人的品质和气节。

因为人遭受寒冷或者恐惧的刺激时，身体往往会发抖、战栗，“寒”便引申指害怕、畏惧，如：心惊胆寒。又因为生活贫穷的人家一般缺衣少食，极易遭受寒冷的折磨，“寒”还引申指贫苦，如：贫寒、寒酸、寒门。“彤庭所分帛，本自寒女出。”唐代杜甫这句诗的意思是：皇宫用于赏赐的丝绸，都是贫苦女子织成的。

右侧是清代的《雪中行乐图》局部。这些正在堆积雪狮子的孩童们，肯定不会惧怕冬日的严寒。

〔清〕孩童玩雪图

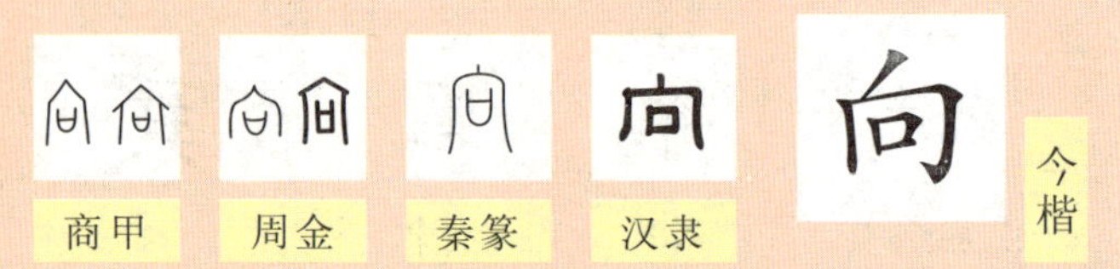

“近水楼台先得月，向阳花木易为春。”这是宋代苏麟《断句》诗里的句子。大意是：站在临近水的楼台上会最先看到月亮从水面升起，向阳坡上的花草树木会最先感受春天的来临。其中的“向”表示朝向、向着。

“向”是古人根据房屋窗口的朝向造出来的一个字。

甲骨文和金文的“向”，外框就如同一座尖顶的房子，而中间的“口”就像墙壁上的一扇窗户。秦篆以后的“向”，虽说还有点房屋的样子，但不那么逼真了。

“向”是象形字，本义指房屋的窗户，南北朝时期的辞书《玉篇》就解释说：“向，窗也。”因为窗是用来透光、通气的，有个朝向问题，“向”便用来表示朝着、对着之义了，如：向上、向前、向隅而泣、人心所向。

“向”由窗口的朝向而泛指方向，如：风向、航向、晕头转向。进而还引申指人的意愿、打算，如：向往、意向、志向。由于人的意愿往往具有倾向性和一贯性，向又引申出偏袒、从来之义，如：偏向、向来、一向。至于唐代李商隐的诗句“向晚意不适，驱车登古原”中的“向”表示接近、临近，也是窗口朝向某物的墙壁离之最近的缘故。

左图是新石器时代的微型陶屋。我们的祖先就曾居住于这种样式的房子，而“向”就是依据这样的房屋造出来的。

〔新石器时代〕微型陶屋

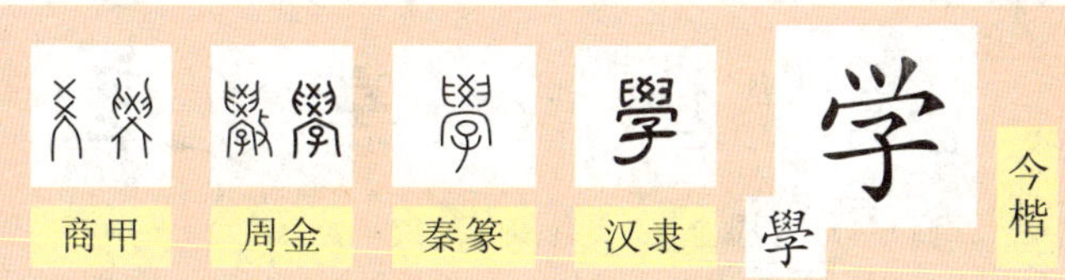

学习对人来说相当重要，历代先贤都很重视这个问题。《论语》开篇第一句就是：“子曰：‘学而时习之，不亦说乎？’”在两千五百年前的思想家孔子看来，学习是件令人愉快的事情。

“学”是“學”的简化字。

甲骨文的“学”，下部是个“宀”，表示房屋；上部是一个或两个“×”，表示练习算术的小木棍；有的还加了两只“手”，意思是指供人练习演算的房屋。金文的“学”，另外加上了表示小孩的“子”，强调了这种房屋是专供孩子学习的地方。

“学”是会意字，本义指供人学习的场所，即学校，如：小学、中学、大学、上学。不同的朝代对学校有不同的叫法，“学”则是夏、商、周三代的共同称谓。正如孟子所言：“夏曰校，殷曰序，周曰庠，学则三代共之。”

由于学校是向受教育者传授知识，供他们学习的地方，“学”也用来表示学习，如：学文化、学技能、学而不厌、勤学苦练。引申指学科、学问，如：数学、医学、博学多才、品学兼优。

学习不仅是在校学生的事，也是每个人都要注意的事。“少而好学，如日出之阳；壮而好学，如日中之光；老而好学，如炳烛之明。”汉代刘向《说苑》中的这句话，告诉我们要活到老，学到老。

右图是宋代的人形瓷壶。它以学子为造型：头上的发髻是壶盖，卷起的书籍是壶嘴。这位捧书的少年就正在读书、学习。

〔宋〕学童造型瓷壶

源于城楼（亯）

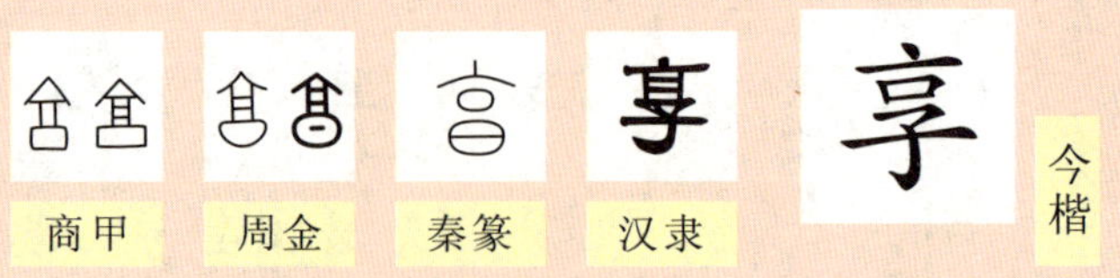

人们常说：有福同享，有难共当。“享福”的“享”是个很难表述的意义。我们的先人是用什么办法造出这个字的呢？

“享”原本写为“亯”。如果我们把甲骨文的“享”与“京”（甲骨文为）、“郭”（甲骨文为）加以对比，可以看出三者的上部都是城楼。只不过，“京”像一座完整的城楼，下部是紧闭的城门，上部为瞭望楼，后用于表示帝王的居住之地，即京城；“郭”像坐落于环状城邑的两座城楼，用于表示都市的城墙。而“享”仅仅是“郭”的一部分，侧重于表示瞭望楼。

“享”的本义原指城门上的瞭望楼，由于它能让守城的士兵避免遭受雨雪风霜的煎熬，比起风餐露宿的野战部队要舒服很多，再加上守城士兵常会收到市民送来的慰劳物品，“享”便用来表示精神上的满足和物质上的受用之义了，如：享用、享乐、安享晚年、坐享其成。唐代白居易在《黑潭龙》一诗里写有这样的句子：“不知龙神享几多，林虎山狐长醉饱。”他以戏谑的口吻嘲讽那些向龙神敬献祭品的人，其中的“享”用的就是其本义。

“享”由对物的拥有而引申指对年岁和声誉的拥有，如：享年、享誉、享有盛名。汉隶以后的“享”，上部被写为高字头，下部被写为“子”，含有后辈子孙们高高在上，尽享先辈劳动成果的意思了。

左侧是我国长城西端的嘉峪关城楼图片。甲骨文和金文的“享”就是依据这样的城楼造出来的。

嘉峪关城楼

商甲	周金	秦篆	汉隶	今楷
			熟	熟

“熟”源于“孰”。它是依据进出城市的人通过城楼时由于和守城者熟悉而被放行造出来的一个字。

甲骨文的“熟”写为“孰”，是会意字。左部是表示坐落于环形城墙之上的城楼，即“亯”（“享”的异体字）；右部是个摆着手的人，这个人是城市的守卫者，他摆手示意，让他熟悉的人通过城楼下的检查，进出城市。金文的“熟”，在字中加了个“女”，表示通过城楼的熟人是位女性。

“熟”的本义是指对人认识、了解，如：熟悉、面熟、耳熟能详。可能是守城者由于职责的关系，需要经常回述谁在什么时间通过了城楼，“熟”的本字“孰”便被借用为表示疑问的代词，作用相当于谁、什么、哪个等，例如：人非圣贤，孰能无过；是可忍，孰不可忍。为了把“熟”的本义和假借义区分开来，秦篆的“熟”在字中加上了“火”和“羊”，后来演变为“熟”，意思变为人们向守城者献上烧制好的羊肉食品来犒劳他们了。

“熟”由表示烧煮后的食物而引申指植物的果实长到可以食用的程度，如：早熟、晚熟、瓜熟蒂落。“麦随风里熟，梅逐雨中黄。”南北朝时期庾信这句诗中的“熟”就表示麦子的成熟。

右图是元代的《通惠河漕运图卷》局部。为了城市的安全，城楼下的守卫者对那些住在城里的熟人可以熟视无睹，而对生人则要严加盘查。“熟”就是据此造出来的。

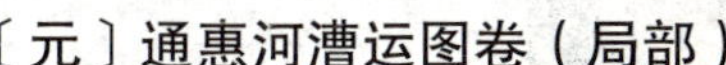

〔元〕通惠河漕运图卷（局部）

源于城楼（亯）

周金	秦篆	汉隶	今楷
[illegible]	[illegible]	城	城

现在，除了稠密的人口，作为城市的主要标志大概就是林立的高楼了，而在古代，则是环绕在城市周围的城墙。那时“进城”的意义就是通过城楼下的大门走进城里。

金文的“城”有两款。前一款是会意字，字的左侧是坐落于圆形城墙上的两座城楼（即“亯”），右侧是斧钺形的武器，意思是由军队守护的城墙。后一款的写法有所简省，用“成”取代了斧钺形武器，用“土”取代了城楼形建筑物，“城”变为会意兼形声字，意思是指用夯实泥土的办法修筑的土城。秦篆以后的“城”选用了后一种写法，只是写为左“土”右“成”了。

“城”的本义指有军队把守的具有防御性质的建筑物，如：城墙、城堡、城郭。唐代李贺的《雁门太守行》有这样的诗句：“黑云压城城欲摧，甲光向日金鳞开。”大意是：战争的硝烟仿佛要把城墙摧毁，战士的铠甲映着太阳闪烁着鱼鳞般的幽光。

由于城墙一般修建在人们居住区域的外围，用来保护城里的人，“城”便引申指由城墙围起来的都市，意义与表示农村的“乡”相对，如：城市、城镇、城乡。“春城无处不飞花，寒食东风御柳斜。”唐代韩翃《寒食》里的这一诗句，描写的则是寒食节时都城春天的景色。其中的“城”表示城市。

古老的长城是我国人民伟大创造力的体现，也是中华民族的骄傲。我们用长城局部图来说明“城”的意义。

长城

商甲	周金	秦篆	汉隶	今楷
			京	京

“京”指首都。由于它是国家政治、经济、文化等方面的中心而备受关注。“白花垣上望京师，黄河水流无尽时。”唐代王昌龄《出塞》里的诗句就表达了人们的这种情感。

甲骨文和金文的“京”，就像一座完整的城楼之形，上部为形制像瞭望楼的“亯”（“享”的异体字），下部为进出城邑的大门，只不过大门紧闭而已。秦篆以后的“京”，这座城楼被割裂开了，分为上“亠”、中“口”、下“小”三个部分，变成了谁也说不清楚的纯粹的书写符号。

“京”是象形字，本义指高大的城楼。在古代，这种建筑物最初大都修建在供君王居住和召集臣属们商议国事的都城，“京”便用来表示国家的首府、首都，如：京城、京都。一般情况下，凡称为“京”的地方都是或曾经是首都，如：北京、南京。现在，“京”在我国特指首都北京，如：京剧、京津地区、京广铁路。

其实，“京”在古文字里的写法、意义与“高”相同。只不过，“高”从城楼的外在形态取义，侧重于表示高大之义；而“京”是从城楼的地理位置取义，从而表示国家的首都。由“京”组成的字，一般含有“大”的意思，例如：日大为“景”，鱼大为“鲸”，功大为“就”，心受大的扰动为“惊”……

陕西省西安市旧称长安，又称西京，为我国古都之一，汉、魏、隋、唐等朝代皆定都于此。下图为西安的古代城楼。“京”字就来源于这样的建筑物。

西安古代城楼

源于城楼（亯）

商甲	周金	秦篆	汉隶	今楷
高	高	高	高	高

《管子·形势解》里有这样一句话：“海不辞水，故能成其大；山不辞土石，故能成其高。”句中的“高”表示山的高大。一个“高”字为什么会有两个“口”呢？

甲骨文和金文的“高”，就像一座高高耸立的城楼，下部的“口”既表示进出城市的大门或通道，也兼而表示字音。秦篆以后的“高”，城楼被分割为相互独立的几个部分，人们只能从上下堆积的构件去领会它的意义了。至于“高”字中的两个“口”，上面的原是城楼的窗，下面的原是城楼的门。

“高”是象形字，本义指高耸、高大的城楼，泛指高的地方，如：登高望远、居高临下。引申指从底部到顶部距离大的，意义与“低”相对，如：高楼大厦、束之高阁。“不畏浮云遮望眼，只缘身在最高层。”这是宋代政治家、文学家王安石站在飞来峰宝塔顶层所悟出的人生哲理。句中的“高”就表示所处的位置在上面。

“高”由高耸的楼阁引申指超过一般标准或平均水平，如：高产、高温、高质量。进一步还引申指岁数大、价格贵和地位在上的，如：年事已高、质次价高、高官厚禄。还用来表示人的情绪和品格，如：兴高采烈、高风亮节、志存高远。

右图为宋代的一件银制佛塔，是用来存放佛祖火化后的遗骨的。观察这座塔的外形，可以加深我们对“高”的理解。

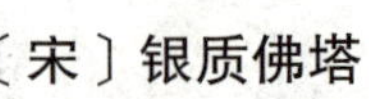

［宋］银质佛塔

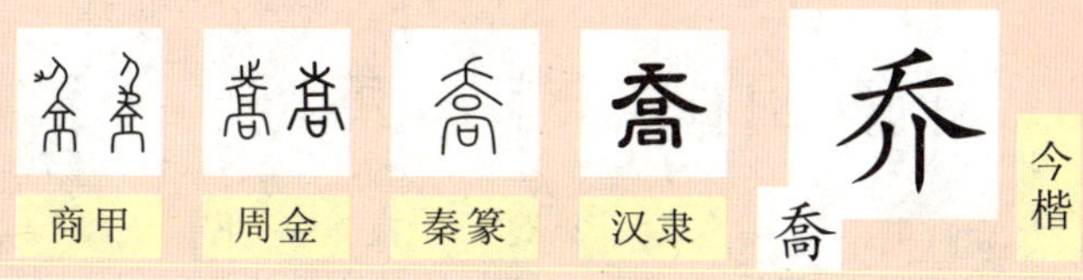

“乔”是“喬”的简化字。它源于古代艺人们踩高跷、走钢丝以及在戏台上的表演。

甲骨文的“乔”，下部是个城楼之形的“高”，上部是“人”，人的脚或手被特意夸大，表示他们在进行表演。金文的“乔”，把上部的“人”省略了，只留下表示脚的“止”。秦篆以后的“乔”，把上部的表演者写为“夭”，把下部“高”的“头”（亠）给省掉了。

“乔”是会意字，本义指演员在高跷、钢丝或者舞台上表演，由于表演者所借助的道具或场地使他们处于高位，“乔”便用来表示“高”的意义。“乔木生夏凉，流云吐华月。”唐代韦应物这句诗中的“乔木”是指松、榆、杨、柳等树身高大的树木。

因为演员在表演前一般要化妆，“乔”便引申出作假的意义，如：乔装打扮。又因为演出地点往往在外地，演员必须经常迁移，“乔”又引申出迁居之义，如：乔迁之喜。

另外，从演员在高处表演这一角度出发，许多以“乔”为意符的字就可以得到合理的解释。例如：“娇”源于表演者的姿色艳丽，“矫”源于表演者对动作的修正和不凡的身手，而“骄”则源于表演者骑着高头大马的演出和表演成功后的心态。

左侧的踩高跷图为清代画家所绘，是《普庆升平图》的一个组成部分。画面上有许多手舞足蹈的高跷演员。而“乔”就是依据类似的表演造出来的一个字。

〔清〕踩高跷图

源于门（门）

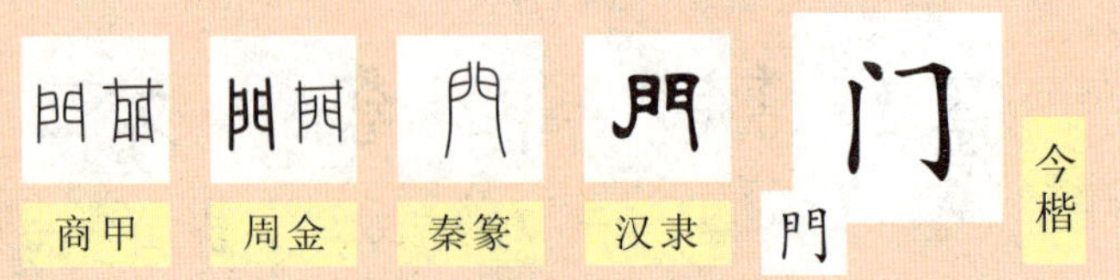

人们的生活，每天都要在不经意中与各种门打交道。进出屋子有房门，找衣服、取碗筷有柜门，乘坐车船有车门、舱门，进出工厂有正门、便门，学生进校想的是上哪门课，到机关办事先要确定找哪个部门，干工作要动脑筋、想窍门，看冰球、足球比赛都希望运动员能够破门……“门”字是怎样造出来的呢?

观察上面的“门”字，我们不难得出结论，它是象形字，像两个门扇掩合在一起的样子，只不过有的连门框都“画”上去了。简化后的“门”，字形就像一副门框的样子。

“门”的本义是指安装在建筑物或车船的出入口处，能够开闭的装置，如：房门、车门、防盗门。“窗含西岭千秋雪，门泊东吴万里船。”“千门万户曈曈日，总把新桃换旧符。”在唐代杜甫和宋代王安石的这两句诗中，“门”都表示房门。

人们还把形状、作用像门的东西也称为“门”，如：炉门、球门、闸门。引申指类别、种类以及诀窍、办法，如：门类、门路、专门、热门。还用为量词，如：一门火炮、两门课程。

“门”作为组字构件，在一些字中充当意符，表示与门有关的意义，如：闩、闭、间、阀、阔。在一些字中充当声符或兼而表意，如：问、闻、闷、们、扪。

我国最有名的门是北京天安门，每天有数以万计的游客到这里观光。左图是天安门城楼中门上镶嵌的鎏金铜铺首。铺首是门上供开闭和叩动的器具，也是门的装饰物。

天安门中门铺首

周金	秦篆	汉隶	間	间 今楷

“间”是“間”的简化字。

金文的“间”由“门”和“月”组成，只不过月或在门的上部，或在门的下部，但都位于门缝之处，意思是月光从两扇门中间的空隙照了进来。楷书的“间”，虽说把字中的“月”换成了“日”，但所表示的意义未变。

《说文解字》指出：“间，隙也。”“间（jiàn）”是会意字，本义指缝隙、空隙，如：间隙、亲密无间。引申指隔断，如：间隔、间断、黑白相间。由此，人们把过密的禾苗拔掉，使之保持适当株距的农活称为“间苗”；把挑拨人家关系，使之不和称为“离间”；把插入敌方内部从事挑拨离间、收集情报等活动的人称为“间谍”。

“间”还读作“jiān”，由两扇门的空隙引申指两个事物或两段时间当中，如：课间、中间、彼此之间。进而还表示一定时段、地点和范围内的，如：晚间、区间、乡间。“人间四月芳菲尽，山寺桃花始盛开。”在唐代白居易的这句诗中，“人间”指的是人世间、世界上。

另外，“间”还用来表示房屋，如：房间、车间、洗手间。它的这一意义是从墙壁造成的空间引申出来的。“安得广厦千万间，大庇天下寒士俱欢颜。”其中的“间”则表示计数房屋的量词。

右图是清代的玉质摆件，上面雕刻着仕女、桐树和圆形门。两扇门间的缝隙处透过一束亮光，这正是我们先人所造“间”的真正含义。

〔清〕桐荫仕女玉雕

源于门（门）

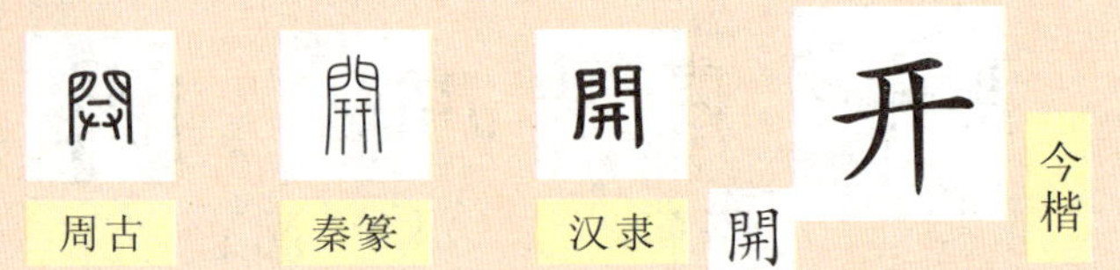

含有“开”的成语很多，而且它所表示的意义也不尽相同。

“开门见山、开卷有益”，“开”表示打开、展开。“眉开眼笑、鲜花盛开”，“开”表示舒展、开放。“开”有开辟之义，如：开山劈岭、开天辟地。有扩展之义，如：开源节流、开拓创新。可以表示态度的真诚，如：开诚布公。还可以表示性格的爽朗，如：豁达开朗。在“云开日出”中，“开”表示分散、散开。在“开宗明义”里表示开头、开始。在“精诚所至，金石为开”里则表示裂开、断开。“一夫当关，万夫莫开”里则表示冲脱、通过……“开”的意义如此之多，它的本义是什么呢？

“开”是“開”的简化字。周代古文的“开”，外部为“门”，内部为表示双手的“廾”，在双手之上还有个表示门闩的横线，意思是取下门闩，打开房门。汉隶以后，把“门”内的两个字符合并而写成了“开”。汉字简化时，又把“门”给省掉了。我们的先人是通过卸掉门闩、打开房门的动作造出了“开”这个字的。

“开”是会意字，本义指打开，意义与“关”相对，如：开门、开窗、推开、揭开。它的其他意义都是在这个意义的基础上引申和转化出来的。“开轩面场圃，把酒话桑麻。”在唐代孟浩然的这句诗中，“开轩”表示推开窗户。

左侧是明代的《元宵行乐图卷》局部，描绘正月十五时歌舞队沿街表演的情景。图中，那敞着的宫廷大门就解释了“开”的意义。

〔明〕元宵行乐图卷（局部）

周金　秦篆　汉隶　關　关　今楷

“关”是“關”的简化字。

金文的“关”有两款。前一款就像两扇门上安装着的门栓，意思是门栓能关闭房门。而后一款既可以看作一根木栓插入两扇门上的铁环把门关上，也可以看作“门”和“串”的组合，两扇门被连到一起，自然也就关上了。秦篆和简化前的“关”，构字意图与金文没有什么两样，只是门栓的构造更为复杂了。

“关”是会意字，本义指安装在房门上控制开闭的门栓，泛指控制机器开启和关闭的设备，如：开关、机关。由此引申表示起重要和转折作用的环节，如：关节、关键。

因为门栓能使门关闭，“关”又引申表示闭、合，意义与“开”相对，如：关闭、关上、关门。“春色满园关不住，一枝红杏出墙来。”宋代叶绍翁《游园不值》这句诗中的“关”就是关闭之义。

又因为门栓是否插牢关系到家人的安全，是人们都注重的事情，“关”还引申表示重视，如：关注、关怀、关心。并由此引申出联系之义，如：关联、关系、相关。

家有家门，国有国门。古人常在边界之处修筑城墙，而城楼下的大门就是国门，这国门也被称为“关”，如：关口、边关、海关。中国最著名的关口是长城两端的山海关、嘉峪关。“羌笛何须怨杨柳，春风不度玉门关。”唐代王之涣诗中的玉门关也很有名。

右图中的是扼守东北与华北通道的山海关城楼。它被誉为“天下第一关”。

山海关城楼

周金	秦篆	汉隶	閑	今楷
[ancient form]	[ancient form]	閑		闲

“闲”字的用法主要有如下几个方面。

其一是时间上的空闲，没事可做，意义与“忙”相对，如：闲散、安闲、游手好闲。“乡村四月闲人少，才了蚕桑又插田。”宋代翁卷《乡村四月》这句诗里的“闲”用的就是这一意义。

其二是东西放着不用，没有发挥它的功效，如：闲房、闲钱、闲置。“四海无闲田，农夫犹饿死。”这是唐代李绅《悯农》诗里的句子，其中的“闲”就表示没有被利用的。

因为人有了空闲时间，会干些分外之事，“闲”又有了第三种意义，表示与正事无关的，如：闲事、闲谈、闲人免进。宋代岳飞在《满江红·写怀》曾发出这样的感叹：“莫等闲，白了少年头，空悲切。”其中的“等闲”含有在闲事中虚度光阴的意味。

“闲”的以上用法其实都不是它的本义。

由“门”和“木”组成的“闲”，本义是指由树木枝条编成的栅栏门。由于牲畜的围栏一般也由树枝编扎而成，“闲”就用来表示马厩了。据《周礼》载：“天子十有二闲，马六种。”意思是说，天子可以有十二个马厩，养六种马。因为“闲”这种门会有缝隙，意义与表示门缝能透过月光的“閒”相同，人们就把“閒”的缝隙之义转给了“闲”。我们前面所列的其实是“閒”的意义。

左图是清代的月下赏梅牙雕。这些富家仕女漫步于月光之中，显得特别悠闲。

〔清〕月下赏梅牙雕

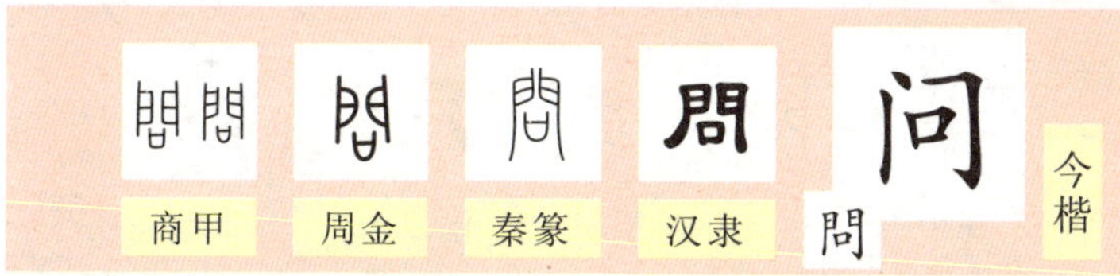

从商代甲骨文到现代楷书，“问”都由“门”和“口”组成。对此，我们既可以理解为外来者通过敲门来询问里面是否有人，也可以理解为里面的人听到敲门声后询问外来者是谁。

“问”是个以“门、口”表意，“门”兼而表声的会意兼形声字，本义指问讯、询问，即让别人回答或解释自己不知道、不清楚的事情，意义与“答”相对，如：请问、探问、问道于盲、答非所问。唐代贺知章《回乡偶书》一诗“儿童相见不相识，笑问客从何处来”这句中，“问”用的就是它的本义。

人们常把学识、知识称为“学问”，如宋代汪洙《神童诗》里的“学问勤中得，萤窗万卷书”。学问一词本身就强调了知识的获取离不开问，学就得问，问就是学。

由于人们问讯时，会针对不同的对象采用不同的态度，提出不同的问题，为此“问”会受到其他词语的限定而表示不同的意义。例如：“慰问、问安、嘘寒问暖”中的“问”含有关切、问候之义；“追问、审问、盘根问底”中的“问”含有追究、问责之义；另外，对那些负有管理责任的人来说，发现和解决工作中的问题是他的职责，因此“问”还有管、干预的意义，如“过问、不闻不问”。

唐代杜牧在《清明》一诗写道：“借问酒家何处有，牧童遥指杏花村。”右侧是绘于北京颐和园长廊的一幅清代装饰图。该图就描画了杜牧这句诗的意境。

〔清〕雨中问路图

源于单扇门（户）

《吕氏春秋》载："流水不腐，户枢不蝼，动也。"意思是流淌的河水不会腐臭，转动的门轴不会蛀蚀，那是因为它们不停地运动。后来"户枢不蝼"被写成"户枢不蠹"。"户"在句中表示门。

我们都知道，"门"表示门，"户"怎么也表示门呢？

如果把甲骨文的"户"和"门"（𠁣）作个比较就会看出，它们都是象形字，"门"为两个"户"，而"户"为单扇"门"。金文的"户"又加了个"木"，表示户的木质属性。秦篆和汉隶的"户"又转为象形的写法。楷书的"户"字为"尸"上加点，仅仅是个书写符号而已。

"户，所以出入也。一扇曰户，两扇曰门。"这是南朝辞书《玉篇》对它的解释。"户"的本义指单扇门，也泛指门，如"门户、窗户、足不出户"。"户外一峰秀，阶前众壑深。"唐代孟浩然这句诗中的"户"就表示门。

"户"由表示门而引申指住在门里的人家，如：住户、户主、安家落户。还引申指从事某种职业的人或家庭，如：农户、猎户、个体户。现在企业把服务的对象也以"户"相称，如：客户、用户、订户。另外，"户"还是个组字部件，在字中或者为意符，表示与门窗、房屋有关的意义，如：房、启、扇、所；或者为声符，如：护、沪、炉、庐。

下图是汉代的微型铜屋，可能是制作者的住处。那两扇敞开的门，就是"户"所表示的意义。

〔汉〕微型铜制房屋

商甲	周金	秦篆	汉隶	今楷
[古文字]	[古文字]	[古文字]	啓	启（啓）

一“户”一“口”为“启”。

甲骨文和金文的“启”各有两种写法：前一种由表示手的“又”和表示门扇的“户”组成，意思是把门窗打开。后一种加了个表示嘴巴的“口”，强调了用话语打开他人的心灵之窗，即启发之义。秦篆的“启”也有繁简两款，简的由“户、口”组成，意思是门打开了个口。繁的另加上手举棍棒的“攴”，似乎含有“撬门砸锁”的味了。汉字简化时，废掉了繁的，选用了简的。

“启”是会意字，本义指把门打开，泛指一般意义上的开，如：开启、启封、启齿。三国时期的辞书《广雅》对它的解释就是：“启，开也。”因为清晨起身推开房门时就意味着一天的起始，“启”便引申指开始，如：启用、启程。

当人们对某些事情想不开或者存有错误的想法，就如同一扇门被关闭着，“启”由打开人的思想认识之门而引申出开导之义，如：启发、启示、启蒙。《论语·述而》载有思想家、教育家孔子这样一句话：“不愤不启，不悱不发。”大意是教导学生，不到他想弄明白而弄不明白时不要去开导他，不到他想说却说不出来时不要去提示他。此言反映了孔子教书育人适时而“启”的原则。

右图是一件周代的青铜鼎，其下部是可供放置炭火的炉灶形结构。那个已经被打开的灶门，就是“启”所表示的意义。

〔周〕炉灶形青铜鼎

周金	秦篆	汉隶	今楷
			所

“己所不欲，勿施于人。”这是大思想家孔子的一句名言，意思是自己不喜欢的，不要强加给别人。

从周代金文到现代楷书，“所”都由表示门扇的“户”和表示斧子的“斤”组成。我们的先人造这个字时想表示什么意思呢?

有人说，“所”原本没有具体的意义，仅是个状声词，因为《诗经·小雅·伐木》就有诗句：“伐木所所。”汉代《说文解字》就解释说：“所，伐木声也。”

有人说，“所”指的是有人手持利斧守护的地方，这样的地方必定具有权威。其本义应该指国家机关，至今政府和司法部门的一些基层机构还称为所，如：管理所、派出所、拘留所。

其实，“所”的本义是指用斧子制作、安装房屋的门扇，即建房造屋，也用于表示人们生活和工作的地方，即处所，如：住所、场所、科研院所、流离失所。在最早出现“所”字的铜器“庚壶”上就刻有这样的铭文：“献于灵公之所。”由此“所”还用为计算学校、医院等的量词，如：一所学校、两所医院。

“所”的另一个重要用法是位于动词前，代指动作涉及的人或事物，如：所作所为、所见所闻、所向无敌。汉代张衡在《东京赋》写道：“所贵惟贤，所宝惟谷。”意思是：最珍贵的是人才，最宝贵的是粮谷。

〔汉〕宫阙画像砖拓片

左图是汉代的画像砖拓片。上面雕刻着持戈的武士、高耸的碉楼和豪华的大门。看来，这是一处戒备森严的“所”。

“三顾茅庐”的故事家喻户晓。说的是汉代末年，刘备求贤若渴，三次到诸葛亮隐居的隆中茅屋，邀请他出山帮助自己打天下。唐代杜甫在《蜀相》诗写道：“三顾频烦天下计，两朝开济老臣心。”赞颂诸葛亮接受刘备的诚意，鞠躬尽瘁协助刘氏父子两代创建并治理蜀国。其中的“顾”表示探望、拜访。

“顾”是“顧”的简化字。它与“花钱雇人”的“雇”字音相同，字义看起来毫不相干。但若追根溯源，“雇”其实是“顾”的本字。

甲骨文和金文的“雇”，由表示鸟的“隹”和表示门（也兼表读音）的“户”组成，意思是鸟就像转动的门那样转动着脑袋四下张望。我们的先人抓住了鸟为了觅食、避害而不停地环视的特点造出了“雇”这个字。

“雇”是会意兼形声字，本义原指环视、查看，即“顾”所表示的意义。在劳动力市场上，由于用人一方总要仔细观察出卖劳动力的人，便引申指花钱请人做事，如：雇工、雇佣。进而还引申指租用交通工具，如：雇车、雇船。后来人们给“雇”加上表示脑袋的“页”，另造“顧”（简化字为“顾”）代替“雇”的本义，“雇”也就专用于表示引申意义了。

右侧是宋代画家林椿所绘的枇杷山鸟图。那只小鸟左顾右盼的样子就是“雇”与“顾”原本表示的意义。

〔宋〕枇杷山鸟图

商甲	周金	秦篆	汉隶	今楷
[illegible]	[illegible]	[illegible]	[illegible]	穴

洞穴是人类最早居住的场所之一，北京周口店龙骨山顶的天然洞穴，就曾经是我们祖先繁衍生息的地方。时至今日，生活在黄土高原上的人们，有的还依然把窑洞当作他们的栖息之所。

“穴”从甲骨文到隶书，都像洞口的形状，只不过顶部或平或尖罢了。至于洞口两侧的线条，那是表示挡风遮雨的帘子。现在的“穴”写为上“宀”下“八”，让人看不出洞口之形了。

“穴”是象形字，本义指人类早期居住的窑洞、洞穴。儒家经典《易经》载：“上古穴居而野处，后世圣人易之以宫室。”意思是说上古先民最初居住在洞穴和荒野，后世有圣人造出了房屋解决了他们的居住问题。

因为除了人以外，还有许多动物也在洞穴中生活，“穴”便引申指动物的窝，如：蚁穴、巢穴、龙潭虎穴。“孤灯无焰穴鼠出，枯叶有声邻犬行。”宋代陆游《枕上作》这句诗里的“穴”指的是耗子洞。另外，人们还把中医针灸的部位称为“穴位”，把埋葬死人的坟坑称为“墓穴”，把坏人盘踞和藏匿的地方称为“匪穴”……“穴”的这些用法都是从孔洞这一意义引申出来的。

“穴”可以独立成字，也可以与其他构件组合成字。在字中“穴”大都作字头，表示与孔洞、坑窟有关的意义，如：窝、窖、窑、窗、空、窄。

左图是北京周口店山顶洞遗址的照片。一万八千多年前，我们的祖先就曾在这个洞穴中生活。

北京周口店山顶洞遗址

商甲	周金	秦篆	汉隶	今楷
[古文字]	[古文字]	[古文字]	更	更

“更”是个多音多义字。

当“更”读作“gēng”时，主要有两方面的意义。其一指变化、改换，如宋代陆游《赠燕》里的诗句：“四序如循环，万物更盛衰。”大意是一年四季总在循环交替，世间万物总有盛衰变化。其二指夜间计时单位，古人把一夜分五更，一更约两小时，三更为半夜，五更近凌晨。如唐代颜真卿《劝学》里的诗句：“三更灯火五更鸡，正是男儿读书时。”

当“更”读作“gèng”时，没有实在意义，或者表示动作的重复，作用相当于“再、又”；或者表示程度的加深，作用相当于“尤其、越发”。大诗人李白写过这样的名句：“抽刀断水水更流，借酒浇愁愁更愁。”其中的“更”就可以解释为越发、更加。

“更”在甲骨文中，上部是表示窑洞的“穴”，下部是表示手举工具的“攴”，意思是有人在开凿、修整窑洞。金文的“更”又加了个“穴”，强调了新开的洞穴与老洞穴相比有所更新、变化。秦篆以后的“更”承继了甲骨文的写法，只是上下两个字符相互穿插，最终演化成了现在这个样子。

“更”是会意字，本义指改变、改换，如：变更、更正、更新换代、新旧更替。它的其他意义都是由此引申或转化出来的。

右图为清代的玉雕。那些开凿洞穴的人可不是为了改变洞穴的样式，而是为了开采更多的玉石。

〔清〕采玉图案玉雕

宋代苏轼是个心胸旷达的人，即使遭受挫折、面对衰老也总对未来充满希望，正如他在《浣溪沙》一词写的那样："谁道人生无再少，门前流水尚能西。休将白发唱雄鸡。"句中的"尚"相当于"还、犹"，仅起连接作用。不过，这不是"尚"的本义。

甲骨文和金文的"尚"，下部是表示窑洞的"穴"或表示房屋兼表读音的"向"，上部是表示分开的"八"（"扒"的本字），在字中表示把雨水分流，意思是能把雨水分流的尖顶式房屋。秦篆以后的"尚"，上部的字符演变为小字头了。

"尚"是会意兼形声字，本义指两面坡式的尖顶房屋。由于这种房屋要比人类早期居住的地穴式或者一面坡式的住房高大、宽敞，"尚"便用来表示高的意义，如"高尚"是指道德品质高。《论语·里仁》载有孔子这样一句话："好仁者，无以尚之。"大意是喜好仁德的人，没有比他更高尚的了。

"尚"这种房屋因为其高大而备受人们的关注，由此便引申出尊崇、注重之义，如：崇尚、尚武、不尚空谈。进而还引申指被大众推崇而在社会上流行的，如：时尚、风尚。而"和尚"是印度古语博士的译音，在我国用于表示佛教僧侣。

左图是春秋时期的微型尖顶铜屋。这种样式的建筑物就是"尚"原本所指的房屋。

〔春秋〕微型铜屋

容

商甲 周金 秦篆 汉隶 今楷

心胸开阔，包容万物是一个人应当具有的品德。有人愿意面对神圣庄严的大佛来净化心灵，也有人喜欢民俗化的肥胖的弥勒佛以及关于他的那副对联：“大肚能容，容天下难容之事；慈颜常笑，笑天下可笑之人。”句中的三个“容”表示度量、包容。

在字典中，“容”虽属“宀”部，来源却与“穴”有关。

甲骨文和金文前一款的“容”，由表示窑洞的“穴”和表示器物的“口”组成，意思是窑洞里装着一些器物。金文后一款及其以后的“容”，则由表示房屋的“宀”和表示粮食的“谷”组成，意思变为房间里盛放着谷物。

“容”是会意字，本义指盛放，如：容纳、包容、无地自容。汉代《说文解字》就指出：“容，盛也。”“容”由洞穴能够盛放东西而引申指人度量大、能谅解他人，如：宽容、容忍、情理难容。进而又引申指让、允许，如：容许、不容分说、刻不容缓。

因为器物的容量通过其外部就能看出来，“容”又引申出外貌、神色方面的意义，如：市容、军容、校容校貌；容貌、容颜、容光焕发。宋代欧阳修说过：“君子之修身也，内正其心，外正其容。”意思是贤明的人修养自身，内要端正思想，外要端正仪表。

右图是宋代的塔式鎏金银龛，是佛教信徒存放佛祖舍利的。这件银龛的形制反映的正是“容”所包含的意义。

〔宋〕鎏金银龛

源于水井（井）

商甲	周金	秦篆	汉隶	今楷
[illegible]	[illegible]	[illegible]	井	井

上古时期，人们为了取水方便，大都临水而居。据说是四千多年前的尧舜时代，有个叫伯益的人发明了掘井取水的方法，人类才扩大了生存范围，离开江河湖泊到别处谋生。

井是人们为取水而向地下挖的深洞。打井时，为防止井壁坍塌，事先做些方形木框，随着井的加深一层层放入井中，以支撑井壁。井打完后，在井口处铺上木方或石条，供人踩踏取水。

甲骨文的“井”是象形字，就像打井时支撑井壁的木框或井口处铺着的相互交错的木方、石条之形。金文和秦篆的“井”，有的在井内加了个点，表示井中的水，这种写法的“井”是个指事字。汉隶以后的“井”又恢复了象形的写法。

“井”的本义是指向地下挖掘的取水深洞，如：打井、水井、井底之蛙。人们把形状像井或井架的东西也以“井”相称，如：油井、矿井、天井。因为一口井常常供乡里乡亲很多家庭取水，“井”便引申指乡里、家乡，如：市井、离乡背井。又因为铺在井口的木方、石条必须砌筑整齐才能牢固，“井”又引申出整齐、有条理之义，如：井井有条、秩序井然。另外，由于井的空间窄小，无风无浪，人们还用“井底之蛙”和“坐井观天”来形容某些人目光短浅、思想狭隘和没见过世面。先贤荀子就说过：“坎井之蛙不可与语东海之乐。”

左图是汉代的陶质水井。它的上部是方便取水的滑轮架，下部是井筒，而井口的形状是个“井”字。

〔汉〕陶质水井

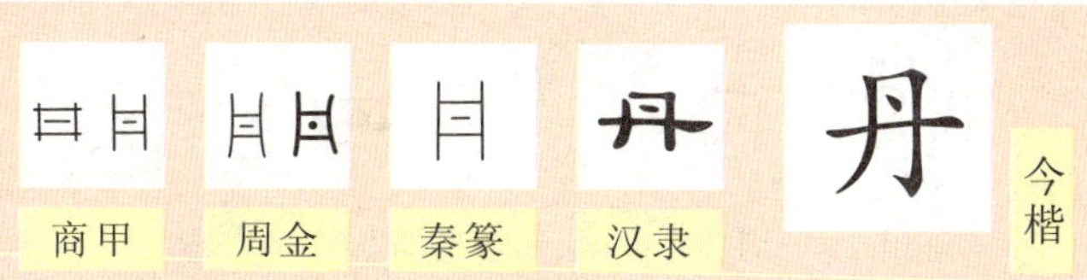

有一种矿藏叫丹砂，又名朱砂，一般为粒状或块状晶体，表面呈暗红色金属光泽。它蕴藏于地下，古人一般采用打竖井的办法来挖掘。“丹”字的由来就是开采丹砂矿的反映。

甲骨文和金文前一款的“丹”，是在“井”的中间加上一个短横或点作指事符号，表示对丹砂矿的开采。而金文后一款的“丹”，看上去则像在侧放的盘子“凡”上加个点，表示描绘盘子装饰花纹的红色颜料。汉隶以后的“丹”，字的外框发生了较大的变化，以至于写成了现在这个样子。

“丹”是指事字，本义指丹砂矿。《吕氏春秋》载有这样一句话：“石可破也，而不可夺坚；丹可磨也，而不可夺赤。”大意是：石头能被砸成碎块，但不能改变它坚硬的本质；丹砂能被研成粉末，但不能改变它赤红的颜色。“丹”用的就是其本义。

因为丹砂的颜色是红的，并被制成绘画、印染使用的色料，“丹”便引申指红色，如：丹红、丹枫、丹阳如火。又因为人的鲜血是红的，而忠诚爱国之士甘愿洒血报国，人们还用“丹心”来喻指爱国之心、赤诚之情，如宋代民族英雄文天祥《过零丁洋》的著名诗句：“人生自古谁无死，留取丹心照汗青。”另外，由于丹砂具有药用价值，“丹”还用来表示按配方制成的中药，如：丹方、金丹、灵丹妙药。

右图是明代的福字纹漆盘。它的红色可能就是因为添加了丹砂矿。这也是金文后一款的“丹”所表示的意义。

〔明〕福字纹漆盘

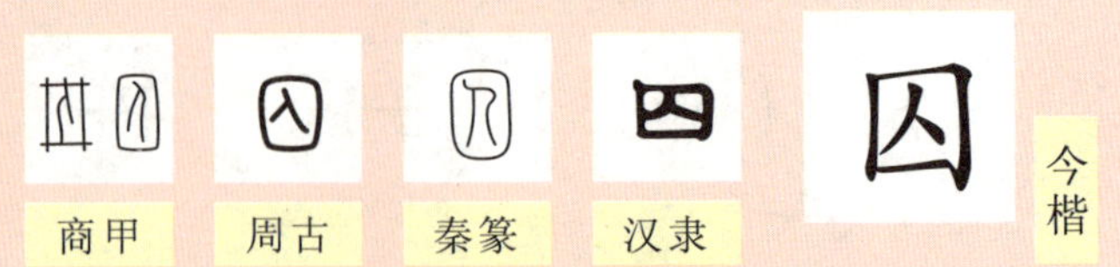

汉字属于表意文字，它主要是通过字形或字的构成来表示字义的。稍微有点汉字知识的人，看到“囚”这个字时，大概都能理解它的意义。“囚，拘也。”这就是我国最早的辞书《尔雅》对它所作的解释，意思是把人拘禁起来。

甲骨文的“囚”，从字形上看，就像一个人被四面封闭的外框围在中间。只不过前一款的外框是“井”，表示把犯人拘禁在枯井或水牢之中。甲骨文的“刑”有的写为“井刂”，意义就含有让罪犯在井下服拘押之刑。周代古文及其以后的“囚”，把外框确定为表示包围和环绕之义的“口”，用以表示牢笼。

“囚”是会意字，本义指拘禁、关押，如：囚车、囚笼、囚禁。唐代孟郊早年隐居嵩山，潜心读书，年近五十时考中进士。他的《冬日》诗这样描述那段生活：“万事有何味，一生虚自囚。不知文字利，到死空熬油。”其中，“自囚”是指自我束缚。

“囚”由人被拘禁转而表示被拘禁的人，即被判了刑而关押在监狱里的罪犯，如：囚犯、囚徒、死囚。有句俗语：昔为座上宾，今为阶下囚。意思是，过去曾是酒席宴上尊贵的客人，今天变成官府台阶下被审判的罪犯。人们常用这句话来告诫那些身居高位或者事业发达的人，要自我约束，不能贪赃枉法。

左侧是清代的戴枷囚犯图。这两个失去了自由的人，就因为触犯了刑律而被关押在囚笼中。

〔清〕戴枷囚犯图

周金	秦篆	汉隶	今楷
[illegible]	[illegible]	[illegible]	刑

刑罚是指国家根据法律对犯罪分子实施处罚，其目的是震慑犯罪分子，使其不敢肆意妄为，从而实现社会的安定与和谐。正如《尚书·大禹谟》所言："刑期于无刑。"意思是设立刑罚为的是杜绝犯罪，无人受罚。

现在的"刑"字左"开"右"刂"，它的来源却与"井"有关。

金文的"刑"，左侧的字符是"井"，既表意也表声，右侧的字符是"刀"，意思是为了维护取水的秩序，派人持刀在井旁守卫。不过也有人说，字中的"井"表示关押犯人的水牢，因为甲骨文的"囚"有的就写为"[illegible]"，像井中有人之形。楷书的"刑"，最后被规范为"开"与"刂"的组合，意思变成开刀用刑了。

"刑"是会意兼形声字，本义指为维护正常社会秩序而对犯罪分子进行的处罚，如：刑罚、判刑、死刑。在一些词语中含有对人进行肉体折磨之义，如：动刑、受刑、刑讯逼供、严刑拷打。

我国古代先贤对刑法建设非常关心，孔子就说过："君子怀刑，小人怀惠。"说的是治国者关心法度，普通人关心实惠。韩非子也曾指出："刑过不避大臣，赏善不遗匹夫。"说的是处罚罪过大臣也不能免除，奖赏善行老百姓也不要遗漏。

右图是清代的门神年画。这位持刀武士威风凛凛，只不过他守护的不是刑字中的"井"，而是门上贴着他的人家。

〔清〕门神年画

源于墓碑（且）

我们平素读到的诗文，“且”大都没有什么实在意义。例如《诗经·魏风·伐檀》：“坎坎伐檀兮，置之河之干兮，河水清且涟猗。”句中的“且”起连接作用，可以解释为又、并且。又如金代元好问赞颂海棠花的诗句：“爱惜芳心莫轻吐，且教桃李闹春风。”句中的“且”起限定时间的作用，可以解释为暂时、暂且。

然而，我们的先民最初所造的每一个字都有它实实在在的意义，“且”也不例外。在甲骨卜辞中，“且”就用来表示祖父辈及祖父辈以前的祖先，商王按顺序祭奠自己的先辈，如“祖甲、祖乙、祖丙”，其中的“祖”都写为“且”。“且”为什么会用来表示祖宗、先祖呢?

甲骨文和金文的“且”，就像祖先坟前的石碑或者祭台上的牌位，而牌位的实质是石碑的缩小。尊崇祖先与表率后人是华夏民族的传统习俗，光宗耀祖与恩泽后世是中国人奋发向上的不竭动力，为此他们把先人的名字刻写在石碑或牌位上来加以祭奠，“且”就是据此造出来的。

“且”是象形字，本义原指刻写着祖先名讳的石碑、牌位，转而表示石碑、牌位上所列的先祖、祖辈。只是由于后来被借用为虚词，人们就给它加上含有祭祀之义的示字旁（礻），另造“祖”取代了它的本义。

左图是唐代的人形石碑，在我国西北地区多有发现，有人说它是根据战死的英雄雕刻的。“祖”的本字“且”，就是依据这样的石碑或牌位之形造出来的。

〔唐〕人形石碑

商甲	周金	秦篆	汉隶	今楷
[illegible]	[illegible]	[illegible]	宜	宜

古语说："勿临渴而掘井，宜未雨而绸缪。"这句话告诫人们，凡事要早做准备，不能等渴了才想着去挖井，应该在未下雨的时候就把房子修好。句中的"宜"表示应当。

上"宀"下"且"为宜。

甲骨文和金文前一款的"宜"是全包围结构的字，其外框是"且"，原指刻写着祖宗名字的石碑或牌位，在字中表示祖先，而内部是两个"肉"。"宜"源于把肉食品敬献给祖宗的祭祀活动。古人认为，逝去的先辈没有消亡，而是生活在另外的世界中，把好吃的东西奉献给他们享用是理所当然的。

金文后一款和秦篆的"宜"，表示肉块的字符未变，却把全包围的外框写成了表示房子的"宀"。汉隶以后的"宜"，由此而演化为"宀、且"的组合，意思变为家中供奉祖宗的牌位是应该的。

"宜"是会意字，本义指应当、应该，如：行宜谨慎、财宜节用、事不宜迟。因为应当做的事情大都符合需要，"宜"便引申出适当、合适之义，如：适宜、合宜、因地制宜。宋代苏轼在描写杭州西湖的美景时曾写有这样的诗句："欲把西湖比西子，淡妆浓抹总相宜"。其中的"宜"就表示适合之义。

右侧的祭祖图是清代的《二十四孝图册》局部。在先人们看来，家中供奉祖宗是后人应当做的事情。"宜"就是据此造出来的。

〔清〕祭奠先祖图

源于墓碑（且）

商甲	周金	秦篆	汉隶	今楷
[illegible]	[illegible]	[illegible]	[illegible]	助

我国古代的思想家孟子常用浅显的故事来阐发深刻的道理，“拔苗助长”就是其中之一。故事说的是：有位宋国人，想让地里的庄稼长得更快些，就把禾苗往上拔了拔，结果庄稼都叫他折腾死了。看来不按客观规律办事，急于求成，只能以失败告终。

“助”现在写为左“且”右“力”，然而甲骨文和金文的“助”，却由表示手的“又”和“且”组成。“且”原指刻写着祖宗名字的石碑或牌位，引申指祖先，在“助”字中，它既表意也表声，意思是请求祖先的护佑和帮助。秦篆以后的“助”，用“力”取代了“又”，则说明了祖先所具有的凝聚力和创造力。

中华先民自古以来就有着浓厚的尊祖意识。他们认为自己的生命是祖宗生命的延续，自己的思想是祖宗智慧的传承，自己的家业是祖宗血汗的体现，“助”字的造出反映了他们要借助于祖辈的辉煌以求得继续发展。

“助”是会意兼形声字，本义指求助、借助，泛指帮忙、协助，如：援助、资助、推波助澜、爱莫能助。孟子说过这样一句话：“得道多助，失道寡助。”大意是拥有道义的人得到的帮助就多，失去道义的人得到的帮助就少。字中的两个“助”都表示帮助。

左图是清代《百子团圆图》的组成部分。那个助人为乐的大童子正帮助小童子把秋千荡起来，使他玩得更开心。

〔清〕童子荡秋千图

商甲	周金	秦篆	汉隶	今楷
[古文字]	[古文字]	[古文字]	祖	祖

“祖”是从“且”演化出来的一个字。

甲骨文和金文的“祖”有两种写法，前一种写为“且”，是象形字，就像树立在祖先坟前的石碑或供奉在祭台上的祖宗牌位。后一种是会意字，它在前一种写法的基础上，另外加上了表示供桌、祭台的“示”，用来表示对祖先的祭祀、敬奉之义。秦篆以后的“祖”，与后一种写法相承接，写为左“礻”右“且”了。

“祖”的本义指祭奠祖先的石碑或牌位，转而表示在石碑上留有名字的先祖，如：祖辈、祖业、祖居。我们常用的“祖国”是指祖籍所在的国家，一般指自己的国家。《宋史·李纲传》载有这样一句话：“祖宗疆土，当以死守，不可以尺寸与人。”说的是祖先留给后人的国土，应当誓死捍卫，一尺一寸也不能被他人掠夺而去。句中的“祖”与“宗”都表示祖上、先人。

“祖”引申指比父母辈分高的人，如：祖父、高祖、曾祖、外祖母。人们还把某些事业和派别的创始人称为“祖”，如：师祖、鼻祖、佛祖。在我国封建社会中，开国皇帝死后，其继承者常把他们的谥号尊为“祖”，如汉代刘邦为“汉高祖”，宋代赵匡胤为“宋太祖”，清军入关后的第一位皇帝福临为“清世祖”。

在古代传说中，伏羲、女娲是中华民族的始祖，右图的汉代画像石拓片就刻画着他俩人首蛇身的形象。当中的孩子标志着子孙繁衍，手上的曲尺表明他们为人类社会立下了规矩。

〔汉〕伏羲女娲画像石拓片

源于十字路口（行）

商甲	周金	秦篆	汉隶	今楷
[illegible]	[illegible]	[illegible]	[illegible]	行

“行”是个多音字，既可读作“háng”，也可读作“xíng”。读音不同，意义也就不同。我们来看看这个字的本义是什么。

甲骨文和金文的“行”，就像两条道路相互交错的十字路口。秦篆以后的“行”逐渐变化，到楷书时写为左“彳”右“亍”了。

“行（háng）”是象形字，本义指路口、道路。后由一条条并排的道路，引申出队列、职业以及排行等意义，如：行列、行业、同行、银行、行家里手。“行”还用为量词，如“一行字、两行树”。俗话说：“三百六十行，行行出状元。”这里的“行”就表示职业、行业。

因为道路是供人们行走的，所以“行（xíng）”又引申出行走之义，如：步行、穿行、行军、行若无事。老子说过：“九层之台，起于累土；千里之行，始于足下。”意思是：九层的高台，起始于累积的泥土；千里的远行，开始于人们的脚下。

“行”由表示行走，引申出行动、行为、发行、通行等诸多意义，如：执行、行销、言行一致、行之有效。“纸上得来终觉浅，绝知此事要躬行。”宋代陆游的这句诗告诉我们：书本上得到的东西终究肤浅，要深刻地认识某件事情必须亲自实践。

左图是南北朝时期的画像砖，上面雕有四个武士。他们手持刀剑，排成两行，正以战斗姿态向前行进。

〔南朝〕四武士画像砖

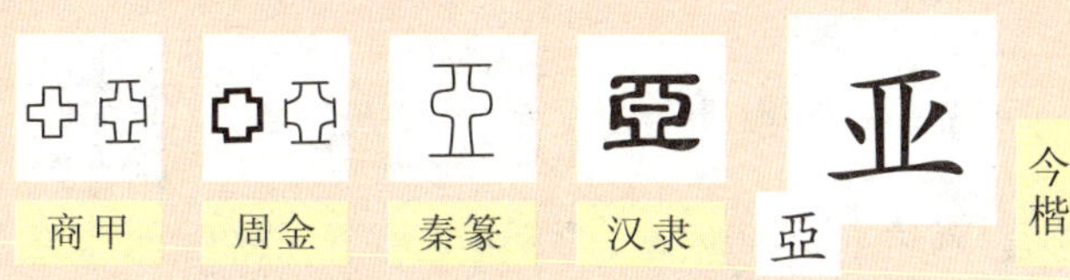

“亚”是“亞”的简化字。它是我国建筑群落基本形制的反映，其来源与表示十字路口的“行”（甲骨文写为卄）有关。

就一座古代城市而言，周围城墙环绕，四面开设城门，“亚”就是通向四门的中心大道。就一座四合院而言，南北建有上房和下屋，东西两侧建有厢房，“亚”就是院子里通向各个房屋的小道。即使是古代王侯的坟墓，其形制一般也采用“亚”字形。

甲骨文的“亚”，就像两条道路垂直交错的样子，写法与“行”相似，只不过道路两头是封闭的，说明它是市内或院落内的通道。金文以后的“亚”，与甲骨文一脉相承，只是因为中间的笔画转来转去太麻烦，汉字简化时就写为两横、两竖加左点、右撇了。

“亚”是象形字，本义指建筑群落内的通道。可能是因为院子里的小通道没有城市里的大通道宽敞，也可能是因为王侯死后墓穴里的通道不如其生前宫廷里的通道宽敞，“亚”便引申出次一等的意义。例如，人们把比赛里的第一名称作“冠军”，而把第二名称作“亚军”；把地球上最热的地区称热带，而把热度降一等的地区称亚热带。另外“亚”还是英文“Asia”（亚细亚）音译的简称，表示亚洲，如：东亚、亚非、欧亚大陆。

右图是明代的两单元彩绘陶院。每一单元对应房间的通道就组成了甲骨文的“亚”字。

〔明〕彩绘陶院

商甲　周金　秦篆　汉隶　德 今楷

百行德为首。从古至今，历朝历代都把德放在首位，认为它是做人的根本。“德”的意义比较抽象，不同的人对它的理解也不尽相同。我们的先人最初是怎样看待“德”的呢？

甲骨文的“德”由两个字符组成，一个是表示道路和行走的“行”或者“彳”，另一个是表示眼睛正视的“直”，意思是目不斜视地沿着正确的道路前进。金文的“德”有的又加上“心”，更强调了要走正道、想正事的意义。秦篆以后的“德”，字中的“直”被写走了形，让人看不出它所包含的正直之义了。

“德”是会意字，本义指正直的品质和良好的行为，泛指道德、品行，如：公德、美德、德才兼备、德高望重。孔子曾经说过：“德不孤，必有邻。”大意是：有道德的人不会孤单，一定会有志同道合的人与他作伴。

因为德不是一个脱离实际的虚幻的概念，它常常体现在对他人的帮助上，“德”由此引申指恩惠、情义，如：恩德、感恩戴德。《战国策·魏策》载：“人有德与我，不可忘也；吾有德于人，不可不忘也。”句中的“德”就表示恩惠。另外，“德”还表示信念、意向，如：同心同德、离心离德。

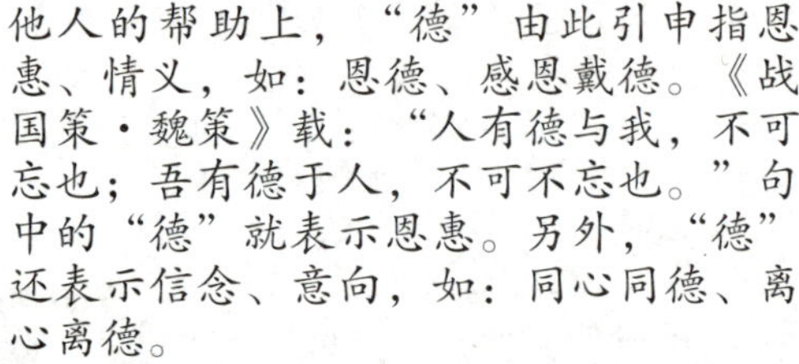

左图是在陕西省秦始皇兵马俑坑中出土的一尊将军俑。你看这位将军，两目直视，威严庄重。雕塑者就是把他作为“德”的典范而加以塑造的。

〔秦〕将军陶俑

周金 秦篆 汉隶 導 今楷

导

“导”是“導”的简化字。

金文的“导”，字的两侧是表示十字路口的“行”，中部上方是表示脑袋的“首”，下方是表示手的“又”。几个字符的组合，意思是有人走路迷失了方向，另外有人伸手为他指引道路。也可以理解为人走路或者干活都要依靠脑袋来引导。

秦篆以后的“导”，逐渐演化为上“道”（表示道路）下“寸”（表示手），意思是用手指路。而简化后的“导”，把上部换为表示小孩的“巳”（甲骨文为ℓ，头大身小、刚能爬行的小孩之形），意思变为对孩子的教育和引导了。

“导”的本义为指引、引领，如：导游、导航、引导。在出现该字的战国铜鼎上刻有这样的铭文：“夙夜不懈，以诱导寡人。”清代周金然的《度九龙山》也有诗句写道：“山僧知我僻好奇，导入山中险绝处。”其中的“导”都表示引领之义。

“导”由对某条道路的引领而引申指对人的教育、规劝，如：导师、教导、劝导。宋代欧阳修曾有论文指出：“滞者导之使达，蒙者开之使明。”大意是：通过教育使思想停滞者眼界宽阔，通过开导使头脑昏暗者明白事理。句中的“导”与“开”意义相近，表示开导。

我国历史上有许多教子有方的女人，宋代民族英雄岳飞的母亲就是其中之一。岳母曾在岳飞背部刺下“精忠报国”四字，教导他效忠国家。清代绘于颐和园长廊的这幅图就反映了此事。

〔清〕岳母刺字图

源于动物的字

商甲	周金	秦篆	汉隶	今楷
			龍	龙 龍

龙是我国古代传说中的神奇动物。它上天能飞，下海能游，落地能走，可以说是威力无比、无所不能。它的形体为蛇身、鹿角、鳄嘴、虎掌、鹰爪、鱼鳞，集中了各种动物的特长。龙是华夏民族大融合的体现，也是炎黄子孙崇奉的神。

“龙”是“龍”的简化字。甲骨文和金文的“龙”，就像一条犄角高耸、巨口大张、身体弯长的龙的图形。秦篆以后的“龙”，由于构字符号化的需要，龙头与龙身被分割为两部分，让人很难看出龙的形态了。简化后的“龙”变为独体字，仅仅是个书写符号而已。

“龙”是象形字，本义指人们想象中的威力巨大的“龙”，如：龙飞凤舞、龙腾虎跃、虎踞龙盘、画龙点睛。在古代，帝王们为神化自己而自称为“真龙天子”，“龙”便引申指皇帝或皇帝用的东西，如：龙颜、龙袍、凤子龙孙。

另外，人们还把形状像龙的东西称为“龙”，如：火龙、龙卷风、车水马龙。“鼓声三下红旗开，两龙跃出浮水来。”在唐代薛逢《观竞渡》的这句诗中，“龙”喻指龙舟。在古生物学界，“龙”还用于表示史前的爬行动物，如：恐龙、翼龙、剑齿龙。

考古资料显示，我国在新石器时代就已经出现龙形图案，其中，有用贝壳摆放的龙，有用玉石雕刻的龙，有在陶器上描画的龙……左图是一件商代的龙形玉雕。它的造型与“龙”字一样，都源于华夏民族崇拜的偶像——龙。

〔商〕龙形玉雕

恭

商甲　周金　秦篆　汉隶　今楷

现在的“恭”，下部的字符是比“小”还多一个点的“⺗”，其实它是“心”在写法上的变异。表示思念之义的“慕”、表示羞辱之义的“忝”及相关字“舔、添”等，来源都和“心”有关。

甲骨文和金文的“恭”是会意字，上部是古代先民崇拜的神灵——“龙”，下部是表示两只手的“廾”，意思是对龙恭恭敬敬，拱手相拜。秦篆以后的“恭”，改变了原来的构字方法，写为上“共”下“心”，变成了形声字。

“恭，敬也。”这是汉代辞书《尔雅》对其所作的解释。“恭”的本义是指对龙的敬仰、信奉和崇拜，其内在的心理是对崇拜物的心悦诚服、顺从谦卑，其外在的表现是约束自我、以礼行事。由此，“恭”便用来表示谦虚、有礼貌，如：谦恭、恭候、恭贺新年、洗耳恭听。

孔子待人接物讲究温、良、恭、俭、让，教导弟子时也非常强调恭。他说：“居处恭，执事敬，与人忠。”意思是生活要严肃谨慎，办事要认真敬业，为人要忠诚老实。他甚至把恭放在恭、宽、信、敏、惠（即恭敬、宽厚、诚信、勤敏、慈惠）五种行为的首位，让他的弟子们去遵守、实行。

龙是华夏先民图腾的标志和信奉的神灵。右图是新石器时代的黑玉龙雕。甲骨文“恭”字中，那条被人们敬拜的龙就是这个样子的。

〔新石器时代〕黑玉龙雕

虹 虹 虹 虹

商甲 周古 秦篆 汉隶 今楷

虹指的是雨后或日出、日落时天空出现的彩色圆弧，由红、橙、黄、绿、青、蓝、紫七种色彩组成。它是阳光照射空气中的小水珠发生折射和反射而形成的一种自然现象。

甲骨文的“虹”很有趣，是象形字，就像一道弧形的彩虹，两端却各有一个张着大口的龙头。这是因为古人不知道彩虹的成因，把它视为能够吸水的龙形神物。周代古文以后的“虹”废弃了象形的写法，用“虫”表意，用“工”表声，变成了形声字。

“虹（hóng）”的本义是指天空中的彩色弧形光带，如：长虹、彩虹。与其意义相同的还有“霓”，如：霓虹。只是二者有所区别，红色在外，紫色在内，颜色较艳的为“虹”；红色在内，紫色在外，颜色较淡的为“霓”。

因为虹高挂空中，色彩鲜艳，引人注目，所以古代诗词不乏对它的描述，如唐代李商隐的：“虹收青嶂雨，鸟没夕阳天。”又如宋代杨万里的：“忽惊暮色翻成晓，仰见双虹雨外明。”

又因为彩虹呈弧形，形状与拱桥相似，人们也常借用虹来喻指桥梁。“横截春流架断虹，凭栏犹思五噫风。”这是唐代陆龟蒙写的诗句，句中的“断虹”是指把河水截断的桥梁。

另外，“虹”还读作“jiàng”，也表示彩虹，不过它只限于单用，而不能用于合成词中，如：天上出虹了。

左图是战国时期的玉器——双龙首璜。你看它的形状，像不像甲骨文的“虹”？

〔战国〕双龙首玉璜

“庞”与“宠”，都源于我们祖先对龙的图腾崇拜。

甲骨文的“庞”，由人们心中的圣物——“龙”和表示前脸敞开的房屋——“广”组成，意思是指供人祭拜龙的宽敞的建筑物。而甲骨文的“宠”，在“庞”的基础上，另加上了表示双手的“廾”或跪倒在地的“人”，强调了对龙的恭敬之义。

对于“庞”与“宠”，汉代许慎在《说文解字》给出的解释分别是：“庞，高屋也。”“宠，尊居也。”“高屋、尊居”用词虽说有所不同，意义并无差异，都表示高大、宽敞、尊贵的房屋、殿宇。

“庞”与“宠”是两个会意字，本义都指敬奉龙的建筑物。只是由于字义的延伸，二者在写法和用法上才发生了分化。

“庞”由敬奉龙的建筑物的特点取义，用来表示规模、形体等方面“大”的意义，如：庞大、庞杂、庞然大物。至于“庞”表示脸面，如“脸庞、面庞”，是这种建筑物的门脸上常雕绘着龙的缘故。

而“宠”由人进入这种建筑物祭拜龙的心理特点取义，用来表示尊敬，即“崇”的意义，并进而衍生出过分喜爱和荣耀等义，如：宠信、宠爱、受宠若惊。

右图为沈阳故宫大政殿，是清代早期君臣议政的地方。该殿内堂宽敞明亮，殿前梁柱蟠龙环绕。“庞”与“宠”，原本都表示类似这样的建筑物。

〔清〕沈阳故宫大政殿

源于马（马）

商甲	周金	秦篆	汉隶	今楷
[illegible]	[illegible]	[illegible]	馬	马 馬

人们对马并不陌生，它是人类最早驯化的动物之一。

甲骨文和金文的“马”一目了然，那是一匹侧视的马的图形，头、鬃、身、尾、足俱全，只是金文的马格外强调了它的眼睛。秦篆和汉隶的“马”，只剩下飘逸的马鬃和扬起的四蹄。简化后的“马”笔画大为缩减，只是一个书写符号而已。马字就是这样由繁到简，由图形到符号，逐渐演化而来。

“马”是象形字，本义指马。它是一种哺乳动物，颈上有鬃，尾有长毛，可以用来拉车、耕地、乘骑。由于人们对马太熟悉了，也就造出了许多与“马”相关的成语，如：马不停蹄、马到成功、一马当先、万马奔腾、招兵买马、兵强马壮。

还有一则成语“马革裹尸”，出自汉代名将马援的一句话：“男儿要当死于边野，以马革裹尸还葬耳。”意思是好男儿应当为国效忠，即使战死疆场，用马皮包裹尸体送回老家也值得。马援一生战功卓著，六十多岁时还率军平叛，在得胜回朝的路上染病而亡，实现了他“马革裹尸”的壮志。

另外，“马”还是个组字部件，在字中或为意符，如：驾、驽、腾、驰、骄；或为声符，如：妈、码、蚂、骂。

左图的踏燕铜马是汉代的雕塑家们留给后人的精妙之作。这匹马昂首扬尾、奋蹄奔驰，好像一匹行空的“天马”。

〔汉〕踏燕铜马

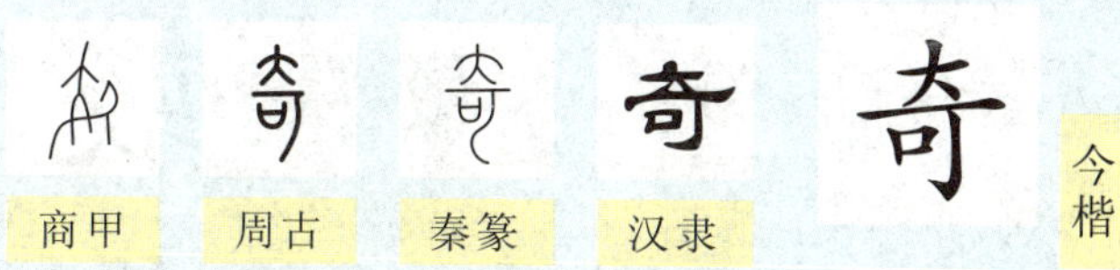

在介绍“奇”字前，我们先讲个“奇货可居”的故事。秦国的公子异人年轻时很不得志，被送到赵国当人质。大商人吕不韦得知此事，觉得异人是个特殊而稀有的货物，决定好好经营一下。他告诉异人，愿意为他回国当国君出钱出力。后来，在吕不韦的精心策划下，异人还真的登上了秦王宝座，史称秦庄襄王。这个异人就是秦始皇的父亲。吕不韦为此受到封赏，当上丞相，获得了优厚的回报，也在我国的商业史上留下了浓墨重彩的一笔。

上“大”下“可”的“奇”，本义就是表示特殊、稀少吗？

观察甲骨文的“奇”。上部是表示成年男人的“大”，下部是写得很简略的“马”，整个字形就像人跨在马背上。周代古文以后的“奇”，把“马”误写为“可”了。

“奇”是会意字，本义指骑马。人类刚开始骑马时，可能被视为奇异之事，“奇”便引申出少见、特殊之义，如：稀奇、奇特、奇珍异宝。“奇文共欣赏，疑义相与析。”晋代陶渊明诗里的“奇”就表示这一意义。“奇”还引申指出人意料和令人惊异的，如：奇袭、惊奇、出奇制胜。后来，人们另造“骑”代替了“奇”的本义，“奇”也就被引申义专用了。

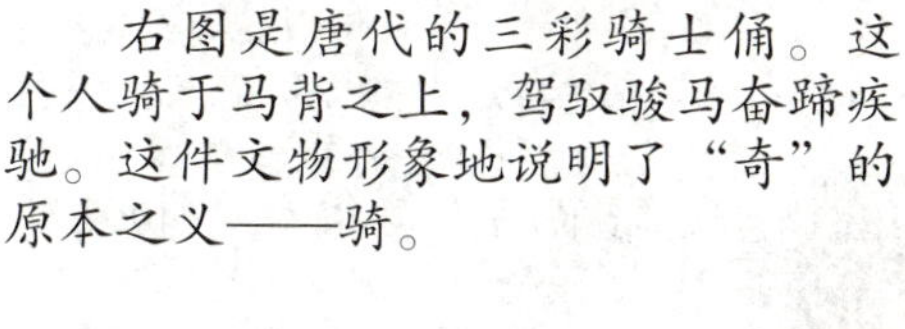

右图是唐代的三彩骑士俑。这个人骑于马背之上，驾驭骏马奋蹄疾驰。这件文物形象地说明了“奇”的原本之义——骑。

〔唐〕三彩骑士俑

商甲 周古 秦篆 駁 驳 今楷

人们常用符号“×”来表示不同或否定的意义。“驳”字左侧是表示马匹的“马”，右侧那个表示与占卦有关的“爻”，其实是由两个“×”演化来的，其意义与“爻”毫不相干。

甲骨文的“驳”是会意字，它由“马”和两个表示不同之义的“×”组成，意思是马身上长着一些与其本色不同的斑点。我们的先人是依据毛色斑斓的马来表示“驳”的意义的。秦篆以后的“驳”，由于构字符号化的需要，把两个“×”写为“爻”了。

“驳”的本义是指马身上的毛色不是单一的，混杂着别的颜色。汉代许慎在《说文解字》指出：“驳，马色不纯。”由马的毛色不纯，驳泛指颜色不纯，例如，“斑驳”是指多种色彩星星点点地相互交织，“驳杂”是指不同色彩或不同内容的东西混杂在一起。唐代白居易有诗写道：“浅深妆驳落，高下火参差。”其中的“驳落”就表示各种颜色搭配、混杂。

“驳”还由不同颜色的相互混杂，引申指人们发表自己的意见来否定别人的意见，如：反驳、批驳、驳斥。另外，还表示用船来转运旅客或者货物，如：驳运、驳载，这一意义也与船舶的人货混装、相互错杂有关。

左图是一件唐代的三彩花斑纹马。这类身上长有斑点状毛色的马匹，正是我们的先人所造“驳”字的依据。

〔唐〕三彩花斑纹马

商甲　周金　秦篆　汉隶　馭　今楷

驭

以“又”为意符的字大都与人用手做事的动作有关，如：反、支、受、取、戏。左“马”右“又”的“驭”，意义也不难理解，就是对马的鞭策、驾驭。

甲骨文和金文的“驭”，有的由“马”和表示手的“又”组成，有的把“又”换成了手持棍棒或马鞭之形的“攴”，意思是驯马或驾驶马车前行。秦篆以后的“驭”，规范为“马、又”组合了。

“驭”是会意字，本义指对马的驱使或者对马车的驾控，如：驭手、驾驭。三国时期的辞书《广雅》就解释说：“驭，驾也。”《荀子》也有这样的记述：“王良、造父者，善服驭者也。”意思是王良和造父这两个人，是善于驯服和驾驭车马的人。

“驭”由对车、马的驾驶、控制，引申出对于人、事和局势的掌控。唐代大诗人李白就曾在一首诗中写道：“拥兵五陵下，长策驭胡戎。”意思是：统领军队在五陵城下驻扎，挥动长鞭以防胡人的侵犯。其中的“驭”就表示监管、防控。

在科技水平相对低下的先秦时期，马和马车十分重要，它是先进生产力的具体体现。从某种意义上讲，骑兵和战车的数量就是一个国家军事实力的标志。无怪乎许多君王死后，常用车马甚至驭手殉葬，以图到另一个世界继续称王称霸。

右图是一组唐代的驯马陶俑。那匹高头大马在驯马师的调教之下，驯服地去完成各种动作。这组雕塑仿佛在说明“驭”所包容的意义。

〔唐〕驯马陶俑

在我国漫长的农耕时代，牛是人们最为依赖的牲畜。它帮人耕地、拉车、驮运东西；它奉献着自己的一切，包括奶、肉、骨、皮……从某种意义上讲，它是我国劳动人民的写照。

甲骨文和金文的“牛”，让人一看就知道是象形字。不过，它像的不是一头完整的牛，而是牛头之形：向上弯曲的是牛角，向两旁斜伸的是牛耳，中间的一竖表示牛的鼻梁。我们的先人抓住了牛的特征，采用以局部代替整体的方法，以牛头代表牛，造出了“牛”这个字。

“牛”的本义指牛，是古代先民最早驯化的六畜之一。它体形较大，头上长角，趾端有蹄，食草反刍，属哺乳动物。它种类较多，在我国常见的有黄牛、水牛、牦牛等。

由于牛具有易饲养、勤苦耐劳的特性，因而被农人喜爱，甚至成了任劳任怨、乐于奉献的象征。宋代李纲在《病牛》诗里就有这样的赞颂：“但得众生皆得饱，不辞羸病卧残阳。”

当然，牛也有脾性倔强、执拗的特性，为此人们便常用“犯牛脾气”来比喻人的性情固执，用“牛气”来比喻人的骄傲自大。“牛”在字典中还是个部首，以“牛”为意符的字大都与牛有关，如：牢、牵、犁、牧、犊、牲。

左图是一件以牛为装饰的明代木质印章。“牛”字就是依据牛头之形造出来的。

〔明〕牛钮木印

现在的“牟”，上部为“厶”，下部为“牛”。

甲骨文和金文的“牟”是指事字，下部是牛头之形的“牛”，顶部是一个具有指事性的符号——小口、圆圈或短横，用以表示牛的叫声。秦篆以后的“牟”，把上部换为绳扣之形的“厶”，即“私”的本字，好像牛的叫声里包含了它自己的欲望和要求。当然，我们也可以把它理解为用绳子拴住人家的牛，然后给牵走了。这种写法的“牟”是会意字。

“牟（móu）”的本义是指牛的鸣叫，连字的读音都模拟了牛的叫声。在《说文解字》里，汉代许慎对它的解释就是：“牟，牛鸣也。”唐代柳宗元在他的《牛赋》里，描写牛的神态时就有这样的句子：“牟然而鸣。”

因为牛的鸣叫是其欲望的宣示和情感的表达，“牟”还被用来表示“谋”的意义，如：牟取、牟利。这两个词，其含意和用法与“谋取、谋利”几乎没有什么区别。

另外，“牟”还读作“mù”，用为地名，如山东省烟台市的牟平县。后来，人们另造“哞”表示“牟”的本义，“牟”也就专用于表示谋取私利和地名了。

右图是唐代的《五牛图卷》局部。这头形象逼真的牛，两目直视，口唇微张，仿佛正用低沉的叫声向人们传递它的要求。

〔唐〕五牛图卷（局部）

告

商甲 周金 秦篆 汉隶 今楷

有条字谜："一口咬去牛尾巴。"这个字大概你也能猜得出来，谜底是"告"。其实，"告"的来源还真的与牛有关。

"告"源于古代先民举行祭祀活动时把牛羊等牲畜供奉给祖宗和神灵，向他们报告人世间的情况，以祈求护佑。从甲骨文至汉隶，"告"的上部是牛头之形的"牛"，下部是表示人的嘴巴的"口"，就是其来源的反映。楷书的"告"，由于书写时笔画避让的需要，把"牛"的中竖下部给截去了。

"告"是会意字，本义指向神祖祷告、报告。"王师北定中原日，家祭无忘告乃翁。"这是宋代陆游《示儿》诗里的句子。意思是：等到我们宋朝军队收复中原的那一天，在举行家族祭祀的时候，别忘了把这个好消息报告给你老父的亡灵。

"告"由向神祖祷告，而泛指说给别人听，如：告诉、转告、奔走相告。子路是孔子的得意门生，非常乐于听取别人的批评意见。孟子曾夸赞他说："子路，人告之以有过，则喜。"这里的"告"表示告诉、告知。

另外，"告"还引申指表示、表明，如：告辞、告假、自告奋勇。进而又引申指规劝、劝戒，如：劝告、告诫、忠告。至于"告状、控告、原告、被告"的"告"，则表示向上级或者司法机关检举、控诉之义。

左图是汉代的牛头铜饰。"告"字上部的字符与这件铜雕一样，都源于牛头的形状。

〔汉〕牛头铜饰

牢

商甲　周金　秦篆　汉隶　今楷

“亡羊补牢”是则成语，它源于汉代刘向编撰的《战国策·楚策》中的一句话：“见兔而顾犬，未为晚也；亡羊而补牢，未为迟也。”大意是：看到野兔之后回身唤犬还不算晚，丢失了羊之后立刻修补羊圈还不算迟。现在人们常用这则成语比喻出了差错要及时补救，才能避免更大的损失。

甲骨文和金文的“牢”是半包围结构的字，外部是留有通道的围栏，里面分别关着牛、马、羊，意思是指关养牲畜的地方。汉隶以后的“牢”，把围栏换为表示房屋的“宀”，把牲畜统一规范为“牛”，字也变成了上下结构。

“牢”是会意字，本义指饲养牲畜的栏圈，例如“亡羊补牢”中的“牢”指的是羊圈。《诗经·大雅·公刘》有这样的诗句：“执豕于牢，酌之用匏。”说的是：抓猪在猪圈，盛酒用葫芦。其中的“牢”指的是猪圈。

因为关押犯人的监狱也设有防护围栏，从本质上讲与牲畜栏圈没有什么不同，“牢”便引申指关押囚犯的地方，如：牢狱、监牢、画地为牢。又因为无论是关养牲畜，还是关押犯人的围栏都必须修得结实才行，“牢”又引申指坚固、结实，如：牢固、牢靠、牢不可破。

右图是汉代的牛首纹铜带扣。带扣上的那头牛可能因为关它的地方太牢固，只能把头从窗口探出来看看外面的世界。

〔汉〕牛首纹带扣

商甲 周古 秦篆 汉隶 牽 今楷

牵

“牵”是“牽”的简化字。上部的字符原本不是表示成年男人的“大”，而是表示绳索的“玄”。

甲骨文的“牵”由三个字符组成：分别是表示牛头的“牛”、表示绳索的“丝”和拴牲口所用的环形套包，意思是人用绳子把牛拴上牵走。秦篆和简化前的“牽”，字中的“牛”未变，却把绳索写成了“玄”，把环形的套包写成了秃宝盖。汉字简化时，把牽写为上“大”、中“冖”、下“牛”了。

“牵”是会意字，本义指用绳子拉着牲畜，泛指拉、引领，如“牵手、牵引、牵一发而动全身”。“牵，引前也。”这就是《说文解字》的解释。唐代杜甫曾经写有《兵车行》一诗，描写士兵被迫远征，爹娘妻子前来送别的凄惨场景：“牵衣顿足拦道哭，哭声直上干云霄。”句中的“牵”就表示拉、拽。

因为人用绳子牵着牲畜，绳子两端就连着人和畜，“牵”便引申指连结，如：牵线搭桥、千里姻缘一线牵。进而还引申指连累、制约，如：牵连、牵累、牵制。

又因为人之所以牵着牲畜，是担心它走失而使个人的利益受到损害，“牵”又引申出心里惦记、挂念之义，如：挂牵、魂牵梦萦、牵肠挂肚。

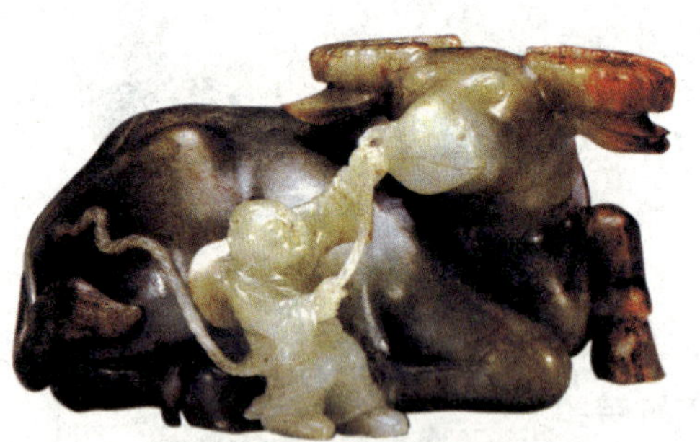

左图是一件明代的童子牵牛玉雕。那个孩子拽着拴在牛鼻子上的绳索，这个动作的意义就是“牵”。

〔明〕童子牵牛玉雕

商甲	周金	秦篆	汉隶	今楷
[古文字]	[古文字]	[古文字]	牧	牧

唐代杜牧的《清明》诗里有一被人所熟知的名句："借问酒家何处有，牧童遥指杏花村。"其中的"牧童"是指赶着牛羊在田野、山坡上进行放养的儿童。

左"牛"右"攵"为"牧"。甲骨文和金文的"牧"，从字形上看，就像有只手正举着木棍、鞭子之类的用具在驱赶牛或者羊，意思是指放养牛羊等牲畜。秦篆以后的"牧"，把放养的对象确定为"牛"，把手持用具写成了反文旁的"攵"。

"牧"是会意字，本义指放养牲畜，如：牧羊、牧马、放牧、游牧。至于"牧民、牧童"中的"民"和"童"，他们可不是被放养的对象，而是指放养牲畜的人。唐代王绩在《野望》诗里写有这样的句子："牧人驱犊返，猎马带禽归。"为我们描画了一幅牧区人民的生活场景。意思是牧人赶着幼畜返回村落，猎手骑马带着捕获的禽兽回到家里。

在古代典籍中，可以看到"州牧""牧伯"这样的称谓，用以表示政府官员，《三国演义》里的刘备就曾担任徐州牧。"牧"的这一用法源于"官贵民贱"的陈旧观念。在古代帝王的眼中，老百姓就如同一群牛羊，需要他们来驯养。

右图是明代的牧牛竹雕。这个小孩子骑在牛背上，手里拿着树枝驱赶牛。他仿佛在用自己的行动诠释着"牧"的意义。

〔明〕牧牛竹雕

清代朱柏庐的《治家格言》中有这样一句话：“一粥一饭，当思来处不易；半丝半缕，恒念物力维艰。”意思是说，每一粒粮食和每一寸布帛都来之不易，应当倍加珍惜。句中的“半”不是个确定的数，而是表示少的意思。

金文的“半”由两个字符组合而成，下部是“牛”，像牛头之形；上部是“八”（“扒”的本字），原表示分割、剖开；意思是把牛宰杀，分为两半。汉隶以后的“半”，“牛”变得没有了牛形，“八”也看不出分割的意思了。

“半”是会意字，本义指把牛分割为两部分，即两半。引申指事物的二分之一，如：半斤、半年、半工半读、半壁江山。“一道残阳铺水中，半江瑟瑟半江红。”在唐代白居易《暮江吟》的这句诗里，“半”就有二分之一的意思。

“半”由表示事物的二分之一，进而引申指在两种事物之间，如“半路、半山腰、半途而废”以及唐代张继“姑苏城外寒山寺，夜半钟声到客船”这句诗中的“半”。还引申表示不完全的、未完成的，如：半自动、半成品、半决赛。我们常用的成语“一星半点、一知半解”中的“半”，则表示很少的意思。

下图是一件汉代的鎏金青铜装饰物，出土于云南省晋宁县。这件饰物上的两个人，正奋力按住牛，准备把它捆绑起来，以便将其宰杀，分为两半。

〔汉〕缚牛鎏金铜饰

解

商甲 周金 秦篆 汉隶 今楷

解是个多音多义字，它来源于对牛的宰杀。

甲骨文及金文前一款的“解”由“牛”“角”和两只“手”组成，看上去就像有人按住牛角，要把牛宰杀、分割的样子，有的字中还有两个小点，那是表示杀牛时溅起的血迹。金文后一款及其以后，把表示两手的字符换为“刀”，进一步强调了杀牛分肉的意义。

“解（jiě）”是会意字，本义指把动物的肢体分割、剖开，如：解剖、解体、分解。引申指把合着的和捆绑的东西打开、松开，如：解开、解扣、解囊相助。人们常用的“解放”也是由此引申出来的。清代曹雪芹的《红楼梦》里有这样的句子：“心病终须心药医，解铃还须系铃人。”这里的“解”就表示松开之义。

“解”由对物的剖开推及到对难题的剖析，从而引申出分析、说明之义，如：解释、解说、苦心劝解。并进而引申指领悟、明白，如：理解、了解、困惑不解。宋代范成大的诗句“童孙未解供耕织，也傍桑阴学种瓜”中的“解”就表示懂得、明白。

另外，“解”还读作“jiè”，表示押送，如：押解、解送。解的这一意义也源于把人或物分开。“解”用为姓、地名时读作“xiè”。

右图是战国时期的青铜饰物。几个人正竭尽全力按住牛，准备将其宰杀。这就是“解”原本表示的意义。

〔战国〕解牛铜饰

源于羊（羊）

商甲	周金	秦篆	汉隶	今楷
			羊	羊

羊是人类最早驯化的动物之一。人们常说“六畜兴旺”，这“六畜”指的是马、牛、羊、猪、犬、鸡，其中就包括羊。

观察甲骨文和金文的“羊”，就像从正面看的一个羊头——弯曲的羊角、直视的眼睛和长长的鼻梁。同“牛”的造字方法一样，我们的祖先是采用以局部代整体的方法，用羊头来代指羊，造出了“羊”这个字。

“羊”是象形字，本义指羊。它是一种哺乳动物，头上长有一对角，食草，反刍。羊的种类比较多，在我国常见的有绵羊、山羊、黄羊、羚羊。“天苍苍，野茫茫，风吹草低见牛羊。”这是北朝民歌对羊的描述。

羊全身是宝，能给人提供肉、奶、皮、毛等生活必需品，是游牧民族赖以生存的基础。因此在人们的心目中，羊是美好、吉利的象征。在甲骨文里，表示幸福、好运的“吉祥”一词最初就写为“吉羊”。时至今日，人们的这一理念仍然在延续，许多绘画、雕塑作品中含有三只羊，就蕴涵着“三羊开泰”的意义。

在汉字中，“羊”是个组字构件，以它为意符的字大都与美好之义有关，如：美、善、祥、鲜、羕。“羊”也可以作声符，如：样、洋、氧、详、翔。

左图是从商代的四羊方尊上描摹的青铜羊头。甲骨文和金文的“羊”，其写法就是羊头的最简捷的图画。

〔商〕四羊方尊（局部）

商甲　周金　秦篆　汉隶　美　今楷 美

对于美，不同的时代有不同的标准，三千多年前的商代先民认为什么是美呢？“美”字本身就向我们揭示了其中的谜底。

甲骨文和金文的“美”，下部是个表示成年男人的“大”，上部是个“羊”，字形就像人的头上戴着羊角之类的装饰物。夏商时期的男人以此为美。其实，“美”字源于人们穿着动物形状的衣饰，以便接近猎物从而加以捕获的狩猎活动。

“美”是会意字，本义指漂亮，意义与“丑”相对，如：美丽、优美、美中不足。海瑞是明代的一位敢说真话、实话的官员，他有这样一句至理名言：“美曰美，不一毫虚美；过曰过，不一毫讳过。”意思是：美就说美，不要有丝毫的夸大；错就说错，不要有丝毫的隐瞒。

由于东西漂亮会给人愉悦感，让人觉得舒畅、满意，“美”便引申指好的、令人满意的，如：美德、美满、物美价廉。“葡萄美酒夜光杯，欲饮琵琶马上催。”唐代王翰诗中的美酒就表示好酒。“美”还用为动词，表示使之变美，如：美容、美发、美化环境。

另外，与“美”音和义相同的还有个“每”，它的甲骨文写为“[illegible]”，用戴着头饰的女人来表示女人之美。后来“每”被借用为虚词，如“每个、每当”，其本义就由“美”承担了。

右图是汉代的双羊铜饰。两只造型优雅的长角羊，给人的感觉确实是“美”。

〔汉〕双羊铜饰

商甲 周金 秦篆 汉隶 羞 今楷

羞

“羞”由“羊”和“丑”组合而成，它的意义难道是羊为自己的容貌丑陋而感到羞愧吗？

甲骨文和金文的“羞”，就像有只手举着一只羊，意思是把鲜美的羊肉食品供奉给神祖。秦篆以后的“羞”，把“手”写为了“丑”。其实，“丑”（甲骨文写为）是“扭”的本字，像一只缩起指头的手要抓扭什么东西。“丑”表示丑陋、丑恶，那是因为它被借用为表示耍酒疯者——“醜”的简化字造成的。

“羞”是会意字，本义指祭祀神祖时人们敬献的美味食品，即“馐”所表示的意义。唐代大诗人李白在《行路难》中写有这样的诗句：“金樽清酒斗十千，玉盘珍羞值万钱。”其中的“羞”就表示精美可口的食品。

因为给神祖供奉食品是件大事，准备得再好也觉得愧对他们，“羞”便引申指难为情和耻辱，如：害羞、羞耻、老羞成怒。孟子曾经指出：“无恻隐之心，非人也；无羞恶之心，非人也。”意思是说：没有同情心不能算是人，没有耻辱心不能算是人。其中的“羞恶”表示耻辱、厌恶之义。后来，人们另造“馐”表示“羞”的本义，“羞”也就被引申义所专用了。

左图是汉代的陶俑。这位女子以袖遮面，仿佛怀有害羞之情。不过“羞”在这里用的可不是它的原本之义。

〔汉〕彩绘女陶俑

商甲 周金 秦篆 汉隶 今楷

养

養

理想的社会应该是什么样子的？《礼记》中所载的孔子之言就反映了儒家的设想："使老有所终，壮有所用，幼有所长，矜寡孤独废疾者皆有所养。"大意是：让老年人有好的归宿，壮年人有用武之地，幼年人能健康成长，鳏夫、寡妇、孤儿、无后者、残废者、患病者都能得到供养。句中的"养"表示扶养、供养。

"养"是"養"的简化字。

甲骨文和金文的"养"，原本与"牧"是一个字，都是由手举木棍、鞭子的"攴"与"牛"或"羊"组成的会意字，意思是通过放牧的办法来饲养家畜。后来，随着饲养物范围的扩大，像鸡、犬、猪这样的禽畜不适于牧放，需要用喂食的方法来饲养，"养"和"牧"才分而用之了。"养"侧重于表示对牲畜的喂养，"牧"侧重于表示对牲畜的放养。秦篆和汉隶的"养"写为上"羊"下"食"，就强调了喂养牲畜之义。

"养"的本义指给动物喂食，如：养猪、养鸡、饲养家畜。引申指供给生活用品和费用，如：抚养、赡养、养家糊口。进而引申指休息、滋补，如：调养、滋养、养精蓄锐。因为喂养家畜的主要目的是使其能量得到积累，所以又引申指品德、学识的积累，如：修养、教养、涵养。

右图为宋代的养鸡女石刻，是重庆市大足县石刻群的组成部分。我们用这位女人喂鸡的情景来表示"养"的意义。

〔宋〕养鸡女石刻

羔

商甲 周金 秦篆 汉隶 今楷

“羔”的上部原本是“羊”，只是由于书写时笔画避让的原因，把中竖缩进了下横之内。以“羊”为字头的字大都属于这种情况，如：美、姜、羡、盖、恙。

甲骨文的“羔”有两种写法。前一种是在“羊”的周围加了几个沙粒似的小点，其实这些小点就是最早的“小”字，意思是指小羊。后一种是在“羊”的下部加了个“火”，意思是指烤羊。因为小羊的肉质鲜嫩，是烧烤羊肉的首选材料，由此“羔”便用来表示幼小的羊。金文和秦篆的“羔”，采用了甲骨文的后一种写法。汉隶以后，下部的“火”演变为四点底了。

“羔”是会意字，本义指幼小的羊。在《说文解字》里，许慎所作的解释是：“羔，羊子也。”羊子就是羊的幼子，一般指从出生到断奶（约四个月）的小羊，即羊羔。因为羊羔的特点是弱小与无知，人们便常用“羔羊”一词来比喻纯真和弱小者，如：迷途羔羊、替罪羔羊。

“羔”不单纯指羊羔，还用来表示一些动物的幼崽，如：鹿羔、兔羔、狼羔。金代元好问在《种松》一诗里写道：“百钱买松羔，植之我东墙。”句中的“松羔”是指松树苗。

由于羊是游牧民族赖以生存的基础，因此在我国民俗文化中有“三羊开泰”之说，意思是羊能给人们带来好运。下图是清代匠人雕刻的三羊开泰玉雕，其中有两只就是幼小的“羔”。

〔清〕三羊开泰玉雕

善

周金　秦篆　汉隶　今楷

宋代王应麟编撰的《三字经》开篇第一句就是：“人之初，性本善。”其中，“善”表示品质好、心地善良，意义与“恶”相对。这难道就是“善”字的本义吗？

金文的“善”，上部是“羊”，下部是两个“言”，意思是众口夸赞羊肉的美味。羊肉确实是一种令人垂涎的食品，热气腾腾的羊汤，夏天喝它能去瘟除暑，冬天喝它能滋补身体。我们的先人就是从这一角度出发，造出了“善”这个字。汉隶以后的“善”，上部的“羊”未变，却将下部的两个“言”省略得走了形。

“善”是会意字，本义原指味道可口的羊肉食品，也泛指各种食物。“善”其实是“膳”的本字。三国时期的曹植在《箜篌引》写有这样一句诗：“中府办丰善，烹羊宰肥牛。”其中的“丰善”指的就是丰盛的食品。

由羊肉食品的美味推及人品的美好，“善”引申指言行和品质好，如：善良、慈善、惩恶扬善。“三人行，必有我师焉。择其善者而从之，其不善者而改之。”在孔子的这句话中，“善”就表示好处、优点。由此还引申指擅长，如：善于、善战、能歌善舞。后来，人们另造“膳”代替了善的本义，“善”也就被引申义所专用了。

右图是一件晋代的青瓷酒器。人们之所以选用羊作为器物的造型，就是因为它的形象优雅而和善。

〔晋〕羊形青瓷酒器

群

商甲　周金　秦篆　汉隶　今楷

在汉字中，由三个同一部件组成的字大都含有多的意思，如“众”是指人数多，“品”是指器物多，“森”是指树木多。而“晶”原指天上众多的星星，后来用于表示闪烁的星光，其本义才由“星”（甲骨文写为⁂）取代了。“群”的来历与“晶”相似。

甲骨文的“群”原本写为“羴”，由三或四个“羊”组成，意思是指羊群。清代学者俞樾就曾指出：“羴者，群羊也。”“羴”在卜辞中用为地名，大概与这一地区发达的养羊业有关。

因为羊聚集在一起会散发出浓烈的腥膻之气，“羴”便引申表示羊身上的气味。为了区分它的两重意义，金文后一款的“群”便采用“君”与“羊”的组合，“君”既表声，也表示头羊率领下的羊群。当然也可以理解为国君后面跟着像羊一般顺从的众多臣属。现在，“羴”字已被废弃，它的引申义也被后造的“膻”取代。

“群”的本义指羊群，泛指聚在一起的人或物，如：人群、楼群、成群结队、鹤立鸡群。引申表示众多的，如：群山、群星、群策群力、博览群书。还用为量词，如：一群孩子、两群羊。

宋代陆游在《卜算子·咏梅》一词里写有这样的句子：“无意苦争春，一任群芳妒。零落成泥碾作尘，只有香如故。”其中的“群芳”原指众多的花朵，在词中喻指心胸狭窄的人。

左图是一幅魏晋时期的墓穴壁画。那位放牧者驱赶的众多的羊就是“群”字来源的依据。

〔魏晋〕牧羊壁画

祥

商甲 周金 秦篆 汉隶 今楷

人们常用“吉祥如意”来表示对他人的祝福，而“祥”就源于“羊”。

甲骨文和金文前一款的“祥”就写为“羊”，字形像羊的角、眼和鼻梁组成的简易头像。人们之所以用“羊”代“祥”，是因为羊能给人们提供肉、奶、皮、毛等生活必需品，是游牧民族赖以生存的重要物质基础，由此它被视为美好、吉利的动物。在甲骨文献里，“吉祥”一词有的就写为“吉羊”。

“羊”是组字部件，以它为意符的字有许多与美好之义有关，如：美、羑、善、鲜。甲骨文和金文后一款及以后的“祥”，为了与“羊”的本义相区别，人们就给它加了个表示祭祀之义的“礻”，另造会意兼形声字“祥”来表示吉利之义了。

“祥”的本义指吉利、幸福，如：祥和、祥瑞、吉祥如意、龙凤呈祥。据儒家经典《尚书》载：“作善，降之百祥；作不善，降之百殃。”意思是做善事，上天会给你带来幸福；做恶事，上天会给你带来灾难。句中的“祥”用的就是它的本义。

“祥”由表示吉利、幸福而引申指善的、好的，如“慈祥”，一般指老年人态度和善，神色安详。“海内兴义师，欲共讨不祥。”这是汉代蔡琰《悲愤诗》里的句子，其中的“讨不祥”是指讨伐不善的，即邪恶的。

羊是游牧民族希望的寄托和幸福的象征。右侧是清代一件缂丝制品上的童子骑羊图案，其中就蕴涵着人们对吉祥的企盼。

〔清〕童子骑羊缂丝图案

源于猪（豕）

猪

商甲 周金 秦篆 汉隶 豬 今楷

猪是人们非常熟悉的一种家畜。它体胖腿短，耳大鼻长，并且易于饲养，肉质精良。考古资料显示，早在七八千年前，我们的祖先就已开始驯化野猪。由于猪的饲养能够解决以狩猎为生的部族空手而归时没有食物的烦恼，也能够帮助以农耕为生的部族度过灾荒之日，所以古代先民有的就视猪为神。在我国各地出土的许多猪形文物，就是这一崇拜的反映。

“猪”是“豬”的简化字，它原本写为“豕”。

甲骨文和金文的“猪”是象形字，就像一头大肚、长吻、短腿的猪。秦篆以后，在字中加上了“者”。者是“著”的本字，金文写为“[illegible]”，上“漆”下“口”，原指给器皿涂漆，在字中表示猪身上涂有的稀泥并兼而表声，“猪”变成了会意兼形声字。汉隶以后，把“豕”换成反犬旁“犭”了。

“猪”的本义指猪这种动物，如：野猪、肥猪、猪崽、猪肉。由于猪在农家被普遍饲养，古代诗歌中不乏与它相关的句子。例如北朝民歌《木兰辞》：“小弟闻姊来，磨刀霍霍向猪羊。”又如唐代王绩《田家》诗：“小池聊养鹅，闲田且牧猪。”另外，“豕”还是组字构件，由它组成的字意义大都与猪有关，如：家、豪、豚、毅、逐。

左图是商代的猪形铜尊。用这种形状的器具装酒，而不嫌弃猪肮脏的一面，可见古人对猪充满了好感。

〔商〕猪形铜尊

毅

周金　秦篆　汉隶　今楷

意志坚定是孔子欣赏的品质之一。《论语·子路》载有这样一句话："刚、毅、木、讷，近仁。"说的是：具有刚强、坚定、朴实、慎言这四种品质的人就接近于仁德的要求了。

"毅"的来源与人类对野猪的驯化有关。

金文和秦篆前一款的"毅"，下部是表示猪的"豕"，上部是个古代用刑的刀具"辛"，同时它也是奴隶的标志物。由"辛"（有的简省为"立"）组成的字有许多与奴隶的意义相关，如"童"（甲骨文为）原指小奴隶，"竞"（甲骨文为）原指两个互相角斗的奴隶。"辛、豕"组合的毅，意思是指把野猪变为奴隶，即对其进行驯化。而后一款的"毅"，又加了个表示手持武器的"殳"，进一步说明了对野猪的驯化含有强制之义。

"毅"是会意字，本义指驯化野猪。要把野性十足的猪驯化成家畜可是件困难而又耗时的事，必须志向坚定，不能动摇。由此，"毅"便用来表示坚定不移和沉稳果敢的意义，如：坚毅、刚毅、毅力、毅然决然。

"士不可以不弘毅，任重而道远。"这是孔子的学生曾子之言。意思是：志士仁人不能不具有坚强的意志，因为他们担负的责任重大而前进的路途又很遥远。在句中，"弘毅"表示顽强、持久的意志力。

右图是汉代的绿釉陶猪。把这种凶悍的动物驯养成温顺的家畜，本身就反映了古代先民的坚毅。

〔汉〕绿釉陶猪

逐 逐

商甲 周金 秦篆 汉隶 今楷

有一则古老的神话故事——夸父逐日。说的是：有位叫夸父的勇士追着太阳走，路上渴得要命，竟把黄河、渭水喝干了，还要去喝北方大湖里的水，结果因干渴而死在半路上。这则神话反映了我们的祖先敢于和大自然抗争的精神。

甲骨文的“逐”，下部是表示人脚的“止”，上部是表示野兽的“猪”或“鹿”，意思是人在追赶野兽。金文的“逐”，一是把追赶的对象都用为表示猪的“豕”，二是在字中加上了表示道路和行走的“彳”，进一步强调了追赶的意义。汉隶以后的“逐”，把“止、彳”合并而写为“辶”，字也变成了半包围结构。

“逐”是会意字，本义指追赶、追击，如：追逐、随波逐流、逐鹿中原。在古代典籍中，“追”与“逐”意义相同，只不过“追”多用于追赶人，“逐”多用于追赶野兽，现在已经没有这种用法上的区别了。唐代诗人卢纶在《塞下曲》里写道：“欲将轻骑逐，大雪满弓刀。”其中的“逐”就表示对敌人的追赶。

因为人们追杀野兽，常常先迫使它们离开巢穴，“逐”便引申指驱赶、强迫离开，如：驱逐、逐客、逐出家门。另外，还有依次、一个挨一个之义，如：逐个、逐步、挨门逐户。

左图是一件汉代铜饰。这位猎手追捕野鹿的场景，正是甲骨文后一款的“逐”所表示的意义。

〔汉〕猎鹿铜饰

家

商甲 周金 秦篆 汉隶 今楷

谁都想有个家。而对于一些人来说，报效祖国和关爱家人有时很难两全。“一片丹心图报国，两行清泪为忠家。”读着明代抗击外族入侵的英雄于谦《靖日感怀》的诗句，确实让人感慨万千。

上“宀”下“豕”为“家”。

从商代甲骨文到今天的楷书，“家”都由表示房屋的“宀”和表示猪的“豕”组成，只不过早期的“家”字，每个字符的象形意味更浓罢了。“家”字的来源反映了夏商时期人们对家的基本要求，即有了住房和牲畜才算成了家。这样看来，在古人眼中，牲畜非常重要，它是家庭财富的标志。

“家”是会意字，本义指人们的住所以及在住所里由共同生活的人组成的家庭，如“人家、住家、家喻户晓、成家立业”。孟子说过这样一句话：“百亩之田，勿夺农时，数口之家可以无饥矣。”其中的“家”就表示家庭。

因为每个家庭在生活上各有不同的特点，“家”便引申指在学术上的不同流派，如：儒家、道家、法家。由此还引申指那些具有专门知识和技能的人，如：画家、专家、科学家。另外，还表示人工饲养的，如：家畜、家禽、家兔。至于“娘家、亲家、冤家”，则是指跟自己有某种关系的人家或个人。

下图是在浙江余姚河姆渡遗址出土的猪纹陶钵，距今约有七千年了。它说明当时的人们已经能饲养牲畜，过上定居式生活，有了住处稳定的家。

〔新石器时代〕猪纹陶钵

源于狗（犬）

商甲 周金 秦篆 汉隶 今楷

犬

“犬”俗称狗，由于它天性机敏、易于训练而被人类驯化成为赏玩的宠物、看家的帮手或者捕捉猎物的工具。考古资料显示，在河北省武安县磁山遗址中，曾发现我国最早的狗的骨骸，距今已有七千多年了。

甲骨文和金文的“犬”，就像一只头、身、尾、足俱全的狗的侧视图形，只不过大都写为头朝上、尾朝下而已。汉隶以后，因为字形整齐化的需要，写成“大”字右肩加一个点，完全没有了狗的模样。

“犬”是象形字，本义指狗，如：警犬、猎犬、牧羊犬、丧家犬。有句成语“一人得道，鸡犬升天”，原指一个人修炼成了神仙，它的家人连同鸡犬也跟着升入天堂。现在用来比喻一个人得势当官，与他关系亲近的人也都跟着沾光。

由于犬长期与人类共同生活，因此在古代诗歌中对犬的描述也屡见不鲜。如唐代王维的“鸡犬散墟落，桑榆荫远山”，又如元代惟则的“竹根吠犬隔溪西，湖雁声高木叶飞”。

另外，作左偏旁使用的“犭”是从犬演化而来的。以其为意符的字大都与狗及其他动物有关，如：吠、伏、突、猫、猪、猛。

左图是宋代制作的点彩卷尾瓷犬。这只看上去很有灵性的动物，就是我们上面介绍的犬。

〔宋〕点彩卷尾瓷犬

厌

周金 秦篆 汉隶 今楷 厭

“学而不厌，诲人不倦。”这是两千五百年前的孔子之言，表明了这位思想家、教育家治学、育人的态度。

“厌”是“厭”的简化写法。

金文的“厌”是会意字，由三个字符组成：分别是拖着长尾巴的“犬”、嘴角向上咧开的“口”和表示肉的“月”，意思是狗吃饱喝足，连嘴里叼着的肉都咽不下去了。

“厌”是“饜”（后简化为“餍”）的本字，本义指吃饱喝足了，泛指心理上的满足，如：学而不厌、贪得无厌。三国的曹操在《短歌行》里写道：“山不厌高，海不厌深。”句中的“厌”就表示满足之义。由于狗在吃饱喝足之后，对食物会失去兴趣甚至产生反感，“厌”便引申指憎恶、嫌弃，如：厌恶、讨厌、不厌其烦。

需要指出的是，“厌”还是“壓”（后简化为压）的本字，表示倾覆、按压之义，这是因为肉吃多了的狗会把肉丸当玩物，用爪子按住来戏耍。秦篆以后的“厌”之所以加上了表示山崖的字符“厂”，原因也就在这里。《汉书》有这样的记载：“惠帝二年正月，地震陇西，厌四百余家。”这里的“厌”就表示压的意思。现在，“厌、餍、压”三字已经分用，各表其义了。

右图是一件清代的褐釉瓷犬。这只狗伸着脖子，打着饱嗝，好像流露出厌食之情。这就是“厌”原本所表示的意义。

〔清〕褐彩瓷犬

商甲	周金	秦篆	汉隶	獻	今楷 献

在古代，祭奠神祖是人们不可或缺的礼仪活动。而这种活动的一项重要内容就是敬献食品，以供神祖们享用。食品当中不仅有牛、羊、猪肉，还有犬肉。“献”字的来历就说明了这一点。

甲骨文的“献”是会意字，左部是表示古代蒸煮食物的器具“鬲”，右部是“犬”，在字中表示狗肉，意思是把烹煮好的狗肉作为祭品敬奉给神祖。金文承继了甲骨文的写法，只是前一款把“鬲”换为“鼎”，后一款则给“鬲”加上了虎字头，表示上面刻有虎形纹饰的高档铜质炊具。汉字简化时，因为左侧的字符过于复杂，就把它换成了“南”，既表示铜制炊具产自南方也兼而表声，“献”变成了会意兼形声字。

“献”的本义是指在祭祀典礼上向神祖供奉狗肉做成的食品。因为这种仪式的气氛是庄重的，供奉者的内心是虔诚的，“献”便用来表示恭敬地送上，如：献给、献礼、奉献、贡献。明代辞书《字汇》就解释说：“献，凡以物相馈，下之于上曰献。”

又因为人们“献”给神祖的供品都摆放在祭台上，谁都能看到，“献”便引申指表现出来给人看，如：献艺、献技、献媚、献殷勤。人们之所以把那些具有历史和参考价值的典籍、图书资料称为“文献”，就是因为它是供人来看的。

左图是一件周代的兽面纹青铜鬲。这件造型典雅、庄重的器物，可能就是盛过狗肉而奉献于祭奠神祖的灵台。

〔周〕兽面纹铜鬲

器

周金　秦篆　汉隶　今楷

“玉不琢，不成器。人不学，不知义。”这句通俗易懂的诗句源自宋代王应麟编著的《三字经》。

从周代金文到现代楷书，“器”的写法一脉相承，都由四个“口”和一个“犬”组成。“口”原本表示人的嘴巴，在“器”字中表示杯、鼎之类有口的容器。四个“口”表示器物众多，而“犬”是用来看守这些器物以防丢失的。正如汉代许慎的《说文解字》指出的那样：“器，皿也。像器之口，犬所以守也。”

“器”是会意字，本义指用具、器物，如：木器、瓷器、乐器、容器。“工欲善其事，必先利其器。”这是先贤孔子之言，意思是：工匠想要把活干好，一定会先把他的用具磨锋利。“器”在句中表示工具、用具。

由于器物大都是用来盛装东西的，不同的器具容量和功能不同，为此，“器”便引申指人的度量、才能，如：器量、器度、大器晚成。进而引申指重视、看得起，如：器重。另外，还用来表示人或生物的器官，如：脏器、生殖器。

《论语·为政》还载有孔子这样一句话：“君子不器。”意思是：有理想、有抱负的人不能像器皿那样只有单一的用途，而应该博学多才，能胜任各种工作。

右图是汉代的四联陶罐，它由四个连在一起的罐子组成。我们用这件陶制品来表示“器”的本义。

〔汉〕四联陶罐

狂

商甲 周金 秦篆 汉隶 今楷

宋代苏轼是我国诗坛豪放派的代表人物，他在《江城子·密州出猎》一词写道："老夫聊发少年狂，左牵黄，右擎苍，锦帽貂裘，千骑卷平冈。"说的是：我虽已年老，却要抒发年轻人的张狂，左手牵黄犬，右手擎苍鹰，头戴锦缎帽，身穿貂皮装，率领千余随从策马飞驰山冈。一个"狂"字展现出了诗人豪迈的个性。

甲骨文的"狂"有两款，前一款是会意字，分别由"犬、土"和表示脚的"止"组成，意思是狗像发了疯似的狂奔不已。这种写法源于狗摘掉索链后的兴奋状态。而后一款则把字中的"土"换成了斧钺之形的"王"，既用来表示狗在其群体中争夺霸主时的疯狂之举，也用来表声，"狂"变成了会意兼形声字。楷书的"狂"，由此而写为左"犭"右"王"了。

"狂"的本义是指狗没有约束地奔跑，泛指毫无拘束之义，如：狂奔、狂笑、狂放不拘。据商代甲骨卜辞载："王狂田，湄日不遘雨。"意思是商王前往田猎，整日没遇到雨。"狂"在句中之所以用为"往"，就与毫无约束地奔跑有关。

由于人精神失常，行为举止也会失去约束，"狂"便引申指发疯和精神不正常，如：狂人、疯狂、癫狂。进而还引申指傲慢、自大以及猛烈之义，如：轻狂、狂妄、口出狂言、狂风暴雨。

下图是汉代的狩猎画像石拓片。两只猎犬发疯般地奔跑，去追逐猎物的场景，反映的正是"狂"的意思。

〔汉〕狩猎画像石拓片

狱

周金 秦篆 汉隶 獄 今楷

“狱者，天下之性命也。”这是《三国志·魏书·明帝纪》中的一句话。大意是说：司法之事，与天下老百姓的性命相关。在句中，“狱”表示国家司法、诉讼方面的事宜。

金文和秦篆的“狱”，中部是表示说话、争论的“言”，两侧各有一只“犬”，意思是两只狗在厮咬、纷争。我们的祖先是借用两只狂叫、咬架的狗，来喻指人们相互之间发生的诉讼案件。汉隶以后，把左侧的“犬”写为反犬旁“犭”了。

“狱”是会意字，本义指诉讼案件，也就是打官司，例如“冤狱”是指受到冤枉的案件，“文字狱”是指对作者的文章断章取义而制造的冤案。明太祖朱元璋少年时代曾当过光头和尚，后来参加农民起义而做了明朝的开国皇帝。他在阅读奏章及诗文时，一旦看到“僧”“光”之类的字，就下令把作者诛杀。从古至今，惨遭这种罪名而受处罚的事例不胜枚举。清代龚自珍在《咏史》诗写道：“避席畏闻文字狱，著书都为稻粱谋。”意思是听到文字狱这样的事吓得离开坐席，自己写书只是为了解决吃饭问题。

因为诉讼案件判决后，有罪的一方往往要被监禁，“狱”便引申指关押罪犯的地方，如：监狱、牢狱、狱警。

右图是汉代的画像石拓片。图中的那个人牵着条狗，正在四下巡视。他们守护的可能就是一座监狱。

〔汉〕牵犬门吏画像石

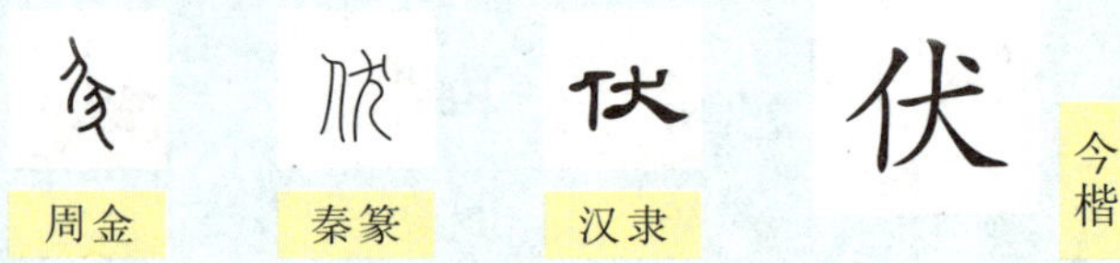

左“亻”右“犬”为“伏”。它源于狗对人进行袭击。

金文的“伏”，从字形上看，就像一只犬匍匐在地，躲藏于人的身后，正准备寻找机会发动袭击。秦篆以后的“伏”，“人”与“犬”左右并列，意思变成人像犬那样趴着了。

“伏”是会意字，本义指把自己隐藏起来，以便寻找机会对他人进行攻击，即隐蔽、隐藏之义，如：伏击、埋伏、昼伏夜出、危机四伏。“伏，藏也。”三国时期的辞书《广雅》对它就是这样解释的。先贤老子在谈到福与祸能够相互转化时指出：“祸兮福之所倚，福兮祸之所伏。”大意是：灾祸在幸福之旁倚身，幸福在灾祸之中隐藏。句中的“伏”用的就是其本义。

因为狗隐藏自己时往往胸腹朝下，紧贴地面，“伏”便引申指趴在地上或其他物体上，如：趴伏、俯伏、伏案工作。在三国曹操的《步出夏门行·龟虽寿》诗写道：“老骥伏枥，志在千里；烈士暮年，壮心不已。”其中“伏枥”是指身体趴在马槽之上。

另外，“伏”还引申表示屈服和使屈服之义，如：伏法、降伏、降龙伏虎。至于“入伏、伏天、热在三伏”的“伏”，则是指夏季最热的时期。人们之所以这样称呼热天，大概是因为这一时期的天气最炎热，狗和很多动物都找地方趴下休息。

左图是清代的卧犬玉雕。这只犬蹲伏于地，好像正准备向他人发动突袭。这就是“伏”原本所表示的意义。

〔清〕卧犬玉雕

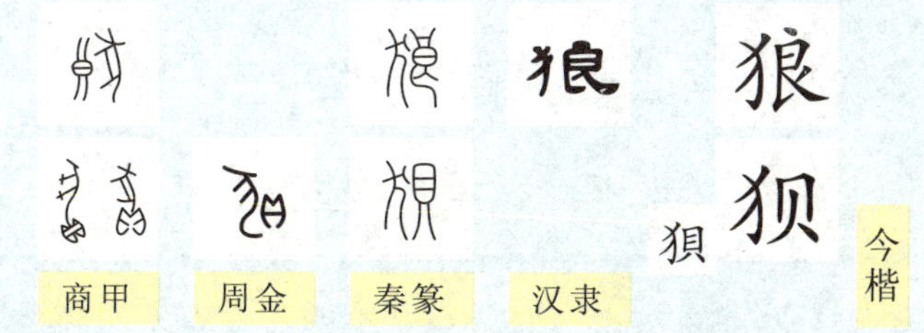

狼和狈原本只是普通的动物，由于人们本能的偏见，以至于把许多坏的字眼都强加到了它们的头上。例如：形容两个人做坏事就用“狼狈为奸”，形容敌人被打败逃跑就用“狼狈逃窜”，而自己处境窘迫却要用“狼狈不堪”来形容……人们对狼和狈的这种憎恶之情，其实源于人类自身的膨胀式发展，挤占了动物的生存空间，造成了人与狼对抗的结果。

“狼、狈”二字的构成，无论在商代甲骨文，还是在现代楷书，都由表意的“犬”和表声的“良”或“贝”组成，只不过越是早期的字，其写法越形象、越逼真罢了。

“狼”和“狈”都是形声字。在动物学上，狼属于哺乳类肉食性犬科动物，外形与狗相似，而狗就是人类对狼进行驯化的结果。至于狈，宋代辞书《集韵》的解释是：“狈，兽名，狼属也。”而在动物圈内，还没有哪一种野兽被确指为狈。

在我国古人的眼中，狼前腿长、后腿短，而狈正好相反，因此它们外出觅食常结伴而行，以便弥补彼此的不足。成语“狼狈为奸”说的是它俩合伙干坏事。

右图是一件汉代的青铜饰物。那撕咬着鹿的野兽，是两只狼呢，还是一狼一狈？

〔汉〕二兽噬鹿铜饰

源于鸟（鸟）

人们对鸟并不陌生。它是一种全身长有羽毛、一般会飞的动物。公园里、树林中、野地上，甚至在人们住屋的房檐、阳台，也常会见到它的身影，听到它的叫声。

“鸟”是“鳥”的简化字。甲骨文和金文的“鸟”，就像一只鸟的简笔画，头、身、羽、爪俱全，重点描画了它尖嘴、细爪的特点。汉隶以后，尖嘴被写为一撇，细爪被写为四点，“鸟”字就不那么像鸟了。简化后的“鸟”仅是书写符号而已。

“鸟”是象形字，本义指鸟，是各种各样的鸟的通称。“鸟语花香、百鸟朝凤、惊弓之鸟”等成语中的鸟，用的就是它的本义。由于鸟的身影常出没于人们的视野，叫声也常回响在人们的耳畔，因此古诗中就有许多描写它的句子。例如北朝庾信的“荷风惊浴鸟，桥影聚行鱼”，唐代祖咏的“檐前花覆地，竹外鸟窥人”，宋代辛弃疾的“啼鸟有时能劝客，小桃无赖已撩人”。

另外，鸟在字典中还是个部首，组成的字，“鸟”一般充当意符，表示与鸟相关的意义，如：莺、鹰、岛、鸣、鸥、鹏。另外还有个“隹”，其早期的写法同“鸟”一样，以它为意符的字也与鸟有关，如：雀、集、焦、雁、雄、雕。

左图是一件春秋时期的青铜酒器，现已流失海外。你看它的造型，像不像甲骨文和金文的“鸟”？

〔春秋〕鸟形青铜酒器

商甲 周金 秦篆 汉隶 雞 鷄 鸡 今楷

人们对鸡都很熟悉，尤其在农村，几乎家家户户都饲养它。鸡个头不大，全身羽毛，不能高飞，能给人提供肉和蛋。凌晨时分，当报晓的雄鸡发出高亢的长鸣，你就会体验到明代高启《鸡鸣歌》中“万家梦破一声鸡”的意境。

“鸡”是“鷄”和“雞”的简化字。

甲骨文的“鸡”有两种写法：前一种是象形字，像昂首长鸣的雄鸡；后一种是由“奚”和“鸟”组成的会意兼形声字，“奚”本来指被绳子捆绑起来的奴隶，在“鸡”字中既表声，也表示鸡是由人类对鸟驯化而来的意义。秦篆和汉隶，把字中的“鸟”换成了与鸟同义的“隹”。简化后，用“鸟”和表示手的“又”组合，强调了人工饲养的意义。

“鸡”的本义是指家禽鸡，如：公鸡、斗鸡、鸡雏。因为鸡是人类最早饲养的六畜之一，人鸡相处的时间长达一万余年，所以也就造出了许多与鸡相关的成语，如：雄鸡报晓、杀鸡取卵、鸡犬不宁、鸡飞蛋打、鸡毛蒜皮、小肚鸡肠。甚至连人们常用的一些俗语、歇后语也都离不开鸡，如：手无缚鸡之力、杀鸡焉用宰牛刀、黄鼠狼给鸡拜年——没安好心肠。

由于鸡易于饲养，能满足人们生活的需要，再加上字的读音与“吉”相近，它的形象有时就成了吉祥和幸福的标志。右图为清代瓷质香熏，是装上香料发散香气的用具。它的造型就是一只栩栩如生的鸡。

〔清〕鸡形瓷香熏

周金 秦篆 汉隶 烏 乌 今楷

“乌”是“烏”的简化字，写法与“鸟”只有“一点”之差。其实，乌也是一种鸟，一般称为乌鸦。它有两个显著的特征，一是叫声响亮，二是全身黑羽。“乌”字就是它的这两个特征的反映。

观察金文的“乌”。从字形上看就像一只鸟的样子。但是与鸟相比，它嘴部突出，张口朝天，反映了乌鸦能叫；它有眼无珠，反映了乌鸦全身黑色，连眼珠都隐没于黑羽之中。

“乌”是象形字，本义指乌鸦，由于它特性鲜明，因而常出现在古代诗歌当中，如《诗经·邶风·北风》：“莫赤匪狐，莫黑匪乌。”说的是：没有哪只狐狸皮毛不是红的，没有哪只乌鸦羽毛不是黑的。而唐代张继《枫桥夜泊》“月落乌啼霜满天，江枫渔火对愁眠”中的“乌啼”就是指乌鸦的鸣叫。

正是因为乌鸦全身黑羽以及群聚时杂乱无序的叫声，“乌”便引申出黑的、乱的意义来，如：乌黑、乌云、乌七八糟、乌烟瘴气。“子虚乌有”是则成语，出自汉代司马相如的《子虚赋》。在此文中，作者虚构了子虚、乌有和亡是公三个人，通过他们相互诘难来议论时政。后来，人们用前两个人的名字造出了这则成语，用来比喻不真实的或者虚构的事物。

左图是明代的《桂菊山禽图》局部。那两只全身黑羽，张口鸣叫，难以看清眼睛的鸟，大概就是“乌”吧。

〔明〕桂菊山禽图（局部）

商甲	周金	秦篆	汉隶	今楷
[古文字]	[古文字]	[古文字]	鷹	鹰

鹰

遨游天空的雄鹰，历来被视为志向高远、勇敢坚定的强者形象而受到人们的赞誉。“鹰隼厉爪翼，耻与燕雀游。”这是晋代傅玄的诗句。“鹰翅疾如风，鹰爪利如锥。”这是唐代白居易的诗句。然而，“鹰”字的来历却与人对它的驯服有关。

金文的“鹰”意义比较明显，字形就像一个人正伸着胳膊在喂鸟的样子，字中的小点表示肉块。“鹰”字的整体构意就是对鹰这种鸟的驯化、训练，让自然状态下的雄鹰变成人的驯服工具——猎鹰。当然，在一些人看来，这种经过驯化的不是真正的鹰，而属于病态的鹰，为此秦篆的“鹰”在字中加了个表示疾病的字符“疒”（疒）。汉隶以后，“鹰”演变成了现在这个样子。

“鹰”是会意字，本义指经人驯化的鹰，泛指各种鹰，如：苍鹰、雄鹰、猫头鹰。鹰在动物学上属于鸟纲，鹰科，特点是性情凶猛，飞行迅疾，上嘴钩曲，双爪尖利，以小动物和飞鸟为食，主要生活于人烟稀少的山林和草原地区。有的鹰经过训练可以成为人们的狩猎工具。北朝诗人庾信在《冬狩行》诗写道：“惊雉逐鹰飞，腾猿看箭转。”描写的就是狩猎的场面：受惊的野鸡被吓晕了头竟追着猎鹰飞翔，跳跃的猴子来不及逃脱竟看着射来的箭躲闪。

右图是明代的一幅国画局部，画着猛禽啄击天鹅的场面。而那只立于天鹅头上的鸟就是我们上面所介绍的鹰。

〔明〕鹰击天鹅图（局部）

焦

商甲 周金 秦篆 汉隶 今楷

汉字中，“隹”也表示鸟。以“隹”为意符的字大都与鸟的意义有关，如“集、雀、雄、雏、雁”。“焦”也是其中之一。

甲骨文和金文的“焦”，上部是“鸟”，下部是“火”，意思是用火来烤鸟，把鸟烤煳了。秦篆以后，“鸟”被写成了“隹”，“火”演变为“灬”。需要说明的是，有的“焦”写为一“火”三“隹”，由于书写不便，就被一“火”一“隹”取代了。

“焦”是会意字，本义指由于火的作用把东西烤黄、烧煳，如：焦黄、烧焦、焦头烂额。引申指干燥、枯干，如：焦土、焦渴、唇焦口燥。明代施耐庵的《水浒传》曾引用了一首民谣，前两句是：“赤日炎炎似火烧，野田稻禾半枯焦。”其中“枯焦”表示庄稼枯萎、干枯。

因为人们有急事时心里就像火烧一样，“焦”还引申指着急、烦躁，如：焦急、焦虑、心焦火盛。“终身履薄冰，谁知我心焦。”在三国阮籍《咏怀》诗的句子里，“焦”用的就是这一意义。

“焦”还特指煤经过高温处理后所形成的炭化物，如：焦炭、焦煤、炼焦。另外，“焦点”原指数学里与椭圆、抛物线相关的点或者光学里光线的交点，现常用来比喻问题的关键和人们关注的集中点，如：斗争焦点、焦点访谈。

下图是一件汉代的鸟形柄铜灯。它的设计富有新意，采用小鸟衔着灯盘的造型。我们借用这盏铜灯来表示“焦”的意义。

〔汉〕鸟形柄铜灯

集

商甲 周金 秦篆 汉隶 今楷

鹰鹫不双，燕雀成群。对于那些处于弱势的大多数鸟来说，它们的种族之所以延续到今天，群居共栖的习性是个重要原因。它们或结群觅食，或聚集戏闹，或编队迁徙。我们的先人正是抓住了鸟的这个特点，造出了“集”这个字。

甲骨文和金文的“集”形象而有趣，上部是表示鸟的“隹”，下部是表示树的“木”，有的写为一“木”三“隹”。“集”的意思很清楚，那就是群鸟在树上栖息。秦篆以后的“集”，“隹”不那么像鸟了。

“集”是会意字，本义指群鸟会集于树上，即会合、聚在一起之义，如：聚集、汇集、集合、集体。《诗经·周南·葛覃》里有这样的诗句：“黄鸟于飞，集于灌木，其鸣喈喈。”说的是：黄雀飞舞在半空，一起落到灌木丛，叽叽喳喳叫不停。

“集”由鸟的聚集推及货物和购销人员的聚集，从而引申出市场方面的意义，一般把定期买卖货物的地方称为“集”，如：赶集、集市、集贸市场。人们还把许多单篇作品汇编而成的书也称为“集”，如：画集、诗集、选集。

成语“集思广益”源自三国诸葛亮的一个批示：“集众思，广忠益。”意思是集中大家的智慧，以得到广泛而良好的效果。

右图是一件清代的百鸟朝凤图案瓷盘。百鸟聚会表达的正是“集”的本义。

〔清〕百鸟朝凤图案瓷盘

获

商甲 周金 秦篆 汉隶 今楷

獲 穫

“获”是“獲”与“穫”的简化字，前者表示在狩猎活动中得到了猎物，后者表示在农耕生产中得到了收成。其实，它们都是从“隻”（后简化为“只”）衍生出来的。

甲骨文和金文的“获”原本写为“隻”，上部是“鸟”或表示鸟的“隹”，下部是表示手的“又”，意思是有人用手捕捉到了一只鸟。“隻”包含了两重意义，一重是一只鸟，另一重是捕捉鸟。为了区分这两重意义，人们用原来的“隻”表示前一重意义，而在字中另加“犬”写为“获”，来强调带上狗去捕捉禽兽的意义。

“获”是会意字，本义指捕捉到鸟，泛指捕捉到禽兽、俘虏，如：捕获、猎获、俘获。在商代的一片甲骨上契刻着这样的卜辞：“王往逐麋，获。”意思是商王前去猎捕麋鹿，有所捕获。其中的“获”用的就是它的本义。

对猎人而言，其劳动成果是禽兽的捕获，对农民而言，其劳动成果是庄稼的收成，“获”由此引申指收成、成果以及对其他物品的获得，如：收获、缴获、不劳而获。汉代桓宽的《盐铁论》载：“农人纳其获，女工效其功。”说的是农民从土地得到成果，女工从绣织品得到收益。另外，还引申指对非物质性东西的取得，如：获知、获救、获释、大获全胜。

下图是一幅魏晋时期的墓穴壁画——猎鸟图。猎人把鹰放飞出去捕捉其他的鸟，猎鹰会让它的主人有所收获。

〔魏晋〕猎鸟壁画

进

商甲 周金 秦篆 汉隶 進 今楷

“进”是“進”的简化字。

甲骨文的“进”是会意字，上部为“隹”，表示鸟，下部为“止”，表示脚，意思是鸟在地面上前行。我们的先人之所以用这两个字符来表示进的意义，是因为他们在捕猎时发现，鸟足的构造决定了它们在地上行走时只能前进不能后退。金文和秦篆，另加上表示道路和行走的“彳”，强化了往前走的意义。汉隶和简化前的“进”，把“彳、止”合并而写为“辶”。简化后变成了以“辶”表意，以“井”表声的形声字。

“进”的本义指向前走，意义与“退”相对，如：前进、进攻、进退两难。《孙子兵法·军争篇》载：“勇者不得独进，怯者不得独退，此用众之法也。”其中的“进”就表示向前推进。“进”还表示从外往里走，意义与“出”相对，如：进口、进入、进进出出。由此引申指接纳、收入，如：进货、进款、引进人才。

在古代典籍中，“进”有向皇帝或上级、长辈提建议、献物品之义，如：进言、进谏、进献。《晏子春秋·内篇》有这样一句话：“进不失廉，退不失行。”大意是为官不能失掉清廉，为民不能失掉操守。句中的“进”表示当官或官位升迁，“退”表示失去官职或官位降级。

右图是一件汉代的孔雀铜雕。这只卓尔不群的大鸟，正以优雅的姿态，迈着沉稳的脚步向前行进。

〔汉〕孔雀铜雕

源于猛禽（雈）

舊 旧

商甲 周金 秦篆 汉隶 舊 今楷

“日”的左边加一竖为“旧”，颇有点过日子刻记号，记录旧日时光的意味。其实，“旧”是“舊”的简化字。

甲骨文和金文的“旧”，就像一只头上长有顶羽的鸟——即“雈”，站在“臼”中的样子。这种鸟性情比较凶猛，依靠掠食其他鸟的幼雏或蛋卵为生。“臼”在字中既表示这种鸟对其他鸟巢进行抢掠、捣毁的意义，也兼而表声。

“旧”原是会意兼形声字，本义指一种凶猛的鸟。有的学者认为这种鸟为鸱鸮，俗称猫头鹰。因为遭到这种鸟洗劫之后的鸟巢会损毁、变旧，“旧”便被借用为表示与“新”相反的意义，如：陈旧、破旧、除旧迎新、喜新厌旧。

由于东西变旧常常是被使用过或时间久的缘故，“旧”便引申指从前的、原先的，如：旧时、怀旧、旧地重游、旧病复发。进一步还引申指过时的、不合时宜的，如：旧习惯、旧章程、旧框框。后来，“旧”的本义逐渐消失，而被假借意义所专用了。

“旧书不厌百回读，熟读深思子自知。”这是宋代文豪苏轼送给一个考试落榜者的诗句。他告诉落榜者既要有刻苦读书的精神，也要运用学思结合的方法。在句中，“旧书”是指过去读过的书。

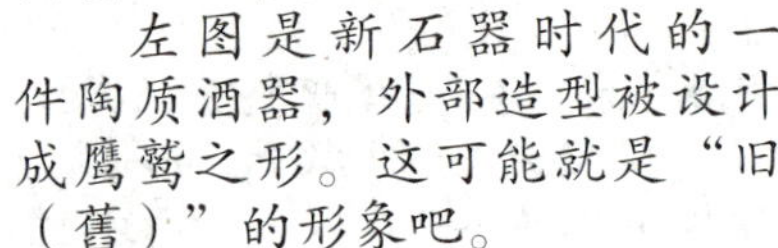

左图是新石器时代的一件陶质酒器，外部造型被设计成鹰鸮之形。这可能就是“旧（舊）”的形象吧。

〔新石器时代〕鹰鸮形陶尊

観 觀 观

商甲 周金 秦篆 汉隶 觀 今楷

“观”是“觀”的简化字。

甲骨文及金文前一款的“观”写为“雚”，它是在表示凶猛之鸟“萑”的顶羽下加了两个“口”形字符，用以表示瞪着两眼的猫头鹰。在甲骨卜辞中，“雚”主要有两种用法：一是用为鸟名，如“王其遘雚”，意思是商王碰到了猫头鹰。二是用为看，如“王其雚日出”。金文后一款及其以后的“观”，为了强调看的意义，就加上“见”，用会意兼形声字“观”来表示了。

“观（guān）”的本义指看、察看，如：观察、观摩、坐井观天、走马观花。《论语·为政》载有孔子这样的话：“视其所以，观其所由，察其所安。”大意是看人要看他的行为、来历和习性，句子中的“视、观、察”都是看的意思，只不过各有侧重而已。

“观”由表示看转而指所看到的景象和事物的外貌，如：景观、奇观、洋洋大观。由于看的东西多了会使人的认识发生变化，故又引申指人对客观事物的认识和态度，如：观点、观念、价值观。

由于古代的楼台、寺庙等大都修建在高处，而且宏伟壮丽、引人注目，“观”还引申指高大的建筑物，一般特指道教举行祭祀和法事活动的庙宇，如“道观、寺观”，以及唐代刘禹锡“玄都观里桃千树，尽是刘郎去后栽”这句诗中的“玄都观”。这一意义的“观”读作“guàn”。

右图是新石器时代的陶质猫头鹰头。我们的先人就是根据猫头鹰那独具特色的眼睛造出了“观”这个字。

〔新石器时代〕陶质猫头鹰头

源于猛禽（雚）

商甲 周金 秦篆 汉隶 懼 今楷

惧

“知者不惑，仁者不忧，勇者不惧。”这是《论语·子罕》记载的先贤孔子之言。意思是：有智慧的人没有迷惑，有仁德的人没有忧愁，有勇气的人没有恐惧。

“惧”是“懼”的简化字。

甲骨文的“惧”有两种写法。前一种是象形字，是在猛禽“雚”的顶羽之下画了两个“口”表示双目圆睁的猫头鹰。这个字既是“观”（繁体为“觀”）的本字，也是“懼”的本字。“观”的意义取之于猫头鹰扫视万物的神态，而“惧”的意义取之于这种神态对其他鸟的震慑作用。

甲骨文后一种写法的“惧”，上部是两个竖形眼睛的“臣”，下部是个跪着的人。这种写法源于奴仆见到主子时的紧张感。金文以后，在字中加上了“心”，强调“惧”是一种心理状态。

“惧”的本义指害怕、恐慌，如：惧怕、恐惧、临危不惧。“惧，恐也。”这就是汉代《说文解字》的解释。唐代诗人杜甫在《留花门》里也曾用这样的诗句来表达农民的忧虑：“田家最恐惧，麦倒桑枝折。”

“惧”还用来表示恐吓（即使之害怕）的意义。例如，老子说过这样的话：“民不畏死，奈何以死惧之？”意思是老百姓不怕死，何必用死来恐吓他们呢？

左图是元代的《鹰桧图轴》局部。这只环视四野的雄鹰，确实会让其他的鸟，感到恐惧。

〔元〕鹰桧图轴（局部）

商甲 周古 秦篆 汉隶 今楷

欢

歡

当人遇到喜庆之事，会觉得周围的一切都充满快乐。

“欢”是“歡”的简化字，来源与俗称猫头鹰的“雚”有关。夏商时期人烟稀少，人们住地附近常有鸟兽出没，天长日久，其习性就被人所熟悉，其中就包括长相和叫声都很特殊的猫头鹰。

猫头鹰的长相特殊，眼睛像猫，能在夜间看清猎物。人们根据它的这一特点，给“雚”加上“見”造出“觀”，后简化为“观”。猫头鹰的叫声特殊，很像人的笑声，“笑”的读音就与猫头鹰的学名“枭”有关。而笑声往往是人在欢快时发出的，为此人们根据它的这一特点造出了“歡”。

甲骨文的“欢”其实写为“雚”，只是把两个“口”写在鸟嘴的两侧，用以表示猫头鹰的叫声。周代古文把其中的一个“口”移到了“雚”的下部，把另一个“口”换成表示人张嘴出气的“欠”，强调了人高兴时大笑的意味。

“欢”的本义指快乐、喜悦，意义与“悲”相对，如：欢乐、欢快、人欢马跃、欢天喜地。“花迎喜气皆知笑，鸟识欢心亦解歌。”唐代王维这句诗中的“欢”就表示喜乐之义。因为快乐是人们都希望得到的，“欢”便引申指喜爱或喜爱的人，如：喜欢、新欢。在口语中还用来表示活跃，如：孩子闹得欢、马儿跑得欢。

右图是清代《百子团圆图》的组成部分。这些孩子正用锣鼓、喇叭等乐器来抒发内心的欢乐。

〔清〕童子奏乐图

商甲 周金 秦篆 汉隶 魚 鱼 今楷

鱼，人们都比较熟悉。鱼缸中、画报里、餐桌上，很多地方可以见到它。尤其是当我们在河岸或池塘边散步，看到它在水中游动时，内心会泛起一种轻松和愉悦。

鱼是一种生活在水中的脊椎动物，用鳍游泳，用鳃呼吸。人们还把一些在水中生活的爬行、哺乳或其他动物也称为鱼，如鳄鱼、鲸鱼、鲍鱼、娃娃鱼等。

甲骨文的“鱼”，就像一条头朝上、尾朝下，头、身、尾俱全的鱼。金文的“鱼”，有的加上表示水滴的小点，那是刚从水中打捞上来的鱼。秦篆以后向符号化演变，有点不那么像鱼了。汉字简化时被写为上“⺈”、中“田”、下“一”了。

“鱼”是象形字，本义指鱼。成语“鱼米之乡、鱼目混珠、缘木求鱼、釜底游鱼”以及“城门失火，殃及池鱼”中的“鱼”，用的都是它的本义。另外，“鱼”在字典中还是个部首，由它组成的字意义大都和鱼有关，如：鲨、渔、鲸、鲤、鳞、鲜。

我国古代有许多描写鱼的诗句，例如，南朝谢朓的“鱼戏新荷动，鸟散余花落”，唐代杜甫的“细雨鱼儿出，微风燕子斜”，宋代陆游的“人静鱼自跃，风定荷更香”……品读这些诗，会让人有一种美的享受。

下图是陕西省西安市半坡遗址出土的鱼纹彩陶盆，属于新石器时代的遗物，距今六千多年了。它反映了当时的人们对渔猎的依赖和对鱼的崇拜。

〔新石器时代〕鱼纹彩陶盆

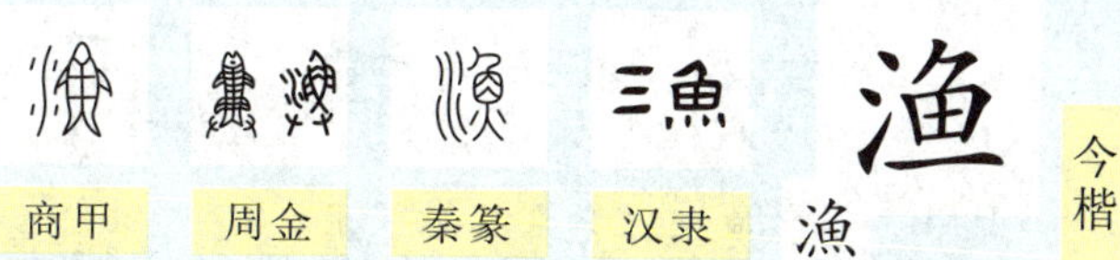

“渔”是“漁”的简化字。

在甲骨文中，有许多有趣的“渔”字。如用钩钓鱼的“渔”（），用手捉鱼的“渔”（），用网捕鱼的“渔”（）。最让人喜爱的“渔”（）是一群在水中畅游的鱼，这些鱼大概正不知不觉地游进了渔民在河道里设下的围网之中。最后还是这个由“氵”和“鱼”组成的“”被认可，演变成了今天的“渔”，意思是人在捕捉水中的鱼。“渔”的这些迥然不同的写法，反映了文字在初创时期具有不确定性这一特点。

“渔”的本义指捕鱼，如：渔民、渔船、渔业。“月落乌啼霜满天，江枫渔火对愁眠。”在唐代张继《枫桥夜泊》的这句诗里，“渔火”是指夜间捕鱼的灯火。引申指用不正当的手段谋取利益，如：渔利。成语“竭泽而渔”说的是为了捕鱼而排干池塘或湖泊里的水，比喻只图眼前利益，没有长远打算。

《战国策·燕策》里有个“鹬蚌相争，渔翁得利”的故事，说的是这样一件事：有只蚌在岸边张开硬壳晒太阳，被四处觅食的鹬见到了。鹬伸着长嘴就去啄蚌肉，没想到却让蚌夹住了嘴。它们相互咬扯在一起，都吵着叫对方先松口，但是谁也不肯先让一步。最后全都被捕鱼的老汉给捉走了。

下图是一件宋代的瓷枕，上面绘有儿童垂钓图案。甲骨文“渔”字中的这个“”，就是该图所表示的意思。

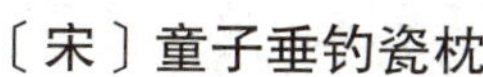
〔宋〕童子垂钓瓷枕

商甲	周金	秦篆	汉隶	今楷
[古文字]	[古文字]	[古文字]	再	再

“盛年不重来，一日难再晨。”晋代陶渊明的这句诗告诫人们，人生的壮年时代不会重新出现，一天也不会有两个早晨，必须珍惜光阴。其中，“再”表示重复、第二次。我们现在使用的“再”，单纯从字形上去观察，很难看出它和鱼有什么联系。但是，如果追根溯源，它的来历确实与鱼有关。

甲骨文的“再”，下部是个笔画简略、看上去不太规范的“鱼”（[古文字]），上部是个短横，代指上面还有一条鱼。不仅“再”字中的“鱼”是这个写法，表示称量鱼重的“称”（甲骨文写为[古文字]），表示两鱼相见的“遘”（甲骨文写为[古文字]），字中的“鱼”也都是这个样子。

“再”其实是“遘”的省略写法，表示两鱼相见，只不过上面的那条鱼被简省为一个短横了。金文的“再”，在鱼的尾部加了两条横线，明确表示了两条鱼的意思。

“再”是会意字，本义原指两鱼相见，意义与“遘”相同，只是由于字义分化，“遘”用于表示相遇，“再”用于表示第二次或者又一次了，如：再次、再见、再版；一而再，再而三。引申表示重复出现，如：青春不再、良辰难再。还引申表示接着、更加等义，如：再接再厉、明天再谈、再多一点。

左图是唐代的三彩双鱼瓶，其造型是张口朝上的鱼。该瓶从侧面看为二鱼相拥，从上面看是四鱼相合。我们用这件文物来说明“再”的意义。

〔唐〕三彩双鱼瓶

商甲	周金	秦篆	汉隶	今楷
			稱	称 稱

"称"是"稱"的简化字。

甲骨文和金文的"称"原本写为"爯"，是会意字，上部为表示人手的"爪"，下部为写得较为简略的"鱼"，意思是手里提着鱼，来估计它的重量，即称量之义。也含有夸赞手中的鱼个大、肥美、新鲜的意思。因为在农耕社会中，粮谷是人们生产的主要物品，也是在交换中需要经常称量的商品，为此秦篆以后的"称"，便被加上了禾字旁，变成了会意兼形声字。

"称（chēng）"的本义是指在商品交换的过程中，对物品重量的测定，如：称量、称一称有多重。由于在称量时，一般要把物品的名称、重量报出来，"称"便用来表示讲、说以及名称，如：声称、简称、称王称霸。又由于人们在出售商品时大都会夸赞自己的东西好，"称"还有赞赏、夸耀之义，如：称颂、称许、啧啧称赞。

另外，"称"还读作"chèn"，表示相符、适合之义，如：相称、称职、称心如意。这一意义源于人们买到了自己中意的商品。《荀子·正论》载有这样一句话："刑称罪则治，不称罪则乱。"意思是说对人处罚时，与他的罪过相当就会安定无事，不相当就会惹出乱子。

右图是一件明代竹雕。这位渔翁眉开眼笑地举着刚捕来的鱼，好像在估量它的轻重。这件竹雕正好图解了"称"的原本之义。

〔明〕渔翁竹雕

虎

商甲　周金　秦篆　汉隶　今楷

虎为百兽之王。它体形硕大，头圆嘴阔，皮色斑斓，前额处长有“王”字纹。它性情凶猛，气势威武，一声吼叫会令山川震动，百兽魂慑，因此连“虎”字的读音都模拟了它的长啸声。

观察甲骨文和金文的“虎”字，你会明显地感觉到，那是一只立起身来的老虎。它长着巨口、利齿、劲爪、曲背、长尾……我们的先人抓住了老虎的特征造出了“虎”这个字。秦篆以后，由于字形符号化，“虎”字有点不那么像老虎了。

“虎”是象形字，本义指老虎，如：虎口、虎骨、猛虎。成语“虎视眈眈、虎踞龙盘、狐假虎威、龙腾虎跃”中的“虎”用的就是它的本义。由于虎的形象威武，性情凶猛，“虎”又引申表示勇猛、威武，如：虎威、虎将、虎背熊腰、龙行虎步。

老虎是一种能够对人畜造成伤害的危险动物，人们常用“虎”来比喻残暴和凶险，如“虎狼之心、虎口余生”以及俗语中的“拦路虎”。在“不入虎穴，焉得虎子”这句成语中，“虎穴”也含有这方面的意义。至于用“马虎”一词表示粗心大意，那是因为以马为虎或以虎为马，当然就太糊涂了。

另外，“虎”（包括虎字头“虍”）是字典中的一个部首，以它为意符的字大都表示与虎相关的意义，如：虐、虑、虚、唬、彪、号（號）。

左图是周代的虎形玉佩。甲骨文和金文的“虎”字同这只形象凶猛的玉虎一样，都源于自然界中的老虎。

〔周〕虎形玉佩

虐

商甲 周金 秦篆 汉隶 今楷

现在的“虐”是以“虍”为外框的半包围结构的字，被包在下部的躺倒的“巾”，其实是“人”写法上的变异。

甲骨文的“虐”既形象又直观，让人一看就能明白。它由“虎”和被虎践踏在脚下的“人”组成，意思是人在虎口和虎爪下被伤害和吞噬。金文和秦篆的“虐”，虎的形象变化较大，只留下张着巨口的虎头。汉隶以后，从字形上已看不出老虎伤人的意思了。

“虐”是会意字，本义指残害、伤害，如“暴虐”是指残暴地伤害，“肆虐”是指任意残害。汉代《说文解字》对它的解释是：“虐，残也。虎足反爪人也。”意思是说：老虎用爪残害人为虐。

唐代白居易《杜陵叟》一诗曾用这样的句子来控诉官府对农民的掠夺：“剥我身上帛，夺我口中粟。虐人害物即豺狼，何必钩爪锯牙食人肉？”其中的“虐”就表示残害之义。

由于老虎伤人是野兽凶残本性的反映，“虐”便引申指凶狠、残暴，如：虐杀、虐待、虐政。在我国的成语宝库中，“助桀为虐”和“助纣为虐”是其中的两则。桀和纣分别是夏、商两朝最后一位君王，也是历史上臭名昭著的暴君。帮助这两个人就等于帮助坏人做坏事。

右图是一尊商代的青铜酒器，现被海外的博物馆收藏。它的外观采用老虎噬人的奇特造型。这种独具匠心的设计恰好解释了“虐”的意义。

〔商〕虎噬人酒器

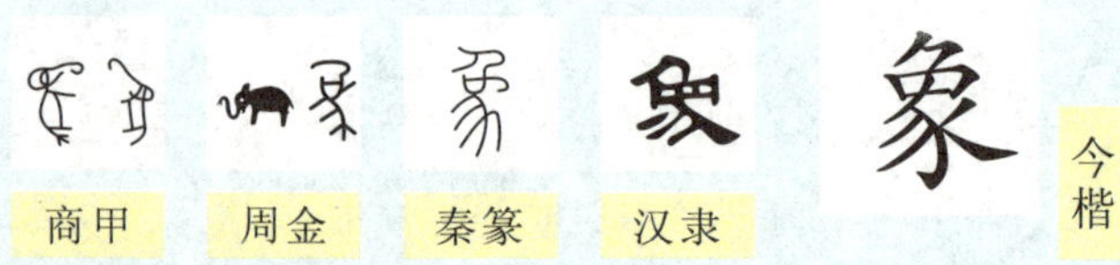

象是生活在陆地上的最大的哺乳动物，凡是看到过它的人，都会在脑海里留下很深的印象。

甲骨文及金文前一款的“象”，就像一只大象：修长的鼻子，硕大的脑袋，粗壮的身躯。金文后一款及其以后的“象”，逐渐向符号化演变，越来越看不出大象的意思了。

“象”是象形字，本义指大象这种动物。世界上的象有两种，亚洲象和非洲象。亚洲象主要分布于南亚地区，我国云南省也是它的栖息地。由于象牙能够雕刻珍贵的艺术品，象便成了一些人猎杀的对象，正如汉代王符在《潜夫论》所言：“象以齿焚身，蚌以珠剖体。”现在，象在我国属国家一级保护动物。

夏商时期，象曾在我国中原地区生活，甲骨卜辞中有不少关于它的记载。如：“今夕其雨，获象。”又如：“获象七，雉三十。”另外，由“象”组成的“豫”字，既是河南省的简称，又表示安乐之义，这也与象曾经在这片土地上悠闲地生活有关。

由于气候的变化，加上人类的过度发展，象已转移到南部丛林里生活，很少出现在人们的视野中，成为仅在脑海里留有印象的动物。由此，“象”引申出形状、样子等义，如：形象、景象、气象万千、包罗万象。

下图是一件商代的大象玉雕，出土于河南安阳的妇好墓。其造型同甲骨文的“象”字一样，依据的都是曾在中原大地上生活的象。

〔商〕大象玉雕

“为者常成，行者常至。”这是春秋时期的政治家晏子的一句话。意思是坚持不懈做事的人常常会取得成功，脚步不停前进的人常常能到达目的地。句中的“为”表示做事之义。

“为”是“為”的简化字。

甲骨文的“为”，就像有只表示手的“又”，正牵着一头长鼻子的“象”，意思是驱使大象来干活。金文以后，把“又”换成了“爪”，把“象”写走了形，让人很难看出牵象干活的意思了。汉字简化时，“为”被写成“力”加两点，字中包含着干活出力，浑身流汗的意义。

“为（wéi）”是会意字，本义指干、做，如：事在人为、所作所为、为所欲为。引申指充当、当作，如：为人师表、四海为家、以人为本。“为草当作兰，为木当作松。”大诗人李白这句诗中的两个“为”都表示充当之义。“为”还引申指变成、成为，如：一分为二、反败为胜、化险为夷。

“为”还用为介词，读作“wèi”，作用或相当于“替、给”，如“为人民服务、为国争光”；或相当于“为了”，如：为实现四化。唐代罗隐在《蜂》一诗写道：“采得百花成蜜后，为谁辛苦为谁甜。”其中的两个“为”都起引介方面的作用。

右图是一件五代的驯象师瓷塑，上面雕着大象在人的驱使下忙碌的情景。这件瓷器形象地解释了“为”的本义。

〔五代〕驯象师瓷塑

商甲	周金	秦篆	汉隶	今楷
				鹿

鹿是一种体形较大的哺乳动物。它的头上长着树枝状的犄角，身上缀满炫目的斑纹，警觉的大眼睛在随时观察四方，修长的四肢特别善于奔跑。它体形优美，性情温和，动作敏捷，尤其是凌空飞越的姿态给我们留下深刻的印象。

甲骨文和金文的“鹿”，就像一只头、角、身、足俱全的鹿形，重点突出了鹿的角。秦篆以后，这一形象逐渐减弱，字的组成变为一堆符号，让人很难看出鹿的形态了。

“鹿”是象形字，本义指鹿这种动物。在我国，鹿的种类比较多，有马鹿、麋鹿、驼鹿、梅花鹿，还有麝、麂、麅、獐等，鹿则是它们的通称。因为鹿是人们狩猎的对象，其意义如同国家权力是一些人追逐的对象一样，所以“鹿”被借用表示政权或爵位，如：群雄逐鹿、逐鹿中原、鹿死谁手。

现在，人们很难见到自然状态下的野鹿了，然而商周时期，鹿却是人们狩猎的主要对象，追逐的“逐”和陷阱的“陷”，甲骨文有的写为“”和“”就是证明。在古典诗词之中，也有许多吟咏鹿的句子，如《诗经·小雅·鹿鸣》：“呦呦鹿鸣，食野之苹。”又如宋代梅尧臣的《鲁山山行》：“霜落熊升树，林空鹿饮溪。”还如宋代郑思肖的《送友人归》：“凤凰身宇宙，麋鹿性山林。”

左图是秦代的鹿纹瓦当。人们之所以用鹿作装饰花纹，除了鹿的体态优美之外，还借鹿为“禄”，表示福禄吉祥之义。

〔秦〕鹿纹瓦当

商甲 周金 秦篆 汉隶 **麗** 今楷 **丽**

人们在看书或者欣赏字画时，常用笔在特别精彩的地方画个圈，用来作记事符号，为以后继续品味和查找提供方便。“丽”字的来源就与人们的这种记事方法有关。

“丽”是“麗”的简化字，字的下部原来有个“鹿”。

甲骨文和金文的“丽”，就像一只鹿的样子，只是在那对漂亮的鹿角上各画了个圈或点来作记事符号，以此说明鹿角的优雅、美丽。秦篆以后，由于构字符号化，“麗”写为上“丽”下“鹿”了。汉字简化时，仅用其上部的“丽”来表示鹿角的美丽。

“丽”是指事字，本义指鹿角的漂亮，泛指美好、好看，如：秀丽、壮丽、绚丽多姿、风和日丽。“丽，好也。”这就是三国时期的辞书《广雅》的解释。

大诗人杜甫是“丽”字使用的行家里手。“迟日江山丽，春风花草香。”“三月三日天气新，长安水边多丽人。”“不薄新人爱古人，清词丽句必为邻。”他这三句诗中的“丽”分别形容山河的庄美、女人的秀美和词句的华美。

由于鹿角是成对的，“丽”还引申出一对、一双的意义，不过，它的这一意义现在用“俪”来表示了，如“伉俪”是指夫妻二人。

右图是一件战国的铜质雄鹿。鹿头上那美丽而硕大的鹿角就是我们的先人创造“丽”字的依据。

〔战国〕铜质雄鹿

它

商甲　周金　秦篆　汉隶　今楷

“它”是古人依据自然界中蛇的样子造出来的，是“蛇”的本字。

甲骨文的“它”，就像一条尖头卷尾的长蛇。金文和秦篆，蛇的头部被加宽加大，好像眼镜蛇的样子。汉隶以后，构字符号化，写成上“宀”下“匕”了。

“它”是象形字，本义原指爬行动物——蛇。它身体细长，全身披鳞，靠自身的蠕动前行，主要生活在热带和亚热带地区。

在人类社会早期，中原地区气候温暖，草木丛生，很适合蛇的生长。“它”便成了对人影响最大的动物，因而就被借用表示除人以外的事物，如：它的、它们。成语“它山之石，可以攻玉”源自《诗经·小雅·鹤鸣》里的诗句。意思原指用其他山的石头琢磨自己的玉器，比喻取人之长，补己之短。

后来，为了区别“它”字的这两重意义，人们便给“它”另加意符“虫”来表示其属性，用“蛇”代替了它的本义，如：蛇蝎、毒蛇、画蛇添足、杯弓蛇影。

上古时期，蛇的数量惊人，对于祈求人丁兴旺的中华早期先民来说，蛇成了他们信奉的神，并作了图腾的标志。我们的始祖伏羲、女娲，在古代绘画、石刻作品中就被塑造成人首蛇身形。随着这个民族的壮大以及与其他民族的融合，作为图腾标志的蛇后来演化成了龙。

左图是汉代的铜制蛇形网状器。“它”的本义就是指图中的那种动物——蛇。

〔汉〕蛇形网状器

商甲	周金	秦篆	汉隶	蟲	今楷
					虫

昆虫是世界上最多的动物，一般体形较小，聚群而生。我国古人将其分为五类——毛虫、羽虫、介虫、鳞虫、裸虫，通称虫。

“虫”是“蟲”的简化字。观察甲骨文和金文的“虫”，你会感觉到，这个字不像我们想象中的虫，而像尖头长身的蛇。尤其是金文的后一款，完全是眼镜蛇的样子。

“虫”是象形字，本义原指蛇，至今有许多地区还称蛇为“长虫”。“虫”现在一般指昆虫，如：虫子、虫卵、病虫害。人们还把某些特色鲜明的人称为“虫”，如：书虫、网虫、应声虫、糊涂虫。“虫”的繁体写为“蟲”，这个字最能体现昆虫群居而生的特点，如一群蚂蚁、一窝蜜蜂、一盘噬叶的桑蚕、一群游动的蝌蚪……

由于有些昆虫就生活在人们的周围，为此古代诗人也写了许多描写它的诗句。如唐代元稹的“羡他虫豸解缘天，能向虚空织罗网”，句中的“虫豸”是指蜘蛛。又如宋代秦观的“风定小轩无落叶，青虫相对吐秋丝”，句中的“青虫”是指桑蚕。另外，“虫”在字典中还是部首，以它为意符的字大都与昆虫或动物有关，如：蚊、蝇、蜂、蛙、蚕、蟹。

右图是一枚魏晋时期的金印，印面刻有“蛮夷侯印”四字，印纽为蜷曲盘绕的蛇形。“虫”就是依据这种动物造出来的一个字。

〔魏晋〕王侯蛇纽金印

能

商甲 周金 秦篆 汉隶 今楷

大家可能很难想到，表示才能、能力的“能”，竟然是根据熊的形象造出来的。

甲骨文和金文的“能”，就像一只身强体壮、张着大口、四腿爬行的熊。秦篆以后，表示熊的身体的部分被逐渐割裂。到楷书时，熊头被写成“厶”，熊口被写成“月”，熊爪被写成两个“匕”。“能”字就这样由逼真的图形转化为符号的堆积了。

“能”是象形字，本义指熊这种动物。因为熊既能爬树，又能游泳，还能与虎豹等猛兽搏斗，是一种本领超群、很有能耐的动物，所以“能”便用来表示本领、才干，如：能力、才能、能工巧匠、各尽所能。先贤墨子说过这样一段话：“官无常贵，而民无终贱。有能则举之，无能则下之。”大意是：当官的不一定永远当官，为民的不一定终身为民。有能力的就应得到推举，没能力的就应腾出官位。“能”在句中就指才能。

由于有才能的人可以做出别人做不出来的大事，“能”便引申指能够、可以，如：能文能武、能说会道、能歌善舞。另外，“能”还是“能量”的简称，如“电能、热能、原子能”。后来，为了与“能”的本义相区别，人们就在“能”的下部加个“火”（后演变为“灬”）用以表示熊的脾气暴烈如火，另造“熊”表示其本义，“能”也就被引申义所专用了。

左侧的镀金熊雕是从唐代一件银盘上剪裁下来的。它的造型与甲骨文和金文的“能”几乎没有什么区别。

〔唐〕银质镀金熊纹盘（局部）

豹

商甲 周金 秦篆 汉隶 今楷

古语说："以管窥豹，只见一斑。"意思是用竹管来观察豹子，只能看到豹身上的一个斑点，借以比喻视角狭窄，看问题片面。不过这句话也说明了豹身上的斑点具有特色。我们的祖先也正是抓住了豹的这一特色造出了"豹"这个字。

如果把甲骨文的"豹"与"虎（）"作个比较就会发现，二者的写法基本相同，只是"豹"比"虎"多了一些圆圈或小点，用以表示豹身上的斑纹。早期的"豹"是象形字，像一头金钱豹。金文以后，逐渐演变成以"豸"为意符，以"勺"为声符的形声字。以"豸"为意符的字大都与食肉类野兽有关，如：豺、貉、貂。

"豹"的本义指豹子，属于食肉类猫科动物。它的体形比虎小，善于奔跑，能上树，以捕食其他兽类为生，也伤害人畜。在我国常见的品种有云豹、雪豹、猎豹、金钱豹。

唐代孟云卿在《伤时》一诗写道："虎豹不相食，哀哉人食人。"此句用对比的手法，反映了当时社会矛盾激化，表达了对人民受苦受难的哀叹。"豹"在句中就是指豹子。

"虎豹之驹未成文，而有食牛之气；鸿鹄之鷇羽翼未全，而有四海之心。"这是战国时期法家人物尸佼之言，大意是：虎豹的幼仔未长大，却有捕食野牛的气概；鸿鹄的幼雏羽毛没丰满，却想着遨游四海。句中渗透着人从小就要有远大志向的寓意。

右图是汉代的错金银梅花纹铜豹。我们上面介绍的"豹"就指这种动物。

〔汉〕错金银梅花纹铜豹

商甲　周金　秦篆　汉隶　今楷

龜　龟

"龟"是"龜"的简化字。

甲骨文和金文的"龟"，就像一只正在爬行的乌龟，头、足、甲、尾俱全。只不过有的是龟的俯视图，有的是龟的侧视图。秦篆以后的"龟"都是侧视图，上头下尾，左足右甲。简化后虽说省略了不少笔画，仍然还有乌龟的影子。

"龟"是象形字，本义指乌龟。它是一种生活在水边的爬行动物，背部和腹部长有坚硬的甲壳，遇到危险时能够保护自身的安全。龟的寿命很长，被古代先民视为神瑞之物而予以崇拜。儒家经典《礼记》就曾指出："麟、凤、龟、龙，谓之四灵。"夏商时期，人们甚至在龟甲上刻字占卜，以求得神灵的庇护。我们所说的甲骨文，就是刻在龟甲或兽骨上用来占卜的文字。

在中国古代神话中，把世界划分为东、西、南、北四方，每一方用一种颜色作为标识，有一位神灵加以掌管，它们分别是青龙、白虎、朱雀、玄武。而主掌北方的神灵玄武就是龟或者龟与蛇的复合体，可见龟在古人心目中的地位。

三国时期的政治家曹操在《龟虽寿》诗写道："神龟虽寿，犹有竟时；腾蛇乘雾，终为土灰。"该句表达了一个有志气、有抱负的人，要利用有限的生命去创建无限的功业。诗句虽对神龟、腾蛇有些不敬，但毕竟还是把它们视之为神。

下图是唐代的鎏金银盒。这件设计新颖、制作精美的器物，造型就是个正在缓慢爬行的龟。

〔唐〕鎏金龟形银盒

兔

商甲　周金　秦篆　汉隶　今楷

兔，耳朵长，尾巴短，体形不大，能跑善跳，是一种令人喜爱的动物。神话里说月宫中有捣药的玉兔和砍树的吴刚。“月兔空捣药，扶桑已成薪。”唐代李白的诗写的就是这个神话。

甲骨文的“兔”，就像一只警觉的兔子，直立着身子四下张望。金文的“兔”，则像弓身奔跑的兔子之形。秦篆以后，字形逐渐规范，最后写成“免”的右下加一个点，让人看不出兔子的形象了。其实，“兔”与“免”除字形相近外，没有任何意义上的联系。

“兔”是象形字，本义指兔子这种动物，如：白兔、野兔、兔死狐悲、狡兔三窟。《韩非子》里有个“守株待兔”的故事：战国时期宋国有个农夫，看见一只奔跑的兔子撞到自家地里的树桩死了，从此他就放弃了农活，整天守着树桩等待奇迹再度发生。后来，兔子没得到，地也撂了荒，他自己还成了人们的笑柄。

“扑朔迷离”是则成语，来源也与兔子有关。北朝民歌《木兰辞》有这样一句：“雄兔脚扑朔，雌兔眼迷离。两兔傍地走，安能辨我是雄雌。”说的是两脚乱蹬的是雄兔，双眼眯缝的是雌兔。如果两只兔子贴着地面跑，就难以分辨它们的雄与雌了。后人用诗中的“扑朔”和“迷离”组成了这则成语，比喻事情错综复杂，不容易看清真相。

右侧是宋代的《山花墨兔图》局部。这只兔子仰首四望，神情警觉。甲骨文的“兔”就是依据兔的这一形象造出来的。

〔宋〕山花墨兔图（局部）

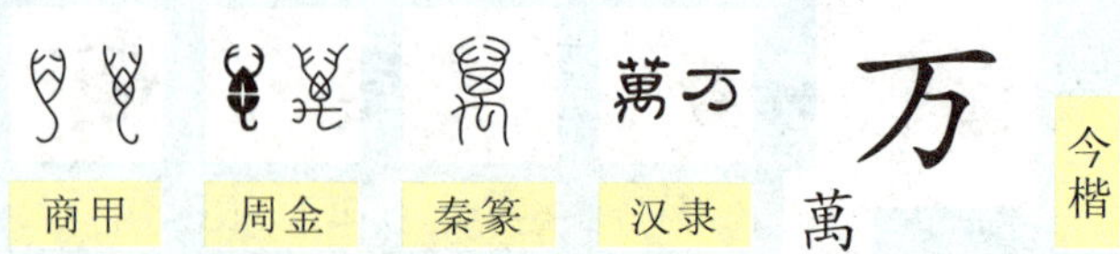

在汉语宝库中，含有“万”的成语确实很多，如：万事大吉、万象更新、十万火急、千家万户、成千上万；一夫当关，万夫莫开；万事俱备，只欠东风。

“万”是“萬”的简化字。

甲骨文和金文的“万”就像毒蝎之形，上部是一对捕食的长螯，下部是含有毒腺的长尾。因为这种动物具有群居的特性，大都密密麻麻地聚在一起，让人数不胜数，人们便借用毒蝎的形象来表示“万”的意义了。

“万”是象形字，本义原指蝎子这种动物，被借用表示数词“万”，即十个一千，如：一万斤、两万元。但是，由“万”组成的词大都不是个确数，而表示数量很多，如：千军万马、日理万机、万变不离其宗。“读书破万卷，下笔如有神。”这是唐代杜甫的诗句。“等闲识得东风面，万紫千红总是春。”这是宋代朱熹的诗句。其中的“万”都表示数量多的意义。

另外，“万”还用来表示程度极高的，作用相当于“很、非常、绝对”，如：万幸、万全、万不得已、万般无奈。

在古老的《诗经》中载有这样的诗句：“跻彼公堂，称彼兕觥，万寿无疆！”大意是：登上你宾客会集的大堂，举起你牛角雕成的酒杯，高声祝愿你万寿无疆。左图是清代一件刻有“万寿无疆”四字的珐琅碗。我们看到的这一面就有个“萬”字。

〔清〕万寿无疆铭文碗

燕

商甲　周金　秦篆　汉隶　今楷

燕是一种候鸟，背黑腹白，尾部像张开的剪刀，春夏时节人们常能看到它飞翔的身影。燕子愿意与人为伴，有的还在人家的屋檐下衔泥筑巢，哺育幼雏。

“燕”字的笔画较多，书写不便，却是典型的象形字。

甲骨文和金文的“燕”，让人一看就明白，那是只展翅高飞的燕子。秦篆以后，字形发生了变异，原本一只完整的飞燕被分割成几个独立的字符，让人看不出它的意义了。

“燕”的本义指燕子，如：燕雀、海燕、飞燕展翅、莺歌燕舞。由于燕子飞翔的身姿矫健敏捷，啼叫的声音若银铃轻鸣，再加上它能捕食害虫，因而深受人们的喜爱。古代诗词中有许多描写它的句子，如杜甫的“细雨鱼儿出，微风燕子斜”；又如孟浩然的“燕子家家入，杨花处处飞”。

燕子的羽毛大都为黑色，又被称为玄鸟。它是我国夏商时期的一个部族——商族所崇拜的神鸟。据说，商族人是燕子的后裔，《诗经·商颂·玄鸟》就有诗写道：“天命玄鸟，降而生商。”就是商这个部族推翻了夏朝的统治，建立了商朝。

我国古代有“海晏河清”之说，意思是沧海平静，黄河水清，天下太平。右图是清代乾隆皇帝珍爱的瓷尊。它用海燕喻指海晏，用蓝釉喻指河清，正是天下太平的象征。

〔清〕燕耳蓝釉瓷尊

鼠的种类很多，常见的有树上的松鼠、地里的田鼠，以及澳大利亚的袋鼠。我们通常所说的鼠是指老鼠，俗称“耗子”，这大概与它能够带来许多让人无可奈何的消耗有关吧。

据推测，当人类逐渐结束游牧生活，进入定居时代，老鼠就开始与人有了不解之缘。由于其本性和自身繁衍的需要，它啃噬人的粮谷、衣物，甚至是家具、房屋。“硕鼠硕鼠，无食我粟。三岁贯汝，莫我肯顾。”《诗经·魏风·硕鼠》中的诗句，既是对老鼠的抱怨，更是对剥削者的憎恶。

甲骨文的“鼠”非常形象，就是一只老鼠图。它嘴尖、齿利、身短、尾长，字中的小点表示它啃噬东西留下的残渣。秦篆以后的“鼠”向符号化演变，字形不大像老鼠了。

“鼠”是象形字，本义指老鼠。它体形较小，毛色黑褐，繁殖力强，常盗食粮谷，破坏器物，还能传播鼠疫等疾病，因而被人们所厌恶。鼠泛指动物学上哺乳纲啮齿目里的动物，其主要特征是门齿发达，没有齿根，牙齿终生生长，需要借助啮物来缩短。

由于老鼠对人类有害，所以与鼠相关的词语大都含有对它的轻蔑与憎恨，如：鼠目寸光、鼠窃狗盗、狼奔鼠窜；老鼠过街，人人喊打。而“投鼠忌器”的意思是想用东西打老鼠，又担心打坏了老鼠旁边的器具，比喻做事有顾忌，放不开手。

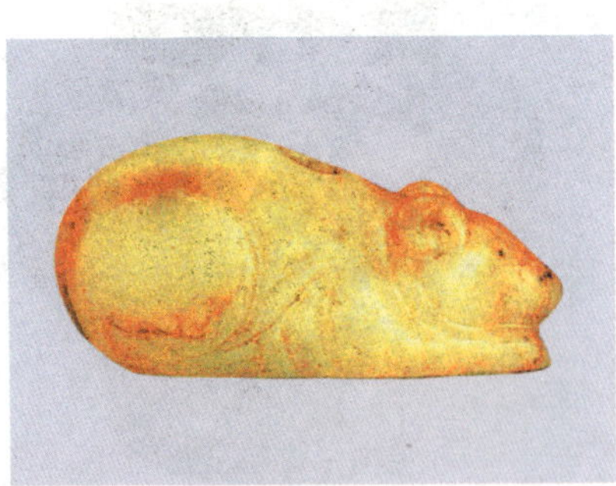

左图是一件唐代的玉坠。它的造型不是人们厌恶的老鼠，而是形象可爱的松鼠。

〔唐〕鼠形玉坠

蝗

商甲 周金 秦篆 汉隶 今楷

当人类步入农耕社会之后，对其影响最大的莫过于水、旱、蝗三灾了，为此蝗就成了古代先民非常关注的昆虫之一，而甲骨卜辞也多有对它的记载。

甲骨文和金文的“蝗”是象形字，就像一只活灵活现的蝗虫，须、头、眼、翅、足俱全。由于发生蝗灾时，蝗虫铺天盖地，气势汹汹，所到之处禾苗、草叶被吞噬而尽，严重时会形成赤地千里的惨状，因此秦篆以后改变了构字方式，写成了以“虫”表意、以“皇”表意兼表声的会意兼形声字。

“蝗”的本义指蝗虫，俗称“蚂蚱”，在动物学上属昆虫纲直翅目。它身体细长，后肢强劲，长有翅膀，是一种善于跳跃和飞翔的昆虫。它常常聚群而飞，大量吞食农作物的茎叶而形成蝗灾。商代君王就曾多次为蝗而占卜，以祈求上天降福消灾。例如有一片甲骨载：“蝗其至。”还有一片载：“今戊，蝗不至兹，商二月。”看来，蝗群的迁移扯动着商代君王的神经。

古代有首民谣：“捕蝗捕蝗，官隶齐忙，掘地纵火蝗飞扬。官要供给，隶要酒浆，官吏践踏苗已僵。蝗未死，苗已亡，捕蝗之蝗甚于蝗。”该民谣既说明了蝗灾的严重性，也控诉了官府借机勒索的腐败。

右图是清代的一件象牙雕成的花插，上面刻着一只栩栩如生的“蝗”。这种昆虫可不能多了，否则是会闹蝗灾的。

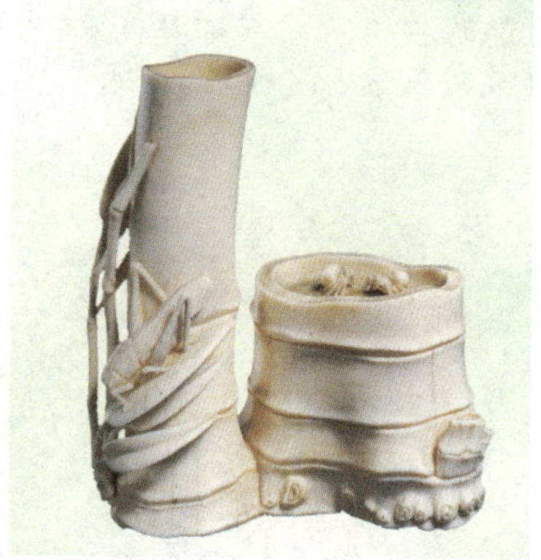

〔清〕牙雕花插

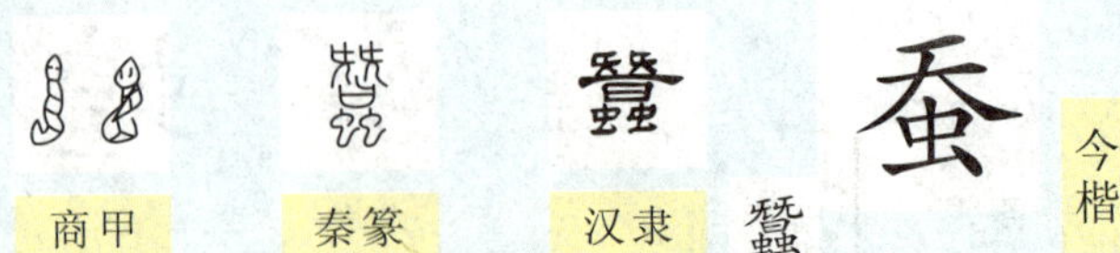

我国是丝绸古国，沿着著名的丝绸之路，我们先人生产的丝织品被输送到世界各地，而丝织品的材料却来源于蚕。蚕是一种昆虫，一生分为四个阶段：卵—幼虫—蛹—蛾。幼虫靠吃树叶为生，成熟后吐丝作茧变为蛹。绸缎就是用它的丝纺织出来的。

甲骨文的“蚕”是象形字，就像一只卷曲爬行的蚕的幼虫，头、身、尾俱全。由于这个字很容易与虫类其他字混淆，秦篆以后，人们便另造“蠶”来表示这种虫。汉字简化时，“蚕”上部用“天”表声，下部用“虫”表意，变成了形声字。

“蚕”的本义是指蚕的幼虫，在动物学上属昆虫纲，鳞翅目，品种有桑蚕、柞蚕、蓖麻蚕等。由“蚕”组成的词语大都与蚕本身和对它的饲养有关，如：蚕茧、蚕食、蚕农、蚕房。在古代诗词中有许多赞美蚕的句子，其中唐代李商隐的“春蚕到死丝方尽，蜡炬成灰泪始干”，可以说最为有名。

我国是世界上最早养蚕织缎的国家，其历史已有六千多年。在商代，桑蚕的饲养和绸缎的纺织已成为农业和手工业的重要组成部分。蚕成了人们生活的寄托，有人甚至将蚕尊崇为神。秦篆的“蚕”，上部是两个张着口的“人”，中部是个表示说的“曰”，下部是两个“虫”，就表示人们在祭祀时对它的祈祷或赞颂。而由“天”与“虫”组合的蚕，也可以理解为：它是天下最珍贵的昆虫。

左图是一只栩栩如生的商代玉蚕。它可能就是那时的人们所顶礼膜拜的“蚕神”。

〔商〕玉蚕

蝉

商甲 周金 秦篆 汉隶 蟬 今楷

蝉因为特别能鸣叫而受到人们的注意，并被古人写进诗词之中。例如南朝王籍的“蝉噪林逾静，鸟鸣山更幽”；又如唐代王维的“倚杖柴门外，临风听暮蝉”。

甲骨文和金文的“蝉”是象形字，就像一只头、身、尾、足、翅俱全的蝉。因为这样的字不能写，只能画，太麻烦，再加上这种形状的虫子也实在太多，辨认起来比较困难。所以秦篆以后改变了构字方式，用“虫”表意，用“单”表示它的叫声枯燥、单调的特点并兼而表声，“蝉”成了会意兼形声字。

“蝉”的本义是指蝉这种昆虫，俗称“知了”，雄的腹部有发声器，夏天常能听到它尖利的鸣叫。蝉的幼虫在泥土中生活，脱壳之后变为成虫。成虫会飞，长着很薄的翅膀，因此人们常用“蝉翼”来形容丝绸等东西的轻薄。也许是因为蝉能发出连续不断的叫声，人们还用“蝉联”来表示连续相承，如：蝉联冠军。

“螳螂捕蝉，黄雀在后”出自汉代刘向的《说苑》：“园中有树，其上有蝉。蝉高居悲鸣饮露，不知螳螂在其后也；螳螂委身曲附欲取蝉，而不知黄雀在其旁也；黄雀延颈欲啄螳螂，而不知弹丸在其下也。此三者务欲得其前利而不顾其后之有患也。”后来，人们就用这则成语比喻只看到眼前有利可图，而不知背后有危险来临。

右图是明代的金蝉玉叶饰件。甲骨文和金文的“蝉”字与图中的金蝉一样，都是对大自然中蝉的形象的描绘。

〔明〕金蝉玉叶饰件

源于植物的字

源于树木（木）

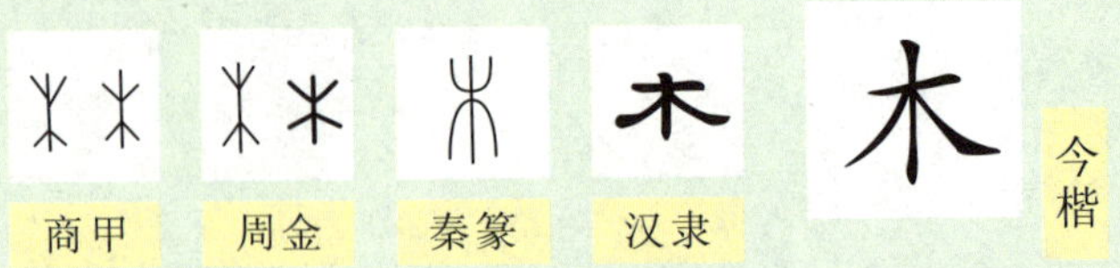

十年树木，百年树人。

甲骨文和金文的“木”是树的最简捷的图形，上部是树枝，下部是树根，中间是树干。汉隶以后，把上部的树枝写成了一横，仍然还像树的样子，只是不那么逼真了。

“木”是象形字，本义指树，如：林木、乔木、灌木。我们常用的成语“木已成舟、草木皆兵、枯木逢春、缘木求鱼”中的“木”用就是它的本义。古语说：“水有源，故其流不穷；木有根，故其生不穷。”人们常用此言比喻只有强根固本，事业才有生命力。句中的“木”就表示树。

因为树木是木制品的原材料来源，“木”便引申指木材、木制器具，如：松木、木马、木偶、朽木不可雕。又因为枯干的木头因失去生命而缺少活力，“木”还用来表示血脉不通或反应迟钝，如：麻木、木然、呆头木脑。

另外，“木”在字典中还是部首，在字中大都充当意符，如：杏、李、桌、材、植、模。以“木”为声符的字很少，如：沐、某。

左图是在四川广汉三星堆遗址出土的商代青铜神树，是当时的人们用来祭祀天地的器物。它和甲骨文的“木”字一样，是依据树的形象造出来的。

〔商〕青铜神树

商甲	周金	秦篆	汉隶	今楷
[illegible]	[illegible]	[illegible]	本	本

唐代的《贞观政要》记载了太宗皇帝李世民这样一句名言："凡事皆须务本。国以人为本，人以衣食为本。"此言反映了他的治国理念，也为大唐盛世的建立奠定了思想基础。句中的三个"本"都表示根本、最重要的。

甲骨文和金文的"本"，是在"木"的根部加上了三个圆圈或小点用来作指事符号，表明这里是树根。秦篆以后，把指事符号换成一个短横，但所表示的意义未变。

"本"是指事字，本义指树木的根部，意义与表示树梢的"末"相对，如：无本之木、本固枝荣、本末倒置。春秋时期的典籍《国语·晋语》载："伐木不自其本，必复生；塞水不自其源，必复流。"此言告诫人们，无论砍树还是堵水，都要从根或源上去下手，否则不能解决问题。句中的"本"用的就是它的本义。

因为树的根部是其赖以生长的基础，本便引申指事物的根源、根基，如：根本、基本、溯本穷源。进而引申指原来的、固有的，如：本意、本质、本性难移。又因为书籍、教材写有为人处世的基础性内容，所以也被称为"本"，如：书本、课本、照本宣科。由此还引申指簿册、版本等义，如：账本、笔记本、修订本。

右图为汉代的铜制摇钱树，是人们发家致富欲望的体现。我们用它底部那敦实的陶座来说明"本"的意义。

〔汉〕陶座铜制摇钱树

商甲	周金	秦篆	汉隶	今楷
				未

“君自故乡来，应知故乡事。来日绮窗前，寒梅著花未？”唐代王维的这首怀乡诗情真意切，委婉动人。“未”用在句末，意义相当于“否”，表示疑问。不过这可不是它的本义。

“未”字的来源与树木有关。甲骨文和金文的“未”，从字形上看比“木”多了一层枝叶，说明它枝繁叶茂，已经长大成材。汉隶以后，把“木”的两层枝叶写为上短下长的两个横了。

“未”是象形字，本义指枝叶茂密的高大树木。“制造”的“制”在甲骨文中写为“[illegible]”，左部为“未”，右部为“刀”，就表示对大树进行加工，来制作器具或是建造房屋。

因为树木枝叶繁盛会遮蔽阳光，使树下形成暗淡的环境，由此“未”便有了昏暗之义，不过它的这一意义后来衍生出了“昧”，如“幽昧”指环境昏暗，“愚昧”指头脑昏暗、糊涂。

又因为树荫的昏暗会使隐蔽其下的动物失去踪影，“未”便用来表示否定的意义，作用与“不、没”等相同，如：未必、未曾、未老先衰。现在，这一意义已成为“未”的基本意义了。“壮心未与年俱老，死去犹能作鬼雄。”这是宋代陆游所写的诗句，其中的“未”就表示没有之义。另外，“未”还被借用为干支名，为地支的第八位，用于表示时间时指下午一点到三点。

左图是汉代的画像石拓片。这两棵树枝叶茂密，树上鸟飞猿戏，树下人畜歇息。“未”就是依据这样的大树造出来。

〔汉〕连理树画像石拓片

周金	秦篆	汉隶	今楷
[古文字形]	[古文字形]	末	末

“末”与“本”意义相反，并且经常连用，如“本末倒置、舍本逐末”。这是因为它们都源于表示树木的“木”，采用的都是指事造字的方法，只不过指事符号的位置不同罢了。

金文和秦篆的“末”，是在“木”的上部加了个点或短横，用来作为指事符号，指明树梢的位置在树的顶部。汉隶以后，“末”被写成上横长、下横短的两横之“木”了。

“末”是指事字，本义指树梢，意义与表示树根的“本”相反，如：末梢、细枝末节。战国时期秦国宰相吕不韦组织编撰的《吕氏春秋》载有这样一句话：“百仞之松，本伤于下而末槁于上。”意思是高大的松树，下部的根若受到伤害，就会使上部的树梢枯萎。其中的“末”用的就是它的本义。

树梢对于树根而言是树的另一端，“末”便引申指事物的尖端、尽头，如：末端、末尾、强弩之末。由此还引申指最后的，如：周末、年末、穷途末路。由于树枝的尖端很细小，“末”还用来表示细碎、粉末状的东西，如：碎末、锯末、粉笔末。

《墨子·修身》载：“本不安者，无务丰末。”说的是：根基不牢的人，不要期待有茂盛的枝叶。看来无论做什么事情都要抓住根本，打好基础。

鸟立高枝视野阔，鱼游潜底浪不惊。右图为清代的《桃花双鸟图》。那两只禽鸟所占的高枝其实就是树梢，即我们上面所介绍的“末”。

〔清〕桃花双鸟图

商甲	周金	秦篆	汉隶	今楷
[illegible]	[illegible]	[illegible]	束	束

“束”既可以看作在“木”的中部加个“口”，也可以看作把“柬”（“东”的繁体字）中间的横画去掉。那么，“束”到底是源于表示树木的“木”，还是源于表示袋囊的“东”？

观察甲骨文和金文的“束”。前一款像树木或者木棍被绳子绑缚之形，而后一款确实像装满东西的袋囊两端被扎着口的样子。不管“束”的来源如何，它所表达的意思清晰而又明确，那就是用绳子把东西捆缚、绑扎起来。为此，汉代许慎在《说文解字》中对它就解释说：“束，缚也。”

“束”的本义指捆、扎，如：束手无策、束手就擒；“束手”是指捆住双手，比喻没有办法或无能为力。“读书三万卷，仕宦皆束阁。”这是宋代陆游《醉歌》一诗讽刺封建科举制度的句子。说的是读了很多书的学子，一旦当上官，就把书捆起来放之阁楼不再读了。其中的“束阁”是成语“束之高阁”的缩略用法。

由于手脚被捆绑起来的人行动会受到限制，“束”便引申出控制、限制之义，如：约束、管束、无拘无束。“空名束壮士，薄俗弃高贤。”唐代李白这句诗的意思是，无用的虚名和世俗的偏见限制了有才能者的发展，使他们难以得到重用。“束”还引申指捆在一起或聚集而成的条状物，如“花束、光束、电子束”。

左图是明代的青花瓷盘。其中部的装饰图案就是由绸带捆扎起来的一束水莲花。

〔明〕束莲纹青花瓷盘

朱

商甲 周金 秦篆 汉隶 今楷

“近朱者赤，近墨者黑。”晋代傅玄《太子少傅箴》里的这句名言阐述了环境对人的影响。其中，“朱”由表示红色而喻指好人，“墨”由表示黑色而喻指坏人。意思是接近好人能使人变好，接近坏人能使人变坏。句中的“朱”用的可不是它的本义。

甲骨文、金文和秦篆的“朱”都源于表示树的“木”，只是在树干上添加了点、单横或双横作为指事符号，表示这里是树干。汉隶以后的“朱”，写成“未”的左上部加短撇了。

“朱”是指事字，本义指树干，明代辞书《字汇》说：“朱，木之身也。”不过这一意义的“朱”后来被“株”所取代。由于树干是截去树枝和树根后保留的部分，因此由“朱”组成的字，有的含有斩杀之义，如“诛、殊”，有的含有短小之义，如“珠、蛛、侏”。在实际使用中，“朱”被借用表示红色，意义与“赤”相似，这可能与有些树种的材质发红或被斩杀后的动物流出的血有关吧。

在古代，“朱”一般指大红色，被统治阶层视为尊贵之色，只有他们才可以使用。例如：他们乘坐的车为“朱轩”，穿的礼服为“朱衣”，皇帝批阅奏章的笔为“朱笔”，甚至连他们居住的宫室大门也被涂成红色。“朱门酒肉臭，路有冻死骨。”唐代杜甫这句诗中的“朱门”是指权贵人家的大门。

右图是明代的青花瓷盘，其中部的装饰图案为两株松树。“朱”字就来源于树木的枝干。

〔明〕松竹梅纹瓷盘

源于树木（木）

商甲	周金	秦篆	汉隶	今楷
[ancient form]	[ancient form]	[ancient form]	華	华 華

“华”是依据花的形象造出来的。它是华夏民族图腾的标志，表明了这个民族对花的热爱和对美好事物的追求。

“华”是“華”的简化字。

甲骨文的“华”就像一棵繁花盛开的大树。金文的“华”则像花枝、花萼、花瓣和花的柱头组成的一枝花。秦篆以后，由于构字符号化的需要，“华”变得不那么像花了。

“华（huá）”的本义是指花。《诗经·周南·桃夭》里有这样一句诗：“桃之夭夭，灼灼其华。”意思是说桃树生机勃勃，桃花鲜艳夺目。其中的“华”就表示花。

因为鲜花盛开时既美丽又繁茂，“华”便引申出光彩好看和繁盛之义，如：华丽、华美、繁华。“粗缯大布裹生涯，腹有诗书气自华。”宋代苏轼这句诗的大意是：虽然穿着粗布衣服生活于世，却因为内在的文化素养而在外表显现着儒雅、优美的气质。

又因为开花时的植物最美好，“华”还引申指最好的部分和有才能的，如：精华、英华、才华。“华”还借用表示中国或中华民族，如：华人、华侨、华北。另外，“华”用为姓氏和山名时要读作“huà”，如：华山。后来，人们另造“花”代替了“华”的本义，“华”就专用于表示引申义和假借义了。但在“春华秋实、华而不实”等词语中，“华”仍然沿用花的意义。

左图是一幅宋代的《出水芙蓉图》。我们用端庄、典雅、华美的荷花来表示“华”的意义。

〔宋〕出水芙蓉图

商周时期，桑蚕饲养和丝绸纺织是国家的基础产业。作为这一产业的支柱——桑树栽培十分普遍，几乎家家户户都有它，而且人们对它也相当敬重。《诗经·小雅·小弁》有诗句说："维桑与梓，必恭敬止。"后来"桑梓"还成了故乡的代称。

一个"桑"字中含有三个"又"，这是怎么回事呢？

甲骨文的"桑"是象形字，就像一棵桑树，枝、叶、干、根俱全。金文在字中加上表示手的"爪"，强调了对桑叶的采摘，"桑"由此变成了会意字。秦篆和楷书的"桑"，把下部写为表示桑树的"木"，把上部写为三个"又"，表示采摘桑叶的手。

"桑"的本义指桑树，是一种经济价值很高的树种。它的叶子可以养蚕，蚕吐丝用于纺纱织绢。它的果实桑葚可以食用和酿酒，枝、叶、根可以制药，木材可以制作器具。

由"桑"组成的词大都与桑树有关，如：桑农、桑蚕、桑园。"沧海桑田"原指大海变为农田，比喻世事变化巨大。在"失之东隅，收之桑榆"里，"东隅"指日出时的东方，借指早晨；"桑榆"指日落时阳光照在桑树和榆树之上，借指傍晚。意思是早晨失去的，晚上收回。比喻一段时间的损失，最终会得到补偿。

右侧的采桑图案，是战国时期一件铜壶盖子的装饰花纹。"桑"的本义就是指图中的桑树。只不过这种桑树是经过矮化培育的优良品种——地桑。

〔战国〕采桑图案

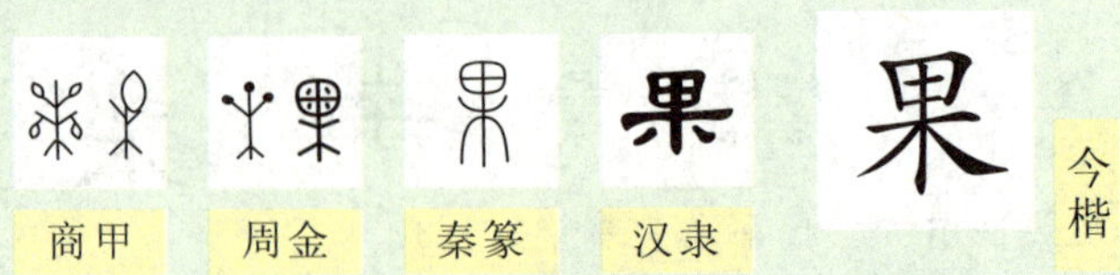

“果”是根据树上结的果子造出来的一个字。

甲骨文和金文前一款的“果”就像树上结满了果实，而金文后一款仅保留了一个硕果，果上的小点是果实丰满而产生的裂纹。秦篆以后构字符号化，写成“田、木”组合了。

“果”是象形字，本义指植物所结的果实，如：水果、干果、开花结果。我们平常食用的苹果、桃子、梨属于水果类；花生、栗子、核桃属于干果类。

因为植物的果实是经过长时间孕育才结出来的，“果”便引申指事物的结局，如：结果、战果、前因后果。又因为成熟的果子味道鲜美，既能解馋又能充腹，谁见了都会毫不迟疑地摘下吃掉，“果”便引申指坚决、不犹豫，如：果断、果敢。“言必信，行必果。”先贤孔子这句话的意思是：说话应当守信，行动应当果断。

另外，“果”还表示事情跟预料的一样，如：果真、果然。《礼记·中庸》载有孔子这样一段发人深省的话：“人一能之，己百之；人十能之，己千之。果能此道矣，虽愚必明，虽弱必强。”大意是：别人一次能做到的，自己去做百次；别人十次能做到的，自己去做千次。果真能够如此的话，即使愚笨也会变得聪明，即使柔弱也会变得刚强。

左图是一件清代瓷瓶，瓶壁上装饰着挂满了鲜桃的果枝。此图恰到好处地说明了“果”的本义。

〔清〕壁塑桃实瓷瓶

商甲	周金	秦篆	汉隶	今楷
[古文字]	[古文字]	[古文字]	巢	巢

“覆巢之下，无复完卵。”这句古语的意思是：倾翻落地的鸟窝里不会有完好的鸟蛋。比喻在整体遭殃的情况下，个体也会降临灾祸，难以幸免。

“巢”字的下部虽说有个“果”，它的来源却与果实之义无关。

甲骨文和金文的“巢”，就像树上筑有一个大鸟窝。秦篆和汉隶的“巢”，在上部加了三条曲线来表示小鸟，字中含有鸟在窝里栖息的意思了。楷书由于构字符号化的需要，把上部写为三个并列的撇点，把下部写为“果”。

“巢”的本义指鸟窝，如：鸟巢。成语“鸠占鹊巢”源自《诗经·召南·鹊巢》中的一句诗：“维鹊有巢，维鸠居之。”大意是喜鹊修筑的窝却让斑鸠占据了。比喻强者欺凌弱者，用不正当手段占有人家的劳动成果。

“巢”由供鸟雀栖息的窝而泛指各种动物的窝，如：蜂巢、蚁巢、巢穴。人们还用它比喻敌人或盗匪盘踞的地方，如：匪巢、敌巢、倾巢而出。另外，我国上古时期有个部族——有巢氏。他们为了躲避洪水、野兽和瘴气的袭扰，学着鸟的样子在树上搭巢建屋，用来居住。云南省沧源县有一处原始岩画群，就绘有早期人类巢居的情景。

右图是一件晋代的青瓷香熏，为香化居室的器物。它就是依照鸟巢的形状设计和制作的。

〔晋〕巢形瓷香熏

商甲	周金	秦篆	汉隶	叶 葉 今楷

叶对气候的变化最为敏感。春天一到，它便发芽吐绿："不知细叶谁裁出，二月春风似剪刀。"秋天刚来，它又枯萎飘零："山僧不解数甲子，一叶落知天下秋。"在唐代贺知章和宋代唐庚的诗句中，"叶"指的都是植物的叶子。

"叶"是"葉"的简化字。

甲骨文和金文前一款的"叶"是象形字，像树枝上长着叶片。金文后一款变成会意字，下部为"木"，表示树，上部为"世"，表示枝叶像长了脚一样在生长繁衍，生生不息。秦篆和汉隶承接了金文后一款的写法，只是另加上了草字头，表示叶片具有草的性质。汉字简化时，借用"叶"代替了"葉"。我们不妨把"口"视为叶片之形，而"十"表示数量多，"叶"指的是树上众多的叶子。

"叶"的本义指植物的叶子，是进行光合作用吸取营养的器官，一般为绿色，呈薄片状，如：树叶、菜叶、根深叶茂、叶落归根。人们还把一些叶子状的东西也称为"叶"，如：肺叶、百叶窗、风扇叶片。"君看一叶舟，出没风波里。"这是宋代范仲淹《江上渔者》里的诗句。人们用叶来修饰舟，是因为水上漂动的小船与空中飘落的树叶其状态差不多。

下图是清代的玉质洗器，属文房用具。它被雕成一片树叶形状，上面有叶柄、叶托和叶脉。我们用这件造型生动的器物来表示"叶"的意义。

〔清〕叶形玉洗

周金	秦篆	汉隶	今楷
[illegible]	[illegible]	梅	梅
[illegible]	[illegible]	某	某

梅由于傲雪耐寒而被视为花中的君子，古诗中咏梅的名句举不胜举。如唐代李白的“寒雪梅中尽，春风柳上归”，宋代卢梅坡的“梅须逊雪三分白，雪却输梅一段香”。明代陈道复的《画梅》也别有情趣：“梅花得意占群芳，雪后追寻笑我忙。折取一枝悬竹杖，归来随路有清香。”

“梅”原本写为“某”。从周代金文到现代楷书，“某”的下部都是表示树的“木”，上部都是表示甜美的“甘”，意思是长着甜美果实的树，即梅树。

“某”是会意字，本义指梅树。汉代许慎在《说文解字》中指出：“某，酸果也。”酸果就是指梅树的果实酸梅子。后来“某”被借用表示不确定的人、地、事，如：某人、某地、某些，人们就另造会意兼形声字“梅”代替了它的本义。“梅”中的“每”，原指女人之美，在字中既表示梅花的美丽，也兼而表声。

梅属于落叶乔木，果实味道酸甜，可以食用、酿酒和入药。梅花一般早春开放，由于它花色淡雅、气味清香，并能经受严寒的侵袭，因而被人们所喜爱，成为文艺作品歌颂的对象。

右侧是清代的梅纹图案瓷盘，上面描绘着骄人的梅花。不过我们先人所造的“某、梅”二字，依据的不是梅花的优雅，而是梅果的酸甜。

〔清〕梅纹图案瓷盘

商甲	周金	秦篆	汉隶	今楷
[古文字]	[古文字]	[古文字]	林	林

左右二“木”为“林”。我们的先人从造出这个字开始，一直使用到今天，已有三千多年了。“林”字的写法，除了因为字体的演进而有些变化外，其构成没有任何改动。

“林”是由两个“木”组成的同体会意字，本义指成片的树木、竹子，如：林海、森林、竹林、植树造林。在古典诗词中，与“林”相关的诗句不胜枚举。例如晋代陶渊明的“连林人不觉，独树众乃奇”，唐代孟浩然的“林花扫更落，径草踏还生”，宋代苏轼的“水清石出鱼可数，林深无人鸟相呼”。在这些优美的诗句中，“林”用的都是它的本义。

由于林是由树木聚集在一起而形成的，“林”便引申表示聚集在一起的同类的事物或者人，如：石林、碑林、艺林、民族之林。成语“枪林弹雨”中的“林”也是这个意思。而“林林总总”则用来形容数量、种类众多。

在国民经济中，对森林的培育、管护、砍伐是一个重要的产业，“林”还引申指林业，如：林场、林农、林政、农林牧副渔。另外，“林”还是个组字部件，它既可以作意符表示与林木相关的意义，如“焚、楚、梦、彬”，也可以作声符或兼而表意，如“霖、淋、琳”。

左侧是清代画家陆廉夫所绘的《秋林图》。透过薄雾，追溯水源，你会发现，在画面深处隐隐浮现的是一片茂密的山林。

〔清〕秋林图

商甲 秦篆 汉隶

森

今楷

我们都知道，“木”是象形字，像一棵孤零零的树。二“木”为“林”，表示多树的林地。三“木”为“森”，其意义也可想而知。

甲骨文的“森”有两种写法。前一种写为三“木”并列，意思是树木众多，面积很大。后一种写为上“木”下“林”，字中不仅含有树木众多、范围广大，还含有树木参天、巍然高耸之义。楷书的“森”采用了甲骨文的后一种写法。

“森”是由三个“木”组成的同体会意字，本义指树木的数量比“林”更多，长势更为繁盛茂密的地方，即森林。唐代大诗人杜甫曾经拜谒位于锦官城（现四川省成都市）的诸葛亮祠堂，并写下《蜀相》一诗。其中前两句是：“蜀相祠堂何处寻，锦官城外柏森森。”句中的“柏森森”是指松柏茂密的地方。

由于森林深处人迹罕至，环境幽暗、静寂，“森”便引申指光线暗淡、阴冷可怕，如：森然、阴森。“玉露凋伤枫树林，巫山巫峡气肃森。”大诗人杜甫《秋兴》这句诗的意思是：寒露严霜摧残着枫树林，巫山峡谷笼罩着肃杀而阴冷的气氛。另外，“森”还常常连在一起使用，既可以形容树木直立茂密，如：万木森森，也可以形容阴森可怕或寒气逼人，如：阴森森、凉森森。

人类的生存离不开树木。右图是一件汉代的鎏金四人舞铜饰。跳舞者头戴树形高帽，表达的可能就是对树木和森林的热爱之情。

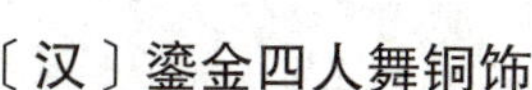

〔汉〕鎏金四人舞铜饰

商甲	周金	秦篆	汉隶	今楷
[古文字]	[古文字]	[古文字]	楚	楚

在历史上，楚是一个古老的部族，甲骨文和金文对其多有记载。到了周代，这个部族受封于荆山，在今之湖北省立国。

楚国物产丰富，人杰地灵。经济上，春秋时期这里就流通着我国最早的金银货币。文化上，以屈原《离骚》为代表的楚辞是我国文学史上的丰碑。军事上，楚军曾把疆域扩大到长江下游，而楚霸王项羽更是大破秦军，完成了改朝换代的历史使命。宋代陆游曾写诗赞叹："楚虽三户能亡秦，岂有堂堂中国空无人！"

"楚"字源于楚人披荆斩棘的开拓精神。

甲骨文和金文的"楚"由"林"和"足"组成，意思是在荆棘丛生的山林里，用脚踏出一条路。楚人用"楚"作为部族和国家的名称，反映了他们与恶劣环境抗争的意志和开创新生活的理想。

"楚"是会意兼形声（"足"兼表声）字，本义指敢于在遍布荆棘的山林里开路前进的楚人、楚国。在甲骨文和金文中，"楚"主要用于表示这一意义。因为铲除荆棘免不了会遭其伤害，受皮肉之苦，"楚"便引申出痛苦之义，如：酸楚、凄楚、苦楚。又因为山林中开出来的路清晰可辨，蜿蜒起伏，"楚"又引申出清晰和秀美之义，如：一清二楚、楚楚动人。

左图为清代画家所绘。那条由行人踩踏出来的山林小路，既清晰可见，也不乏秀美，这些都是"楚"所表示的意义。

〔清〕山林小路图

商甲	周金	秦篆	汉隶	今楷
[illegible]	[illegible]	[illegible]	焚	焚

《韩非子·喻老》里有这样一句话："千丈之堤，以蝼蚁之穴溃；百尺之室，以突隙之烟焚。"意思是说蝼蚁掏出的小洞能使大坝崩塌，烟囱缝隙的烟火能使房屋焚毁。此言告诫人们，别轻视小毛病、小问题，要防微杜渐，否则会惹出大乱子。

甲骨文前一款的"焚"，上部是表示树林的"林"，下部是手举火炬之形的"炬"，意思是放火烧山林。甲骨文后一款及其以后的"焚"，把下部的字符改用为"火"了。

"焚"是会意字，本义指放火烧山林，泛指烧，如：焚烧、焚毁、玩火自焚、忧心如焚。明代于谦在《石灰吟》一诗写道："千锤万凿出深山，烈火焚烧若等闲。"该句用石灰岩经过开凿和焚烧而变成洁白的石灰，来赞颂那些在艰难困苦中愈磨愈坚的人。

"焚"可能源于以农业为基础的古代先民毁林开荒，扩大农田面积。《说文解字》对它的解释就是："焚，烧田也。"焚也可能源于以狩猎为生的部族火烧山林，将野兽逐出以便捕杀。在甲骨卜辞中，焚就用于后者，如："王其焚……虎出，擒。"

汉代刘向的《说苑》载有这样一段话："焚林而田，得兽虽多，而明年无复也；干泽而渔，得鱼虽多，而明年无复也。"此言指明了焚林而猎、竭泽而渔的严重危害。

右侧是清代彩绘本《红楼梦》的一幅插图。这位仕女焚烧的可不是山林，而是祭奠亡灵的纸钱。

〔清〕烧纸仕女图

源于小草（草）

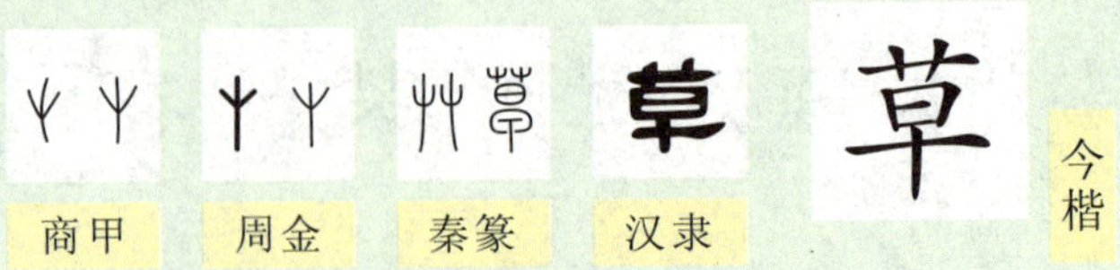

草太普通了，有土的地方就有它，正像宋代苏轼在一首词中写的那样："枝上柳棉吹又少，天涯何处无芳草。"草也太敏感了，一场春雨便会催生万顷绿色，唐代韩愈的诗说得好："天阶小雨润如酥，草色遥看近却无。"

甲骨文和金文的"草"是象形字，就像一棵孤零零的小草。秦篆前一款写为两棵并列的小草，突出了草连片生长的特点。由于这一款被借用为草字头（艹）作了组字构件，人们便另造了形声字"草"。以"艹"为意符的字大都与草本植物有关，如：艾、菊、萌、荣、蒿、茂。

"草"的本义指小草，也是草本植物的通称，意义与表示木本植物的"木"相对，如：青草、绿草、花草树木、草木皆兵。唐代白居易的《赋得古原草送别》诗是这样描写草的："离离原上草，一岁一枯荣。野火烧不尽，春风吹又生。"

因为草可以用作饲料或燃料，人们就把具有这种作用的禾谷类作物秸秆也称为"草"，如：稻草、谷草、草料。俗话说：兵马未动，粮草先行。"粮草"指的就是粮食、草料。

可能是因为草太不值钱了，人们收集它时胡乱堆放，"草"便引申出不认真、不仔细之义，如：潦草、草率、草草了事。由此还引申指初步的、未确定的，如：草稿、草案、草图。

"为草当作兰，为木当作松。"我们用左侧的元代兰草图来表示"草"的意义。

〔元〕兰草花卉图

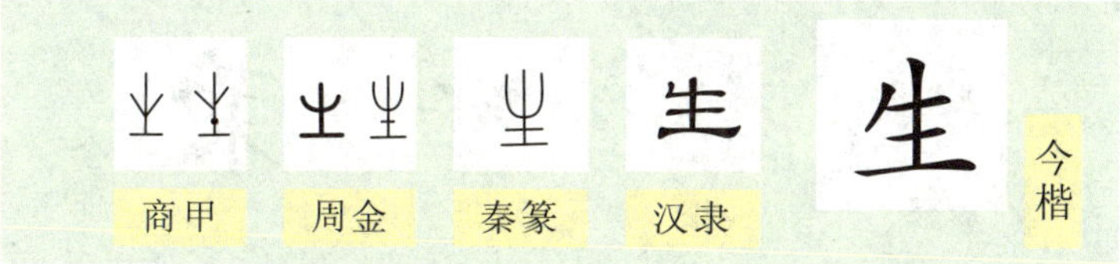

战国时期的思想家孟子说：“生，亦我所欲也，义，亦我所欲也；二者不可得兼，舍生而取义者也。”大意是：生命是我想要的，正义也是我想要的，二者若不能同时得到，那就舍弃生命而选择正义。

“生”这个字的意义实在是太多了。在“出生、诞生、生育”中表示生命的产生；在“生死、生存、丧生”中表示生命的存活；在“生搬硬套、生吞活剥”中表示勉强、生硬；在“乐极生悲、熟能生巧”中表示产生、发生。“生”还用来表示不熟悉的，如：生字、生人、陌生；还指在校学习的人，如：学生、考生、博士生……那么，“生”的本义是什么？它是怎样造出来的呢？

观察甲骨文和金文的“生”，其字形就像一棵小草刚刚破土而出，下部的横线或者“土”用来表示土地，在地面之上是棵直立的小草，意思是小草刚从土中萌生出来。汉隶以后，表示小草的字符发生变异，让人从字形上看不出草从土中萌生出来的意思了。

“生”是会意字，本义指小草从土中的生长、长出，泛指一切事物的产生、成长。其他意义都是在这个基础上引申、转化出来的。《诗经·小雅·蓼莪》里有这样一句诗：“哀哀父母，生我劬劳。”用通俗的话说就是：可怜的父亲母亲，生我养我多辛劳。其中的“生”用的就是它的本义。

右图是明代的兰石图扇页。我们用图中的兰花、翠竹、绿草来表示“生”的意义。

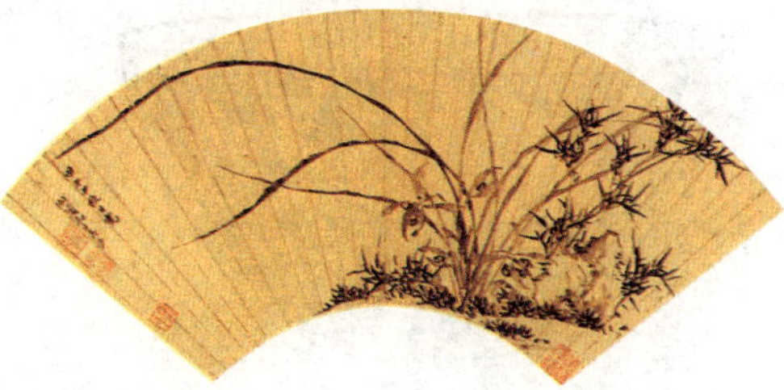

〔明〕兰石图扇页

周金　秦篆　汉隶　今楷

荣

榮

“荣”是根据小草之花造出来的一个字。它与根据大树之花造出来的“华”原本都表示花。

“荣”是“榮”的简化写法。

金文的“荣”是会意字，它由两株相互交叉的草组成，其顶部的小点表示鲜花盛开。秦篆和汉隶由于构字符号化的需要，把下部写为“木”，用来表示草木，把上部写为省略了火的“熒”，既表示草木上的花像火一样艳丽，也兼而表示字的读音，“荣”由此变成了会意兼形声字。

“荣”的本义指众多的小草一起开花，泛指草木繁茂、旺盛，如：繁荣、枯荣、欣欣向荣。“草荣识节和，木衰知风厉。”这是晋代陶渊明《桃花源诗》里的句子，大意是：花草的繁茂可以辨识节气的温和，树木的衰枯可以得知寒风的凌厉。

由草木的茂盛推及人生和事业兴盛，“荣”引申出地位显赫、高贵之义，如：荣华富贵、荣归故里。由此还引申指光彩，如：光荣、荣耀、荣辱与共、引以为荣。我国自古以来就讲究荣辱，明辨义利。战国时期的思想家荀子说过：“先义而后利者荣，先利而后义者辱。”意思是：置道义在前、私利在后的人光荣，置私利在前、道义在后的人耻辱。

下图是清代的牡丹纹珐琅碗，为皇家专用器具。碗的四周描绘着缠绕的枝叶和艳丽的花朵，寓意着繁华和富贵。而那些竞相开放的花朵也解释了“荣”的意义。

〔清〕牡丹纹珐琅碗

商甲	周金	秦篆	汉隶	今楷
[古文字]	[古文字]	[古文字]	春	春

春夏秋冬，春是一年中的第一个季节。

当严寒被春风驱散，人们对春的第一印象便是见到了那吐绿的小草，并由此而体味到生命的活力。“儿童不知春，问草何故绿。”清代袁枚这充满童趣的诗句也恰好说明了“春”字的来历。

仔细观察甲骨文的“春”字。它有阳光明媚的“日”，有生机盎然的“草”或“木”，还有表示种子发芽、扎根并且兼而表音的“屯”。识读这个字，我们仿佛在欣赏一幅咏春图，在感受春天的气息。看来我们的祖先对“春”的理解与今人没有什么不同。

汉隶以后“春”的写法发生了较大变异，除“日”之外，其他字符都穿插到一起而写为春字头（𡗗），从字的构成上让人再也体味不到春的意义了。

“春”是会意兼形声字，本义指春天、春季，如：开春、新春、冬去春来、春光明媚。“春色满园关不住，一枝红杏出墙来。”宋代叶绍翁《游园不值》诗里的“春色”表示春天草木的色彩。

因为春天是万物萌生的时节，充满了生机和活力，“春”便引申指生气、生机，如：妙手回春。进而引申表示生命力旺盛的时期或愉悦的心情，如：青春年少、春风得意。

宋代朱熹在《春日》诗写道：“等闲识得东风面，万紫千红总是春。”右图是宋代画家李嵩所绘的花篮图。我们借用这一篮姹紫嫣红的鲜花来说明“春”的意义。

〔宋〕花篮图

商甲 周金 秦篆 汉隶 莫 今楷

“莫等闲，白了少年头，空悲切。”宋代岳飞的这句诗告诫人们要珍视光阴，别虚度年华。“莫”在句中表示不要、别。

“莫”其实是“暮”的本字。

甲骨文、金文和秦篆的“莫”，中间是表示太阳的“日”，环绕在太阳周围的是四个“草”或“木”，意思是指太阳刚落，隐没在草木中的那一时刻，即傍晚时分。有的字中还加了个“鸟”，强调暮色降临乃是飞鸟归巢栖息之时。汉隶以后，由于构字符号化和书写便捷的需要，把“莫”写为“草”头“大”底了。

“莫”是会意字，本义指太阳落下的时候，也就是白昼即将过去，夜晚快要来临的那一段时间，即“暮”所表示的意义。

由于太阳落山意味着它将失去踪影，“莫”便引申出没有之义，如：莫名其妙、莫逆之交、哀莫大于心死。进而引申指不、不要，如：爱莫能助、一筹莫展、闲人莫入。后来，为了与其本义相区别，人们另造“暮”替代它的本义，“莫”就被引申义专用了。

成语“莫须有”源于卖国贼秦桧对岳飞的陷害。岳飞抗击金兵屡建奇功，反被秦桧以谋反罪下狱。有人让他拿出证据，秦桧说：“莫须有。”意思是也许有。后人就用“莫须有”来表示凭空捏造罪名。

左图是魏晋的菩萨石雕。这位菩萨伸出一只手，且掌心向外，好像告诫人们：多行善事，莫作恶人。

〔魏晋〕菩萨石雕

青

周金　秦篆　汉隶　今楷

赤橙黄绿青蓝紫，“青”是七种色彩之一。然而，“月”本来指夜空中的月亮，为什么“青”字的下部有个“月”呢？

金文的“青”，上部是表示小草从土中刚刚钻出来的“生”，也兼表声，下部是人们取水所用的“井”，意思是井旁生长的小草因为水分充足而颜色青绿。汉隶以后，字中的“井”被误写成了“月”，表示小草充满生机的“生”也被写走了形。

“青”是会意兼形声字，本义指小草萌发时的浅绿色，泛指绿色植物的颜色，如：青草、青菜、水碧山青。“青荷盖绿水，芙蓉披红鲜。”晋代这句乐府诗中的“青”就表示荷叶之色。

“青”也用于表示天空的颜色，即蓝色，例如杜甫《绝句》诗里的：“两个黄鹂鸣翠柳，一行白鹭上青天。”其中的“青天”是指蓝天。而在李白的《将尽酒》一诗中：“君不见高堂明镜悲白发，朝如青丝暮成雪。”其中的“青丝”原指黑颜色的丝线，用来喻指黑发，“青”则表示黑色。

“青”由表示小草的颜色而引申指年纪轻的，如：青年。至于“青春”一词原指草木青翠的春天，用来比喻人的青年时代，如唐代薛能的诗句：“青春背我堂堂去，白发欺人故故生。”说的是青春年华违背人的意志大模大样地离我而去，头上白发欺人太甚没完没了地生长出来。意思是指青春易逝，必须珍惜。

右侧的水井青苗图为清代彩绘本《红楼梦》插图。“青”就是依据这样的场景造出来的。

〔清〕水井青苗图

源于繁茂之草（丰）

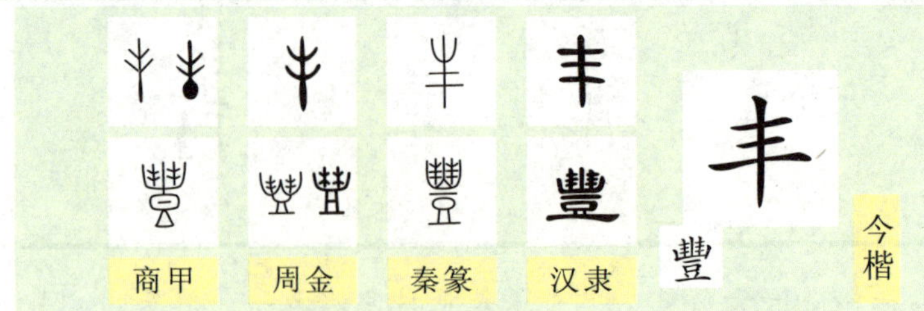

“丰”是“豐”的简化字，然而，它们有着各自独立的演化路径。

“豐”的写法比较复杂。从字形上看，就像表示高脚盘子的“豆”里装着谷穗或其他农作物。这一写法源于庄稼丰收之后，人们把它奉献给神祖并向他们报告年景。

“丰”的写法比较简单。甲骨文和金文的“丰”，下部是土堆之形的“土”，上部其实是“草”（甲骨文为屮），只不过多了一层叶子而已，说明草长得茂盛。汉隶以后把它写成三横一竖了。这一写法的“丰”本身包含了两重意义：

其一，就土堆上的草木而言，“丰”表示草木茂盛，如：丰茂、丰盛、丰美。因为它的这一意义与表示庄稼丰收的“豐”有相似之处，于是人们就借用“丰”作了“豐”的简化字。

其二，就在土堆上植树种草的目的而言，是古代帝王把土地封赏给他的子孙或臣子去治理，而他们则在封地的周围堆土植树作为疆界，即“封”的意义。后来“丰”的这一意义转给了“封”。

现在，表示草木茂盛之义已成为“丰”的基本意义了，在这个意义的基础上，引申出东西多、大的意思，如：丰衣足食、丰功伟绩、五谷丰登、人寿年丰。

左图是清代的粉彩婴戏图案瓷瓶。这些孩子的手中都举着庄稼和花草，就含有五谷丰登、荣华富贵的意义。

〔清〕婴戏图案瓷瓶

商甲　周金　秦篆　汉隶

勃

今楷

古人认为，世界上生命力最为旺盛的是孩子和草木。我们的先人就是根据这一理念造出了“勃”这个字。

甲骨文和金文的“勃”原本写为“孛”，是会意字，其下部是表示儿童、孩子的“子”，上部是表示草木茂盛的“丰”或者“草”，意思是孩子像草木一样茁壮成长。秦篆前一款在字的两侧加上了含有升腾之义的双曲线，进一步强调了孩子和草木生长旺盛的意义。

对于“孛”，宋代辞书《集韵》是这样解释的：“孛，草木盛貌。”其实，“孛”字所表示的旺盛不单纯指草木，也应当包括小孩子。后来，由于“孛”被用作了组字构件，如：脖、饽、悖、荸，人们就给“孛”加“力”，另造“勃”取代了“孛”的意义。

“勃”的本义指生命力旺盛，如：生机勃勃、英姿勃发。“壮心磨匕首，勇愤气蓬勃。”在唐代白居易的这句诗中，“蓬勃”就表示兴旺、旺盛。

因为生命力旺盛的事物成长速度快，变化大，“勃”便引申出突然、急速之义，如“勃然大怒、事件勃发”。南朝的辞书《玉篇》就解释说：“勃，卒（猝）也。”

右图是一件清代的瓷瓶，上面塑有五个戏耍的童子。这些孩子虽说有些顽皮，却让人感到他们身上的勃勃生机。

〔清〕壁塑童戏瓷瓶

商甲	周金	秦篆	汉隶	今楷
			邦	邦

现在的“邦”，左部原是“丰”，只是由于字形美的需要，让左右两部分结合得更为紧密，才把字中的竖写成了撇。具有这种书写变化的偏旁还有“半、羊”等，如：判、叛、羚、翔。

从古至今，任何国家对领土都非常敏感，相邻双方一般在边界线上树立标记，以便区分。“邦”字的来源就与划分疆界有关。

甲骨文的“邦”，下部是表示土地的“田”，上部是草木之形的“丰”（“封”的本字），意思是用植树之法来确定各自的边界。金文以后把字中的“田”换成了表示城镇的“邑”，后来演变为“阝”，但所表示的意义未变。

“邦”是会意字，本义原指国家间的边界，也表示边界两侧的国家，如：友邦、邦交、治国安邦。汉代《说文解字》对它的解释就是：“邦，国也。”古老的《尚书》也载有这样一句话：“民惟邦本，本固邦宁。”意思是说：人民是国家的根本，根本稳固了，国家才会安宁。句中的两个“邦”都表示国家。

秦代以前，我国实行的是分封制，君王把国土分片封赏给亲属或臣子代管，他们管辖的地方称为诸侯国，“邦”最初是指这些诸侯国。秦代以后，各朝实行郡县制，国家由皇帝主掌，这时的“邦”是指由帝王统治的国家。

左图是一尊唐代的三彩人物俑。这位具有明显异域风情的人是个外交官，他就来自于唐帝国的某个友邦。

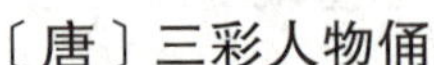

〔唐〕三彩人物俑

奉

周金	秦篆	汉隶	今楷
[illegible]	[illegible]	奉	奉

奉，上部是春字头（𡗗），下部是比“丰”还少一横的“丰”。奉字的来源确实与“丰”有关。

金文的“奉”，上部是表示丰茂之义的“丰”，在字中兼而表声，下部是表示两手上举的“廾”。“奉”源于人们手捧丰收的成果敬献给神祖，以祈求他们的护佑。秦篆的“奉”，在下部又加了第三只“手”，进一步强调了捧着之义。汉隶以后，字中的构件穿插组合，以至于演化成了现在这个样子。

“奉”是会意兼形声字，本义指手捧丰收的庄稼，恭恭敬敬地献给神祖。一个“奉”字其实包含了两重意义：

其一是捧着、拿着。《韩非子·和氏》里载有这样一句话：“楚人和氏得玉璞楚山中，奉而献之厉王。”其中的“奉”就表示手捧之义。不过“奉”的这一意义现在已被“捧”取代了。

其二是敬献、献给。三国时期的辞书《广雅》作的解释是：“奉，献也。”如：奉献、奉养、供奉。由此引申指敬重、遵从，如：尊奉、信奉、奉命。另外还用为敬辞，如：奉还、奉陪、奉劝。

《韩非子·有度》载：“奉法者强，则国强；奉法者弱，则国弱”。其中的“奉法者”是指手捧法典的人，即执掌国法的官员。

右侧是宋代的一幅仕女图。图中的女人可能正在向神灵供奉物品。不过，她奉献的不是丰收的庄稼，而是价值连城的珠宝。

〔宋〕捧珠仕女图

源于谷子（禾）

商甲	周金	秦篆	汉隶	今楷

说到“禾”，人们可能会联想到唐代李绅写的那首《悯农》诗：“锄禾日当午，汗滴禾下土。谁知盘中餐，粒粒皆辛苦。”句中的“禾”表示庄稼。

甲骨文和金文的“禾”，就像一株成熟了的谷子，上部下垂的是谷穗，中间直立的是秸秆，向两旁伸展的是叶和根。楷书的“禾”，在“木”字头上加一短撇，象形的意味明显淡化，变成了书写符号。“禾”字的演变，经历了从图形化逐渐走向符号化这样的进程，它是汉字演化的一个缩影。

“禾”是象形字，本义指生长于我国北方的谷子，脱壳之后称小米。汉代《说文解字》对它的解释就是：“禾，嘉谷也。”意思是指味美的谷子。由于我国地域广阔，气候差异较大，各地的主要农作物有所不同。在南方，“禾”指稻子，脱壳之后称大米。宋代张舜民在《打麦》诗写道：“麦秋正急又秧禾，丰岁自少凶岁多。”其中的“秧禾”是指插栽稻秧。

由于稻、谷都是粮食作物，“禾”还是粮谷作物的总称，包括麦子、玉米、高粱、大豆等，如：禾苗、禾谷、禾穗。在字典中“禾”是个部首。由“禾”组成的字，它大都为意符，表示与庄稼有关的意义，如：香、秀、秃、利、秋、种。以“禾”为声符的字很少，如：和。

下图是商代的大禾方鼎，四壁以浮雕人面为装饰。据说这种纹饰的鼎，在现已发掘的古文物中仅此一件。该鼎内壁镌刻着两个字，其中之一就是“禾”。

〔商〕大禾方鼎

商甲 周金 秦篆 汉隶

年

今楷

过年是人们最快乐的日子。全家老少大团圆，放鞭炮，贴对联，包饺子，换新衣，走亲戚，逛庙会……可以说是欢欢喜喜，热热闹闹。那么，“年”这个字是怎样造出来的呢？

甲骨文和金文的“年”是由两个字符组成的，上部是表示庄稼的“禾”，下部是“人”，人背着禾表示庄稼成熟、收割。秦篆和汉隶把下部的“人”换成了“千”，强调了禾的数量多，即五谷丰登之义。楷书把上下两个字符穿插到一起，让人从字形上看不出它所表示的意思了。

“年”是会意字，本义指庄稼的成熟、收成，如：年成、年景、人寿年丰。“稻花香里说丰年，听取蛙声一片。”这是宋代辛弃疾《西江月》里的一句词，句中的“丰年”就是指丰收的年景。

由于我国古代黄河流域的庄稼从播种到成熟大都一年一个轮回，“年”便引申指时间，如：年月、年产、三年五载。为此，还用来表示人的岁数或人生的不同阶段，如：年龄、年岁、年纪；少年、青年、老年。至于“新年、过年、拜年”中的“年”，则用来表示年节。“年”的这一意义源于数千年来，我们祖先举行庆贺丰收的活动而延续下来的一种习俗。

右图是矗立于北京天坛公园里的祈年殿，为明、清两代帝王向上天祈求丰收的地方。我们用这座建筑物来说明“年”的意义。

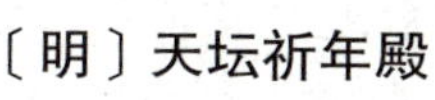

〔明〕天坛祈年殿

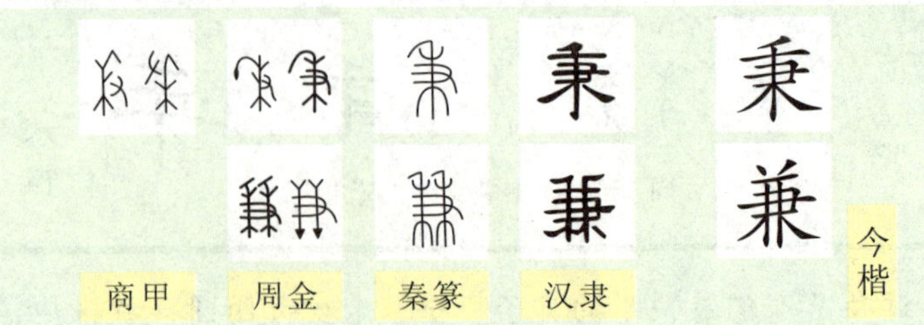

“秉”与“兼”的造字方法相同。我们把它们一起作个介绍。

“秉”在甲骨文和金文中，是由表示庄稼的“禾”与表示人手的“又”组成的，看上去就像人手里抓着一株庄稼。金文后一款及以后的“秉”，把“禾、又”穿插到一起而写成了独体字。

“秉”是会意字，本义指手持禾谷，泛指一般意义上的持、拿，如：秉笔疾书、秉烛夜读。“秉”由对具体东西的持、拿推及对法规、公理的把持，从而引申指掌握、按照，如：秉公执法、秉持公道。由于持拿东西是手这一器官的本质属性，“秉”还引申指人所具有的天性、本质，如：秉性、秉直。

“兼”在金文中的写法与“秉”有共同之处，只不过前者像一只手握着两株禾，后者则把两株禾换成了两支矢，意思是一手持有二物。秦篆以后的“兼”，在写法上舍弃了后者而承继了前者。

“兼”是会意字，本义指一手持二物，引申指同时做两件或两件以上的事情，如：兼职、兼顾、软硬兼施。还引申指多种东西并有，如：兼收并蓄、兼而有之、德才兼备。

左图是宋代的玉坠，造型为骑鹅童子手拿禾穗。它寓意着五谷丰登，六畜兴旺。而以手持禾则是我们的先人创造“秉、兼”二字时的构意。

〔宋〕骑鹅持禾童子玉坠

“和”是“龢”的简化字，但它们有着各自的演化过程和意义。

“龢”在甲骨文与金文中，由口吹排箫之形的“龠”与表示读音的“禾”组成，意思是多管乐器排箫奏出了和谐的乐曲。而“和”在甲骨文与金文中，由“口”与“禾”或“木”组成，意思是微风吹过田野或树林，庄稼、树木发出了整齐、和谐的声响。从这个意义上讲，二者的意义相同，为此汉字简化时，用“和”取代了“龢”。

“和（hé）”的本义指声音和谐，泛指关系融洽、协调一致，如：和睦相处、和舟共济、天时地利人和。先贤孔子曾经指出：“君子和而不同，小人同而不和。”大意是：品位高的人与别人关系和谐，却不盲目趋同，品位低的人与别人盲目趋同，关系却不和谐。

“和”由声音的和谐而引申指态度的温和，如：和蔼、和善、心平气和。由此还引申指气候温暖，如：和暖、和煦、风和日丽。“和”还用为连词，作用相当于“跟、与”，如宋代岳飞《满江红》的词句：“三十功名尘与土，八千里路云和月。”

另外，“和”还是个多音字，在“曲高和寡、随声附和”中读“hè”，在“和泥、和面”中读“huó”。

右图是宋代的和合二仙玉佩。这两位仙童，一个举盒，寓意合作；一个持荷，寓意和睦。这件玉佩是我国“和为贵”这一传统理念的反映。

〔宋〕和合二仙玉佩

商甲

秦篆

委

汉隶

委

今楷

“委”的意义比较多。在“委曲求全”中表示身体的弯曲，在“委靡不振”中表示精神的颓丧，在“委以重任”中表示任命、托付，在“究原竟委”中表示尾部、结束……我们的先人用“禾”与“女”组合造出的“委”，到底想表示什么意思呢？

甲骨文的“委”是左右结构的字，两个字符中，一个是谷穗被刻意卷曲的“禾”，表示庄稼因为成熟而枯萎，另一个是面朝着“禾”而两膝跪地的“女”。意思是字中的女人与枯萎的庄稼同命相怜，都已变得衰老了。“委”字所表现的是一个老女人的苦闷与无奈。秦篆以后的委被写成上下结构了。

“委”是会意字，本义指女人的衰老和庄稼的枯萎，即“萎”的本字。三国时期的曹植在《赠丁仪》诗写有这样的句子：“黍稷委畴陇，农夫安所获？”大意是枯萎的庄稼倒伏于田间，辛勤的农家哪能有收获。其中的“委”就表示枯萎。

因为人老了，身体会蜷缩，精神会迟钝，生活会难以自理而不得不托付他人，甚至连生命也临近结束，所以“委”便引申出我们开头讲的那些意义。至于“政委、常委、委员”中的“委”，是指受领导或群众委派而负有一定责任的人。

左侧是清代王素绘制的《二十四孝图》之一，画的是唐代崔唐氏孝敬公婆的事。如果老年人都有这样的贤惠子女来照料，就不会受委屈了。

〔清〕老媪贤媳图

香

商甲　周金　秦篆　汉隶　今楷

在古诗词中，“香”常用来形容花的芬芳，如南朝谢朓的“香风蕊上发，好鸟叶间鸣”；又如唐代于良史的“掬水月在手，弄花香满衣”。但是，在吃上饱饭都很困难的上古时代，人们很少有那份闲情逸致去品味花的清香。“香”字的来源其实与庄稼有关。

甲骨文和金文的香，下部是表示人嘴巴的“口”或表示美味的“甘”，上部是表示庄稼的“禾”或表示麦子的“来”，意思是吃到嘴里的粮食味美、香甜。秦篆的“香”，下部还是“甘”，上部却写成了表示粘谷子的“黍”。汉隶以后，上部被简省为“禾”，下部演化为表示太阳的“日”，意思变成打谷场上晾晒的稻谷——香气袭人了。

“香”是会意字，本义指食物味道鲜美、好吃，如：香甜可口、又香又脆。“长江绕郭知鱼美，好竹连山觉笋香。”宋代文豪苏轼《初到黄州》这句诗中的“香”就表示这一意义。由此“香”引申指人的胃口好、睡得舒服，如：吃饭很香、睡得正香。

“香”由食物的味道好而引申指气味好闻，意义与“臭”相对，如：香花、香气、芳香四溢。唐代裴休“不是一番寒彻骨，怎得梅花扑鼻香”这一诗句中的“香”也是这个意思。“香”还引申指添加香料制成的东西，如：香水、香皂、蚊香。

李清照是我国宋代著名的女词人，右图就是她的肖像，为清代画家所绘。画面上，李清照手拿鲜花，仿佛在品味那花的幽香。

〔清〕李清照画像

源于麦子（来）

商甲	周金	秦篆	汉隶		今楷
			来	來	来
			麦	麥	麦

“来”是“來”的简化字，“麦”是“麥”的简化字。从字义上看，二者之间没有丝毫关联。但从字源上看，它们原本是同一个字。

甲骨文和金文的“来”，就像一株成熟的麦子，根、茎、叶、穗俱全。只不过有的麦穗侧向弯曲，有的麦穗锋芒上指，这大概与麦子的品种或成熟度不同有关。

“来”是象形字，本义原指麦子。由于它是外来物种，商周时才由原产地西亚传到我国中原地区的，为此，便被借用为“来去”的“来”，表示由彼至此、由远及近，意义与“去”或“往”相对，如：来到、来去、南来北往。“来”用在动词后面则表示动作趋向于说话者，如：拿来、飞来、回来。还用于表示以后的时间，如：将来、未来、继往开来。用在数词或数量词后面则表示不确定的数字，如：十来个、九十来分、二里来地。

为了与“来”的假借意义相区分，人们就在“来”的下部另外加上脚趾朝下的“夂”，用“麦”表示来的本义。其实，从字的构成上看，“麦子”的“麦”应该表示来的意义，而“来去”的“来”应该表示麦的意义，真可谓阴差阳错了。不过也有人说，“麦”字中之所以加上“夂”这个字符，是因为春天麦子返青时，农民们常把麦子踩一踩或用石磙压一压，以利于麦子的分蘖。

左图是魏晋时期的墓穴壁画。图中的人挥鞭赶牛，耕耙土地，可能正在播种麦子。

〔魏晋〕牛耕壁画

拜

周金 秦篆 汉隶 今楷

在我们这个礼仪之邦，拜是古人不可或缺的事情。臣子见皇帝要三叩九拜，奴仆见主子要匍匐跪拜，朋友相见要拱手相拜，老子过生日小辈要拜寿，男人结为生死之交要拜把子，夫妻结婚要拜堂，孩子学艺要拜师……“拜”是怎样造出来的呢？

金文的“拜”有两款，前一款由“手”和“麦”组成，意思是手持禾麦向神祖行跪拜之礼，以祈求风调雨顺、庄稼丰收。该款强调的是拜的目的。后一款由“手”和“首”组成，意思是跪拜时脑袋必须低垂，要触及扶在地面上的手。该款强调的是拜的姿势。秦篆的“拜”由两只手组成，只是在右手之下多加了一横，表示右手向左手靠拢，两手合并才为拜。汉隶以后承接了秦篆的写法，只是把右侧的字符写为难以解释的四横一竖了。

“拜”是会意字，本义指古代一种双膝和两手着地、头俯于手，即“五体投地”的行礼方式，如：跪拜、叩拜、下拜。引申指尊崇、敬奉，如：崇拜、朝拜、拜服。还用为谦词，表示对他人的尊敬，如：拜访、拜托、拜读。

“顶礼膜拜”原指佛教徒礼神拜佛的最高礼仪。这种礼仪要求拜佛者两膝跪地，双手合掌，用额头去顶受礼人的脚，以表示尊敬和畏服。现多用于贬义，表示崇拜到了极点。

下图是一件颇具现代意味的宋代连体人瓷塑。这两个人躬背屈身，双手着地，正行跪拜之礼。而“拜”字就是依据人的这种姿势造出来的。

〔宋〕连体人瓷塑

源于麦子（来）

商甲	周金	秦篆	汉隶	今楷
[illegible]	[illegible]	氂	氂	厘（氂）

“差之毫厘，谬以千里”是一句被人经常引用的古语。大意是：开始只有很小的一点误差，结果却会造成很大的错误。在句中，“毫”和“厘”是指两个很小的长度单位，二者组合成词则表示极小的意思。不过“厘”的这一用法可不是它的本义。

“厘”是“氂”的简化写法。

甲骨文的“厘”是会意字，它由表示麦子的“麦”和手持棍杖之形的“攴”组成，有的字中还加上“人”，意思是人们手里拿着连枷之类的农具敲打麦秸使麦粒脱落下来。金文至简化前的“厘”，字中的“人”逐渐演化为“厂”，并加上表示土地的“里”用以表声，由此变成了会意兼形声字。

“厘”的本义指敲打麦秸进行脱粒。由于敲打时要对麦秸加以整理，使之脱粒彻底，“厘”便用来表示整理、治理之义，如“厘正”是指整理、更正，“厘定”是指审理、确定。“厘，理也。”这就是宋代辞书《广韵》对其所作的解释。

麦子是人们赖以生存的口粮，农民脱粒时都比较仔细，以避免点滴遗漏，“厘”便引申出微小之义，如“毫厘不爽”是指一点儿也不差。由此“厘”还作了较小的计量单位，一厘米为一米的百分之一。

〔清〕打谷脱粒图

左图是清代的一幅国画。那两个挥动连枷打谷的人，可能就在给麦子脱粒。“厘”就是依据这种场景造出来的。

暴

周金 秦篆 汉隶 今楷

现在的“暴”，上“日”中“共”，下部为水的变异“氺”。我们的先人当初造这个字的时候想表示什么意思呢？

金文的“暴”由两个字符组成。上部的“日”是日光向下照射之形，下部的“来”是突出麦穗的麦子之形，意思是日光暴晒着成熟的庄稼。秦篆把“麦”换成了“米”，还格外加上了表示两手的字符“廾”，强调了扒开米堆晾晒的意思。

“暴（pù）”是会意字，本义指晒。先贤孟子曾经指出：“虽有天下易生之物也，一日暴之，十日寒之，未有能生之者也。”大意是：即使世上有最易生长的东西，让它晒一天，冻十天，它也是不能生存下去的。句中的“暴”就表示晒，不过这一意义的“暴”大都写为“曝”。而由孟子此言概括出来的成语“一暴十寒”现在一般也都写为“一曝十寒”了。

要想晾晒东西，最好让它显露在阳光之下，由此“暴”引申出显露之义，如：暴露。由阳光的强烈照射又引申指急骤、猛烈，如：暴风骤雨、山洪暴发。进而还引申指凶恶、残酷、损害等义，如：暴行、暴徒、残暴、自暴自弃。这些意义的“暴”要读作“bào”。

右侧是清代的《百子团圆图》局部。那个假扮奴仆打着遮阳伞的孩子，就是怕那个假扮当了官的孩子，暴露于光天化日之下而被烈日暴晒。

〔清〕童子游戏图

商甲	周金	秦篆	汉隶	今楷
[illegible]	[illegible]	[illegible]	米	米

俗话说：巧妇难为无米之炊。早晨起来七件事，柴米油盐酱醋茶，米是我们生活中不可或缺的东西。

甲骨文的“米”，中间是一横，上下各有三个点。我们的先人把“米”字写成这个样子，到底想表示什么意思呢？对此，人们的解释各不相同。“象形论”者认为：“米”像一株成熟的谷穗之形，小点表示谷粒，横画表示秸穰。“指事论”者认为：小点是米粒，横画是指事符号，告诉人们这些点不是沙粒、雨滴或其他什么东西。“会意论”者认为：上部的点为稻谷，下部的点为米粒，中间的横画表示筛子之类的工具，稻谷经过加工就变成米了……

不管人们的解释如何，“米”所表示的意义是明确的，就是指去了皮或壳的庄稼籽粒，如：大米、小米、高粱米、花生米。“去年米贵缺军食，今年米贱太伤农。”在唐代杜甫《岁晏行》的诗句里，“米”泛指粮食。

由于米的形状为小颗粒，人们就把一些颗粒状的东西也称为“米”，如：虾米、海米。“米”还被借用为长度计量单位，一百厘米为一米。另外，“米”在字典中还是部首，它或为意符，表示粮谷的意义，如：粟、粱、粗、精、粥；或为声符，如：眯、迷、糜。

考古资料显示，我国是世界上最早栽种水稻的国家，其历史已有八千多年。左图是在浙江余姚河姆渡遗址出土的碳化稻米粒，这是世界上迄今发现的最早的人工栽培稻米。

〔新石器时代〕炭化稻米粒

商甲　周金　秦篆　汉隶　今楷

稻

“稻”是左“禾”右“舀”。这个字初造时可不是这样写的。

甲骨文的“稻”是会意字，上部为“米”或者“米”的省略写法，下部为表示坛罐的“酉”，意思是把米倒入缸中储存起来。金文的“稻”，就像用手把米装进臼中要舂米去壳的样子，有的字里含有字符“[illegible]”，那是表示用脚踩踏的舂米工具——践碓。秦篆以后采用偏旁归类的办法，用“禾”表示其属性，用“舀”表示其读音，“稻”变成了形声字。

“稻”的本义指粮谷作物稻子，属于一年生草本植物，秆直立中空，叶狭窄细长，籽实去壳之后就是人们食用的大米。我国是世界上最早栽培稻子的国家，培育的品种也很多，有水稻、旱稻、糯稻、粳稻等。稻米是我国人民的主要食粮之一。

漫长的农耕社会，大面积的稻谷栽培，使得古代诗词有不少关于“稻”的诗句。《诗经·豳风·七月》写道：“八月剥枣，十月获稻。为此春酒，以介眉寿。”意思是八月摘甜枣，十月收禾稻，用来酿春酒，祈求人康寿。宋代辛弃疾《西江月》一词中的“稻花香里说丰年，听取蛙声一片”，表达了农民企盼丰收的愿望。而明代施耐庵《水浒传》里的那首民谣“赤日炎炎似火烧，野田禾稻半枯焦”，则描绘了稻谷遭遇干旱时的惨状。

下图是汉代的践碓与风车陶俑。两个人正在用机械设备给稻谷脱壳、除糠。金文“稻”字中的那个“[illegible]”，就是指中部的那种设备。

〔汉〕践碓与风车陶俑

源于根须（不）

商甲　周金　秦篆　汉隶　今楷

“不”的使用相当频繁，就以儒家经典《论语》为例，几乎每一页都会多次见到它。“不怨天，不尤人。”出了问题不埋怨上天，不责怪他人，这是孔子的处世原则。短短六个字，用了两个“不”。在谈到君子的道德时，孔子说：“仁者不忧，知者不惑，勇者不惧。”大意是：心怀仁爱就不会有忧愁，头脑清醒就不会有疑惑，勇于献身就不会有畏惧。三个表示否定的“不”却从正面阐明了品德高尚之人应当具有的品质。孔子既是伟大的思想家，也是“不”字使用的行家里手。

汉字的来源大都很简单，“不”也是如此。观察甲骨文的“不”，字形就像草木之根在地下伸展的样子，上部的短横表示地面，下部的曲线表示根须。金文以后的“不”与甲骨文一脉相承，只是弯转的线条变得规范、整齐了。

“不”是象形字，所像之物就是草木、庄稼的根须。由于植物的根部位于地面之下，人们根本看不到，再加上它的生长方向与地面以上部分相反，为此人们就用“不”来表示否定的意义了，如：不言不语、不卑不亢、不到黄河心不死；不经一事，不长一智，等等。含有“不”的成语实在太多了，令人不胜枚举，有人做过粗略统计，仅由“不”打头的就有四百多个。

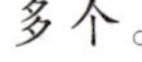

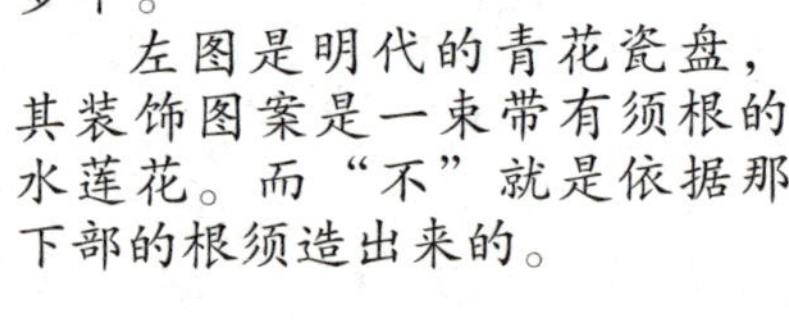

左图是明代的青花瓷盘，其装饰图案是一束带有须根的水莲花。而“不”就是依据那下部的根须造出来的。

〔明〕青花束莲纹瓷盘

端

商甲 周金 秦篆 汉隶 今楷

“端”的意义很多，真可以说是变化多端。

它可以表示正、直及正派，如：端正、端庄、品行不端；也可以表示东西的一头或事物的开头，如：尖端、开端、左右两端；在“争端、事端”里表示原因、缘由；在“祸端、弊端”里表示事故、纠纷等事宜；它还可以用作动词：在“端水、端饭”中表示双手平拿，在“端详、端量”中表示仔细察看……我们的先人当初造“端”时究竟想表示什么意思呢？

甲骨文的“端”，上部是表示人脚的“止”，下部是表示植物根须的“不”，字中的小点表示泥土。意思是幼苗向下生根，向上发芽，像人迈着脚一样开始生长起来。我们的先人是依据幼苗的生根发芽造出了“端”这个字。金文的“端”，把上部的止换成表示手的“又”，字中含有以手端物之义了。秦篆以后，在字中加了个“立”表示幼苗的直立，并逐渐演变成了以“立”表意、“耑”表意兼表声的会意兼形声字。

“端”的本义指植物生根发芽，开始生长，泛指事物的开头、开始，如：开端、发端。它的其他意义都是在这个意义的基础上引申或转化出来的。

右图是明代用翠玉雕制的水仙花盆景。水仙花叶子翠绿，花茎直挺，显得端庄、秀美。我们用这盆能以假乱真的花卉来表示“端”的意义。

〔明〕翠玉水仙花盆景

源于自然物的字

源于太阳（日）

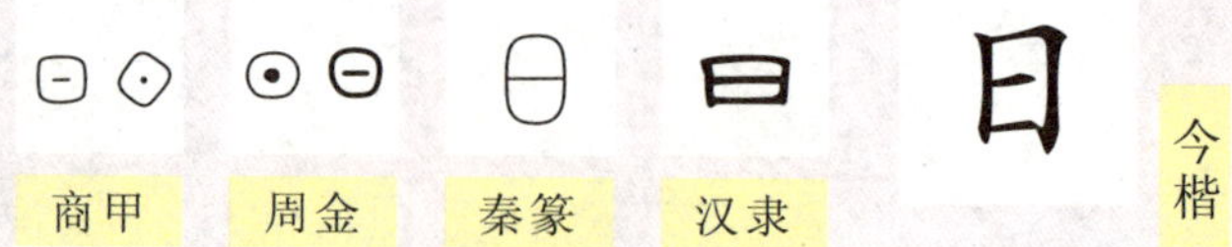

千百年来，人们日出而作，日入而息，生活的节奏与太阳紧密相连。早晨望着它冉冉东升，晚上看着它缓缓西坠。天旱时，人们诅咒它的炎热，编织着“后羿射日”的故事。繁忙时，人们期盼它能慢点走，因而也就有了“夸父逐日”的传说。

“日”是典型的象形字。甲骨文和金文的“日”就是太阳之形，有的看上去不那么圆，因为这些字是用刀在龟甲、兽骨或铜器上锲刻的，“写”起来不方便。至于“日”字中的点或横，那是为了与“口”相区别。秦篆以后，字形由圆变方了。

“日”的本义指太阳，如：旭日东升、烈日当空、日薄西山、日月同辉。“日出江花红胜火，春来江水绿如蓝。”唐代白居易《忆江南》这句诗中的“日”用的就是它的本义。

太阳出来是白天，“日”便引申指白昼，意义与“夜”相对，如：日夜、日班、夜以继日。日出日落是一天，“日”还引申指一天、一昼夜，如：今日、明日、昨日。《论语·学而》载：“吾日三省吾身。”意思是说：我每天多次反省自己的言行。“日”在句中表示每天。另外，“日”在字典中还是部首，以它为意符的字大都和太阳有关，如：旦、晨、昔、旧、明、暗。

在我国古代传说中，日是只朝出暮归、光芒万丈的大鸟，是它带来了光明。左图为商代的太阳神鸟金箔，上面就镂刻着太阳的光辉和四只神鸟。

〔商〕太阳神鸟金箔

周金　秦篆　汉隶　今楷

是

"是是、非非谓之知，非是、是非谓之愚。"这是战国时期的思想家荀子的精辟之言。大意是：在正确与错误之间，能肯定正确、否定错误就可以称为明智，而否定正确、肯定错误就只能说愚蠢。"是"在句中，作动词时表示肯定的判断，作形容词时则表示正确之义。

金文的"是"由三个字符组成：上部的"日"表示太阳，中部的"十"（或另加上"手"）表示有刻度的标杆，下部的"止"表示人的脚。意思是人们以太阳的位置为标准，来确定自己行动的时间和方向。商周时期没有钟表和指南针，人们判断时间和方向一般只能依靠太阳。秦篆及以后的"是"，演化为上"日"下"正"或者"正"的变形"疋"了。

"是"是会意字，本义指人们行动的标准、规则。我国最早的辞书《尔雅》的解释就是："是，则也。"我们常用的成语"实事求是"，意思为从实际存在的客观事物中去探寻规律和本质，"是"用的就是它的本义。

因为按照行动的准则办事就是正确的，"是"便引申表示对、正确，意义与"非"相对，如：自以为是、口是心非、一无是处。由此，"是"还用来表示肯定的判断，如：我是中国人、《论语》是儒家经典之一。

右图为北京故宫中的一件石晷，是用于测量日影以判定时间的仪器。明清两朝帝王大都靠它来确定起居、临朝等活动的时辰。

〔明〕故宫日晷

“俭节则昌，淫佚则亡。”这是战国时期的思想家墨子说过的一句话。大意是：俭朴节约能够让事业兴盛，纵欲享乐可以使事业衰亡。句中的“昌”表示兴旺、旺盛。我们今天使用的仍然是这一意义。

其实，“昌”是“唱”的本字。

甲骨文的“昌”，上部是“日”，下部是“口”，它所表达的意思是：清晨太阳刚刚升起，有人用有节奏的声音（即歌声）呼唤大家起身干活，这时原本沉寂、安静的氏族部落顿时变得热闹起来。

金文前一款的“昌”，内外两个“口”相套，外面的口把嘴角拉得很长，表示张口呼唤时那悠长的音调。而后一款把“口”换成了表示说的“曰”，还在上部加了个“手”，表示把手放到嘴边，大声呼喊的意义。秦篆以后，基本恢复了甲骨文的写法，并演变为上“日”下“曰”了。

“昌”是会意字，本义原指唱歌，也表示人们欢唱时那种热烈、兴旺的景象。后来，人们用“唱”取代了“昌”的本义，“昌”也就专用于表示兴旺、旺盛之义了，如：繁荣昌盛、科技昌明。

我国各地有许多原始时代留下的岩画。左图是黑龙江上游众多岩画中的一幅。图中，星星隐去，太阳初升，人们相互吆喝着，准备劳作。“昌”原本就表示这一意义。

〔新石器时代〕人日星岩画

昔

商甲 周金 秦篆 汉隶 今楷

现在的“昔”，从字形上确实看不出它与水有什么联系，如果观察一下甲骨文和金文的昔，我们却可以看到一个波浪形的像是水的字符。其实，它不是“水”，而是表示水灾的“灾”。

传说我国在尧、舜时期江河泛滥、大水成灾。禹的父亲鲧受命治水，却因方法不当而失败。禹在总结父辈的教训后，率领群众疏通河道，引水入海，最后战胜了水患。那场大洪水在人们的心中留下了难忘的印象，因此一提起过去，人们就不由得想到了洪水。表示从前、往日的“昔”就是这样造出来的。

“昔”是会意字，它由表示洪水灾害的“灾”和表示岁月光阴的“日”组成，意思是指洪水泛滥的往日。“昔，往也。”这是南北朝时期的辞书《玉篇》对它的解释。

“昔”的本义是指从前、过去，意义与“今”相对，如：昔日、往昔、今非昔比、抚今追昔。《诗经·小雅·采薇》是一首描写戍边士兵归乡感受的诗，写得情真意切：“昔我往矣，杨柳依依。今我来思，雨雪霏霏。”句中的“昔”就表示从前离家之时。

禹因为治水有功而被推举为部落联盟的领袖，人称大禹，并成了夏朝的开创者。右图是汉代画像石上雕刻的大禹形象。他手里拿着挖土的工具，好像在指挥人们与洪水抗争。看到这幅图，能帮助我们更好地理解“昔”的来源和意义。

〔汉〕大禹治水画像石拓片

商甲	周金	秦篆	汉隶	時	今楷
					时

“时”是“時”的简化字。

甲骨文的“时”，下部为表示太阳的“日”，上部前者为“止”，表示脚，后者为“之”，表示离开某地，二者在字中既表意也表声，意思是太阳像长了脚一样在天空中行走。秦篆以后变成了“日”为意符、“寺”为声符的形声字。简化后的“时”由“日、寸”组成，给人以“一寸光阴一寸金”的紧迫感。

“时”的本义指太阳的运行。古时没有钟表，人们依据太阳的位置来判断时间，“时”便用来表示时间，如：时光、时候、小时。我国古代先民把一天划分为十二个时段，分别用子、丑、寅、卯、辰、巳、午、未、申、酉、戌、亥十二个地支名来表示，子时相当于半夜二十三时至次日凌晨一时，以此类推。

由于一年四季太阳在天空中的位置有所不同，“时”便引申指季节，如：时令、时节、农时。进而引申指年代、局势、机会等诸多意义，如：时代、时局、时机、及时。“长风破浪会有时，直挂云帆济沧海。”唐代李白这句诗的意思是：驾驭长风冲破巨浪的时机总会来临，高挂船帆横渡沧海的愿望定能实现。“时”在句中就表示时机、机会。

在钟表出现之前，通过漏壶滴水观测水位来判断时间是计时的方法之一。左图是汉代的铜制计时漏壶，就是人们测定时间的一种工具。

〔汉〕铜制计时漏壶

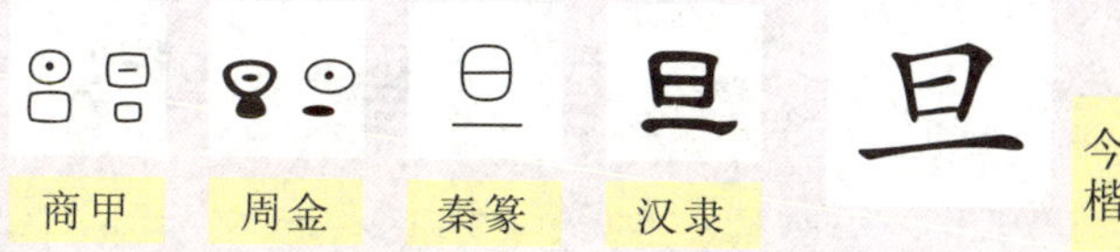

成语“枕戈待旦”源于《晋书·刘琨传》。刘琨是晋代的名将，很有抱负，他曾经说道：“吾枕戈待旦，志枭逆虏。”意思是我枕着兵器等待天亮，立志砍下敌人的头颅。后人常用这则成语形容时刻保持警惕，做好战斗准备。词中的“旦”表示天亮，这里用的正是它的本义。

甲骨文和金文的“旦”，上部是表示太阳的“日”，下部则是表示日出时的云霞或者日影。秦篆以后，把下部简化成了一横，用来表示地平线。意思是指太阳初升之时，即天亮时分。

“旦”是会意字，本义指早晨，如“通宵达旦”指的是直到天亮，“危在旦夕”指的是危险就在早晚之间。北朝民歌《木兰辞》里有这样的句子：“旦辞爷娘去，暮宿黄河边。”句中的“旦”就表示早晨，意义与表示傍晚的“暮”相对。

因为早晨仅仅是一天当中的一个时段，“旦”便引申指某一天，如：毁于一旦。人们还把公历每年的第一天称为“元旦”。在中国传统戏剧当中，“旦”还特指扮演女性的角色，如：花旦、武旦、老旦。旦有时还连在一起使用，常见的如“信誓旦旦”，意思是誓言因为天天讲而显得非常诚恳，这里“旦旦”的意思是指天天。

右图是一口新石器时代的陶缸，在它的侧壁刻着由太阳和云层组成的图案“●”。有的专家认为，那是我国最古老的图形文字——“旦”。

〔新石器时代〕旦字陶缸

商甲 周金 秦篆 汉隶 昏 今楷

"昏"由表示人的"氏"和表示太阳的"日"组合而成。它既可以用来形容人的状态，如：头昏眼花、利令智昏，也可以用来形容自然界的情况，如：天昏地暗、夜色昏黑。那么，我们的先人在造"昏"字时究竟想表示什么意思呢？

甲骨文及金文前一款的"昏"，上部是俯着身子、手臂下伸的"人"或手臂处加点表示五体投地的"氐"（"低"的本字），而在手的下方有个"日"。意思是太阳落得很低了，人弯下腰好像就能摸到它。我们的祖先是借助"日"比"人"低这种景象来表示傍晚时分（即黄昏）这一意义的。

金文后一款的"昏"另辟蹊径，用一条弧线连接了三个字符，分别是倒写的"升"（甲骨文为[illegible]，是舀酒的器具）、"女"和"耳"，意思是美酒、女色会使人听不进忠言而昏聩不明。

"昏"是会意字，本义指太阳刚落、天色转黑的时刻，意义与"晨"相对，如：黄昏、晨昏。因为黄昏时分天空渐暗，黑夜降临，便引申指黑暗，如：昏暗、昏黑。《红楼梦》里的"忽喇喇似大厦倾，昏惨惨似灯将尽"，其中的"昏"就是昏暗之义。

由天色的昏暗推及眼睛和头脑的"昏暗"，"昏"还用来表示视力模糊和头脑糊涂，如：老眼昏花、头昏脑涨、昏迷不醒。

左图是明代画家所绘的《醉饮图卷》局部。这个人酒后失态，昏昏沉沉。金文后一款的"昏"就表示这方面的意义。

〔明〕醉饮图卷（局部）

阳

商甲 周金 秦篆 汉隶 陽 今楷

“阳”是“陽”的简化字。

甲骨文和金文前一款的“阳”写为“昜”，是会意字，上部为表示太阳的“日”，下部为表示树木枝杈的“丂”（“柯”的本字），有的还加了几个短画用来表示光芒，意思是指早上初升的太阳。而金文后一款及其以后，又格外加上了表示高山或阶梯的“阜”（后演变为阝），意思变成了太阳沿着山坡冉冉升起，“阳”由此演化为以“阜”表意，以“昜”表声的形声字。简化后的“阳”仅由“阝”和“日”组成，有点艳阳高照的味道了。

“阳”的本义指太阳，如：朝阳、夕阳、阳光明媚。“一道残阳铺水中，半江瑟瑟半江红。”在唐代白居易的这句诗中，“残阳”是指日落时分失去了热力的太阳。

“阳”由表示太阳而引申指向着太阳的一面，意义与背着太阳一面的“阴”相对，如：阳面、阳坡。由此，人们把山之南、水之北称为“阳”，把山之北、水之南称为“阴”。我国有许多地方的名称用到“阳”，一般是因为该地在山的南面或水的北面，如湖南的衡阳就位于衡山的南面，河南的洛阳就位于洛河的北面。

“阳”还由太阳的特点引申指温暖的、外露的，如：阳春、阳沟、阳奉阴违、阳关大道。另外，人们还把“阳”与“阴”对应来表示一些相互对立的概念，如“阳极”与“阴极”、“阳电”与“阴电”、“阳间”与“阴间”……

右图是清代的红日图案高足瓷杯。那冉冉升起的红日就是“阳”所表示的意义。

〔清〕红日纹高足瓷杯

源于月亮（月）

商甲	周金	秦篆	汉隶	今楷
[illegible]	[illegible]	[illegible]	月	月

“月”是根据月亮之形造出来的一个字。

甲骨文和金文的“月”，字形不像圆满之月，而像一轮弯月。秦篆以后的“月”，虽然也像月亮，但不那么逼真了。

“月”是象形字，本义指月亮，如：明月、月光、花好月圆、披星戴月。因为月亮的位置和圆缺变化是有规律的，大约三十天为一个周期，人们常根据它的状况来判断时间，由此“月”便用来表示时间，如：月份、腊月、年月、岁月。

需要说明的是，在以“月”为意符的字中，有的和它的本义有关，如：明、阴、朗、朝、期，有的却和它的本义无关，而与人或动物的躯体有关，如：肚、肤、胸、背、骨。这是为什么呢？

原来，甲骨文的肉写为“[illegible]”，也是象形字，像切割好的大块肉，写法与“月”差别不大。秦篆的“肉”写为“[illegible]”，字形与“月”完全相同。因此以“月”为意符的字，只能根据字义来判断是属于月字旁还是肉月旁了。

望着夜空悬月，会给人许多遐想，被誉为“诗仙”的李白就对月情有独钟。“小时不识月，呼作白玉盘。”月使他回想起童年的情趣。“举头望明月，低头思故乡。”月使他怀念起家乡的亲人。他曾借月思古：“今人不见古时月，今月曾经照古人。”还曾托月寄志：“俱怀逸兴壮思飞，欲上青天览明月。”……

左图是汉代的月神画像砖。这位神灵，女人头，凤凰身，腹部刻有象征富贵的桂树和寓意多子多福的蟾蜍。

〔汉〕月神画像砖

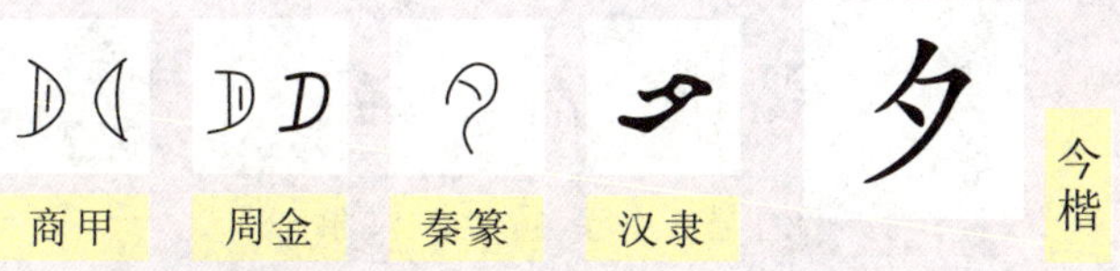

按照我国的传统历法，每年的最后一天晚上被称为除夕，意思是岁月更替的夜晚。因为它标志着过去一年的结束，新的一年的来临，所以人们都热热闹闹地庆祝一番。

同“月”字一样，“夕”也源于月亮。

甲骨文和金文的“夕”与“月”的写法完全相同，都像夜空中的弯月。秦篆以后，“夕”写法才与“月”有了区别。“夕”与“月”的来源、意义都和月亮有关，只不过“月”以月亮的形状取义，用来表示月亮；而“夕”以月亮升起的时间取义，用来表示月亮初升、太阳落下之时。

“夕”是象形字，本义指月升日落的那一时段，即傍晚，意义与表示早晨的“朝”和“旦”相对，如：夕阳、夕照、朝令夕改、危在旦夕。汉代《说文解字》就解释说：“夕，莫（暮）也。”

因为傍晚仅仅是黑夜的一个起始阶段，“夕”便引申指夜晚，如：前夕、除夕、朝夕相处。明代袁凯在《客中除夕》一诗写有这样的句子，描写自己除夕之夜客居他乡的感受：“今夕为何夕，他乡说故乡。”在句中，“夕”就表示夜晚。

另外，“夕”在字典中还是部首，它或为意符，表示与月亮、夜晚相关的意义，如：名、岁、梦、外、夜；或为声符，如：汐、矽。

右图是北京故宫博物院珍藏的挂屏，上面镶嵌着用金箔裁剪而成的明月、桂树、山石，充满了秋夜的恬静。我们用这件文物来表示“夕”的意义。

〔清〕金桂月挂屏

商甲 周金 秦篆 汉隶 名 今楷

秦朝末年的陈涉是一个志向远大的人，他曾说道："壮士不死则已，死即举大名耳。"是他发动了中国历史上第一次农民大起义，从而结束了暴秦的统治。他的名字因此也千古永垂。

从商代甲骨文到现代楷书，"名"都由两个字符组成，一个是用月亮来表示夜晚的"夕"，另一个是表示人嘴巴的"口"，意思是夜里人们相遇，看不清来者是谁，张口询问对方的名字。

"名"是会意字，本义指姓名、名字。在古代，人的姓、名、字各有其说。姓表示家族的血统，儿女一般随父姓。名表示婴儿出生后由家长给起的乳名、小名。字表示人在成年之后所取的正式名称。例如孔子姓孔名丘字仲尼，孟子姓孟名轲字子舆。现在人们大都只有姓、名而没有字，但都笼统地称为姓名、名字。

商周时期属于奴隶社会，等级制度森严，姓名不但是人的名称，也是其社会地位的标志，由此"名"便引申表示身份、名义，如：名存实亡、有名无实、出师无名。孔子非常强调名义、名分问题，他说过这样的话："名不正，则言不顺；言不顺，则事不成。"由于一个人影响力的大小，往往与其知名度有关，名还引申指声誉、威望，如：著名、名望、追名逐利、赫赫有名。

名片是人们交往的媒介，是宣传自我的工具，但它并非今人的发明，而是古习的传承。左图是魏晋的壁画。图中的前后二人，手里捧的就是介绍自己名字、出身、学历、特长等情况的名片。

〔魏晋〕拜谒壁画

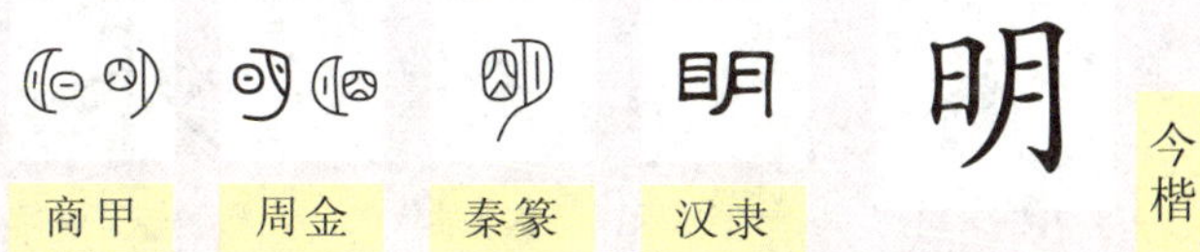

左“日”右“月”为“明”，其意义不难理解，因为日、月都是非常亮的东西。正如战国时期的思想家荀子所言：“在天者莫明于日月，在地者莫明于水火。”其中的两个“明”都表示光亮。

甲骨文和金文的“明”都有两种组合，前一种为“日、月”，表示日月般的光亮。后一种为“窗、月”，表示月光透过窗户，给屋子带来光亮。汉隶却采用“目、月”组合，表示眼睛像月亮那样明亮。楷书恢复了甲骨文和金文前一种组合形式。

“明”是会意字，本义指亮，意义与“暗”相对，如：明亮、光明、月明星稀、灯火通明。在人们的心目中，天亮之时意味着上一时段的结束和下一时段的开始，由此“明”引申指下一个时段，如：明日、明年、今冬明春。

由物的明亮推及眼睛和心灵的明亮，“明”引申指视力好和心里清楚，如：眼明手快、明察秋毫；心知肚明、深明大义。进而还引申指聪慧，如：聪明、精明、明智。先贤老子说过这样一句话：“知人者智，自知者明。”意思是了解别人的人聪慧，了解自己的人高明。

另外，“明”还特指我国历史上继元代之后的封建王朝，即明朝。该朝1368年在农民起义的浪潮中建立，1644年又被农民起义军推翻，立国277年。

右图是明太祖朱元璋的画像。这个人就是明朝的开国皇帝。

明太祖朱元璋画像

周金	秦篆	汉隶	今楷
[illegible]	[illegible]	外	外

宋代欧阳修在《左氏辨》里写道："君子之修身也，内正其心，外正其容。"大意是品德高尚的人修养自身时，在内里端正心灵，在外表端正仪容。"外"在句中表示外部、表面。

观察"外"字的演化，无论是周代金文还是现代楷书，它都由表示夜晚的"夕"和表示占卦的"卜"组成，意思是指晚上进行的占卜活动。按照商周时期的规矩，在正常情况下，君王占卜的时间一般是在早晨。如果外地或者外国有紧急情况发生，君王也会在晚间临时叫卜官追加占卜。由此，"外"便用来表示超出某些规矩或一定范围的意义。

"外"是会意字，本义指不在一定范围之内的，也就是位置在外的，意义与"内、里"相对，如：外面、室外、内外交困、里应外合。"山外青山楼外楼，西湖歌舞几时休。"在宋代林升《题临安邸》这句诗中，"外"用的就是它的本义。

通常情况下，人们把自己的生活地区和工作单位视为"内"，而其他地区和单位则成了"外"，"外"由此引申出与"本"相对的意义，如：外地、外省、外单位。进而又特指外国，如：海外、外交、古今中外。还引申指家庭成员中女性一方的亲属，如：外甥、外婆、外祖父母。

左图是一件唐代的瓷俑。观察牵马人的体貌特征和衣饰打扮，我们可以看出，他是个来自异域的外族人。

〔唐〕牵马人瓷俑

夜

商甲 周金 秦篆 汉隶 今楷

日落月升，昼去夜来。古代诗歌描写夜生活的句子不胜枚举。“夜学晓未休，苦吟鬼神愁。”唐代孟郊的诗反映的是学子的夜晚。“昼出耘田夜绩麻，村庄儿女各当家。”宋代范成大的诗反映的是农家的夜晚。苏轼《海棠》里的“只恐夜深花睡去，故烧高烛照红妆”，反映的则是贵族士大夫阶层入夜后的雅兴。

“夜”字的来源与“亦”有关。古文字的“亦”（亦）是在人的两臂下加点来表示腋窝，而“夜”把其中的一个点换为表示月亮的“夕”，意思是月亮升到腋窝那么高了，说明夜晚来临。汉隶以后的“夜”，“亦”和“夕”的写法都发生变异，从而看不出夜晚的意思了。

“夜”是以“月”表意、以“亦”表意并兼而表声的会意兼形声字，本义指从天黑到天亮这一段时间，意义与“日”和“昼”相对，如：日夜、昼夜、夜深人静、夜以继日。

成语“夜郎自大”的意义可不是半夜时新郎官在新娘面前自我吹嘘，它源于《史记》里的一个故事。夜郎原是我国西南地区的一个小国，汉武帝曾派使者到过那里。夜郎国王自以为他统治的地盘广阔无比，竟问使者汉朝的疆土与夜郎相比哪个大。当使者告诉他夜郎的面积只相当于汉朝的一个县时，夜郎国王还不信呢。后来人们用“夜郎自大”比喻愚昧无知，妄自尊大。

右图是清代的玉雕，上面刻着人、树、楼、桥、月等。其意境是：人们在优美的夜色中赏月。

〔清〕赏月玉雕

商甲　周金　秦篆　汉隶　恒 今楷

明代学者胡居仁写有这样一副对联：“苟有恒，何必三更眠五更起；最无益，莫过一日曝十日寒。”该对联字句对仗工整，内容发人深省。“恒”在句中表示持久不变的决心，即恒心。

甲骨文和金文前一款的“恒”是会意字，上下两条横线表示天与地，夹在中间的为“月”，意思是月亮运行于天地之间是有规律的，是固定不变的。金文后一款及其以后的“恒”，在字中另加上了“心”，意思增添了心意、决心持久不变。汉隶以后，把两横之间的“月”换为“日”，恒由此变成了以“忄”表意，以“亘”（原指太阳在天地间运行）表意又表声的会意兼形声字。

“恒”的本义指日月运行的规律永久不变，泛指长久的、固定不变的，如：永恒、恒温、恒心、持之以恒。引申指经常的、普通的，如：恒言、恒常。《孟子·离娄下》载有孟子这样一句话：“爱人者，人恒爱之；敬人者，人恒敬之。”意思是：关爱别人的人，人们也长久地关爱他；尊敬别人的人，人们也长久地尊敬他。“恒”在句中用的就是它的本义。

下图是一件清代的瓷质笔筒，上面的装饰图案里画着一位临摹自然风光的画师。这位画师长须垂胸，神色开朗。虽说岁至残年，仍然作画不已，其心之“恒”令人赞叹。

〔清〕瓷质笔筒

朝

商甲 周金 秦篆 汉隶 今楷

“朝”是多音多义字。当它读“cháo”时，可以表示面向、向着，如“坐北朝南、热火朝天”；也可表示朝代、朝廷，如：改朝换代、得胜回朝。当它读“zhāo”时，则表示与早晨有关的意义，如：朝令夕改、朝思暮想。那么，“朝”的本义是什么呢？

甲骨文的“朝”，由“日”“月”和“草”（或“木”）组成，并且“日、月”被“草、木”所掩。我们的先人是用一幅旭日初升、残月未逝，草木生机勃勃的图画来表示清晨之义的。金文的“朝”把月换为“川”或“水”，意思是水边之草充满朝气。汉隶以后的“朝”又恢复了甲骨文的写法。

“朝（zhāo）”是会意字，本义指早晨，意义与表示傍晚、晚上的“夕、暮”相对，如：朝阳、朝霞、朝夕相处、朝三暮四。由表示早晨而引申指日、天，如：有朝一日。在唐代罗隐“今朝有酒今朝醉，明日愁来明日愁”的诗句中，“今朝”就表示今天。

因为古代君王大都于早晨在宫中召见属臣议事，“朝（cháo）”便引申指拜见君王和君王的办公之处，如：朝拜、朝圣；朝廷、上朝。由此还表示朝代，如“汉朝、唐朝、封建王朝”。又因为朝廷为万众瞩目的地方，“朝”又引申指面向，如：朝东、朝向、仰面朝天。

右图是清代一幅粤绣挂屏局部，上面绣着初升的太阳、蓬勃的草木和喧腾的鸟雀。表示早晨的“朝”就是根据这样的场景造出来的。

〔清〕粤绣挂屏局部

源于星星（晶）

商甲	周古	秦篆	汉隶	今楷
[古文字]	[古文字]	[古文字]	晶	晶

三“日”为“晶”。

有人在解释“晶”字时说：“日”表示太阳，太阳能带来光明。一个太阳就够亮了，三个太阳那就更亮了，由此“晶”就被用来表示明亮之义，如：亮晶晶。其实，“晶”字的本义是指星，它是根据夜空中闪闪烁烁、数不胜数的繁星造出来的。

甲骨文的“晶”，好像是由三个“日”组成，仔细看去，这三个“日”可不是圆形的太阳，而更像是有棱有角的星星。周代古文以后的“晶”，才写为三个日的组合了。

“晶”是象形字，本义原指夜空中的星星。因为星具有亮闪闪的特点，便引申表示明亮。后来，为了区分“晶”的这两重意义，人们就给“晶”加上声符“生”，用“星”（甲骨文写为[古文字]，金文写为[古文字]）来表示“晶”的本义，而用“晶”来表示引申意义。就这样，“晶”与“星”才分化为二，各表其义了。

现在，表示光亮已成为“晶”的基本意义，如：晶莹、晶亮。引申指通过结晶的方法而生成的透明发亮的物体，如“水晶、晶体”。唐代宋之问在《明河篇》一诗写道：“八月凉风天气晶，万里无云河汉明。”句中的“晶”表示明朗、干净，这一意义是从晶体的特点引申出来的。

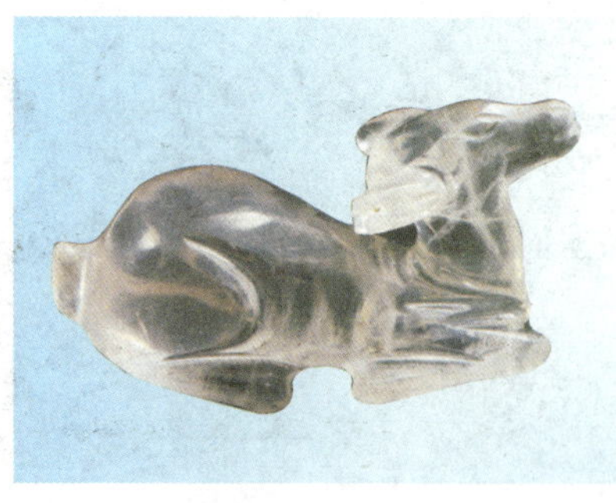

左图是一件明代的鹿形水晶饰物。它光洁、透明，闪闪发亮。“晶”现在就表示这一意义。

〔明〕鹿形水晶饰物

星

商甲　周金　秦篆　汉隶　今楷

夏天的夜晚，黑幕降临。天上是闪烁的繁星和偶尔飞逝的流星，地上是手摇纸扇、仰望星空的纳凉人。眼前的情景，也许会让你体味到唐代杜牧“天阶夜色凉如水，卧看牵牛织女星”的意境；也许会让你去思索“日往月来，星移斗换”的人生哲理……在这两个句子中，“星”都表示天上的星星。

甲骨文的“星”很有意思，你一看就能大致知道它的意义。它由两个字符组成：一个是些小圆圈，像夜空中的星星，其实这是“晶”，用来表意；另一个像小草从地面钻出来，其实这是“生”，既用来表示太阳落山后星星在天上生出来的意义，也用来表声。金文和秦篆前一款的“星”写为三“日”一“生”，而秦篆后一款及其以后则把“日”省略为一个了。

“星”是会意兼形声字，本义指天上除太阳、月亮以外的发光星体，如：繁星、星辰、星罗棋布、披星戴月。唐代杜甫的诗句“星垂平野阔，月涌大江流”，其中的“星”也是这个意义。

因为星具有闪闪发亮的特点，人们把一些声名闪亮的人也以“星”相称，如：球星、歌星、笑星。又因为星星在夜空中显得很渺小，“星”还引申表示小或少量的意义，如：零星、一星半点、星星点点。

“星”不仅天上有，生活中也常见到。右图是五千多年前的一件陶豆，上面的装饰图案就是些星星。

〔新石器时代〕星纹陶豆

商甲	周金	秦篆	汉隶	今楷
[illegible]	[illegible]	[illegible]	雨	雨

雨是一种自然现象。地上的水受热变成水蒸气，升到天空遇冷凝成云，再遇冷变成大水点，落下来就是雨。

甲骨文和金文的"雨"，字形就像雨滴从空中往下落，下部的几个小点表示雨滴，上部的半包围形字符表示覆盖大地的、类似于蒙古包形的天空。有一首古老的民歌反映了我国古代先民对天的认识："天似穹庐，笼盖四野。"即天空像巨大的蒙古包一样，笼罩着大地的四面八方。

"雨"是象形字，本义指雨滴、雨水，也表示降雨，如：云雨、雨露、雨过天晴、风调雨顺。大诗人杜甫在《春夜喜雨》里写有这样的句子："好雨知时节，当春乃发生。随风潜入夜，润物细无声。"该诗语句轻柔、格调淡雅，描绘的是和风细雨。同样是写雨，杜甫的《白帝》诗却这样写道："白帝城中云出门，白帝城下雨翻盆。高江急峡雷霆斗，古木苍藤日月昏。"这首诗则词语激烈、情调高昂，描绘的是暴风骤雨。

由于下雨时人们离不开防雨的用具，"雨"便引申指雨天用的，如：雨衣、雨伞、雨具。在"枪林弹雨"一词中，"雨"用来形容像雨点一样密集的。另外，在字典中"雨"还是部首，由它组成的字大都与云雨等自然现象有关，如：雷、雪、雾、雹、霜、霞。

左侧描绘的蒙古包是清代《万树园赐宴图》的局部。甲骨文和金文"雨"字中那个表示天空的字符"冂"，指的就是这种样式的穹庐。

〔清〕万树园赐宴图（局部）

雪

商甲	秦篆	汉隶	今楷
[illegible]	[illegible]	[illegible]	雪

我国北方的冬天，常常可见雪花漫天飞舞，冰雪覆盖原野。大诗人李白在《北风行》里曾用这样的诗句描述它："燕山雪花大如席，片片吹落轩辕台。"虽说有些夸张，却让那些没见过雪的南方人对雪产生了强烈的好奇心。

甲骨文的"雪"，上部为"冂"，表示蒙古包形的天空，下部为"羽"，表示鸟的羽毛；意思是天空降下鹅毛般的大雪。秦篆用"雨"作字头，并把下部换成表示笤帚的"彗"，"雪"成了可以扫的"雨"。现在的"雪"，两个意思都看不出来了。

"雪"是会意字，本义指天空中落下的白色冰花，如：雪花、瑞雪、冰天雪地、雪中送炭。"昔去雪如花，今来花似雪。"在南北朝时期范云《别诗》的这句诗中，"雪"用的就是其本义。

由于雪特点鲜明，人们还常用"雪"表示颜色、光泽像雪一样的，如：雪白、雪亮。"君不见高堂明镜悲白发，朝如青丝暮成雪。"在李白《将尽酒》的这句诗中，"雪"用来形容须发的斑白。

由于地上的雪能用笤帚清扫干净，"雪"还引申指洗刷、除去之义。例如，"雪耻"是指洗刷掉耻辱；"雪恨"是指通过报仇而消除心头之恨；"沉冤昭雪"是指多年的冤案真相大白，被冤枉者的罪名得以洗刷。

右图是清代画家焦秉贞所绘的《百子团圆图》局部。这些孩子丝毫不惧怕冬日的严寒，正在兴致勃勃地收集雪花，堆积雪人。

〔清〕童子堆雪人图

商甲	周金	秦篆	汉隶	今楷
[illegible]	[illegible]	[illegible]	零	零

“零”字上“雨”下“令”。从构成上看，只知道它的意义与雨有关，但不知道它的真正含义。我们从字源上探讨一下。

甲骨文前一款的“零”是象形字，与“雨”（甲骨文写为[illegible]）相比，只是下部的三个点大一些而已，意思是指大的雨点。甲骨文后一款和金文，把雨点换成了表示嘴巴的“口”，意思是指大雨点敲击屋顶、窗户而发出的响声。秦篆后一款及其以后，下部的“口”又换成“令”，既表声，也表示大雨一落，人们就像接到了命令似的赶紧躲雨，“零”变成了会意兼形声字。

“零”的本义指大雨点，也表示雨水或下雨。《诗经·豳风·东山》里有这样一句诗：“我来自东，零雨其蒙。”大意是：我从东方走来，迎着偶尔落着大雨点的蒙蒙细雨。

“零”由大雨点的飘落而引申指草木花叶枯萎之后的凋落，如：飘零、凋零。“零落成泥碾作尘，只有香如故。”在宋代陆游《卜算子·咏梅》的这句词中，“零落”就是指花叶凋谢、落地。

“零”还引申指散乱、细碎的，意义与“整”相对，如：零散、零乱、零零星星。进而还用来表示整数后面附有的小数目，如：零头、零数、年岁八十挂零。

左侧是清代孙温所绘的《红楼梦》插图。图中的人就被飘零的雨水弄得脏湿不堪。

〔清〕雨中人图

商甲　周金　秦篆　汉隶　靈　今楷

灵

“灵”是“靈”的简化字。它的来源与人们祭神求雨有关。

甲骨文的“灵”为会意字，上部是由蒙古包形天幕和水点组成的“雨”，下部是供桌、祭台之形的“示”，意思是祭奠雨神以保佑人间风调雨顺。金文至简化前，上部被换成既表示大雨点又表示字音的“零”（䨺），下部则分别为“心”（表示崇拜神）、“玉”（表示以玉敬神）、“巫”（表示巫师通神），意思与甲骨文没有什么不同，只是“靈”变成了会意兼形声字。汉字简化时，借用以火烤手的“灵”来表示其意义，字中似乎隐含着手在火上灵活转动的意思了。

“灵”的本义指祭奠雨神，转而指主掌雨的神，泛指天神、神仙，如：神灵。宋代辞书《广韵》就解释说：“灵，神也。”宋代大诗人苏轼在《神女庙》写有这样的诗句：“云与灵怪聚，云散鬼神还。”其中的“灵”就表示神。

在迷信者看来，神法力无边、无所不能，“灵”便引申出效应奇特和聪明机敏之义，如：显灵、灵验、灵丹妙药；灵敏、机灵、心灵手巧。唐代刘禹锡的《陋室铭》载：“山不在高，有仙则名；水不在深，有龙则灵。”其中的“灵”就表示神异、灵验。“灵”还引申指与死人有关的事宜，如：灵堂、守灵。

右图是元代的绣像。这两位神灵，一个举伞，一个弹琴，可能就是人们天旱时拜求的雨神和雷神。

〔元〕天王绣像

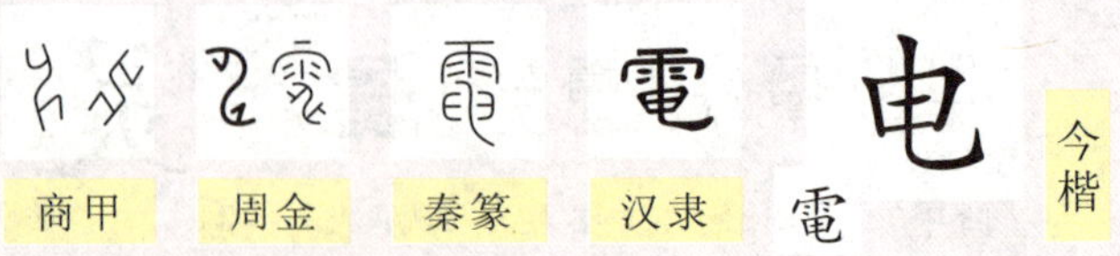

电灯、电话、电视、电脑、电车……电成了我们生活不可缺少的东西。人类对电的使用才有一百多年的历史，我们的祖先却在三千多年前就开始使用“电”这个字，这是怎么回事呢？

“电”是“電”的简化字，它来源于闪电。

甲骨文和金文前一款的“电”是象形字，就像阴天下雨时，在雷声出现之前那转瞬即逝的闪电。由于闪电的产生一般与云雨有关，所以金文后一款及其以后的“电”就加上了雨字头，表示闪电是雷雨的伴生物。这种写法的“電”变成了会意字。简化后的“电”又恢复了它早期的写法。

“电”的本义是指阴天下雨时，云层间放电所发出的光亮，如：雷电、闪电、电闪雷鸣、风驰电掣。宋代苏轼在《望海楼晚景》一诗里对闪电有过这样的描述：“雨过潮平江海碧，电光时掣紫金蛇。”说的是：风雨过后江海的浪涛一片平静，天空却偶尔出现紫金色的长蛇状闪电。句中的“电光”指的是闪电的光亮。

汉代《说文解字》指出：“电，阴阳激耀也。”意思是说闪电的出现是阴、阳两种电荷相互作用的结果，正是由于这种“激耀”会产生很大的能量，“电”便引申指生产和生活中使用的电能，如：发电、用电、电力。另外，“电”还是电报或电话的简称，如：急电、贺电、来电显示。

闪电的威力很大，能够伤及人畜。左图是商代的一件圆形陶器，上面刻画的就是闪电击人的情景。

〔商〕闪电击人陶器

雷

商甲 周金 秦篆 汉隶 今楷

雷是阴天下雨时闪电过后所出现的响声。那响声有的像载着重物的汽车隆隆驶去，有的像巨大的爆竹突然炸开。人们为什么会用上“雨”下“田”的组合来表示“雷”呢？

甲骨文的“雷”是象形字，中间是闪电之形的“电”，其周围的小点或圆圈表示闪电的响声。金文和秦篆把表示雷声的小点或圆圈换成几个圆形的、表示车轮的“⊞”，这是用滚动的车轮声来比喻雷声。有的还加上了雨字头，表示雷和雨有时相伴相生。汉隶以后，多个圆形的车轮被省略为一个方形的“田”，“雷”演变成了现在这个样子。

“雷”的本义是指云层放电时发出的响声，如：打雷、雷雨、雷霆万钧、电闪雷鸣。“昨夜新雷催好雨，蔬畦麦陇最先青。”这是宋代徐玑《新春喜雨》里的诗句，描绘的是雨后田园充满生机的景象。“雷”在句中就表示打雷之义。

由于一些武器爆炸后能发出巨大的响声，“雷”便用来表示某些爆炸性的武器，如：手雷、地雷、鱼雷。另外，在含有“雷”的成语中，“雷厉风行”是指像打雷那样猛烈，像刮风那样迅速，比喻执行任务声势大，行动快。“雷打不动”常用来形容立场坚定不动摇或严守规则不改变。

右图是一块汉代的马车过桥画像砖。古时候没有橡胶轮胎，车轮用木材和铁制作。这种车如果跑动起来，一定会响声如雷。

〔汉〕马车过桥画像砖

源于闪电（电）

商甲	周金	秦篆	汉隶	今楷
			申	申

春秋时期有个叫孙武的人，写了部兵书呈送给吴王。吴王很欣赏他的军事理论，让他对宫女进行军训以便考查他的能力。孙武向宫女们反复讲解指令，说明要求，还斩杀了把军训当儿戏的吴王的两个宠妃，终于把一群娇生惯养的宫女训练成能够上阵打仗的士兵。后来孙武受到吴王的重用，成了当时有名的军事家。后人把这件事中反复讲解指令、说明要求概括出了成语“三令五申”，其中的“申”表示陈述、说明，不过这可不是它的本义。

甲骨文和金文的“申”，看上去就像雷雨时天空中蜿蜒曲折的闪电。秦篆以后，由于文字整齐化和符号化的需要，“申”被写为“田”的中竖上下伸展了。

“申”是象形字，本义指闪电。因为闪电雷鸣威力巨大，甚至能击人致死，人们便视闪电为神，“申”便有了“神”的意义。每当雷雨来临时，人们便向神祈祷、申述，请求护佑，“申”又有了说明、表达的意义。后来，为区分这两重意义，人们另造“神”表示神灵之义，“申”也就专用于表示申述的意义了，如：申请、申办、申报。另外，“申”还被借用为干支名，是地支的第九位，申时相当于现在的十五点到十七点这一时段。

左图是隋代的文官陶俑。这位官员神态从容，正有条不紊地向人申述自己的意见。“申”在这里用的其实是它的引申义。

［隋］文官陶俑

神

商甲　周金　秦篆　汉隶　今楷

神，迷信者相信它的存在，把它视为无所不能的偶像而加以膜拜。然而，“神”字的来源并不那么神秘，它源于闪电。

“神”最初写为“申”，其实这个字也是“电”。

甲骨文及金文前一款的“神”是象形字，就像雷雨时划空而过的闪电。由于闪电雷鸣威力巨大，能够轰倒房屋，劈开大树，殛死人畜，而古人受历史条件所限，无法理解这种自然现象产生的原因，便对它产生恐惧与敬畏，将其视之为“神”来供奉、祭拜。后来，人们给“申”加上表示祭祀之义的示字旁，“神”变成了会意兼形声字。

“神”的本义指闪电，然而在迷信的人看来，神具有超凡能力，是天地万物的创造者或人死后的精灵，如：天神、神仙、神出鬼没、求神拜佛。两千五百年前的先贤孔子有着高于那个时代的认知。《论语·述而》记载了他的弟子对他的看法：“子不语怪、力、乱、神。”说的是孔子不谈论怪异、魔力、暴乱、鬼神。

因为神具有很大的威力，人们便用“神”来表示特别高超的，如：神奇、神妙、神通广大。又因为一个人如果精力旺盛会被认为是神来相助，“神”还用来表示人的气色、精力等，如：神色、精神、神采飞扬、操心劳神。

右图是新石器时代的一颗人头塑像。可别小看这件其貌不扬的泥塑，五六千年前，她可是我们的祖先所崇拜的偶像——女神。

〔新石器时代〕女神头像

源于山峰（山）

在我国辽阔的大地上有许多名山，古代诗人们也给我们留下了很多赞美山的名句。“会当凌绝顶，一览众山小”，这是杜甫眼中的泰山；“只有天在上，更无山与齐”，这是寇准笔下的华山；而苏轼的“不识庐山真面目，只缘身在此山中”，更激起了人们去庐山看个究竟的意愿。

我们把由土石组成的高高耸立在地面的部分称为“山”。甲骨文的“山”像连绵起伏的山岭之形。金文的“山”被填实，有的则突出了主峰。秦篆以后的“山”用三个竖画代替山峰，虽说不那么逼真了，仍然有山的意境。

“山”是象形字，本义是指山岭、山峰，如：山清水秀、崇山峻岭、地动山摇、万水千山。因为山的特色比较明显，人们常常以“山”取喻，如：人山人海、刀山火海，以及鼓励学子们刻苦读书的对联“书山有路勤为径，学海无涯苦作舟”中的“书山”。“山”还引申指山区农村，如：上山下乡。

“山”可以独立成字，也可以与其他字符组合成字。以“山”为意符的字大都与山的形态有关，如：峦、崇、崖、峭、峻、峡；在一些字中，“山”充当声符，如：汕、仙、灿。

山不仅是诗人们赞颂的对象，也是画家们描绘的对象，甚至还是工艺师们设计器物时所选取的对象。下图是明代的瓷质笔架，属文房用具。它的造型就是五座高峰耸立的山。

〔明〕山形瓷笔架

[商甲字形]	[周金字形]	[秦篆字形]	[汉隶字形]	丘
商甲	周金	秦篆	汉隶	今楷

“兵”去两脚，此字为“丘”。可“丘”字的来源与士兵无关。

如果把甲骨文的“丘”和“山”（[山字甲骨文]）加以对比就会发现，“山”是三座山峰并立，而“丘”是两座山峰并立，看来“丘”是指比山要小、要矮的高地。因为古人为采光和保暖的需要，多在高地南侧挖洞穴或建房屋居住，“丘”也就成了人们的聚集处，为此金文后一款及秦篆的“丘”，就写为相背的两个人站立在表示地面的横线上了。楷书的“丘”构字符号化，既看不出山的意思，也看不出人的意思了。

“丘”是象形字，本义指高地、小山，如：土丘、山丘、丘陵。“白骨成丘山，苍生竟何罪。”这是大诗人李白控诉战乱给人们带来灾难的句子，其中的“丘”用的就是它的本义。

由于“丘”是人们的聚居场所，“丘”还用来表示居住之处，我国许多地方以“丘”命名，如山东省的安丘、河南省的商丘，都与这样的高地有关。由此“丘”还用来表示家乡、旧居，如南朝鲍照的诗句：“去乡三十载，复得还旧丘。”

我国古代墓葬一般是在墓穴之上堆积土包，尤其是君王和贵族更把土包垒筑得如同山峰那样高大，“丘”由此引申指坟墓，如：墓丘、坟丘。有则成语“一丘之貉”，字面意思是聚集在同一个土丘中的貉，原比喻同属一类，现比喻都是坏人。

右图是一件汉代制作的普通瓷罐。罐盖的设计别具一格，采用堆塑之法，筑起的是连绵起伏的“丘”。

〔汉〕丘形盖瓷罐

商甲　秦篆　汉隶　嶽

岳

今楷

我国有五大名山被称为“岳”，它们分别是东岳泰山、西岳华山、南岳衡山、北岳恒山、中岳嵩山。这五岳不仅山峰高耸、气势雄伟，具有周围其他高山所不能企及的自然景观，而且有古代建筑星罗棋布、历史古迹随处可见的人文景观。而五岳是神仙居住地的传说和很多帝王前去祭拜的记载，更增添了它们的神秘色彩和丰富内涵。

甲骨文的“岳”是象形字，就像山上有山，群山连绵。秦篆的“岳”是以“山”为意符、以“狱”表意并兼而表声的会意兼形声字，意思是人一旦进入岳这样的大山之中，就会因为山高路险、群山环绕而走不出来，就如同进了监狱一样。汉隶后一款及楷书，由“山”和表示小山的“丘”组成，而且写为上下结构，意思变为大小山峰层层加高的重峦叠嶂了。

“岳”的本义是指高大的山峰，如：山岳、五岳。宋代陆游写有这样的诗句：“三千里河东入海，五千仞岳上摩天。”这座能摸到天的“岳”指的是西岳华山。

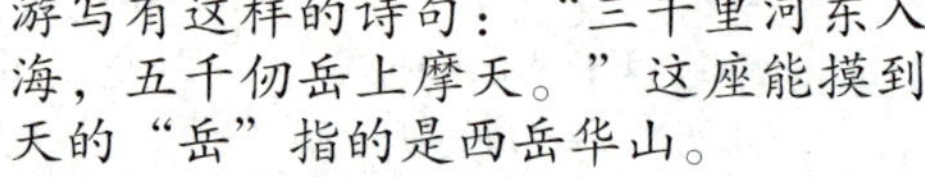

“岳”还用为对妻子父母的称呼，如：岳父、岳母。这种称谓的由来说法很多，“妻子的父母是妻子的靠山，以此告诫丈夫不得欺负妻子”是其中之一。

左侧是明代画家蓝瑛的《华岳高秋图》局部。此图描绘的就是西岳华山的雄伟景象。

〔明〕华岳高秋图（局部）

岩

商甲	秦篆	汉隶	今楷
[illegible]	[illegible]	巖	岩 嵒巖

“岩”原是“嵒”和“巖”的异体字。

甲骨文及秦篆前一款的“岩”写为“嵒”，是会意字，下部的“山”表示高山，上部的“品”既含有物品众多，也含有众口品尝之义，在字中的意义可以理解为山石众多，龇牙咧嘴，令人望而生畏。

秦篆后一款的“岩”写为“巖”，是个形声字，上部的“山”表意，下部的“嚴”（“严”的繁体字）既表声，也表示山峰威严、险峻之义。对于这种写法，南北朝时期的辞书《玉篇》就解释说：“巖，峰也。”楷书规范为上“山”下“石”，表示巨石层层叠叠堆积起来的高山。

“岩”的本义指山石裸露、石壁直立的高山、悬崖，我国古代诗词中的“岩”大都表示这一意义。例如杜甫的“薄云岩际宿，孤月浪中翻”，其中的“岩际”是指山顶。又如李白的“问君西游何时还，畏途巉岩不可攀”，其中的“巉岩”是指险峻的山峰。

由于高山之巅多由岩石组成，“岩”便引申指山上的石头，如：岩石、岩层、花岗岩、石灰岩。

我国的太湖石玲珑剔透，自古就被王公贵族用作宫廷的装饰物。右图是一块名为“冠云峰”的太湖石，它立于宋代所建的苏州市留园。这块岩石高达6.5米，在江南园林中颇有名气。

苏州留园冠云峰

源于侧立之山（阜）

商甲　秦篆　汉隶　阜 今楷

我国有许多地方以“阜”为名，例如辽宁的阜新、安徽的阜阳、江苏的阜宁……这是为什么呢？

甲骨文前一款的“阜”，其实是“山”，只不过是竖着写的，山根在右，山峰朝左。而甲骨文的“山”写为“凷”，山根在下，山峰朝上。甲骨文后一款中，侧立的山峰发生了变异，有点像登山的阶梯。汉隶以后的“阜”，从字形上看不出山的意思了。

“阜”是象形字，本义指山，一般表示不太高的土山。汉代的辞书《尔雅》就解释说：“土山曰阜。”《诗经·小雅·天保》里也有这样的诗句：“如山如阜，如冈如陵。”句中的“阜”同山、冈、陵一样都表示不同形式的山岭、高地。

由于土山便于垦殖，经过人们的开发，一般会盛产粮谷，“阜”便引申出盛多、丰富之义，如：物阜民丰。《后汉书》载有这样一句话：“夫欲民殷财阜，要在止役禁夺。”意思是说，要想让老百姓的财物富足，就必须禁止劳役和剥夺。

这样看来，“阜”之所以用为地名，大都与这些地方或者有山的屏蔽，或者物产丰富、经济较为发达相关。另外，“阜”作左偏旁时写为“阝”，以它为意符的字大都表示山的意义，如：险、隘、隅、障、隔、限。

左图是北京故宫博物院珍藏的一件清代玉山。我们用这件文物来表示“阜”的意义。

〔清〕玉雕山子

周金　秦篆　汉隶　限 今楷

“夕阳无限好，只是近黄昏。”在唐代李商隐《乐游园》的这句诗里，“限”表示边际、界限。

金文的“限”由三个字符组成，一个是表示高地、山崖的“阜”，一个是“人”，还有一个是位于人背部的表示眼睛的“目”，意思是当人举目远望时，视线受到了山的阻隔、遮拦。汉隶以后，“阜”演化成了“阝”，“人”与“目”被合并而演化成了“艮”。汉字中，以“艮”为意符的字大都与眼睛的意义有关，如：眼、恨、狠、跟。

“限”是个会意字，本义指人的视线受到山的遮挡，泛指阻隔，“限，阻也。”这就是汉代许慎《说文解字》中的解释。三国时期的曹丕在《燕歌行》里写有这样的诗句：“牵牛织女遥相望，尔独何事限河梁？”大意是：牛郎织女夫妻二人遥遥相望，你们有什么罪过被阻隔在银河两旁？

“限”由视线受到了阻隔而引申指事物被限制在一定的范围内，如：界限、期限、权限。还用为动词，表示对范围的限定，如：限期、限量、限制。宋代欧阳修在论述选拔人才的问题时曾指出：“限人资例，则取人之路狭；不限资例，则取人之路广。”句中“资例”是指“资历”，而“限”就是限定范围之义。

右图是一件清代的玉雕。那些登山者有的虽说是拄杖的老人，却不愿意自己的视野受高山所限，而想望得更远，他们正向顶峰攀登。

〔清〕登山玉雕

商甲	周金	秦篆	汉隶	今楷
[illegible]	[illegible]	[illegible]	隊	队（隊）

“队”是“隊”的简化字，也是“坠”的本字。

甲骨文的“队”由表示高地、山崖的“阜”以及倒写的“子”或者“人”组成，意思是有人从山上掉了下来。金文把“人”换成了表示猪的“豕”，但字的意义没有变化。秦篆又在“豕”的上部加了个表示分开、分割的“八”（“扒”的本字），意思含有把山上掉下来的野猪分而食之了，看来野猪的坠崖与人的围猎有关。简化后的“队”，其实是甲骨文写法的延续。

“队”是会意字，本义指有东西从山上掉落下来，即“坠”所表示的意义。《荀子·天论》载有这样一句话：“星之队，木之鸣，是天地之变。”句中的“队”就表示坠落之义。

因为野猪是一种凶残的动物，它从山上坠落下来，大概是由于有成群结队的人追逐、猎捕的结果，为此，“队”便被借用表示队列、队伍，如：排队、站队、成群结队。引申指有组织的集体，如：军队、乐队、工程队。“队”还特指我国的少年先锋队，如：队旗、队歌、入队。后来，为了把“队”的这两重意义区别开来，人们就在“队”下加“土”，另造“坠”来表示“队”的本义，“队”也就专用于表示群体和队列方面的意义了。

下图是一件在云南省晋宁地区出土的汉代青铜扣饰，上面铸刻着猪和豹相互搏斗的情景。队之所以选用“豕”为意符，也可能是因为它在与其他野兽的争斗中常常失足坠崖吧。

〔汉〕二豹噬猪铜饰

降

商甲　周金　秦篆　汉隶　今楷

“天将降大任于是人也，必先苦其心志，劳其筋骨，饿其体肤，空乏其身，行拂乱其所为，所以动心忍性，曾益其所不能。”孟子的这段话曾激励古今无数有志之士，使他们投身到艰难困苦的环境中去锻炼成长。句中的“降”表示降给、赋予。

甲骨文和金文的“降”是会意字，由表示高山的“阜”和两个脚尖朝下的“止”组成，意思是有人从山上走下来。汉隶以后，“阜”被写成“阝”，两只脚被写成“夅”，降由此变成了以“阝”表意，以“夅”表意兼表声的会意兼形声字。

“降（jiàng）”的本义是指从高处往低处走，引申指落下，意义与“升”相对，如：下降、降落、降温、普降喜雨。还引申指出生、来临，如：降生、降世、夜幕降临。清代龚自珍写有这样的诗句：“我劝天公重抖擞，不拘一格降人才。”诗中的“降”就表示降生之义。

“降”还读作“xiáng”，表示屈服、归顺，如：投降、招降、宁死不降。这一用法源于投降者必须从自己占据的山寨、城楼上走下来，在对手面前低下头颅，表示服输。“降”还用为动词，表示使投降、使驯服之义，如：降服、降龙伏虎。

右图是明代的琉璃建筑构件，上面雕着一位骑龙的童子。人能骑上龙，表示他已经把龙给降服了。

〔明〕骑龙童子琉璃构件

商甲	周金	秦篆	汉隶	今楷
[illegible]	[illegible]	[illegible]	水	水

人类的生活离不开水，文明的源头也都发祥于水边。以河南省仰韶文化为代表的黄河文明和以浙江省河姆渡文化为代表的长江文明，都诞生于我们的两条母亲河。因而“水”字的来源也带有江河的印迹。

观察甲骨文、金文和秦篆的“水”字，你会明显地感觉到，它就像河道弯曲、水花四溅的流水。汉隶以后，由于字形整齐化和书写便捷的需要，“水”的写法有些变异，不那么像流水了。

“水”是象形字，本义指流动的河水，泛指江河湖海等水域，意义与“陆”相对，如：水滴石穿、水到渠成、万水千山、跋山涉水。唐代元稹的《离思》诗写道：“曾经沧海难为水，除却巫山不是云。”意思是：经历过大海的人，再看到其他地方的水就不会感到水的壮阔了；见过巫山云霞的人，再看到其他地方的云就不会觉得云的秀美了。

由于水是液体，具有流动性，人们还把一些能够流动的液体也称为“水”，如：墨水、胶水、药水、铁水。我们通常所说的“水”，是指可以饮用的无色、无味的透明液体。另外，三点水旁（氵）是从“水”演变来的，由“水”和“氵”组成的字，意义大都与水有关，如：泉、浆、冰、江、海、潮。

左图为新石器时代的水纹彩陶罐，是四五千年前我们祖先使用过的器物。陶罐上的装饰水纹，波涛起伏，旋涡相连，正是对“水”的形象说明。

〔新石器时代〕水纹彩陶罐

上“白”下“水”的“泉”，在初造时可不是这样写的。

甲骨文和金文的“泉”是象形字，就像一股水流从石崖或泉眼涌出来，字的外框表示泉眼或水湾，里面的线条和小点表示涌动的泉水。汉隶以后，把上部写为“白”，把下部写为“水”，表示清澈、透明的地下水，这时的“泉”变成了会意字。

“泉”的本义是指从地下涌出来的水，即泉水，如：清泉、喷泉、温泉、矿泉。宋代杨万里在《小池》诗里写有这样的句子：“泉眼无声惜细流，树阴照水爱晴柔。”描绘了一幅泉水缓缓流淌，树影微微晃动，阳光与清泉交相辉映的画面。“泉眼”是指泉水涌出的地方。

因为泉往往是一些河流的源头，人们便常用“源泉”一词来比喻江河或事物的源头，如：书籍是知识的源泉；创新是财富的源泉。又因为人死后要埋入地下，向地下挖掘墓穴时常会有泉水涌出，“泉”又引申指人死后的归宿地，如：黄泉、九泉、泉台。“往事渺茫都似梦，旧游零落半归泉。”这是唐代白居易老年时怀念旧友的诗句，说的是：回忆往事就好像做梦一般，旧时好友如同落叶飘零多半命归黄泉。这里的“泉”就表示人死后埋葬的地方。

右图是唐代的三彩假山水池。在高耸的山峰下面，仿佛有一股股清泉流入水池之中。我们用这件文物来表示“泉”的意义。

〔唐〕三彩假山水池

梁

周金 秦篆 汉隶 今楷

“三点水，双刃刀，一根木头架起桥。”这是一则字谜，谜底就是我们要介绍的“梁”。

金文的“梁”有两款。前一款由表示河流的“水”和拱形的“桥”（⺈）组成，意思是指河上的桥梁。后一款把“梁”换成了“刀”，意思是用刀斧在河上搭建桥梁，字中的小点表示飞溅的木屑。秦篆以后的“梁”，在金文的基础上加了个“木”，强调了材料属性，即木制桥梁。

“梁”是会意字，本义就是指桥梁。三国时期的魏文帝曹丕在《燕歌行》诗里写道：“牵牛织女遥相望，尔独何辜限河梁。”说的是：牛郎和织女夫妻二人隔着银河远远相望，他们犯了什么罪被无桥的银河隔在两旁。句中的“梁”就表示桥。

因为古代桥梁大都为拱形，中间隆起，人们就把身体或山岭的隆起部分称为“梁”，如：鼻梁、脊梁、山梁。又因为桥梁的两端搭在河的两岸，人们还把盖房子时搭在两面墙上的横木也称为“梁”，如：房梁、栋梁、梁柱。“自去自来梁上燕，相亲相近水中鸥。”唐代杜甫《江村》这句诗里的“梁”指的就是屋梁。

《后汉书》载有这样一个故事：有个窃贼夜里潜入陈寔家，躲藏在房梁上，准备寻找机会行窃。陈寔发现后，称他为梁上君子。从此，“梁上君子”就成了窃贼的雅称。

说起桥梁，河北省赵县的安济桥举世瞩目。这座隋代的石拱桥历经一千三百年的风雨，至今仍造福于当地人民。

〔隋〕安济桥

湿

商甲　周金　秦篆　汉隶　濕　今楷

“湿”繁体写为“濕”。从字的组成来分析，其意义是丝因为沾上了水，正在日头之下晒干。但是，从字的来源去分析，“湿”源于水流密布而又泥泞的沼泽之地。

甲骨文的“湿”，由“水”和表示丝被斩断的“绝”（甲骨文写为）组成，意思是水流像断丝一样又细又短又多的地方。有的还加了个表示脚的“止”，强调了这个地方泥泞，人走进去会拔不出脚。金文及秦篆前一款，把下部的“止”换为“土”，明确了“湿”为潮湿低洼之地。汉隶以后，又把“土”换成了“日”。

“湿”是会意字，本义指水网密布的湿地。甲骨卜辞中曾记载“王步于湿”和“于湿田”。其中的“湿”都与湿地、水田有关。由于湿地含水丰富，“湿”便引申出与“干”相对的意义，如：潮湿、湿润、湿淋淋。宋代陈与义在描写雨刚过、天乍晴的《雨晴》一诗写道：“墙头语鹊衣犹湿，楼外残雷气未平。”句中的“湿”就表示潮湿、未干之义。

“湿”还可以用为动词，表示弄湿、淋湿，如宋代朱淑贞《生查子》的诗句：“今年元夜时，月与灯依旧。不见去年人，泪湿春衫袖。”另外，在我国中医学中，湿与风、寒、暑、燥、火一起被认为是致人患病的六大因素（即“六淫”），如“祛风除湿”里的“湿”。

右侧是清代的晒丝图。这个染房里的员工正在晾晒漂染的湿丝。不过“湿”在这里用的可不是它的本义。

〔清〕染房晒丝图

商甲	周金	秦篆	汉隶	今楷
[古文字]	[古文字]	[古文字]	沉沈	沉沈

“沉”和“沈”，原本同源、同义、同音，都读作“chén”。

在甲骨文中，“沉”和“沈”就像牛或羊沉没于水中之形。而在金文中，“沉”和“沈”则由“水”和戴着枷锁的“人”组成，意思是把人投入水中。秦篆的“沉”与“沈”，变成了以“水”表意，以“冘”表意又表声的会意兼形声字。

我国商周时期为奴隶制社会，奴隶主贵族根本不把奴隶当人看待，而视为会说话的牲畜。他们祭祀河神、水神时，常把奴隶当作祭品与牛羊一起投入水中，“沉、沈”二字的由来就是这种残暴行为的反映。

“沉”和“沈”，本义指牛、羊或者人沉没于水中。后来，“沈”被借用表示姓氏、地名等（此义的“沈”读作“shěn”），“沉”就用来表示沉没之义了，如“下沉、沉浮、石沉大海”。“沉舟侧畔千帆过，病树前头万木春。”在唐代刘禹锡《酬乐天扬州初逢席上见赠》的这句诗里，“沉舟”表示沉没于水中的船。

东西重才能沉到水里，“沉”便引申指分量大，如“沉重、沉甸甸”。还由人没入水中而引申指陷入不可自拔的境地，如：沉迷、沉沦、沉醉。另外还引申指稳重、镇定，如：沉稳、沉着、深沉。

在祭祀活动中，被用来当作供品的牲畜称为“牺牲”。左图是春秋时期的牛形牺尊，为温酒的器具。看到它，会让我们联想到“沉、沈”二字的由来。

〔春秋〕牛形牺尊

周金　秦篆　汉隶　今楷

法

“法”字的来源与传说中一种长着角的神兽有关。这种神兽能够判断是非曲直，一般蹲伏在审理案件的公堂，并会用角去冲顶那些犯法者或没有道理的人。

金文的“法”由三个字符组成：一个是“水”，表示水质的清澈和水面的齐平；另一个是“去”，原指人离家而去，在字中表示除掉、去除之义；还有一个就是我们所说的神兽。三个字符组合在一起，意思是审案要透明，执法要公正，这样才能去除邪恶。

“法”是会意字，本义指公正执法，也指由国家制定的维护社会公平、正义的规则，如：刑法、法律、执法如山、奉公守法。曾经为秦国变法图强作出重大贡献的商鞅说过这样的话：“言不中法者不听也，事不中法者不为也。”句中的“法”就表示法规。

因为法规不仅确定大的方针政策，也含有具体的执行办法，“法”便引申指处理问题的手段，如：方法、手法、作法。由此还引申指照着做，如：效法、取法、师法。

我国先秦时期，由于人们的治国理念不同，涌现出了许多学派，并形成百家争鸣的局面。这些学派主要有以孔子、孟子为代表的儒家，以老子、庄子为代表的道家，以商鞅、韩非子为代表的法家等。法家最基本的主张就是以法治国。韩非子就说过：“治强生于法，弱乱生于阿。”说的是国家的安定强盛产生于依法行事，而衰弱动乱源于对权势的逢迎。

右图是汉代的辟邪神兽玉雕。金文中那只会公平断案的神兽，可能就是指这种动物。

〔汉〕辟邪神兽玉雕

商甲	周金	秦篆	汉隶	今楷
				川

汉代乐府诗《长歌行》里有一段让人珍惜时间的名句："百川东到海，何时复西归。少壮不努力，老大徒伤悲。"在句中，"川"表示河流。

甲骨文的"川"，从字形上看就像河的两岸夹着流水的样子，两侧的实线表示河岸，中间的"水"或虚线表示江河之水。金文和秦篆，把河中的流水也写成了一条弯曲的实线。汉隶以后，为避免笔画雷同，写为一撇两竖了。

"川"是象形字，本义指河流、水道，如：河川、山川、名山大川。"海纳百川，有容乃大；壁立千仞，无欲则刚。"这是清末民族英雄林则徐自勉的一副对联，意思是人要有大海的胸怀，能够包容无数江河；要像直立的石壁，无私无畏、刚正不阿。

因为河水总是在不停地流动，人们就用成语"川流不息"来形容人流、车马像流水似的连续不断。又因为河流的表面是平坦的，"川"还引申指由河流冲击成的山间平地或田野，如：一马平川。南北朝民歌"敕勒川，阴山下。天似穹庐，笼盖四野"，句中的"敕勒川"不是指河，而是指古代敕勒族人居住的草原。

我国西南部有个省叫四川，据说是因为其境内流淌着岷江、沱江、乌江和嘉陵江四条大河而得名。为此"川"也特指四川，如：川菜、川剧。

左图是宋代的《黄河逆流图》局部。我们用奔流不息的黄河来表示"川"的意义。

〔宋〕黄河逆流图（局部）

州

商甲 周金 秦篆 汉隶 今楷

历史上各个朝代对“州”的行政区划没有统一的标准，因而造成了今天我国各地以“州”为名称的地区大小不等，混乱不堪。它既有省级区划的贵州，也有市级区划的郑州、杭州、广州，还有难以计数的让人说不清楚属于哪一级别的小城市。那么，我们祖先所造的“州”，最初就是想表示地区吗?

观察甲骨文和金文的“州”。它是在表示河流的“川”字中，加上一个圈或点来表示江河中的岛屿、沙洲。秦篆以后的“州”，把圈或点增加为三个了。

“州”是象形字，本义指水中的陆地，即“洲”的本字。据说夏代初期，江河横溢，陆地狭小，治水英雄大禹被推举为部落联盟首领后，把中华大地划分为九个州。据汉代《尔雅》载，它们分别是冀州、豫州、雍州、荆州、扬州、兖州、徐州、幽州、营州。人们用“州”作为地名，原因是其四周被江河环绕。

另外，战国时期的邹衍还把“九州”统称为“赤县神州”，由此中国的代称中又增加了“赤县”和“神州”。由于“州”做了行政区划名称，人们就另造“洲”代替了“州”的本义。地球上的大陆之所以被称为“洲”，如：亚洲、非洲、大洋洲，就是因为陆地面积小，海洋面积大，陆地被海洋包围。

右侧是明代的《垂虹亭图卷》局部。图中那个由桥梁连接的水中陆地，就可以称为“州”。

〔明〕垂虹亭图卷（局部）

源于火焰（火）

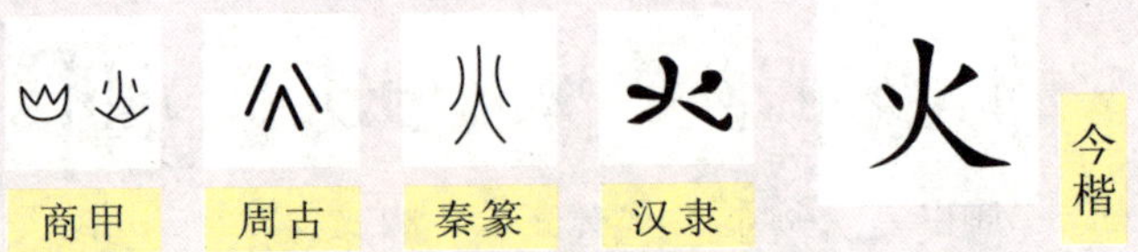

火的使用是人类与其他动物的根本区别。从某种意义上说，当我们的始祖从大自然的山火中取出第一根火棒，用它照明、取暖、煮食甚至驱逐猛兽时，他们便完成了从猿到人的转变。

甲骨文的“火”，就像一团正在燃烧、升腾的火焰。周代古文以后，中间的“人”形字符表示火苗，两旁的点画表示火星。

“火”是象形字，本义指物体燃烧时发出的光和焰，如：火光、烈火、水火无情。大诗人杜甫的《春夜喜雨》里有这样的句子：“野径云俱黑，江船火独明。”其中的“火”是指渔火。

因为军队使用的炮弹、炸药能够产生火光，“火”便引申指枪炮弹药以及战争，如：军火、火药、炮火连天。“烽火连三月，家书抵万金。”在杜甫《春望》的这句诗中，“烽火”原指边境地区报警的烟火，一般借指战争、战火。由此，人们还用“火”来比喻事情紧急，如：火速、火急。

另外，“火”还是中医用语，为使人致病的“六淫”（风、寒、暑、湿、燥、火）之一，如：肝火、上火。人发脾气也被称为“火”，如：发火、怒火、火冒三丈。“火”还是个组字构件，在字中大都作意符，表示与火相关的意义，如：炎、焚、灶、烟、烧；有的则兼而表声，如：伙。

左图是新石器时代的一个火种罐。罐里可装炭火，下部的取火孔能引燃柴草。它是我们的先人用火智慧的反映。

〔新石器时代〕火种罐

商甲	周金	秦篆	汉隶	今楷
				炎

明代长篇小说《水浒传》中有一首为人熟知的民谣："赤日炎炎似火烧，野田稻禾半枯焦。农夫心内如汤煮，公子王孙把扇摇。"其中的"炎炎"形容烈日如火，异常灼热。

从商代甲骨文到现代楷书，"炎"的组成没有什么变化，都写为上下两个"火"。火是物体燃烧时的光焰，两"火"相重，表示大火燃烧，火光冲天。

"炎"是会意字，本义指火焰升腾，热气逼人。用于表示天气状况，则引申指天热，如：炎热、炎夏、烈日炎炎。用于表示人的身体，则引申指造成体温升高的炎症，如：肺炎、肝炎、脑膜炎。

由天气的冷热变化，人们常用"炎凉"一词来比喻两种截然不同的待人态度，如：世态炎凉。成语"趋炎附势"中的"炎"，则表示受到很多人追逐而变得发热、发烫的权力、权势。

"炎"还由大火升腾引申出焚烧之义，如《尚书·胤征》载："火炎昆冈，玉石俱焚。"昆冈是古代传说中的产玉之山，意思是大火烧了昆冈，玉石都被焚毁。不过，"炎"的这一意义现在都被"燃"取代了。另外，"炎"还特指上古时期的炎帝，他与黄帝一起被尊奉为中华民族的祖先，如：炎黄子孙。

右图是一件制作精巧的铜灯，为战国时期的遗物。它由十五个灯盘组成。如果把它们全部点燃，肯定会火光炎炎。

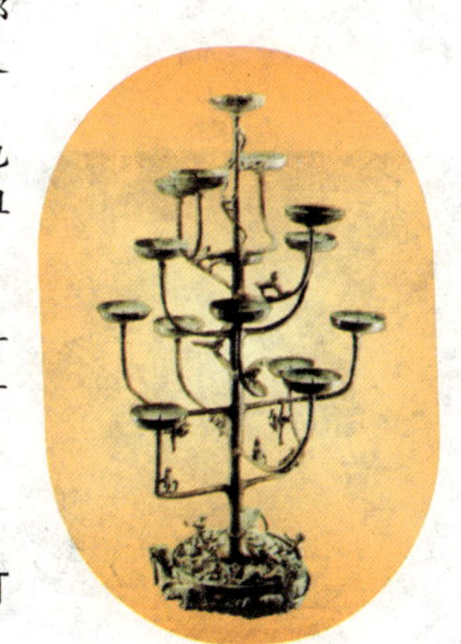

〔战国〕连盏铜灯

商甲	周古	秦篆	汉隶	今楷
[illegible]	烕	[illegible]	滅	灭（滅）

现在的“灭”字，上部为横，下部为“火”，可以说是方便书写，易于理解，意思是用东西把火盖住，使之熄灭。不过，“灭”的这一写法却经历了三千多年的演化过程。

“灭”是“滅”的简化字。

甲骨文的“灭”，由“火”和“钺”组成，有的加了个表示手的“又”。它所表示的意思不是用钺把火扑灭，而是用烈火和武器去烧尽、杀光所有的敌人。周代古文和秦篆前一款的“灭”与甲骨文相承接，只是结构有些变化。秦篆后一款及简化前的“灭”，在字中又加了个“水”，增加了把敌人全部淹死、冲走的意思。

“灭”的本义指消除干净，使之不复存在，如：消灭、灭绝、杀人灭口、自生自灭。汉代辞书《尔雅》对它的解释就是：“灭，绝也。”宋代苏轼曾写有《念奴娇·赤壁怀古》一词，赞颂三国时期的周瑜面对强敌指挥若定，火烧赤壁大破曹军的战绩：“雄姿英发，羽扇纶巾，谈笑间，樯橹灰飞烟灭。”

“灭”还表示灯火停止燃烧、发亮以及水漫过，如：熄灭、灭灯、灭顶之灾。宋代的民族英雄岳飞和文天祥分别写有这样的词句：“靖康耻，犹未雪，臣子恨，何时灭？”“镜里朱颜都变尽，只有丹心难灭。”在句中，“灭”表示情感的丧失。

左侧是清代孙温所绘的《红楼梦》一书插图。图中的人正在忙碌，要把引起灾害的大火扑灭。

〔清〕灭火图

周金	秦篆	汉隶	今楷
[illegible]	[illegible]	然	然

“灬”在字典中是个部首，因为它一般位于字的底部，而被称为“四点底”。也有的字典把它归在“火”部，因为“灬”是由“火”字演变而来的，而且与它组成的字意义也大都与火有关，如：煮、热、烹、熟、煎、蒸。

“然”也是个以“灬”为底的字。我们来分析一下它的意义。

金文的“然”是由三个字符组成的，分别是“火”（[illegible]）、“犬”（[illegible]）和表示肉的“月”（[illegible]），意思是燃起火来烧烤狗肉。秦篆承接金文，字的组成没有什么变化。汉隶以后，把字中的“火”写为四点底了。

“然”是会意字，本义指把火点燃，也指火的燃烧，即“燃”的本字。大诗人杜甫在一首《绝句》诗里写道：“江碧鸟逾白，山青花欲然。”意思是：江水碧绿，映照着飞越的白鸟更为洁白，青山苍翠，衬托着怒放的红花就像在燃烧。

由于火一旦点燃便有目共睹、成为事实，“然”就被借用表示肯定的意义，作用相当于“对、是、如此、这样”，如：理所当然、不以为然；知其然，不知其所以然。还用为一些词的后缀，表示事物或动作的状态，如：安然无恙、焕然一新、肃然起敬。后来，人们另造“燃”代替了“然”的本义。

右图是清代《百子团圆图》的组成部分。那个手拿火种的孩子正在点燃爆竹，而这就是“然”原本表示的意义。

〔清〕燃放爆竹图

源于火焰（火）

人类社会是在与各种灾害的斗争中不断前进、不断发展的。我国古籍文献里有许多脍炙人口的神话传说，如女娲补天、后羿射日、大禹治水等。这些传说既反映了灾害给人类带来的苦难，更赞颂了率领群众战胜灾害的英雄。

“灾”在甲骨文中主要有三种写法，分别是房子被火烧着了的“灾”（[古字]），洪水横流、肆虐的“灾”（[古字]），以及戈这种武器上挂着人头的“灾”（[古字]），它们分别表示火灾、水灾和战乱之灾。周代古文的“灾”则表示水火两种灾害的叠加。现在，统一用“灾”来表示各种灾害了，其中包括火灾、水灾、旱灾、风灾、雪灾、雹灾、虫灾以及瘟疫、地震、海啸、战乱等。

“灾，祸害。”这是明代辞书《字汇》对它的解释。“灾”是会意字，本义指人类由于自然和人为因素所遭受的损害和苦难，如：灾荒、灾情、天灾人祸、抢险救灾。《后汉书》载：“节用储蓄，以备凶灾。”这是我们应对灾害的一个办法。

“灾”引申指人遭受疾病或其他不幸，如：招灾惹祸、没病没灾。宋代陈师道在《病起》诗里写有这样的句子：“灾疾资千悟，冤亲并一空。”意思是：患病使人悟出许多哲理，什么样的恩怨情仇都可以抛却而空。“灾疾”指的是疾病的折磨。

灾害能给人带来痛苦，人类也在同灾害的斗争中积累了预防和战胜它的经验。走进北京故宫，你会看到许多如左图所示的铜制鎏金大缸。它们是明代的消防用具，装上水用于消除火灾。

〔明〕铜制鎏金大缸

商甲	周金	秦篆	汉隶	今楷
[illegible]	[illegible]	[illegible]	光	光

“光”字的来源和意义，只要看一下它的演变过程就清楚了。

甲骨文和金文的“光”，上部是一团燃烧的“火”，下部是一个跪坐的“人”或“女”，字形就像人脑袋上顶着火，意思是火能够给人带来光明。汉隶以后，“火”被写成横上加“小”，“人”被写成“儿”，“光”演化成了现在这个样子。

古人之所以采用“人”上加“火”的组合来表示“光”的意义，除了因为火是当时夜晚照明不可替代的手段外，还反映了人们对火的崇拜。《韩非子·五蠹》里说，燧人氏发明了钻木取火之法，并用火烧煮食物以化解腥臊，便被民众推举为王。

“光”是会意字，本义原指火光，泛指各种亮光，如：阳光、灯光、月影波光。“黑云压城城欲摧，甲光向日金鳞开。”在唐代李贺的这句诗里，“甲光”是指太阳照耀铠甲而反射的幽光。

因为自然和人文景观能给人明亮感，“光”便引申指景物，如：光景、风光、春光明媚。“水光潋滟晴方好，山色空蒙雨宜奇。”在宋代苏轼的这句诗中，“水光”是指太阳照耀水面的景观。

又因为成功者会引来众多目光的注视，“光”还表示人的荣誉，如：光荣、沾光、为国争光。另外，“光”还有露着、完、尽等义，如：光脚、精光、一扫而光。

右图是汉代的人形铜灯。这件灯具采用人举着火的造型，其中就蕴涵着“光”的意义。

〔汉〕人形铜灯

周金	秦篆	汉隶	今楷
[illegible]	[illegible]	照	照

“照”字的意义很多。

“远岸秋沙白，连山晚照红。”这是杜甫《秋野》诗中的句子，“照”表示夕阳的余晖；“明月松间照，清泉石上流。”这是王维《山居秋暝》诗中的句子，照表示月光的照耀。“照”在“照猫画虎、照本宣科”中表示按照、遵照；在“悉心照料、多加关照”中表示照顾、照看；在“拍照、近照、照片”中表示拍摄、相片；在“比照、对照、参照”中表示对比、查看；在“护照、执照、牌照”中表示凭证、证件……

“照”的本义是什么呢？我们从字源上来探讨一下。

金文的“照”为左右结构，左侧的字符就像手举着火的样子，表示照明之义；右侧的字符是个由“勺”和“口”组成的“召”，表示招呼客人前来吃饭，也兼而表声。“照”的意思是手持火把为请来的客人照明、引路。汉隶以后的照变为上下结构，用“昭”来表声，用表示“火”的“灬”来表意了。

“照”是会意兼形声字，本义包含两个方面：一个是照亮、照明，二是照料、照顾。其他意义都是在这两个意义的基础上引申或转化出来的。

左图是一盏战国时期的铜灯。这个跽跪之人高举灯火的造型，既有迎候客人，为其照明之义，也有对客人精心照料之义。

〔战国〕跽坐人形铜灯

商甲	周古	秦篆	汉隶	今楷
[illegible]	[illegible]	[illegible]	埶	热（熱）

在商代数以万计的刻字甲骨里，其中的一片载有这样的文字：“杞侯热，弗其骨风有疾。”大意是，杞国王侯发烧，别让他的身骨遭受风寒而感染其他疾病。这大概是我国历史上最古老的有关感冒发热的记录吧。句中的“热”就写为“[illegible]”。

甲骨文的“热”是会意字，它由跪着的“人”和手中的“炬”组成，意思是人能够感受到火把燃烧所产生的热能。周代古文和秦篆构字符号化，写成了“埶”（“艺”的本字）和“火”的组合，意思变为用火的热能进行熔炼、焊接方面的工作，“热”由此变成了会意兼形声字。简化后被写为上“执”下“灬”了。

“热”的本义指火燃烧对人产生的炙烤感，泛指温度高，意义与“冷”相对，如：火热、炎热、冷热不均。“荷花入暮犹愁热，低面深藏碧伞中。”这是宋代杨万里《暮热游荷池上》的诗句，描写荷花在日落之前的暑热中无精打采的状态。

“热”由火的温度高而引申指人的情绪高昂或者情意深厚，如：热烈、热爱、热火朝天。唐代杜甫心系民生，关爱百姓，曾经写下这样的诗句：“穷年忧黎元，叹息肠内热。”一个“热”字体现了他与广大民众情感相通的衷肠。另外，“热”还用来形容吸引人的和令人感兴趣的社会现象，如：热点、热门、旅游热、股票热。

右图是汉代的鎏金铜熏炉。如果把里面的香料点燃，那个举着炉的“人”肯定会感受到热吧。

〔汉〕鎏金铜熏炉

源于泥土（土）

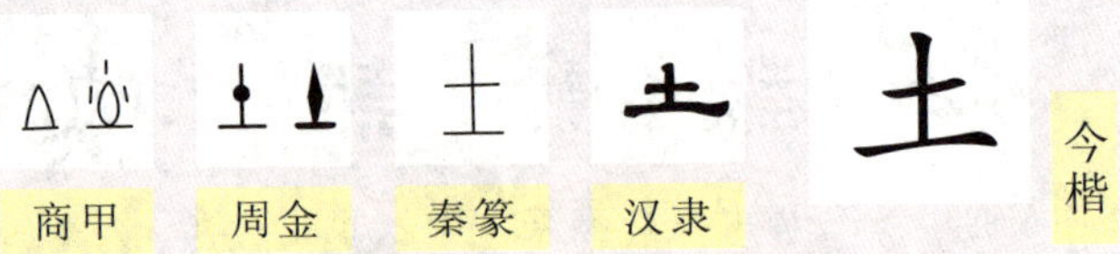

土，既普通，又神圣。说它普通，是因为它无处不在，我们脚下踩的是泥土，空气中飘浮的是尘土，全国数亿人每天打交道的是泥土。说它神圣，是因为土地为万物生长的基础，是一个国家的具体体现，为了它人们甘愿去流血牺牲。

甲骨文的“土”，下部的横画表示地面，地面上立着的是个土疙瘩，字中的小点表示被风吹起的土粒。金文的“土”，可能是铸刻方面的原因，把土疙瘩给填实了。

“土”是象形字，本义指土块、泥土，如：黄土、黑土、卷土重来。《易经·离》载：“日月丽乎天，百谷草木丽乎土。”意思是日月星辰附着于天空中，庄稼草木附着在泥土上。

“土”由小土疙瘩而引申指土地、地域，如：国土、领土、寸土必争。宋代抗击外族入侵的名臣李纲说过这样一句话：“祖宗疆土，当以死守，不可以尺寸与人。”意思是说，祖先留给后人的国土，应当誓死捍卫，不能让别人霸占。

“土”还引申指本地的、地方的，如：土产、土话、土生土长。进而引申指来自民间的，意义与“洋”相对，如：土布、土法、土设备、土专家。另外，“土”在字典中是个部首，以它为意符的字大都与泥土、土地有关，如：尘、垦、基、地、城、场；土也可作声符，如：吐、肚、杜。

下图是汉代的陶塑，用泥土烧制而成，上面塑着水田、人物和小船。这些人辛勤忙碌，看样子是在自己的土地上劳作。

〔汉〕水田劳作陶塑

挺

商甲 周古 秦篆 汉隶 今楷

“挺”源于“王”。

甲骨文和金文前一款的“挺”，上部为“人”，下部为“土”，意思是人站在土堆之上直身而立。金文后一款，在字中加了表示围墙的“乚”，强调了人像墙壁一样直立的意义。由于这一写法的“挺”还被用为帝王办公的场所——朝廷之“廷”，秦篆以后的“挺”便用“手”与“廷”的组合来表示其意义了。

“挺”的本义指身体直立、不弯曲，泛指直，如：笔挺、挺拔、挺身而出、傲然挺立。宋代辞书《集韵》就解释说：“挺，直也。”宋代包拯在《论委任大臣》一文写有这样的话：“挺然尽心，敢任天下之责者，即当委而付之。”大意是：对那些品德正直、办事尽心、敢于担当重大使命的人，应当加以重用。

“挺”由身体的直立引申指把东西高高举起，如：挺枪、挺举。唐代杜甫在《又观打鱼》诗写道：“能者操舟疾若风，撑破波涛挺叉人。”句中的“挺叉人”是指高举着渔叉的人。

由于人体保持竖直，往往是有意而为，“挺”便引申指伸直，如：挺胸抬头、挺直腰杆。由此还引申指勉强支撑，如：硬挺着、挺得住。另外，“挺”在口语中还用来表示程度较高的，如：挺好、挺贵、挺和气。

右图是宋代的彩釉人物瓷像，看上去是位登高察看敌情的将军。他站立在高处的身姿就形象地解释了“挺”的意义。

〔宋〕彩釉人物瓷像

商甲	周古	秦篆	汉隶	今楷
			垂	垂

唐代贺知章在《咏柳》诗里有这样的句子：“碧玉妆成一树高，万条垂下绿丝绦。”说的是春天的柳树好像用碧玉装扮而成，柔软的枝条如同垂着的绿色丝带。句中的“垂”表示柳树的枝叶向下耷拉着。这句诗可能就反映了“垂”字的来源。

甲骨文的“垂”，下部是个泥疙瘩之形的“土”，上部是棵枝叶下垂之形的“木”。这个木也可能就是垂柳。周代古文和秦篆，上部好像换成叶子下垂的“麦”（甲骨文的“麦”为）。汉隶以后，从字形上很难看出草木枝叶下垂的意思了。

“垂”是会意字，本义指草木枝叶的下垂，泛指东西的一头朝下耷拉，如：低垂、垂钓、垂头丧气。“蜡烛有心还惜别，替人垂泪到天明。”在唐代杜牧《赠别》中的这句诗里，“垂”表示融化了的蜡烛液体向下流淌或滴落。

东西下垂意味着与地面靠近，“垂”引申指接近，如：生命垂危、功败垂成。进而还引申指传流后世，如：永垂不朽、名垂青史。汉代陆贾在《新语》指出：“建大功于天下者，必先修于闺门之内；垂大名于万世者，必先行之于纤微之事。”意思是想建功立业、留名于世的人，必须先修养自身，并从小事做起。

下图是宋代的《柳鸦芦雁图》局部，为我国历史上著名的“书画皇帝”宋徽宗赵佶所绘。图中那棵栖息着白头鸦的柳树，枝条柔软，垂临地面。甲骨文的“垂”可能就是依据这种树造出来的。

〔宋〕柳鸦芦雁图（局部）

商甲	周金	秦篆	汉隶	今楷
			貴	贵（貴）

如果有人提出这样一个问题：世界上什么东西最宝贵？相信历史上的不同时期，社会上的不同人群，肯定会有不同的答案。那么，在三千多年前的殷商时代，我们的祖先认为什么最珍贵呢？“贵”字的来历解答了这个问题。

甲骨文的“贵”由两个字符组成，一个是表示田地的“土”，另一个是表示两只手的“廾”。我们的祖先用手捧泥土的“贵”来告诉后人，土地是最为珍贵的。秦篆以后，在字中加上了表示货币的“贝”，使得钱财成了贵重之物。

“贵”是会意字，本义指值得珍爱的、最重要的，如：珍贵、宝贵、难能可贵。先贤孟子说过：“民为贵，社稷次之，君为轻。”意思是：老百姓最重要，土神和谷神次之，君主为轻。这反映了古代哲人们民贵君轻、民为国本的理念。

在私有制时代，由于土地大都被官僚、富豪所掌握，“贵”便引申指地位高的，如：贵族、贵宾、达官贵人。“安能摧眉折腰事权贵，使我不得开心颜！”在唐代李白的这句诗中，“权贵”是指掌握国家权力和大量财富的贵族阶层。

“贵”还引申指价格和价值高的，意义与“贱”相对，如：昂贵、贵贱、贵重。还用为敬辞，指称与对方有关的事物，如：贵姓、贵校、贵国。

右图描绘的是清朝雍正皇帝驭牛犁田的场景。在农耕社会中，有作为的封建帝王也认为，与农事相关的土地最为珍贵。

〔清〕雍正皇帝耕地图

源于田地（田）

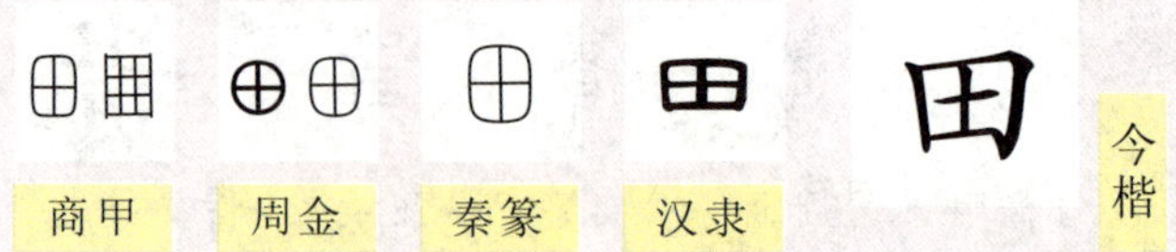

“田”指的是农民通过耕种而赖以维生的土地。在诗人的眼中，田野里有美丽的风光，如王安石的“一水护田将绿绕，两山排闼送青来”；有忙碌的农人，如翁卷的“乡村四月闲人少，才了蚕桑又插田”；甚至也有他们的精神寄托，如陶渊明的“开荒南野际，守拙归园田”……

甲骨文的“田”，就像一块大的农田被中间的田埂或小道隔开，有的被分为四块，有的却分为很多块。金文以后，由于四块的书写方便、表意清楚，便演化成了现在的“田”。

“田”是象形字，本义指可以耕种的土地，如：麦田、稻田、田间地头。由于田地一般都在农村，“田”便引申指农村的，如：田园、田舍、田农。人们还把开采某些资源的土地也以“田”相称，如：盐田、油田、煤田。“田”在字典中还是个部首，以它为意符的字大都与田地之义有关，如：亩、苗、男、畦、畔。

需要说明的是，在农耕社会产生之前的渔猎时代，“田”指狩猎场地，字形源于对猎物的分片包围。在甲骨卜辞中，“田”有时就用作捕猎，如“王往田……获麋十一”，意思是商王外出打猎，获得麋鹿十一只。

左图是一件制作精美的清代扁形瓷瓶，上面的装饰图案就是农民正在驭牛耕种水田。

〔清〕扁形瓷瓶

周

商甲　周金　秦篆　汉隶　今楷

周是我国一个古老的部族。这个部族的始祖中有个叫弃的，由于善种五谷而被舜帝任用为“稷官”，掌管农业。弃后来得到了封地，建立了邦国“周”。他的后辈承继祖业，最后定居于陕西周原。在商代甲骨卜辞中，“周”就表示这个国家。而“周”字的来源就与这个国家发达的农业有关。

甲骨文的“周”是象形字，像一块块农田长满了庄稼的样子。金文后一款在字中加上了表示嘴巴的“口”，说明周这个国家已经灭掉了商朝，能够对其他国家发号施令了。

“周”的本义是指农田密布，庄稼茂密，泛指密，如：周密。汉代许慎的《说文解字》就解释说：“周，密也。”

“周”由东西密布而引申指全面、完备，如：周到、周详、众所周知。唐代韩愈有句名言：“古之君子，其责己也重以周，其待人也轻以约。”大意是古代的君子，要求自己严格、全面，对待别人轻松、宽厚。其中，“周”就表示全面之义。

由于圆的周边为密闭的整体，没有间隙，“周”还引申指环绕、循环，如：圆周、周围、周而复始。由此，还特指七天为一个循环周期的“星期”，如：周日、周末、上周。

右图为清代的《桃源图卷》局部。画面上山水秀丽，村舍绵延，田地密布。只不过，它描绘的不是商周时期周族人的发祥地——陕西周原，而是人们理想的世界——桃花源。

〔清〕桃源图卷（局部）

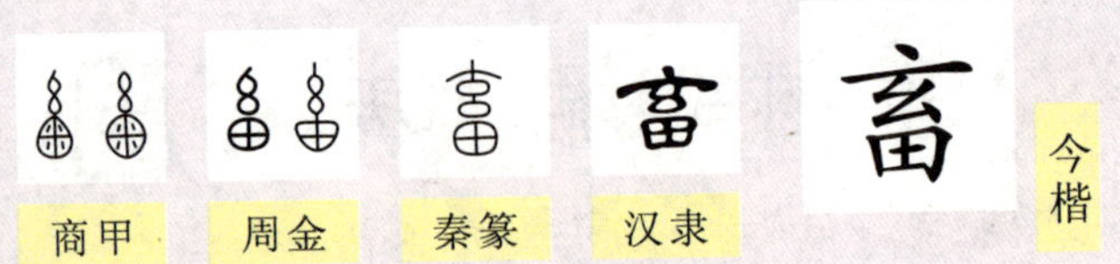

“畜”是个多音字，既可以读作“chù”，表示牲畜，如“家畜”；也可以读作“xù”，表示对牲畜的饲养，如“畜养”。这两个意义虽说都和牲畜有关，却不是“畜”的本义。

甲骨文和金文的“畜”，上部为“幺”，原指细小的丝线，在字中表示绳索；下部为“田”，有的在其内部加了些表示庄稼的小点，表示田里产的粮谷。意思是用绳子把地里的粮草背回家，储存起来。秦篆以后的“畜”，把上部的字符换成了“玄”。

“畜（xù）”是会意字，本义指储藏、积蓄粮谷，泛指储存财物和能量，即“蓄”所表示的意义。因为把牲畜养起来也是一种积蓄，“畜”便用来表示对禽兽的饲养，如：畜养、畜牧、畜产。“徒畜巧言鸟，不解心款曲。”这是南朝鲍照《绍古辞》里的诗句，意思是白白养了会说话的鸟，它并不理解人的心意。

“畜”由对禽兽的饲养转而指人们饲养的禽兽，如：家畜、牲畜、畜禽、畜力。这一意义的“畜”读作“chù”。“五谷丰登，六畜兴旺”是农家自古以来就怀有的最大期盼。“六畜”指的是马、牛、羊、猪、犬、鸡。后来，人们另造“蓄”表示畜的本义，“畜”也就专用于表示牲畜以及饲养牲畜的意义了。

左侧是明代宋应星编著的《天工开物》一书的插图。这位挑粮的农夫正把田里的粮食挑回家，准备储藏起来。而“畜”就表示这一意义。

〔明〕挑粮农夫图

疆

商甲 周金 秦篆 汉隶 今楷

现在的“疆”字，既有“弓”，也有“土”，还有“田”，字义很容易让人联想到士兵手持武器守护着的疆域、国土。《宋史·李纲传》还载有这样一句话：“祖宗疆土，当以死守，不可以尺寸与人。”更证明了“疆”的国界之义。难道这真是“疆”的本义吗？

其实，“疆”的来源最初与“弓”没有联系。甲骨文和金文前一款的“疆”是会意字，仅由两个“田”或者再加上三个短横组成，意思是指两块田地之间的界线。后一款才加上了“弓”或“土”，意思是由于围猎的需要，人们用手中的弓来丈量土地，确定界线，以便划区分片围捕猎物。“疆”也由此变成以“弓”和“土”表意，以“畺”表意兼而表声的会意兼形声字了。

“疆”的本义原指田地之间的界线。《诗经·小雅·信南山》里有这样的句子：“疆埸翼翼，黍稷彧彧。”意思是：田界旁精心耕耘，田地里五谷斑斓。

“疆”由田界而引申指国界，如：边疆、疆土、疆界。守疆保边，维护国家领土完整是忠贞爱国之士义不容辞的责任。唐代张说就有碑文写道：“恢疆御侮，以劳定国，不亦忠乎？”由于国界是国土的尽头，“疆”还引申指界限、止境，如：万寿无疆。另外，“疆”还特指我国的新疆维吾尔自治区，如：南疆、北疆。

右图是汉代的猎雁画像砖。两个狩猎者正在自己管辖的疆域内，弯弓搭箭猎捕大雁。

〔汉〕猎雁画像砖拓片

源于石头（石）

商甲	周金	秦篆	汉隶	今楷
[illegible]	[illegible]	[illegible]	石	石

提起“石”来，人们会联想到那些坚硬的石头：山上的岩石、海边的礁石、铺路的石渣、建房的石块……

甲骨文的“石”有两款，前一款是象形字，像古代一种石制打击乐器——磬；后一款是会意字，在字中另加个“口”，表示石磬敲击后能像嘴巴一样发出声响。金文以后，把石磬换为表示山崖的“厂”，“石”便指山上的岩石或陡峭的石壁了。

“石（shí）”的本义原指石磬，泛指石头，如：矿石、理石、花岗石。成语“石沉大海、水落石出、以卵击石、坚如磐石”中的“石”指的都是石头。《诗经·小雅·鹤鸣》载有这样的句子：“他山之石，可以攻玉。”意思是，别的山上的石头可以琢磨这座山上的玉，比喻取人之长，补己之短。

另外，“石”还被借用为市制重量和容量的单位，读作“dàn”。表示重量时，一石为一百二十斤；表示容量时，一石为十斗。在字典中“石”是部首，以它为意符的字大都与石头及其性质有关，如：岩、碧、磊、矿、硬、磨。

我国的石文化历史悠久，源远流长。原始时代的石器、岩画，秦代的文字碑，汉代的画像石，魏晋的石窟造像，唐代的乐山大佛，宋代的大足石刻，明清的建筑石雕……我们的先人让普通的石头具有了实用价值和审美功能，从而使它成为中华文明的一个载体。

左图是汉代的击磬画像石拓片。甲骨文的“石”（[illegible]）指的就是乐师敲击的石磬。

〔汉〕击磬画像石拓片

商甲　秦篆　汉隶　今楷

声

聲

对联是我国独有的一种艺术形式。明代有副对联千古传诵："风声、雨声、读书声，声声入耳；家事、国事、天下事，事事关心。"这副对联用了五个"声"。

"声"是"聲"的简化字。

甲骨文的"声"有两种写法。前一种比较简单，仅由两个字符组成，一个是悬挂着的古代石制打击乐器"磬"（𡳾），另一个是"耳"。后一种相对复杂，另外加上了以手举槌的"殳"和唱着歌的"口"，意思是耳边回响着磬声和歌声。简化后的"声"，仅保留了"磬"这一部分，只不过形状不那么逼真了。

"声"原是会意字，本义指乐器声和唱歌声，泛指各种声响，如：鼓声、雷声、声色俱厉、泣不成声。"姑苏城外寒山寺，夜半钟声到客船。"唐代张继这句诗中的"声"用的就是它的本义。

因为古代的传媒业极端落后，人们大都通过嘴巴发声来表达意见，"声"便引申指说、宣布，如：声明、声讨、声东击西、不声不响。由此，"声"还用来表示音讯、消息，如：销声匿迹、无声无息。

又因为一个人的言谈和观点会影响到他的威信，"声"又引申指名誉、威望，如"声誉、声望、名声远扬"。唐代贾岛在《哭孟郊》诗写道："身没声名在，多应万古传。"说的是，孟郊虽然离世，但他的名声将和他的诗歌一起万古流传。

下图是战国时期一件铜壶上的装饰图案拓片。图中，有人敲鼓，有人击磬，有人撞钟，有人吹笙……所有的音响表示一个意思——"声"。

〔战国〕奏乐装饰图案

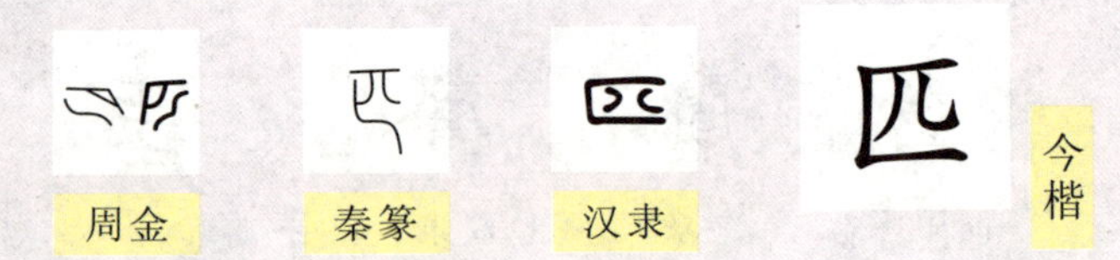

古语说：“天下兴亡，匹夫有责。”意思是国家的兴盛与衰亡，每一个人都有责任。“匹夫”是指普通老百姓。“匹”还可以与“马、布”等组词，如：马匹、布匹。但是，作为字的来源而言，“匹”与人、马、布都没有关系。它源于古代的打击乐器“磬”。

观察金文的“匹”。它由表示石磬的“石”和表示其裂纹的一条曲线组成，意思是石磬断裂的两部分碴口对应，纹路相配。秦篆以后构字符号化，写为“匚”（“筐”的本字）的中间加“儿”了，字中含有孩子的身体与他所用的摇篮大小适宜之义。

“匹”是会意字，本义指石磬断裂的两部分在纹理、色泽等方面互相对应，泛指两种东西相当、相配，如：匹配、匹敌。唐代李白在《登峨眉山》诗里写道：“蜀国多仙山，峨眉邈难匹。”是说四川境内有很多仙山，而峨眉山的深邃、幽远没有哪一座山能与之相配。句中的“匹”用的就是它的本义。

因为从古至今，男女结为夫妻讲究才貌相配、门当户对，“匹”便用来表示夫妻、配偶，由此引申指普通老百姓，如：匹夫、匹妇。而“匹夫之勇”指的是不用智谋，单凭个人蛮干。

又因为商周时期的马车是单辕的，需要两匹马配成一对，在辕的两侧来拉，“匹”便与马组合到了一起，如：马匹、单枪匹马。“匹”之所以用来表示布帛，也是因为人们在织布时要注意经纬线的搭配，在染布时要讲究颜色的匹配。

下图是周代的一片石磬，上面断裂的两部分互相匹配。

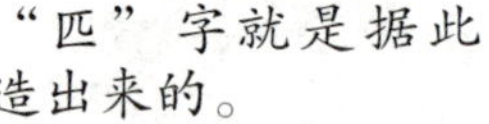
“匹”字就是据此造出来的。

〔周〕断裂石磬

商甲	周金	秦篆	汉隶	今楷
[illegible]	[illegible]	[illegible]	振	振

"振"的用法比较多，古代辞典的解释也是众说纷纭。

它可以表示精神的振奋，汉代《说文解字》的解释是："振，奋也。"唐代韩愈在抒发自己的情怀时也曾写下这样的诗句："安得长翮大翼如云生我身，乘风振奋出六合。"

也可以表示物体的振动，三国时期的《广雅》的解释就是："振，动也。"清代袁枚有首描写牧童的小诗："牧童骑黄牛，歌声振林樾。"说的是放牛娃的歌声使树木受到振动。

还可以表示用手拿、举的动作，宋代《广韵》就解释说："振，举也。"在大诗人李白的"蓬山振雄笔，绣服挥清词"这句诗中，"振"的意义同"挥"一样，都表示高举、舞动。

"振"的意思这样多，其本义是什么呢？

甲骨文前一款的"振"其实是"辰"。它由石磬之形的"石"（𠂆）和伸着两手的"人"（[illegible]）组成，意思是指人撬动山石而引起了振动。甲骨文后一款和金文又在字中加上了表示脚的"止"或表示手的"又"，借以强调这种振动是由人的动作造成的。秦篆以后，规范为左"扌"右"辰"了。

"振"是会意字，本义指山石受到撬动，泛指动，如：振动、振幅、共振。引申指摇动、挥舞以及奋起等诸多意义，如：振翅、振臂、一蹶不振。

右图是清代的采玉山子玉雕。那两个开采玉石的矿工，好像在用行动解释着"振"的意义。

〔清〕采玉山子

源于沙粒（小）

商甲 周金 秦篆 汉隶

小

今楷

唐代白居易在《池上》诗中描写了一群天真无邪的孩子："小娃撑小艇，偷采白莲回。不解藏踪迹，浮萍一道开。"句中的两个"小"，前者表示孩子的年幼，后者表示船体不大。"小"是个抽象的概念，无形可循。这个字是怎样造出来的呢？

在甲骨文和金文中，我们的先人是通过几个细微的小点来表示"小"的。我们可以把这些小点看作沙粒，因为金文的沙写为"[illegible]"，在"水"边加些小点，表示河滩上沉积的沙子。秦篆以后的"小"写法产生变异，中间的点被写为竖，两侧的点被写为撇和捺，整个字形却显得匀称、整齐了。

"小"是象形字，本义指沙粒，表示与"大"相对意义的"小"就是从沙粒一样的小东西概括出来的意义。由此，"小"便用来表示体积、面积、重量、容量、气力等不大的，如：小山、小扇、小巧玲珑、人小志大。"天街小雨润如酥，草色遥看近却无。"在唐代韩愈的这句诗中，"小"就表示雨势不大之义。

"小"引申指程度浅、声音低以及不重要等诸多意义，如：小学、小声、小恩小惠、小题大做。"应怜屐齿印苍苔，小扣柴扉久不开。"在宋代叶绍翁的这句诗中，"小"则表示敲门时的力度比较轻。

没有大就显示不出小。左图是商代的双象铜尊。正是由于下面那只象的"大"，才衬托出上面那只象的"小"。

〔商〕双象铜尊

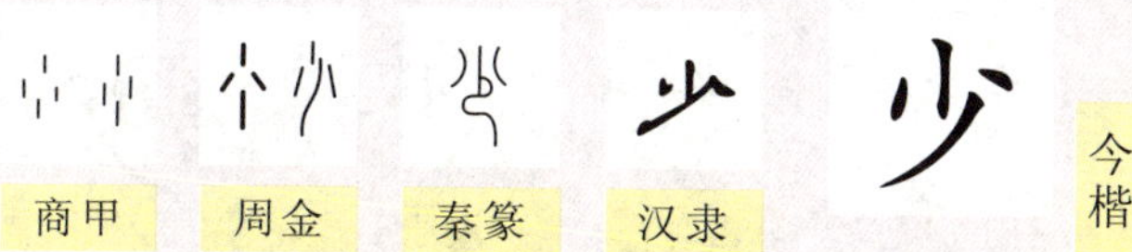

“世间万物有盛衰，人生安得常少年。”在明代于谦的这句诗中，“少”要读作“shào”，意义与年龄相关。“南朝四百八十寺，多少楼台烟雨中。”在唐代杜牧的这句诗中，“少”要读作“shǎo”，意义与数量相关。“少”的读音不同，意义也不相同，我们来看看它的本义是什么。

甲骨文和金文前一款的“少”其实是“小”，它由几个细微的沙粒组成，既表示沙粒的体积不大（“小”的意义），也表示沙粒的数量不多（“少”的意义）。“少”与“小”原本通用，人们只能根据整个句子的意思来判断该字是表示“小”还是表示“少”。金文后一款，为了区分二者的意义，便把“少”的其中一个点改写为“撇”了。

“少”（shǎo）是象形字，本义指数量小，意义与“多”相对，如：稀少、少数、少见多怪。引申指短缺、丢失，如：缺少、必不可少、东西少了一个。还引申指时间短暂和程度轻微，如：少等、少候、少安毋躁。唐代诗人王维“遥知兄弟登高处，遍插茱萸少一人”中的“少”则表示没达到应有数量。

“少”（shào）用来表示年纪轻，是由年龄上的“小”引申出来的意义，如：少年、少女、男女老少。在部队的军衔中，“少”表示同等级别最低的，如：少尉、少校、少将。至于“少爷、阔少”，则是人们对旧时有钱有势者儿子的称谓。

“少年辛苦终身事，莫向光阴惰寸功。”右图是宋代的读书童子瓷塑。这个膝盖上放着书卷的孩子，可能正在闭目默诵书中的内容。

〔宋〕读书童子瓷塑

源于沙粒（小）

沙

周金 秦篆 汉隶 今楷

由“氵”和“少”组成的“沙”字，其来源并不是降水稀少的沙漠，而是大水退落之后河边留下的细小岩石颗粒。正如汉代许慎在《说文解字》指出的那样：“沙，水散石也。”

金文的“沙”，字中含有一条河道弯曲的“水”，河边的那些小点就是“沙”。秦篆以后，由于文字向符号化演变，“沙”被写为左“氵”右“少”了。

“沙”是会意字，本义指细碎、微小的石粒，如：沙子、沙滩、飞沙走石、大浪淘沙。“九曲黄河万里沙，浪淘风簸自天涯。”这是唐代刘禹锡《浪淘沙》里的诗句。大意是：蜿蜒黄河流淌万里，裹携大量的泥沙，巨浪翻卷，狂风吹击，来自遥远的天涯。

由于沙漠主要由沙子组成，“沙”也借指沙漠。例如唐代边塞诗人王昌龄《从军行》里的句子：“黄沙百战穿金甲，不破楼兰终不还。”说的是：沙漠中身经百战磨穿金属铠甲，不消灭来犯的敌军誓不回还。

另外，人们把形若沙子的东西也以“沙”相称，如：豆沙、蚕沙。“沙哑”是指嗓音嘶哑，这大概与风吹沙子的摩擦声有关。至于家具中的“沙发”，它的意义与沙子没有什么联系，而是英文“sofa”的音译。

左侧是清代的《天山积雪图》局部。这位牵着骆驼、披着防沙红袍的人，可能正穿越茫茫沙漠，奔向遥远的绿洲。

〔清〕天山积雪图（局部）

雀

商甲　周金　秦篆　汉隶　今楷

秦朝末年的陈涉虽然只是个农民，他却发动了中国历史上第一次农民大起义，使得秦王朝的统治被推翻。同时，他有两句话——“王侯将相宁有种乎”和“燕雀安知鸿鹄之志哉”，也成为激励后人奋发向上、为改变命运而努力的座右铭。

下面，我们来介绍一下陈涉第二句话中的“雀”。

甲骨文和金文的“雀”，上部像三个沙粒似的小点，其实那是“小”；下部的字符人们一看就明白，那是“鸟”，“雀”指的是小鸟。秦篆以后，把字中的“鸟”写成了“隹”。需要注意的是，现在的“雀”字，上部仍然是“小”而不是“少”，只是由于字形美的需要，而把“隹”中的撇写得格外长了。

“雀”是会意字，本义指形体比较小的鸟，一般特指麻雀或与麻雀同类的小鸟，如：黄雀、燕雀、门可罗雀。也泛指鸟，如：孔雀、雀鹰、鸦雀无声。因为麻雀喜欢群居生活，聚在一起时叫声不断，在地上觅食时蹦蹦跳跳的，人们便用“雀跃”一词比喻高兴，如：欢呼雀跃。又因为燕雀这种鸟多栖息于有人居住的地方，不像雄鹰那样为捕食而在高空巡游，也不像鸿雁那样为躲避寒暑而迁徙万里，“燕雀”便成了平庸之辈的代名词，如：弃燕雀之小志，慕鸿鹄以高翔。

宋代的《寒雀图卷》是我国古代花鸟画中的精品之作。右图那只在空中翩翩飞舞的小麻雀，就是从那幅图上描摹下来的。

〔宋〕寒雀图卷（局部）

商甲	周金	秦篆	汉隶	今楷
[illegible]	王 王	王	玉	玉

我们这个民族自古就有崇尚玉的传统，把那温润、细腻、亮洁、坚韧的美石看作上天赐予的灵物。在人类文明的初期，巫师用玉琮作为与神祖沟通的信物，首领用玉斧作为行使权力的标识。在封建时代，帝王把玉玺当作传国的宝物，知识阶层把玉视为德的化身。古往今来，无数志士在为信仰献出生命的时候，往往坚守一个信念："宁为玉碎，不为瓦全。"

甲骨文的"玉"，字形就像有一根绳子把几片玉石穿在一起，其实也就是玉质项链。金文和秦篆的"玉"则写为"王"。也正因为如此，以"王"为意符的字大都与玉石的意义有关，如：弄、碧、珍、珠。汉隶以后的"玉"为了与"王"相区别，在字的右下加了个点。也有人说，这个点表示美玉中的瑕疵。

"玉"是象形字，本义指一种叫作"玉"的美石，泛指由这种美石制作的器具和装饰品，如：白玉、玉雕、抛砖引玉。《礼记·学记》载："玉不琢，不成器；人不学，不知道。"句中的"玉"指玉石，"道"指道理。

因为玉既光洁美丽，又稀有贵重，人们还用它比喻珍贵和美好的东西，如：玉洁冰清、玉石俱焚、亭亭玉立。"玉"还用为敬辞，尊称对方的身体、言行等，如：玉体、玉音、玉照。

左图是清代的象牙雕件。那串挂在僧人脖子上的项链，可能就是由玉琢磨而成。

〔清〕僧人牙雕

商甲	周金	秦篆	汉隶	今楷
[illegible]	[illegible]	[illegible]	弄	弄

人们常把那些站在时代潮头搏击风浪者称为“弄潮儿”，这个称谓源自宋代潘阆的《酒泉子》一词。词中描写的是在钱塘江大潮中戏水的男儿：“弄潮儿向涛头立，手把红旗旗不湿。”

“弄”上部的“王”是从表示玉石串的“玉”演变来的，它的意义和来源与象征王权的斧钺之形的“王”（[illegible]）毫无关系。

甲骨文和金文的“弄”，字的结构虽说有所不同，但是都由两个字符组成，一个是表示玉石串的“玉”，另一个是相互对应的两只“手”。从字形上看，就好像有人用双手捧着珍贵的玉器在观赏、把玩的样子。秦篆以后，写为上“王”下“廾”了。

“弄（nòng）”是会意字，本义指把东西拿在手里玩，如：摆弄、玩弄、舞刀弄枪。唐代于良史在《春山夜月》诗写道：“掬水月在手，弄花香满衣。”其中的“弄”就表示摆弄、侍弄。又引申指搞、做，如：捣弄、弄清、弄巧成拙。进而引申指耍弄，如：捉弄、愚弄、装神弄鬼。

另外，可能是因为建筑物之间的狭窄通道或者小胡同弯弯转转，人走进其中会有被戏弄之感，“弄（lòng）”还被借用为“衖”的简化字，表示小巷、胡同，如：弄堂、里弄。

右图是清代工匠用象牙雕刻的帝王像，其形象可能取之于乾隆皇帝。这位帝王的右手正在数捻着胸前的玉制项链。他的这一动作，其意义就是“弄”。

〔清〕帝王象牙雕像

周金	秦篆	汉隶	今楷
班	班	班	班

一个“班”字含有两个“王”，这是怎么回事呢？

金文和秦篆的“班”，中部为“刀”表示分割，两侧为“王”表示玉石，意思是以刀剖玉，把玉石分成了两部分。汉隶和楷书的“班”，中间的字符就不那么像刀了。

“班”是会意字，本义指分割玉石，泛指分离、分开。如大诗人李白在《送友人》一诗写道：“挥手自兹去，萧萧班马鸣。”说的是：两位好友挥手告别、准备离去，他们所骑的马因为不忍分别而鸣叫不已。句中的“班马”表示离群之马。

“班”由把玉石剖开推及把人群分开，人们把社会的某些基层组织也称为“班”，如学校的“班级”、部队的“班排”、工厂的“班组”。为此人们还把进厂与本班组的人一起干活称为“上班”，把接送“上班族”的车称为“班车”，进而又把定时定点发送旅客的轮船、飞机称为“班轮、班机、航班”。

因为玉石非常珍贵，分割时要按照步骤进行，“班”又引申指次序、顺序，如：班次、轮班、按部就班。古代称军队打胜仗返回为“班师回朝”，这大概与部队有计划、按顺序撤离有关吧。至于成语“班门弄斧”中的“班”则与剖玉无关，它指的是我国古代的著名工匠鲁班。在他门前摆弄斧子确实是自不量力。

左图为战国时期的龙纹合璧，它是情感和讯息沟通的信物。就像“班”字中的玉一样，这件玉器就被分为两部分。

〔战国〕龙纹合璧

商甲	周金	秦篆	汉隶	寶	今楷
			寶		宝

人们常把最心爱的东西称为“宝”。文人把笔墨纸砚称为“文房四宝”，武士把精良的刀剑称为“宝刀、宝剑”，文物爱好者把寻找古物称作“淘宝、鉴宝”，父母还把儿女称作“心肝宝贝”……三千多年前的商代先民把什么当作宝呢？“宝”字本身就说明了这个问题。

“宝”是“寶”的简化字。

甲骨文的“宝”由三个字符组成，一是表示房屋的“宀”，二是表示钱财的“贝”，三是玉石串或玉琮之形的“玉”，意思是家中收藏的宝物是贝和玉。金文以后又加上了表示罐子的“缶”，强调把宝物用罐子珍藏起来。简化后的“宝”写为上“宀”下“玉”，意思变成房子、玉器最为珍贵了。

“宝”是会意字，本义指钱财、玉器等珍贵的东西，如：宝贝、珍宝、国之瑰宝。也用来形容东西的珍贵，如：宝石、宝剑、艺术宝藏。还用为敬辞，尊称对方的家眷、店铺以及作品等，如：宝眷、宝号、宝地、墨宝。

孟子说过这样一句话：“诸侯之宝三：土地、人民、政事。宝珠玉者，殃必及身。”意思是作为统治一方的君主，最重要的事情是管理好土地、人民和行政事宜。如果把珍珠玉器当成宝贝，非遭殃不可。

玉琮是一种外方内圆的管状玉器，是古人与神沟通的器物。右图是新石器时代的兽面纹玉琮。它雕工精致，充满神秘感，无论在当年还是在今天，它都是无价之宝。

〔新石器时代〕兽面纹玉琮

音序索引

J

K

L

M

N

P

Q

R

S

Y

Z